ALISTAIR HORNE

THE PRICE OF GLORY
VERDUN 1916

凡尔登战役

荣耀的代价 1916

［英］阿利斯泰尔·霍恩 著

顾 剑 译

汕頭大學出版社

献给弗朗西斯和杰克琳

西线的战事绝不可能重来一遍了,很长时间内都不可能。年轻人以为他们还堪再战,其实根本不行。他们也许能再打一遍第一次马恩河战役,可是这个,不行。这种战争需要信仰,需要多年积攒下来的富足和安全感,还需要各阶级之间确定而明晰的关系。俄国人和意大利人在这些方面还不如我们呢。你必须有比你所能记忆的还要悠久而且使你能全心全意的情感根源。你必须记得圣诞节,记得皇太子和他的未婚妻的明信片,还有瓦朗斯的小咖啡馆、柏林菩提树下大街上的啤酒屋以及市政厅的婚礼,记得去德比看赛马会,记得爷爷唇边的胡子……这是一场爱的战役——消耗掉了一个世纪的中产阶级的爱……我整个美丽且安全的世界,都随着这一阵爆炸带过的狂风,在我面前炸得粉碎,化为乌有了……

——F. 斯科特·菲茨杰拉德
《夜色温柔》

目　录

致　谢　　　　　　　　　　　　　　　　　　　　1

前　言　　　　　　　　　　　　　　　　　　　　3

第 1 章　溃　败　　　　　　　　　　　　　　　　9

第 2 章　马恩河战役的胜利者霞飞　　　　　　　29

第 3 章　法金汉　　　　　　　　　　　　　　　42

第 4 章　"杀戮场"行动　　　　　　　　　　　59

第 5 章　等待作战的机器　　　　　　　　　　　79

第 6 章　开战第一天　　　　　　　　　　　　　96

第 7 章　德里昂中校之死　　　　　　　　　　112

第 8 章　突　破　　　　　　　　　　　　　　123

第 9 章　杜奥蒙堡　　　　　　　　　　　　　137

第 10 章　德·卡斯特尔诺的决策　　　　　　　161

第 11 章　贝　当　　　　　　　　　　　　　　170

第 12 章　临危受命　　　　　　　　　　　　　182

第 13 章　调整部署　　　　　　　　　　　　　192

第 14 章　死人山　　　　　　　　　　　　　　205

第 15 章　拓宽的视野　　　　　　　　　　　　219

第 16 章　在后方的另一个世界　　　　　　　　240

第 17 章　空　战	251
第 18 章　皇太子	270
第 19 章　三驾马车	285
第 20 章　"五月杯"	303
第 21 章　沃　堡	315
第 22 章　危险的信号	334
第 23 章　隐秘的敌人	346
第 24 章　危　机	354
第 25 章　法金汉去职	368
第 26 章　反　攻	384
第 27 章　新的领袖	398
第 28 章　战　后	407
尾　声	434

主要参考资料	442
注　释	450
出版后记	457

地图目录

地图 1　1916 年 2 月 21 日西线战场　　　　　　　　45
地图 2　1916 年凡尔登地区　　　　　　　　　　　98
地图 3　杜奥蒙堡　　　　　　　　　　　　　　　140
地图 4　沃　堡　　　　　　　　　　　　　　　　316

致　谢

任何有关第一次世界大战的写作，都离不开帝国战争博物馆的帮助，我对他们的感谢无以言表。我也同样感谢巴黎大学的当代国际文献图书馆和斯图加特的当代历史图书馆提供的无私帮助，前者拥有第一次世界大战方面的独特馆藏，而后者的热情协助弥补了"二战"期间某些材料丢失的缺憾。

我想在此向利德尔·哈特上尉表示感谢，他曾在我写作初期给予我指导和鼓励（对任何写第一次世界大战题材的作者来说，他的指导几乎和帝国战争博物馆一样不可或缺）。我还要感谢法国陆军军史馆的德·屈斯－布里萨克将军、德国国防军军事历史研究办公室的莫雷尔中校、法国陆军炮兵学校校长罗贝尔·于雷将军、战争学院的德·拉·吕埃勒上校、巴黎荣军院法国陆军博物馆的馆长亨利·布兰克将军、戈塔德上校、凡尔登杜奥蒙堡埋骨纪念堂的牧师霍曼先生。已故的第9枪骑兵团的狄格尔少校陪我踏勘过凡尔登战场的某些地域，并以他的专业眼光为我讲解。感谢菲立普·波洛克太太阅读手稿，阿瓦雷兹夫人花了很多工夫在索引和录入上。圣乔治－桑德斯夫人整理了参考资料（为了节省篇幅，再版时对初版的参考资料和引用来源作了压缩处理），《钱伯斯百科全书》出版局对1916年空地联络方面的某些资料做了研究并提供了信息，最后还要感谢法国驻伦敦大使馆。

我必须感谢以下人员和机构在本书的照片方面提供的帮助：首先是美国的 J. S. 卡提尔和安东尼·梅尔达尔，还有斯图加特的世界大战图书馆、万塞讷战争博物馆（巴黎大学）、《杜奥蒙堡战斗中的精神力量》的作者库特·冯·克吕弗尔、《法金汉》（柏林西格蒙德出版社 1937 年版）的作者冯·文斯科夫斯基、伦敦的泰晤士广播电台赫尔顿图片中心、伦敦的帝国战争博物馆。

W. 布罗梅日绘制了本书的地图和示意图。

前　言

今年（1993年）11月离1918年11月那场"终结一切战争的战争"停战已经将近四分之三个世纪了，《荣耀的代价》（*The Price of Glory*）这本书初版也有30年了。这本书奇迹般地还能再版。本书写作于一个（相对）和平繁荣的年代。朝鲜战争在那之前10年已经结束。在这"好得前所未有"的年代里，引领世界的是哈罗德·麦克米伦（Harold Macmillan）和约翰·肯尼迪（John F. Kennedy）；在欧洲，戴高乐（de Gaulle）和阿登纳（Adenauer）在签订新合约之时握手，结束了两国之间冰冷致命的敌对关系。欧洲大战再次发生的想法，似乎属于遥远、黑暗和愚昧的过去。几乎同时，我们几个三十来岁、在第二次世界大战中成长起来的英国作家开始写关于第一次世界大战的书。我们用后来者颐指气使的高傲指责自己的前辈们太愚蠢，居然让这样的灾难发生，而且还是以这样的方式，近乎偶然地发生。他们真是愚不可及。斯科特·菲茨杰拉德（Scott Fitzgerald）笔下的迪克·迪福（Dick Diver）在凡尔登战役几年以后重访战场的时候说：在我们这个明智的世界里，索姆河战役跟凡尔登战役不可能再次上演。如果战争还会再爆发的话，第二次世界大战也已表明，用坦克、飞机和闪电战打仗要比强迫成千上万士兵冲进无人区的泥泞中送死好。

是啊，我们这代人更明智。

两个超级大国精巧地维持着恐怖平衡，这种"互相确保摧毁"（Mutually Assured Destruction）战略后来被简称为 MAD，字面意思是"疯狂"（也许其实并没有那么疯狂）。在这种背景下，凡尔登战役和索姆河战役却依然被认为是不可想象的。也许我们在自以为是的时候，正选择性地无视了这样一个难以直视的真理，那就是第二次世界大战其实并不是由坦克和飞机打赢的，而是在我们西方人看不见的地方，由东线的好多次凡尔登式的会战打赢的，在斯大林格勒，在列宁格勒城下，那里有数十万苏联和德国士兵在恐怖的消耗战中死去，和四分之一个世纪之前的状况一模一样。事实是，在两个势均力敌的现代化工业国家之间发生的总体战一定会造成尸横遍野。

我们从哈瓦那和莫斯科新近解密的档案中了解到，在1962年10月的古巴导弹危机期间，这个世界比我们当时所了解的，甚至比我们睿智的领袖们所知道的，都要更接近于一场毁灭性核大战的边缘。《荣耀的代价》这本书初版就在那个月出版。如果当时发生了核大战，死亡的人数会让凡尔登战役看起来像是一场儿戏。从那时起，除了中东发生过几场短暂但没有决定意义的战争之外，我们还经历了越南战争没完没了的噩梦，它极大地打击了整整一代美国人的民心士气，还有随之发生的波尔布特在柬埔寨的恐怖统治，那里的屠杀在血腥和邪恶的程度上绝不亚于凡尔登战役。我们见证了伊朗、伊拉克之间的七年消耗战，那种静态战争跟西线战事何其相似。然后，当我们刚刚打赢了冷战，苏联解体，"互相确保摧毁"的恐怖平衡消失，欧洲就又发生了杀人如麻的邪恶战争，而且就发生在那个旧奥匈帝国的同一片巴尔干地区，1914年在那里发生的事，让全世界一路不可避免地滑落到了凡尔登。

我们何曾吸取过教训？

《荣耀的代价》的写作始于 20 世纪 50 年代，当时我是派驻德国的年轻外国记者，就生活在法德世仇最后一丝遗绪的环境之中，当时还能非常真切地感受到它的氛围。我所成长的世界当中，几乎一切的邪恶都源于法德世仇，但现在两国关系已经发生了奇迹般的转变，于是我开始想要写一本书（后来发展成三部曲）来追踪过去一个世纪以来两国关系的流变。我第一次踏访凡尔登附近可怕的山岭时，就留下了之后很难完全磨灭的情绪——我被战争故事和复杂的历史后果所吸引，崇拜当时双方所表现出来的大无畏勇气，也被巨大的损失和无法想象的愚蠢所震惊。

这本书对作者本人的影响极深，写作的时候泪水一次又一次涌进我的眼眶。这是一本当之无愧的反战之书。

感谢上苍，在过去 30 年中，读者从世界各个角落给我写来信件（很奇怪，从美国寄来的信件最多），信中有去过战场的读者的强烈反应，有老照片，有亲历者或者他们后人的回忆，有时候还有感人的诗句。在初期还会有凡尔登战役的幽灵——那些被人以为早已作古者——的重现，例如尤金·拉德克（Eugen Radtke）中尉，他是打进"牢不可破的"杜奥蒙堡（Fort Douaumont）的第一名德国军官。60 年代，他才从东德第一次来巴黎，那也是他在 70 年的生命中第一次到了比杜奥蒙堡更加靠西的地方（他不久后就病故了）。

有意思的是，尽管多年以来读者来信汗牛充栋，但能让我在每次再版时修改一行以上的信几乎没有。其中一次修改是因为上了年纪的前中尉克莱贝尔·杜普伊（Kléber Dupuy），他在两次大战中都是英雄，而且很可能是 1916 年 7 月 12 日在苏维尔堡（Fort

Souville）上方阻挡住德军最后一次夺取凡尔登的攻势的最后一名法国军官。他在来信中抱怨说，在翻译得有些问题的法文译本中，我说他躲到了苏维尔堡里面。我毫不犹豫地修改了行文。后来我们成了笔友。除此以外，本书出版至今几乎没有修改过。书中的陈述似乎是经得起推敲的。

在今天凡尔登周围的各个堡垒当中，特鲁瓦永堡（Fort Troyon）已被出售（只卖了区区10万法郎），现在是种蘑菇的农场；而沃堡（Fort Vaux）上那块无名的法国母亲钉上去的哀伤的铭牌——"献给我的儿子，自从你的双眼闭上，我的双眼从未停止哭泣"——现在没有了，被毁掉了。那片曾被种来掩盖死人山焦土的松林（Pine），现在已经被砍掉，重新种上了其他树。可是我感到，只要法兰西民族存在一天，凡尔登的核心就永远还在。在荒郊野外，仍旧隐藏着几乎被遗忘的历史遗迹，就像雪莱在《奥斯曼狄斯》（Ozymandias）里所描写的，虽然破败倒塌，但仍然铭记着我们至今仍然称之为"大战"的那场战争中那所有标志性的愚蠢、自豪以及英雄主义。至今，那些遗迹仍然隔三岔五夺走生命，比如有时候愚蠢的游客鲁莽地到处搜寻战争遗物，或者摸进某个被遗弃的堡垒废墟，结果踩上了一颗仍然能爆炸的炮弹。一车一车的德国人还是不停地来杜奥蒙堡，寻找他们的祖父或者曾祖父当年战死的地方。

自从写作《荣耀的代价》以来，我去过凡尔登战场至少6次，每次都被这里的壮观和悲凉所折服。1966年庄严肃穆的凡尔登战役五十周年纪念仪式上，我就站在戴高乐将军身旁几英尺的地方。他像根步枪通条一样站得笔直，直到冗长的声光秀演到戴高乐自己在会战中受伤被俘的那天时，才转过身离开。也许，就连这位冷若冰霜的巨人也承受不起这样的痛苦回忆吧。将近20年后，戴高乐的继任者弗朗索瓦·密特朗（François Mitterrand）总统也专程来到凡尔登，在这片残酷的战场上和德国总理科尔（Kohl）握手言欢，给法德世仇画上了句号。

我在最近一次再访战场时，给一个近卫步兵营做了演讲。虽然凡尔登战役年代久远，但是年轻的军官们很快就被此地的悲剧所感染，现场陷入了一片静默之中。其中一位跟我说："你注意到没有，这里没有鸟儿。"在此之前，我以为自己是唯一一个古怪地感受到那种极致的荒芜的人。

凡尔登战役最可怕的一点就是，在最初3个月之后，战役似乎已经不受人类控制，反而控制了交战双方。有一个德国人曾以为会战永远不会结束：

> 直到最后一个德国人和最后一个法国人，挂着拐杖跳出战壕，用小刀杀死对方……

奇特的是，斯科特·菲茨杰拉德把凡尔登战役称为"一场爱的战役"。在双方那些朴实的、遭到屠杀的步兵当中，的确形成了一种特殊的同情，几乎升华为爱。可是在双方的高层之间有太多的仇恨，让这场战役无休无止地继续下去。其实如果是在一个理性的世界中，因为双方都已经筋疲力尽，1916年本来可以是握手言和的合适年份。那位勇敢的老贵族兰斯当（Lansdowne）勋爵曾这样试过，却马上就被时人骂为国贼。

在这个时代，巴尔干半岛内战正酣，英德之间的宿怨似乎又重新抬头，我们警觉地开始意识到，今天的世界上仍然充斥了如此深的仇恨，令人恐惧。凡尔登战役还会重演吗？冷战中确曾有过这样一些关头，西方如果想生存下去，就必须做好破釜沉舟、再打一次凡尔登战役的精神准备。正如某些人所认为的，1962年10月的古巴导弹危机就是一个这样的历史关头。世人为凡尔登战役写下的墓志铭不知凡几，长久留在我脑海中挥之不去的是法国人让·杜图德（Jean Dutourd）写的那段话，他谴责同胞们1940年在精神上的不作为，宣称："臣服比战争的代价更大，你必须在凡尔登和达豪之间做一选择。"也许今天依然如此，但对于人类来说，这样的选择太过可怕了。

第1章

溃 败

> 复仇也许会迟来，但它迟早会以可怕而致命的方式降临。仇恨的种子已被播撒下去，复仇的力量终将诞生，只等有朝一日前来收割复仇的果实。
>
> ——保罗·德鲁莱德

自第一次马恩河之战后德皇大军兵临巴黎城下，到1918年春季鲁登道夫功败垂成的最后一次攻势之间，三年半的时间过去了。在这段时间里，德军始终坚守在一条设计严密、几乎坚不可摧的防线后面，严阵以待，而英法联军则一次次徒劳地冲击着这条防线，付出了难以想象的伤亡代价。

德国人只背离过一次这个让他们占尽便宜的防御战略。1916年2月，德军进攻凡尔登地区，打了法军一个措手不及。1914年入侵法国的德军有7个集团军，1918年鲁登道夫（Ludendorff）指挥63个师进攻黑格（Haig）元帅，相比之下，进攻凡尔登只动用了9个师的兵力，只能算小打小闹。但是这场小打小闹演变成了参战各方公认的那场惨烈战争中最为惨烈的一场战役，或许也是历史上最为惨烈的战役。的确，它不仅是历史上持续时间最长的战役，还在10个月的战役期间，让法国陆军近四分之三的兵力卷入其中。虽然第一次世界大战中还有其他战役的伤亡超过了凡尔登战役的，凡尔登却赢得了人类历史上每平方英尺死亡人数最多的战场这一令人不寒而栗的头衔。最重要的是，这次战役深刻地影响了第一次世界大战的整个进程。在凡尔登战役之前，德国还有赢得战争的一些希望，这些希望却在凡尔登战役的10个月期间消失殆尽。凡尔登战役之后，法军和德军再也不复战役之前的模样，以凡尔登战役为转折点，英国从法国手中接过了继续进行战争的大部分重担，而且我们不应忽视这场战役在促使美国最终参战上所起的作用。

凡尔登战役后来还成为法兰西民族的一个神圣的传奇，被公认为是坚韧不拔、英雄主义和不怕牺牲精神的同义词，可是也成了现代的"皮洛士的胜利"。"一战"落幕之后很久，这次战役的阴魂仍然久久徘徊在法兰西大地上。在那些带来凡尔登大捷的英雄当中，有一个人的名字将在一代人的时间之后，永远和另一场令人惊骇的悲剧相联系。直到今天，凡尔登战役为法兰西国家与民族打上的深深烙印仍然不可磨灭。阿尔及利亚的某处墙面上曾被刷过这样一句标语"戴高乐无法通过"，那也许并不仅仅是对凡尔登战役中著名的战斗口号"他们无法通过"的简单模仿和改版，事实上，两者之间有着更深的精神联系。

在《夜色温柔》(*Tender is the Night*)里，迪克·迪福断言："西线的战事绝不可能重来一遍了。"第二次世界大战的历史证明他说的不错："二战"当中和凡尔登战役最接近的是斯大林格勒战役，它常被人称为"苏联的凡尔登战役"。如果想要解释为什么"西线的战事"在1940年没有重现，想要解释为什么德军坦克能轻易地绕过马奇诺防线，还有为什么会有马奇诺防线，我们就需要从1916年的凡尔登战役中寻找答案。

同样，如果想知道为什么德军会在1916年被阻挡在凡尔登城下，为什么他们想要进攻号称欧洲最强的堡垒，还有法国人为什么能以如此难以置信的顽强精神抵挡住德军的进攻，我们就需要回溯到更早的一场战争，那就是命运攸关的1870年普法战争。

1870年夏天，法国对普鲁士宣战，6个星期后，法兰西的最后一位皇帝正走在通往德意志战俘营的路上，他的脸涨得通红，忍受着一颗很大的肾结石带来的剧痛。又过了4个半月，在凡尔赛宫镌刻着"光荣属于法兰西"铭文的大厅里，那描绘法军对德国人追亡逐北的天顶画之下，普鲁士国王登基成为德意志皇帝。普鲁士征服者在最终签署和平协定时，坚持主张要在条约里明确规定在巴黎举行胜利游行。后来只是由于法国民众群起抗议，法国才避免了德国枪骑兵骑马从凯旋门下列队通过这样的奇耻大辱。

希腊人曾把这种国运翻覆、命运无常的现象称为"突转"（peripeteia），翻遍史册也鲜见比法国战败后的遭遇更为戏剧化的事例了。何曾有一个充满了无尽骄傲和自豪感、物质极为丰富的伟大民族（应该说是当世最伟大的国家），在如此之短的时间里遭受过更大的羞辱？何曾有一个拥有强大尚武传统的军事强国遭受过更耻辱的失败？1870年7月，路易-拿破仑·波拿巴（Charles-Louis-Napoléon Bonaparte）的军队踌躇满志地出征，被自信地命名为"莱茵军团"（The Army of the Rhine），配备了大量德意志地图，却没有法国地图。可是两次无足轻重的败仗打下来之后，法军止不住地一溃千里。败退路上的老妪都在讥笑那些失魂落魄、衣衫褴褛的士兵。担任普军警戒侦察的乌兰枪骑兵们紧追不舍，就像群狼猎杀掉队的羊羔，又像围猎中的猎犬把惊恐的羊群驱赶向普军的大炮。结果，巴赞（Bazaine）元帅指挥下的一半法军被驱赶进梅斯（Metz），他们被围两个月无所作为，之后便投降了。另一半法军由麦克马洪（MacMahon）元帅指挥，皇帝御驾也在军中，这支部队被赶进色当（Sedan）的陷阱之中，就在默兹河下游方向离凡尔登只有40英里的地方。杜克罗特（Ducrot）将军后来评论说："我们身陷绝境，走投无路！"1870年后的法国陆军恐怕都对这种苦涩的耻辱感同身受。法军将士是亨利四世、孔代亲王、杜伦尼、萨克斯乃至拿破仑·波拿巴等历代名将的传人，他们自命是欧洲首屈一指的武士，现在自己的声名却沾染上了污点。

路易-拿破仑·波拿巴违时背运地发起了这场战争，结果不但影响了整个欧洲的未来，而且改变了战争本身的性质。这次战争运用普遍兵役制组成大军，进行了无情的围城战，用远程大炮不加区别地将围城以内的平民炸成碎片，这一切都增加了现代战争的残酷性，而几个世纪以来，战争在某种程度上曾是一种相当绅士的游戏。普鲁士的和平条件极为严苛，要求法国割让最富庶的两个省区，战争赔款数量之巨前所未有——这是为了让战败国为战争付出10倍于胜利者的代价——这些条件毒化了欧洲国际关系的氛围。这次屈辱的经历让法国陆军永志不忘。

1871年的法国精疲力竭、国库空虚、毫无斗志，全国各地都蔓延着最残酷的内战。法国的国土面积是英伦三岛的两倍，她的人民精力充沛（虽然经常被浪费在床笫之间和政治内耗上面），拥有巨大的内在能量，所以她经常能从战争的创伤当中迅速地恢复过来，并让全世界震惊。1870—1871 年的军事灾难之后，法国恢复元气的速度之迅捷、程度之完美，是空前绝后的。战争遗留下来的创伤迅速消失了。巴赞元帅很快被当作替罪羊为军方的屈辱承担责任。2 亿英镑的战争赔款虽然是灾难性的，但法国提前很久就全数付清了，1873 年 9 月，最后一名普鲁士占领军撤出了法国领土。法国经济前所未有地繁荣起来，1878 年巴黎世博会向全欧洲宣告，曾几何时那繁盛的第二帝国荣光再现，而且那光鲜的外表之下，实质上的进步更加坚实。

国家复兴在法国陆军中表现得最突出。新一代具有献身精神的年轻军官以自豪的精神面貌，大踏步替换下了第二帝国留着好斗的帝国式胡子（编者注：拿破仑三世风格的胡子被称为 imperial）的老朽们。这些年轻军官以斐迪南·福煦（Ferdinand Foch）为代表，他在普法战争时还是一名 18 岁的军校生，曾亲眼看见路易 - 拿破仑·波拿巴皇帝的军队步履蹒跚地败退经过梅斯城。整个法国陆军焕发出崭新的精神面貌，矢志要洗雪最近军队荣誉所蒙受的耻辱。因此新一代军官团迸发出了学习研究的热忱，一改旧日驻军生活中成天泡咖啡馆的空虚生活方式。这和过去的时代形成了鲜明对比。要知道，过去麦克马洪元帅曾威胁说，"任何一名居然去著书立说，把名字放在一本书封面上的军官，都休想从我这里得到晋升"。现在，军官们对普法战争进行了深刻的反省研究，军方领导人对军事体制进行彻底的改革，毫不掩饰地模仿打败自己的敌人。法国历史上第一次通过了普遍兵役制的法律，而且以连续三道的形式下达（为时 5 年的服役年限比各国的都长），同时建立了后备军官队伍。法军改革派解散了低效的旧式参谋本部，在勒瓦尔（Lewal）将军领导下建立起了参谋学院，后来又在米里贝尔（Miribel）将军领导下建立了总参谋部（État Major de l'Armée）。总参谋部在和平时期的职能是备战，更重要的是为总动员制定详细的方案，因为在普法战争期间，法军的总动员效能极其低下。在战时，总参谋部则将对法国陆军主力发号施令。事实上，这正是后来著名的总司令部（G.Q.G）的雏形。1886年，法军列装了最早期型号的勒贝尔式步枪作为制式装备，1914年大战爆发时，法军装备的仍然是这款步枪，大战中列装的大炮的口径也差不多是在这个时期决定下来的。几年后，高爆炸性的苦味酸炸药替代黑火药，成为炮弹的填充物。

在普法战争之后法国推行的诸多军事改革之中，对本文主题影响最深的举措就是在新国境线上采取的防御措施。（而且这些防御措施间接导致了未来英国的参战，不过当时还没有人能够预见这个间接效果。）普法战争至少在理论上来说是实力相当的两强之间的战争。可是现在任何一个冷静思考的法国人都能看得出来，德法两国间的实力差距正在日益拉大，德国的生育率高于法国，而且在得到阿尔萨斯－洛林地区后，德国的工业实力也将以比法国更快的速度增长。不管法军的军事改革如何成功，法军单凭这些改革措施还不足以有效地抵御德国。而且普法战争以后的新边界让法国的这个世仇距离巴黎只有不到200英里，其间还没有像莱茵河或孚日山（Vosges）这样的天然屏障。因此法军任命一位名叫塞雷·德·里维耶（Serré de Rivières）的工兵将军牵头，以史无前例的规模构筑起防御工事体系，只有后来的马奇诺防线才能超过它。德·里维耶的防御体系不仅仅是一两座像梅斯那样的要塞城市的集合，因为普法战争证明这样的要塞只是隐藏着的陷阱而已。相反，他建造了一条或者说两条由深入地下的堡垒组成的绵亘防线。这个筑垒体系以靠近瑞士边境的贝尔福（Belfort）为起点，沿山势连绵延伸到埃皮纳勒（Épinal），然后又从摩泽尔（Moselle）河谷的古老要塞城市图勒（Toul）开始，再次沿默兹河右岸的高地延伸到凡尔登。凡尔登以北是茂密的阿戈讷（Argonne）森林地带，再往北就是阿登（Ardennes）山地，那里在当时被认为是侵略军大军不可能通过的地形（直到1940年冯·曼施泰因证明大军通过这个地形并非如此困难）。在图勒和埃皮纳勒这两个支撑点之间，德·里维耶天才地故意留下了一段40英里宽的被称为"沙尔姆裂口"（Trouée de Charmes）的缺口，它就像城墙上留出的城门洞一样，目的是引诱德军入侵部队走这条路，以便早就守在防线后面的法军能轻易地向德军两翼出击，从背后切断入侵部队（也许这种预案有点一厢情愿）。当然比利时边境没有设防，只有像里尔（Lille）和莫伯日（Maubeuge）这样几处孤立的要塞。整个防御体系的主要支撑点和关键始终是凡尔登，早在沃邦元帅的时代，甚至远溯到罗马帝国时期，这里就已经是设防的要塞了。

  色当大败后，法国陆军只用了15年就在攻、防两方面都恢复了元气，这时如果和德国再打一仗的话，法国有取胜的机会，而德国却开始躺在功劳簿上故步自封。俾斯麦自己曾说过"一代人艰苦创业，下一代就一定会浪费挥霍"，他现在一边局促不安地回想着自己说过的话，一边无数次地掂量起再发动一场预防性战争的利弊，因为虽说法国的军事部署态势基本上是防御性的，但其内部不时传来的声音反映出，平静的表象之下，复仇的意愿隐藏得并不太深。法军军官在聚会时喜欢打保龄球，每当打到做成肥胖敦实的普鲁士士兵形状的球瓶时，大家都兴高采烈；而在国境线另一边，驻扎在梅斯的德国后备军人喝啤酒的杯子上，刻着"大炮轰鸣是我们的致意"这样挑衅性的铭文，还有些啤酒杯上刻着：

> 应得的奖励，献给时刻警惕地保卫法德边境的战士们。

巴黎每一场舞会结束的时候，都会有穿民族传统服装的阿尔萨斯女郎出现，她们的表演总是会受到热烈的欢迎。德鲁莱德（Déroulède）建立了一个激进的爱国者联盟，这位诗人在色当战役的时候曾作为一名列兵在法国的北非朱阿夫兵团（Zouaves）中服役，现在则全心全意献身于点燃法国人复仇之火的事业。最后，还有以布朗热（Boulanger）将军的言辞为代表的、不时爆发的狂热爱国情绪。英国驻法大使在1886年向国内做的汇报当中不无讽刺地说："共和国已经成立了16年，这差不多也是让法国人开始厌倦一种政府形式所需要的时间。"我们看到，第三共和国的领导人们已经开始遵循法国历史上所有政客的惯例，无休无止地窝里斗、折腾了，这位英国大使的评论还真是入木三分。巴黎和整个法国大部分民众的热情，一下子被时任陆军部长布朗热将军在法国国庆日隆尚阅兵中骑在高头大马上的英姿所点燃。人民群众根本不问布朗热将把他们引往何处，就一股脑地把这位将军奉为偶像一般崇拜。布朗热分子们为时9天的狂欢期间，街头巷尾到处回荡着激越的歌声，这些宣传歌曲让人不禁回想起1870年夏天的狂热情景：

> 看看这个人，他微笑着从我们面前经过，

他将为我们收复阿尔萨斯和洛林。

在柏林,俾斯麦已经准备发动先发制人的打击了,不过对于欧洲和平来说,幸运的是布朗热不久之后就在他情妇的墓前自杀,用克莱蒙梭为他写的尖刻的墓志铭的话来说,"他死得和活得都像个低级军官"。

新法国陆军最近十来年辛苦积攒起来的良好声誉,也随着这位昙花一现而又荒唐的布朗热将军一起消散。1889年的新法律把义务兵役服役年限从5年缩短到3年。军国主义本身如果长时间不能兑现许诺的话,根本无法持久。况且,法国还有其他事物能让人们从国土沦丧的痛苦中转移自己的注意力并感到心满意足。19世纪正是海外扩张的伟大时代,法国匆忙地加入了攫取殖民地的帝国主义狂潮,而俾斯麦则待在一边给法国人加油打气,他自己嘟囔着:"我的非洲殖民地图上,画的可是欧洲。"就像当年获得阿尔及利亚弥补了滑铁卢的失败一样,现在法国通过吞并摩洛哥、突尼斯、西非、马达加斯加和印度支那,来补偿自己失去的阿尔萨斯-洛林。1914年前,法国在海外统治着将近400万平方英里的土地和5000万臣民,是全世界第二大殖民帝国。当然,在某些官兵的眼里,这么广阔的海外殖民地加起来都抵不上普法战争中丢失的一寸国土,不过持有这样观点的人在当时是少数派。海外的殖民帝国给法国带来了巨大的财富和实力,后来战争爆发时,还为法国提供了50万优秀的士兵(这些都是俾斯麦当年肯定没有预料到的)。

在世纪之交的30年间,法兰西的社会生活也是丰富多彩的。"甜蜜的生活"(La Vie Douce)这个法文词都不足以描摹那个镀金时代,也许德国人充满嫉妒的表述——"在法国快活得像上帝"——形容得更加贴切。历史上从未有物质如此丰富又为如此多人共享的时代。这个盛世,是属于埃菲尔铁塔的时代,是德加(Degas)和雷诺阿(Renoir)、劳特累克(Lautrec)和莫奈(Monet)的时代;它也属于数不清的美食餐馆和加莱特磨坊、马克西姆餐厅和狡兔酒吧、女神游乐厅和冰宫,属于诗人魏尔伦(Verlaine)和兰波(Rimbaud)、作家左拉(Zola)和演员莎拉·伯恩哈特(Sarah Bernhardt)、音乐家德彪西(Debussy)和拉瓦尔(Ravel)以及其后的诗人贝矶(Péguy)和阿波利奈尔(Apollinaire);这个时代还属于数不清的新建大厦和成排民居,属于郊外森林的野餐和华丽的轻便马车,在巴黎郊外的森林里,新长成的树木已经替代了当年围城战期间被市民砍伐作为燃料的树。这是一个充满了理想和创造力的时代,每天似乎都有新生事物,电灯电话一类的发明已经成为日常生活的必需品,而医学方面的新发现让人们的寿命得以延长,能在这个翩翩浊世享受得更长久一些。自行车和足球成了人们娱乐休闲的新宠,而东方快车和其他豪华卧铺火车拉近了巴黎跟新奇而广阔的外部世界的距离。巴黎又一次习惯性地成为全世界文化和享乐的中心,就好像巴黎公社起义从未发生过一样。法国的民族自豪感因为航空先驱布莱里奥(Blériot)的壮举以及一系列体育运动方面的胜利而大大增强。在经济方面,法国也取得了举世瞩目的成就,似乎一夜之间就变成了世界工业大国。法国现在成了和英国齐名的"全宇宙的银行家"。无论在哪个方面,那都是一个镀金时代,历史上第一次,中产阶级、农民和工人都能参与分享社会所创造的财富。(好像只有葡萄园的工人受到了损害,因为致命的葡萄根瘤蚜当时正在蔓延。)工会在最近变得越来越有势力，为工人争取到了大多数所要求的权利；而且如果一壶葡萄酒只卖 30 生丁，一只火鸡只卖 7 法郎，谁又会来抱怨这样低廉的物价呢？就像"二战"后阿登纳所谓的"不做试验"的德国一样，物质繁荣让人们忘却了新的奥德－尼斯河边界（Oder-Neisse），当时法国的歌舞升平也让人不再想拿起武器并收复失地。

后来又发生了被法国人简称为"那个事件"的德雷福斯事件（Dreyfus Affair），它在十年内牢牢吸引着全国的关注和热情，让人们不再去注意远处地平线上渐渐升腾起的战争阴云。时至今日，我们很难理解当年德雷福斯事件引起的社会分裂，即使是身处最高位的大人物也身不由己地被卷进来。（新当选的法国总统因同情德雷福斯，在欧特伊赛马场看比赛的时候，被一名反德雷福斯的男爵用手杖打落了礼帽。）德雷福斯事件起源于陆军，军中的两派分裂比社会上更加泾渭分明，造成的后果也更加灾难性。大致来说，其中一派是保守派、传统分子、部分保王党、大多数天主教徒、高级将领，对立面是新派的共和主义者、进步分子以及普法战争以后成长起来的多数反教会的一代人。当德雷福斯最终被宣判无罪时，那些坚定反对这个不幸的人的高级将领们，让军中的分裂比当年布朗热引起的分裂更加严重。

事件后不久法国政坛发生的事情和德雷福斯事件也有联系，英国的旁观者们觉得此事简直就是英王亨利八世在 20 世纪的重现。1902 年，反教会的埃米尔·孔布（Emile Combes）上台执政，他所秉持的偏见简直不亚于任何一个小地方的乡下人。他决心要在法国达成彻底的政教分离，通过了一条法律，要把一切"未经批准"的宗教团体驱逐出法国（当然，某些宗教团体的确在德雷福斯事件当中施加过特别恶劣的影响）。政府关闭了教会学校，甚至禁止宗教仪式，在没收修道院财产的过程当中还出现了不分青红皂白的抢劫现象。结果军队被召来执行没收财产的命令，军官们不得不面对自己良知的拷问。类似的情况，在几年后英国的"卡勒兵变"（Curragh Mutiny）事件中也发生过。有个很典型的事例。有一名法军中校去问自己的团长打算怎么办，团长回答说："我得了感冒。"中校大怒，不顾军衔尊卑，使劲抓住团长的肩膀，大喊："你在打仗的时候是不是也会得感冒！"孔布总统的法令和德雷福斯事件一样加剧了军中的分裂。更糟糕的是，因为当初的德雷福斯事件，军官铨叙晋升的职权被从军事委员会剥离出来，并转交给了陆军部长。现在，新任命的反教会的安德烈（André）将军公然滥用手里掌握的晋升的职权。他使得军官之间互相监视打小报告，共济会法国大东方总部被用来当作侦缉军官宗教倾向的谍报机构，军官晋升的依据不是能力，而是他的政治观点、属于哪个教会，还有隔多久去做一次周日弥撒。于是，直到1917年，新任法军总司令尼维尔（Nivelle）这位令人尊敬的新教徒，在听说司令部驻地以前曾是天主教神父的布道堂时，居然还会大发雷霆。福煦的弟弟是耶稣会士，德·卡斯特尔诺（de Castelnau）上战场的时候还带着自己的神父，这样的军官在晋升方面总是吃亏。1911年，新任法军总参谋长故意在复活节前一个星期五耶稣受难日——天主教徒的斋戒日——公开吃肉，这种行为绝非巧合。

德雷福斯事件、孔布总统和安德烈将军之后，法国发生了由社会主义者引领的自1870年来最强烈的反军国主义运动。所有的政治家都不信任军方总参谋部，陆军的声誉降到了普法战争以后的最低点。1905年通过的新法令把兵役期限缩短到2年，陆军员额从 61.5 万人下降到 54 万人。1906 年，法国南方有一个团在受命前往镇压经济破产的葡萄园农民骚乱的时候发生了兵变。1907 年各地应服役青年当中有 36% 逃避兵役。以上种种都发生在国际环境日益恶化的大背景下。在德国，俾斯麦去职，他至少还希望维持欧洲和平，而且知道如何去做。而新近掌权的德皇留着好战分子的小胡子，因左臂萎缩而有严重的自卑情结，无论在个人情绪还是国家政策方面都在大幅度地摇摆着，结果即便是身居高位的德国人都怀疑他的精神是否正常，他们想起百年前一位"西里西亚女巫"曾做出的预言，说在这样一位国王统治之下，灾难将会降临德意志。德皇对法国发生的政治动荡了如指掌，在总参谋部那些势力愈盛的军头的怂恿下，跃跃欲试地想要冒险，而投机是所有国家领导人最容易犯的错误。他一开始试图干预摩洛哥，却根本不清楚自己要达成什么目的，更不知道怎样收场。

1911 年的阿加迪尔危机之后，法国和德国都出现了备战热潮。很多法国年轻人都认同司汤达的话："19 世纪的物质享受和时不时出现的危机相结合，那才是完美的文明。"他们不在乎危机以什么形式出现。在法国，民间情绪数年之间就从反军国主义转向了另一个极端，这相当异乎寻常。作家莫里斯·巴雷斯（Maurice Barrès）接过了德鲁莱德的衣钵，他小时候见到过喝得醉醺醺的法国士兵战败后从战场上爬回来的场景，现在站出来教唆法国的年轻人如何英勇而优雅地牺牲（他更加危险的言论是教唆法国青年蔑视德国的武器）。巴雷斯的文章比德鲁莱德当年的文章更受社会的追捧。

1913 年，法国将义务兵役服役年限恢复到 3 年，这一举措受到全国一致的欢迎。到大战前夕，由德雷福斯事件和孔布总统引发的国家和军队内部的分裂似乎奇迹般地弥合了。雷蒙·普恩加莱（Raymond Poincaré）当选为法国总统并得到举国一致的支持，他的家乡是洛林，本人是个坚定的复仇主义者，还曾经当过法国施耐德–克鲁佐军工帝国的法律顾问。当法国国内各阶层结成神圣联合（Union Sacrée）准备战争的时候，所有法国政治家，连同左翼的和平主义者在内都对此衷心拥护，自拿破仑一世皇帝的时代以来，法国还没有出现过如此团结一致的情景（后来的第三、第四甚至第五共和国期间也没有再现过这样的团结局面）。1914年，法国治安警察首脑自信地宣称："工人不会反叛，他们会跟着军乐团前进。"即使是年逾七十、一向反战的诗人安纳托利·法朗士（Anatole France）都在尝试加入军队。当战争来临的时候，法国没有什么"打到柏林去"之类不切实际的叫嚣，这和普法战争开战时的情况形成鲜明对比，取而代之的是一种沉静、团结、脚踏实地的氛围。

法国陆军士气之高涨前所未有。自从普法战争结束以来已经过去了很多年，这些年里发生过很多"分散注意力"的事件，但那些献身于光复失地、洗雪战败耻辱的人们始终高高擎举着指路明灯，让它在这些年里薪火相传，不曾熄灭，而今愈见明亮。法军曾预计，总动员时期开小差的士兵会达到13%，实际上还不到1.5%，战争第一年可怕的冬天里，法军开小差的士兵总共只有509人。多年来，驻守蓬塔穆松（Pont-à-Mousson）的法军龙骑兵已经养成了手里抓着绳梯睡觉的习惯，以防遭到德军骑兵团的越境奇袭。德军曾吹嘘说一开战就能把他们从睡梦中俘虏。这一次，法军至少在某些方面真正地准备好了作战。实际上，法军的备战有可能做得太过了一些。

普法战争后，法军逐渐恢复士气，并完成了德·里维耶防御体系的构建。至此，他们也越来越倾向于放弃守势思维。法军对普法战争的研究得出的结论似乎让他们相信，战败最主要的原因就是缺乏进攻精神。很多人都在谈论，采取攻势更切合法兰西的民族精神，因为早在1525年的帕维亚战役中法军就萌生出了被称为"法兰西狂怒"（furia francese）的精神，这种精神后来又体现在丹东在1792年凡尔登防御战期间的名言"果敢，果敢，永远果敢"之中。这种新的思潮也非常切合伯格森（Bergson）那种风靡法国的强调"主动精神"的哲学思想。随着实战经验越来越久远，法军当中的进攻哲学也越来越脱离现实。战前，经历过南非大草原上布尔战争的英军观察员在观摩法军军演时，经常震惊于法军对就地匍匐隐蔽的反感。法国战争学院（École de Guerre）极少研究美国内战、布尔战争以及最近在中国东北发生的更有价值的战事（日俄战争）中成功的防御战经验。事实上，战争学院根本就很少做任何形式的实际研究，所以很自然，1913—1914年期间，德国出版了300部关于战争的著作，而法国只出版了50部。

在战前关键的几年里，总参谋部作战处长德·格朗梅松（de Grandmaison）上校成为所谓"猛烈进攻"（L'attaque à outrance）教条的主要传道人。他和他的支持者们策划了法军时任总司令米歇尔的倒台，因为米歇尔关于如何防御德军进攻的作战思想过于理性，不为他们所喜。其后，霞飞（Joffre）将军继任法军总司令，因为霞飞是工兵出身，大部分军事生涯都在海外殖民地度过。格朗梅松等人觉得霞飞不懂军事理论，会是个很好用的傀儡。

法军从上到下都被灌输了德·格朗梅松那夸张得近乎神叨的无稽之谈："在进攻当中，一往无前才是最好的审慎……我们甚至需要走上极端，而且就是这样也可能还不够……在进攻当中，你只需要知道两件事——敌人在哪里和如何进攻。敌方的意图根本不重要。"刚入伍的士兵应当学会背诵如下的"教义问答"："开战伊始，每名士兵都必须渴望上刺刀冲锋，这是把自己的意志强加于敌并获得胜利的不二法门……"德·格朗梅松进攻哲学的另一个论点，源自普法战争中法国遭到侵略的黯淡记忆。它死板地主张，如果敌人哪怕有一刻胆敢采取主动进攻的话，那么对每一寸国土都一定要不惜任何代价地加以保卫，对丢失的国土则必须马上发动反攻加以夺回，不管此时反攻有多么不利，都在所不惜。这是一个非常严格的教条，不执行这个教条的军官将会丧失荣誉并受到军事法庭的审判，因此法军将领们根本不愿意进行必要的战术机动。[1]即便像福煦这种法军当中首屈一指的军事思想家也遵照格朗梅松的原则行事。只有像贝当（Pétain）上校这种为数很少的军官才拒绝接受这样的教条，贝当认为"火力能杀人"，任何一支奉行"猛烈进攻"原则却缺乏重武器支援的军队都会遭到火力的重大杀伤。贝当离经叛道的异端邪说导致他很久得不到晋升。格朗梅松的进攻教条后来将会让法军无谓地损失数十万最勇敢的将士。它最终被法军摒弃了，而格朗梅松本人则在1914年底之

---

[1] 战后曾有一名法国将军如此评价这种"寸土不让"的致命教条："前线基层单位每一个营连都得到了此类要求立即收复失地的命令。他们会质疑，让前线的士兵们因地制宜地决定最好的反击策略不是更合适么？这个教条不允许指挥员暂时后撤几公里，把敌人从设防阵地引蛇出洞，然后用火力痛击使之乱作一团再发动反攻。"（引自Percin的《我们的步兵被屠杀》）后面我们将会看到以上评论用在凡尔登战役期间真的是太贴切了。

前，带领一个步兵旅试图证实自己理论的正确性，为国捐躯并获得了"荣耀"。

格朗梅松教条对军队的装备当然也会产生各方面的影响。1909年，法军总参谋部在议会预算委员会的代表发言宣称："诸位和我谈论重炮，感谢上帝，法军根本没有重炮。法国陆军的实力在于大炮的轻型化。"1910年，时任参谋学院院长福煦曾说："飞行是一项很好的运动，但对陆军来说百无一用。"那一年圣艾蒂安机枪被采用为法军的制式装备，可法军步兵总监说，重机枪"根本不会改变任何事物"。这种机枪精密复杂，给部队带来不少麻烦，部队认为在演习中把它抬出来放到媒体记者面前抖抖威风挺好的，其他时候就扔在连部不用了。法军认为机枪和重炮都是跟格朗梅松的进攻精神背道而驰的装备，而精打细算的政客们也很高兴支持把它们从陆军预算里面砍掉。（格朗梅松的进攻精神流毒甚广且常常死灰复燃，即使在大战爆发以后，基钦纳［Kitchener］还对穆雷［Murray］将军说，英军即便在没有炮火支援的情况下，也应该有能力夺取敌人的阵地，而他的佐证是自己当年在东非与当地土著士兵作战时的经验！）任何事情都取决于福煦所谓的"征服的意志"，再加上刺刀和75毫米野战炮的支持就够了。75毫米野战炮的确是一件优秀的武器，它远远超前于自己的时代，与当时军队中任何一种野战炮相比，它的射速更快，射程更远，精度更高，也更加机动灵活。对格朗梅松学派来说，75毫米野战炮就是"圣父、圣子、圣灵三位一体"，后来魏刚（Weygand）将军讽刺地加了一句"要是在它周围再加上几个圣徒环绕就更好了"。75毫米野战炮虽然在开阔地带的战斗中（这也正是格朗梅松所设想的理想战争形态）性能卓越，可它不适合用作掩护火力，而德军大量装备的榴弹炮更加适于这个用途。此外，75毫米野战炮的炮弹太小，打堑壕的威力不够。不过在大战期间，75毫米野战炮毕竟不止一次拯救了法国，而且是法军从战争一开始装备数量就充足的一件兵器。（可是75毫米野战炮的炮弹数量并不充足，福煦和其他将军们在一份报告中指出，在持续数周的高强度作战中，炮弹数量不足是一个大问题。）与此同时，法军步兵头戴红色平顶硬军帽，穿着第二帝国时期的红色马裤开上了战场，以便让敌人看个清清楚楚，被来势汹汹、浩浩荡荡的法军气势所吓倒，所以法军非常蔑视改穿不那么显眼可是更实用的野战灰色军装的德军。还有一件事和1870年普法战争时的状况相类似：法军这次还是配备了大量的德国地图，却缺乏法国地图。

德·格朗梅松根据霞飞的授意，起草了灾难性的第十七号计划。战争爆发的时候，5个法国集团军中的4个，总共拥兵80万，将向前进攻，主要矛头指向丧失的阿尔萨斯-洛林地区，目标是莱茵河。法军的战略目的是在德国笨重的战争机器发动之前就先发制人。可是法军总参情报处是格朗梅松教条的好学生，根本就不想费事去了解敌方的战略意图是什么。

在19世纪末，有两个因素迫使德军总参谋部全面修改其战略计划。其一是德·里维耶的要塞防御体系，它的建成意味着，沿传统路线进攻法国，德军将付出惨重代价，战争将旷日持久。其二是法俄联盟，它意味着德国面临两线作战。以上现实迫使德国最优秀的军事家设计出自己同样出名的战略计划：这个人便是1891—1906年间担任德军总参谋长的冯·施利芬（von Schlieffen）伯爵。按施利芬计划，德军应在俄国尚未动员完毕的时候，就以闪电战击败法国，然后集中全力回身对付东线。德国将故意削弱莱茵河一线的防守兵力，引诱法军主力向这一带进攻，同时德军主力迅速通过比利时包抄法军侧翼。德军将在巴黎以西执行巨型迂回动作，从后方包抄瑞士边境的法军主力。这个计划就像一扇旋转门，而法国的十七号计划实际上为这扇门的旋转增添了动量，正中施利芬下怀。

可是对法国人来说幸运而对德国人不幸的是，施利芬的继任者小毛奇改动了这份伟大的计划。小毛奇虽然是伟大的老毛奇的侄子，可他们之间相似的地方，类似于路易-拿破仑·波拿巴和他伟大的伯父之间相似的地方。小毛奇的意志不够坚强，又半心半意，他是"一战"期间一系列自取灭亡的平庸统帅当中的第一位。据说施利芬临死前最后的遗言是"加强右翼"，可是小毛奇害怕法军推这扇旋转门推得太用力可能引发的后果。结果在德军拥有援兵的时候，他把其中的 8 个师派往左翼，只派了 1 个师增援右翼。更糟糕的是，他削弱了东线战场的掩护兵力，结果在马恩河战役的紧要关头却不得不抽调 2 个军去东线拯救东普鲁士，因为俄军的威胁大大超过了预期，而这 2 个军本来可能会让胜利的天平倾向德国一边的。

虽说 1914 年的德军跟 1870 年的德军相比强大了很多，可前者是大棒，而后者则是轻剑。德军在"一战"中没有进行过在萨多瓦战役中针对奥地利那样的佯动。如果说法军当中政治和宗教对军官晋升产生了恶劣影响的话，那么德军当中的"等级制度"也阻碍了像鲁登道夫那样出身寒微的优秀军官的晋升。德皇身边的人惯于愚蠢的溜须拍马。在进行图上演习的时候，德皇指挥的一方总是会大获全胜，这也对德军产生了负面的影响。而且进攻法国的德军足有150万之众，这是世界历史上最大的一支军队，像小毛奇那样能力平庸的人，是很难有效地指挥这么庞大的一支军队的。德军的优势主要在于优秀的士官阶层、后备军系统（这套系统当年完全骗过了路易-拿破仑·波拿巴，今天同样骗过了霞飞），以及先进的武器。法军每个团只有6挺被自己看不上的圣艾蒂安机枪，德军拥有效能极好的马克沁重机枪，而且将其下发到前线士兵，而不是归连部司务长集中掌管。法国陆军总共只有300门重炮，德军有3500门。法军重炮大多是19世纪80年代制造的，采用旧式120毫米口径，而且没有炮身制退复位机构，所以得架在炮位上使用，而德军装备的210毫米和150毫米大炮在各方面都碾轧法军的120毫米炮。在"超级重炮"方面，法军只能依赖有限的270毫米迫击炮，有些制造于1875年，而德军崭新的280毫米重炮能把重达750磅的炮弹发射到6英里以外。而且德军还拥有420毫米的巨怪"大伯莎"炮（Big Bertha），由克虏伯公司秘密制造，能够轰平被认为"坚不可摧"的比利时要塞，后来这些重炮让凡尔登的守军闻风丧胆。[1]

---

[1] 很多人误以为1918年德军用来炮击巴黎的超远程大炮的名字叫"大伯莎"，其实这是错的。真正的"大伯莎"炮（其名称来自克虏伯家族女继承人的名字）是短管迫击炮，射程有限。

第 2 章

马恩河战役的胜利者霞飞

前进！不幸中弹的同志在身边倒下，
但死亡又何足惧。坟墓万岁，
民族将从这里获得新生。
前进！

——保罗·德鲁莱德

雪崩来了，那些造成雪崩的跳梁小丑连同那些徒劳地试图阻止雪崩的人，都一同被卷得无影无踪。雪崩造成的狂风，把史无前例的繁华连同无穷无尽的希望，都吹散殆尽，当初就连贫穷落后、尚未完全走出中世纪的俄国都开始加入了这场繁华的盛宴，而今的欧洲却跌落进又一个黑暗年代，直到今天都没有走出它的阴影。以后的4年当中，这场狂暴的雪崩是世界唯一的主宰，无论什么样的政治军事领袖，在这种毁灭的洪荒之力面前都显得如此软弱无力，他们出自纤弱的爱德华时代的欧洲，从未见识过这样宏大的毁灭之力，更没有受过如何控制它的训练。

令人沮丧的是，法国开战时，军事思想之落后、物质之匮乏，与1870年的情形相似至极。但这一次起码法国的动员体系还是起了作用，而这在很大程度上要归功于霞飞，他是铁路运输方面的专家。4278列火车满载着将近200万士兵到达指定位置，其中只有19列火车晚点。这是一个令人惊叹的成就，可是德国人的动员效率更高。130万后备役军人开赴前线，而霞飞受了德皇"不把一家之主送上战场"宣传的欺骗，没想到初战就会碰到德军预备兵力。法军执行第十七号计划时所遭遇的德军兵力雄厚，于是霞飞认定敌军主力就在法军面前，结果德军以主力结成巨型方阵，横扫列日，转而打击法军的背后，让霞飞措手不及。

德、法两支大军（外加英国当时能抽调的4个优秀的师）在一场名垂青史的大战当中迎面相撞。一方是纪律严明、精力充沛、向前进攻的灰色军团，对自己的数量优势和民族优越性深感自豪，高唱战歌：

胜利！我军将击败法国，
像英雄一样为国捐躯。

在多年中产阶级的繁荣岁月之后，这些年轻人比欧洲其他国家的同代人更渴望"建功立业"。他们中有人曾说，"战争就像醇酒一样容易让人上头。世上没有比战死更光荣的死亡了……我宁愿做任何事情也不愿意待在家里无所事事"。他们第一次看到被炸碎的尸体，并为之着迷，因为"战争的残酷毫无疑问是把我们引向战场的吸引力之一，这种吸引力无可抵御"。检阅士兵的德国皇太子觉得，这些年轻人都是"双目炯炯有神、斗志昂扬的德国战士"。

战争另一方的年轻人则充满复仇的强烈渴望，他们迅捷的脚步伴着军乐团的音乐，嘴里则唱着更为悠扬的歌词"为国捐躯是最高的光荣"。弗伦奇（French）将军手下的士兵惊讶地发现，这些1914年的法军战士都是些优秀的小伙子，甚至比自己还要更强壮、更坚强。法国的战士把阿尔萨斯境内的国境线标志拆下来，送到德鲁莱德墓前告慰英灵。当他们发现敌人的时候，冲锋号比醇酒更能激起法国人不顾一切的冲动：

让我们举杯高歌！
让我们举杯高歌！

整条战线上，穿着红色长裤和厚厚蓝色外套的士兵们身背沉重的背囊，举着有些笨重的长刺刀，在戴着白手套的军官身后组成两排横队。很多人唱着《马赛曲》。在8月的酷暑中，笨重的法军队列有时在距敌军阵地还有半英里之遥的地方就展开了进攻队形。德军机关枪从来没有发挥过如此高的效能。挤满了法军的战场很快就铺上了一层红蓝相间的地毯。属于另一个时代的骑兵穿着他们熠熠生辉的胸甲，看上去令人赏心悦目，他们徒劳地一次次纵马向正在屠杀法军步兵的德军机枪阵地发起冲击。这是一幕可怕的场景，但最可怕的是，这种场景是可预见的。1914年那种疯狂而高尚的勇气，令人想起挤在一起结队游向大海的小旅鼠。但是，那可不能被称为战争。

开战后整整一周，法国的新闻审查官只放出法军占领米卢斯（Mulhouse）的消息，却屏蔽掉了那些关于伤亡数字的令人不快的细节，全法国都屏住呼吸，觉得第十七号计划也许能够成功。《晨报》（Le Matin）胜利地宣称："法国国土上不留一个德国人！"信使却把一份又一份来自前线各地的内容雷同的灾难消息雪片般地送进了霞飞的司令部。在边境战役可怕的两周时间内，法军伤亡失踪30万士兵以及4778名军官——相当于整个军官团人数的十分之一。德·卡斯特尔诺的第2集团军本是向莱茵河进攻的主力，却在南锡城被击退，近乎溃败，福煦指挥的精锐部队第20军的损伤尤其惨重。在战线北方，德军右翼席卷而来，迫使法军和英国远征军向马恩河撤退。如果是在1870年，这样一场溃败很可能会导致色当投降那样的灾难，可是今天的法国不是当年路易-拿破仑·波拿巴和勒布伦时代的法国。冯·克鲁克（von Kluck）自作主张，犯下了历史性的向内翼转折的错误，结果把德国第1集团军的侧翼暴露给新组建的巴黎守军。巴黎卫戍司令加利埃尼敏锐地发现了德军的破绽，霞飞也把正在撤退的法军各集团军调转方向，这才造就了"马恩河奇迹"。[1] 至此，德军失去了一战定乾坤的机会（胜负其实悬于一线），不过协约国还要经历4年血战才能证明这一点。德军强大的攻势终于被制止住，他们开始撤退了，而法军也筋疲力尽，无力扩大战果，击溃敌军。之后双方开始向海峡进军的侧翼行动，都想要通过所谓的"向大海进军"来迂回对方的侧翼，这是这次大战中运动战的最后一次尝试。

到1914年秋季，战争双方建立起一条从瑞士绵延到比利时海岸的静态战线。这条战线不是依据自然地理障碍而划分的，它的形成实是因为双方都再也无力进攻了。（令人震惊的一个例外是，凡尔登地区的堡垒形成了一个巨大的突出部，像流到腹腔外面的

---

[1] 我们不应该忘记俄国人对"马恩河奇迹"所做的贡献。俄国不等自己的部队动员完毕就对东普鲁士发动了奇袭，结果在法国战局最关键的时刻，小毛奇被迫把西线急需的两个军调往东线救急。在后来的战争进程中，俄国不止一次出手救了法国。

肚肠一样戳在战线以外。）西线战事头 5 个月双方的伤亡超过了以后每一年的伤亡数，德国损失大约 75 万人，法国 30 万士兵阵亡（比英国在整个第二次世界大战期间的阵亡总数还多出五分之一），另有 60 万人受伤、被俘或失踪。可怕的堑壕战从此开始了。

霞飞因马恩河的胜利而声名煊赫，成了整个协约国阵营中最有权势的人物。战役前，巴黎城里能够听到德军的炮声，玩世不恭的美国记者们公开打赌明天巴黎会不会变成"德国的一座省城"，法国政府匆匆迁往波尔多（Bordeaux）躲避兵锋。关于波尔多临时政府驻地部长们奢华生活的谣言传到了前线，而且被大大夸张了，从此在整个战争期间，波尔多成了一个骂人的词。政客们的声誉跌落到几十年来的最低点。因为政府迁离，法军总部得以全权担负起指挥战争的重责。后来一位部长说，法军总部自身变成了名副其实的"政府"。在拿破仑之后还从来没有一个法国人像霞飞一样大权在握。每天，他都会收到成车的礼物，很多盒巧克力和雪茄，手下军官光是回复热情的崇拜者的来信就应接不暇，而霞飞居然能找出时间来愉快地一一加以阅读。

约瑟夫·霞飞（他的中名居然叫恺撒）是个出身寒微的箍桶匠的儿子，兄弟姐妹 11 人，他和福煦以及卡斯特尔诺是同乡，都来自比利牛斯山区。普法战争期间，霞飞是巴黎综合理工学院的学生，被派往万塞讷（Vincennes）地区学习炮兵技术，后来在巴黎围城战期间，所属部队上尉指挥官的精神垮掉了，他站出来代理指挥了一座炮台。从理工学院毕业成为工程兵不久，霞飞被派往印度支那，此后多年都在为法国的新殖民帝国服务。1894 年，他在法国征服廷巴克图（Timbuctoo）的战争中指挥一队士兵，成功地组织了本队的后勤供应,第一次崭露头角。33岁时,霞飞成了全军最年轻的工兵中校。其后,他又从廷巴克图调往马达加斯加,直到1904年才奉命回国出任工程兵总监。1906年到1910年,霞飞先后担任师长、军长,为期都很短,这也是他仅有的指挥步兵大部队的经历。

1910年,霞飞进入最高军事委员会,第二年出任总参谋长,上文提到过,他升职最主要的原因是作为一个"忠实的共和主义者"而不是军事才华。不过应该承认法国的要塞工程体系和重炮兵在1904—1914年间的确得到了不少改良,而且他还及时促成法国通过了1913年兵役法。霞飞是一个有天分的组织者,不过他身兼法军主力部队的总司令,这一职责要求他必须是第一流的战略家和战术家,但他并不具备这样的才华。

"老爹"霞飞在战争爆发的时候年近63岁,是鳏夫,1914年经常见到霞飞的斯皮尔斯(Spears)记载道:

> 他穿着肥大且不合身的马裤,套着高筒马靴……他的下巴有棱有角,透露着坚毅。他头发很白,蓝眼睛颜色非常淡,接近无色,上面的两道浓密的眉毛呈现出盐和胡椒般的颜色,以白为主。他的胡子很浓密也已经花白了,而声音的语调很平,缺乏起伏,这一切都几乎让人以为他是个白化病人。他把帽子戴得很靠前,这样帽顶能遮住双眼,所以他看人的时候得把头微微仰起来才能看见。他很富态,动作缓慢,肌肉不算结实,穿的衣服会让伦敦萨维尔街的高级定制裁缝们笑掉大牙,可他的仪态表明他确实是一名战士。

从多种意义上来说，霞飞身体上最突出的部分是肚子。他的胃口之好已经成了传奇，手下的参谋军官们常看见霞飞一顿饭独自吃掉一整只鸡，所以他在饭桌上向来少言寡语，因为他就算想说话也根本腾不出嘴来。霞飞一直到死胃口都好。在他弥留之际，有一位医院看护想给他喂几滴牛奶，结果他突然睁开眼睛，抢过杯子把牛奶一饮而尽，然后才重新睡去。霞飞曾有一次摸着自己的肚皮，批评一位将军"没有肚量"，他自己在这个方面的突出特点无疑有助于他被那些对军中鹰派疑神疑鬼的民主派政客们所接纳。

霞飞毫无疑问是个饕餮之徒，这既是他的主要优点也是缺点。他不是用心思考，而是用胃思考的，拥有和农民一样的先天的机灵劲儿。即便他的忠实拥趸和传记作者德马兹（Desmazes）将军也提到过霞飞学识异常缺乏。战前他几乎从不阅读军事理论书籍，战后他根本没有读过任何一本分析世界大战的书，尽管他自己曾在这场大战中起过如此重大的作用。他完全缺乏好奇心和想象力。黑格曾高高在上地评论霞飞，说"这个可怜的人不懂如何跟人争论，也很难看懂地图"。不过霞飞和黑格至少有两个地方很相像。一个是沉默寡言的性格（简直不知道他们两个在一起时有没有任何交流）。但是黑格的沉默寡言是因为不善言辞，而霞飞是因为他本就脑子空空。霞飞每次造访下级指挥部，部下想要从他那里得到一些明确的指示，但从来都听不到什么有意义的东西。有个挺有名的故事——一名炮兵上校就某个棘手的问题专程前来请教霞飞，总司令听了一会儿，然后拍拍上校的肩膀，简短地回答道："你一向热爱你的大炮，这很好。"每当有政客攻击霞飞的时候，他都很善于以沉默应对，就像一只刺猬一样"把自己蜷缩成一团"，对手无可奈何，只好徒劳而归。

霞飞魁梧的身材跟极佳的胃口给他带来的最大优势是极端坚强的神经以及几乎非人的冷静沉着。在总司令部驻地尚蒂伊，霞飞每天的生活极其规律。就算国家发生了灾难，他也绝不允许自己的生活节奏被打乱。每天早晨不算很早的时候，值班的军官向他简要汇报前一天晚上发生的事件。11点，将官把需要签发的命令交给他。中午12点，霞飞会享用午餐，如果午餐有一点耽误，他就会勃然大怒，虽然不会在表面上发作出来。自卡斯特尔诺被任命为霞飞的参谋长后，霞飞午饭后一般都由卡斯特尔诺陪同，在尚蒂伊森林里散步——他背着手，左腿有点瘸——他们俩走到一条固定的长椅就会坐下来，霞飞打瞌睡，卡斯特尔诺发呆。下午，霞飞接见访客，5点，将官再次把下午的军令带给霞飞签署。傍晚7点，霞飞吃晚饭，饭后则立即上床睡觉。他睡得像孩子一样香，和蒙哥马利一样严令部下不得以任何理由打扰自己睡眠，重复一遍，任何理由都不行。霞飞痛恨电话，因为电话会打乱他的工作节奏，即便在马恩河战役的危急时刻，他都拒绝接听总统打来的电话。两名副官日夜值班保证霞飞的作息规律不受打扰，其中一个人是忠实的陶泽里埃（Thouzelier），霞飞亲昵地叫他"圣陶陶"（sacré Tou-Tou），后来霞飞去职，陶泽里埃是唯一追随霞飞离去的军官。在战争的危急时刻，霞飞会在"陶陶"的房间里，跨坐在椅子上，看着这两名副官通过电话传达命令。当战况危急时，唯一能从他那里看到的迹象，就是他会不停地把钢笔的笔帽拧下来再拧回去。这就是在那最关键的两年里，法国历史上规模最大的陆军的司令进行指挥的方式。

英国陆军元帅亚历山大在回忆录里曾抱怨说，"一战"期间他作为低级军官奋战沙场的时候，"从来没有一名旅长以上的高级军官亲临过我所在的前线"。霞飞也不例外，他偶尔视察前方地区，也只有在授勋和检阅部队的时候才会见军长以下的军官。他无法忍受看到战争现实的残酷，因为那会打破他精神的宁静。这是霞飞和黑格第二个类似的地方。黑格的儿子曾说父亲"认为自己有义务避免视察伤员收容站，因为这会让他浑身不舒服"。霞飞有一次在给一名双目失明的士兵颁发军人勋章（Médaille Militaire）后说道："我再也不能看这样的景象了……否则我就再也没有勇气下令进攻了。"这是唯一一次有关霞飞表露个人情绪的记载。霞飞篇幅冗长的回忆录当中没有一处提到过人的因素，也没有提到过手下士兵遭遇的可怕处境。在1914年，霞飞随时带着一个小笔记本，就像农民记录自己家有多少麦子一样记录着前线还剩多少弹药，如果霞飞在小本本上精确记录下伤亡数字的话，也许会对法国有更多好处。第一次世界大战当中，很多将军都无法有效地指挥手下突然变得很庞大的部队，所以经常会把伤亡看成军需总监账本上的数字而已，而霞飞作为一名工兵，一名技术军官，在这一点上表现得尤为突出。

但对于法兰西这样一个热情外向、容易冲动的民族来说，霞飞最大的贡献就在于他异乎寻常的沉着冷静。德皇曾预言过："战争中神经更加坚强的那一方将会胜利。"有一名法军士兵在匆匆写下的日记里总结了前线士兵的感受，说法国"拥有一名最严峻的形势都无法将其动摇的领导人……1870年我们缺的就是这样一个人"。霞飞即便在自己的第十七号计划被粉碎的当口也没有惊慌失措，这拯救了法国。在马恩河战役中，如果是冲动的福煦来指挥，法军反攻也许会太早；如果是谨慎的贝当来指挥，法军反攻也许会太迟；而镇定自若的霞飞（在富有洞察力的加利埃尼的催促下）则抓住了最佳的反攻时机。但霞飞的这一性格优点中也潜藏着危险性。因为他一向睡得很香，于是全国到处都在传说"如果事态真的危急，他不会睡得那么香"，但这个说法经常会误导整个国家，也会误导霞飞本人对形势的判断。霞飞的自信不可动摇，他自己在1912年就预言说："战争将会爆发，而我会打赢它。"即使在1914年11月，他还拒绝签署命令为部队普遍配发钢盔，他声称，"我们根本没时间造出足够多的钢盔，因为只要两个月，我就能拧断德国佬的脖子"。糟糕的是，法军总司令部里那帮阿谀奉承的军官们也沾染了这种自信和自负的乐观情绪，并相互影响，相互加强。

霞飞长期在殖民地服役，不在本土，所以他面临的问题一如"二战"时期英属印度陆军的奥金莱克（Auchinleck）在指挥西部沙漠战役时所遭逢的。霞飞就任总司令的时候并不了解部下军官的服役记录，因此很难对法军将领的能力做出准确评判，可是当战争检测出军官的能力不足时，霞飞的反应甚是雷厉风行。到马恩河战役的时候，法军5名集团军司令中的2个、20名军长中的10个、72名师长中的42个要么被撤职，要么被派到利摩日（Limoges）出任闲职，以至于法语中出现了一个新词"limoger"（调充闲职）。但是轮到应该清洗总部里那些德·格朗梅松的信徒时，霞飞就显得优柔寡断，这也许是因为总部那帮人的势力太强，也许是因为他自己不够聪明，所以喜欢在身边留用一些平庸之辈。但可以确定的是，法军总司令部要为霞飞在位时法军许多最严重的军事灾难负责，而其在国内激起的敌意，也在很大程度上导致了霞飞最终去职。

法军总部独自驻扎在尚蒂伊的宫殿里，充斥着阴谋诡计和互相拆台的风气，让人想起路易十五的凡尔赛宫廷。多数军官都想踩着别人往上爬，结果总部的各个部门都不想跟其他部门通力合作，而是相互分割、自成一体，搞独立王国。英国首相阿斯奎斯（Asquith）很少说出金句，却有一段形容英国陆军部的妙语。他说陆军部里只有三种人，"一种人欺骗公众，另一种人欺骗内阁，而第三种人欺骗自己"，这话用来形容"一战"的法军总部更加贴切。法军总司令部二处（情报处）用来计算德军损失的方法很奇怪，它基于某种令人惊叹的种族自信，假设每2名法军阵亡就会有3名德军被打死。其实，真实情况往往总是反过来的。三处（作战处）被二处的情报所迷惑，制订出来的作战计划完全是在纸上谈兵，出了尚蒂伊这座象牙塔根本行不通。法军总部拥有自己庞大的宣传机构，任务是欺骗外界，所以总是能够证明自己存在的价值。法军总部里最典型的一名军官，可能就是派驻普恩加莱总统办公室的联络官佩纳隆（Pénélon）将军，他被称为"四月微笑"（April Smiles），能把最糟糕的灾难说成伟大的胜利。1914年之后，法国政府得不到人民信任，权力根基削弱，因此几乎无法干预法军总部这样一个针插不进、水泼不进的强大独立王国的内部事务。

我们可以将霞飞的作用总结为：因为霞飞，战争几乎打输了，可要是没有他，战争肯定会打输。

整个1915年，德军都在俄国战场上采取凌厉的攻势，却在法国战场上保持着防御的态势。唯一例外是德军4月份在伊普尔发动的第一次毒气攻势，那次德国人几乎突破了防线。同时霞飞和法军总部遵循着所谓的"蚕食策略"（grignotage），顽固不化但代价高昂地不断试图消耗德军实力，有人把这种战略形容为"想用没装好的假牙去咬穿一扇铁门"。法军发动了一系列攻势，每次都试图突破德军防线，迫使德军撤到开阔地带。（黑格和霞飞的乐观主义臭味相投，他在年初曾告诉《泰晤士报》记者雷平顿［Repington］，只要有足够的炮弹，"我们能在好几处地方闲庭信步般地走过德军防线"。）可是每次德国人只是在坚硬的白垩土地上更顽强地掘壕据守。5月，福煦用18个师在阿图瓦（Artois）发动了第一次进攻，只有贝当的33军取得了一定的进展，但也只前进了2英里，而且没有后备队来填补缺口、扩大战果。法军损失了102,500人——两倍于德军——然后被迫停止进攻。9月，霞飞再次发动进攻，这次还有一个目的是救援东线被兴登堡－鲁登道夫攻势打得屁滚尿流的俄国人。霞飞的9月攻势比上次更加雄心勃勃，法军同时在阿图瓦和香槟发动进攻，英军则在卢斯发动自己在本次大战中的第一次主要攻势。进攻前的炮击比以往更加猛烈，可是持续时间太长了，等到步兵发起冲锋的时候已经完全丧失了突然性。德军在应对春季的阿图瓦攻势时还只设有一道防线，可是这次在香槟，法军突破了第一道防线之后，却被德军第二道防线上的机枪纷纷扫倒。这第二道防线乃是德军在法军警示性炮击下，匆匆在第一道防线高地的反斜面挖就的。这次就连贝当也无功而返，他的33军只攻占了一处公墓。在香槟地区，卡斯特尔诺在无望达成突破的形势下错误地一味坚持进攻，以为已经在德军防线上打开了一处突破口。法军伤亡之大超过以往任何一次，法军损失242,000人，德军损失141,000人；在卢斯，英军损失50,380人，德军损失20,000人。

联军每次攻势失败基本上都是因为缺乏重炮和各种类型的弹药。贝当在阿拉斯地区的20英里正面只有400枚炮弹，更糟糕的是，粗制滥造的法国炮弹在半年时间里炸膛毁掉了600多门大炮，炸死操作大炮的炮手。法军的 75 毫米野战炮只能毁伤德军掩体工事的表面，结果发起冲锋的法军往往被孤立的一挺从炮击中幸存下来的德军机枪扫射，纷纷倒地。后来在凡尔登参战的一名法军军官这样形容阿图瓦秋季攻势的典型情景：

> 我们团的 300 名官兵秩序井然地躺倒在地。枪声一响，军官们发出口令，"整队"，然后所有人马上都被打死了，仍然排列着和检阅时一样整齐的队形。

法国军官顽固地抱着德·格朗梅松的信条不放，拒绝手持步枪混同于普通士兵，他们在冲锋队形前面身先士卒，挥舞着手杖，成百上千地倒在德军火力之下。法军的进攻形成了刻板而沉闷的惯例：首先开始炮火准备，步兵在前沿焦虑地等待，然后发起冲锋，大概只有幸运的一小撮士兵（一般都很少）能活着冲到德军的第一线堑壕，用刺刀把幸存的守军赶跑。简短的战斗间隙之后，敌军将致命的弹幕降临到被占领的堑壕，然后发动不可避免的反攻，最后法军幸存的士兵太少，守不住阵地，被赶回己方出发阵地。当初发动冲锋的部队只剩下少数幸存者，四分之三到九成的部队要么已经阵亡，要么受了重伤被挂在两军之间无人区的铁丝网上动弹不得，这里和 1870 年的格拉沃洛特战役不同，双方不会安排一次停战来救护伤兵，伤兵只能指望敌军的机枪手来终结自己的生命——这算是做了一件善事。1915 年就这样在血腥而彻底的僵局中过去了。法国已经损失了一半的正规军军官，他们不是阵亡就是残废，法军阵亡人数已经接近英国在整个第一次世界大战中的伤亡人数。这么重大的牺牲只换来一个"这样下去，打不赢"的经验教训。

第 3 章

法金汉

全世界沉入血腥，
教会不是消亡就是被玷污，
盲人为盲人引路，
聋人牵引着哑巴。

——伊斯瑞尔·冉威尔，1916 年

……有个著名的寓言说的是一个人往玩具熊里面填充火药。他精准地按比例配置火药，以确保成分和比例都准确无误。他用一张大纸把配好的火药卷成筒，正要把火药筒顺着熊的喉咙塞进去。可是玩具熊提前爆炸了。

——温斯顿·丘吉尔，《第二次世界大战回忆录》

1915 年是协约国军队最失败的一年，对德奥两国来说，在这一年赢得战争的希望比往后任何一年都要大。协约国在西线屡战屡败，损失惨重，在东线则面临着更严重的灾难。德国人意识到协约国在法国战场不可能达成突破，于是得以在东线集中兵力把装备极端落后的俄军打退到波兰以东，换了欧洲列强当中其他任何一国，遭受了俄国那样的损失早就投降了。到 1915 年 9 月，兴登堡和鲁登道夫已经俘虏了75万俄军,几乎合围了俄军主力。加利波利战役在战略观念上是如此天才,可是像第一次世界大战期间很多其他战役一样,成败似乎就在一线之间,最终却还是由防御一方获得了胜利。英勇的塞尔维亚在表面上是战争爆发的导火索,现在也屈膝投降了,她勇敢的国王被迫坐着牛车穿越阿尔巴尼亚山区逃亡。杰利科(Jellicoe)海军上将指挥的让人望而生畏的无畏舰群紧张地躲在基地的反潜防护网背后,没有赢得一场决定性的光辉灿烂的海上大捷,让英国公众和盟友深感失望。相反,蒂尔皮茨(Tirpitz)指挥的德国战列巡洋舰队却肆无忌惮地炮击着英国沿海的斯卡伯勒(Scarborough)和哈特尔浦(Hartlepool),同时英国海军对越来越严重的潜艇战威胁似乎也束手无策。5月,"露西塔尼亚"号客轮被击沉,激怒了美国,可是还不足以让美国加入协约国阵营参战。就连在东非战场,狡猾的冯·列托－福尔贝克(von Lettow-Vorbeck)指挥下的一小撮德国土著部队也成功地牵制住了十倍于己的英帝国部队。协约国处处碰壁。

当这"颓废的一年"接近年终的时候,双方都开始为1916年的战争制订计划。12月6日,霞飞在尚蒂伊的总部召开了历史性的协约国指挥官联席会议。这是协约国各方召开的第一次协调战争政策的会议,其主导权牢牢地掌握在霞飞的手中。直到1918年的军事灾难把福煦推上联军总司令的位置之前,一直都不存在一个像"二战"中艾森豪威尔那样的战区联军司令,而1915年底的霞飞离这样一个角色已经很接近了。大战爆发时各国的总司令中,小毛奇已在马恩河之战后被法金汉所取代,尼古拉·尼古拉耶维奇大公被撤了职,约翰·弗伦奇爵士将军也快要丢官了。只有霞飞还在位,地位比以往更加稳固,而且法国仍然是协约国里的中流砥柱。在霞飞的影响下，协约国代表们一致同意，决定性击败德国的唯一希望，在于东西两线协同，倾尽全力同时发动攻势，辅之以由意大利对奥地利发动的进攻。霞飞在身边那些不可救药的乐观主义幕僚的影响下，谈到了香槟和阿图瓦进攻战役所谓的"巨大的战术成功"。这两次进攻的最终失败被一笔带过了，而法军总部的数学家们则宣布德国的后备部队已经被消耗完了。协约国同意在西线重复1915年的攻势，只不过这次的规模更大，英法将合力在索姆河两岸发动进攻。作战计划很简单也没什么想象力，很合新任英国远征军总司令黑格的胃口。黑格和霞飞继续商讨，逐渐明确了进攻计划的细节，法军将在索姆河以南25英里宽的正面动用40个师进攻，而英军的攻势将在索姆河以北展开，正面宽度15英里，兵力大约25个师。这次总攻再也不会出现中道乏力的问题了，协约国将预先准备足够的重炮和弹药，还会等英国新组建的"基钦纳陆军"完全准备就绪，才发动攻势。他们要等到夏天才开始。可是，玩具熊提前爆炸了……

此刻，整场世界大战中最古怪的角色粉墨登场，他的个性和意图直到今天都仍然模糊不清，像是一个谜团。埃里希·冯·法金汉（Erich von Falkenhayn）出身背景平平无奇，战前的履历也并不耀眼。他在很多方面都是一个典型的容克军官。和外国人通常的想象相反，所谓容克贵族并不富有，更不是拥有大片田产的封建地主。其实，他们一般都是穷困的小地主，唯一的共同资产就是可以一直上溯到中世纪的贵族家世。他们要在恶劣的气候条件下，在德国东部贫瘠的沙土地里刨食，生活艰苦，所以容克地主家族的子弟才会觉得从军是个有吸引力的去处。这种背景也塑

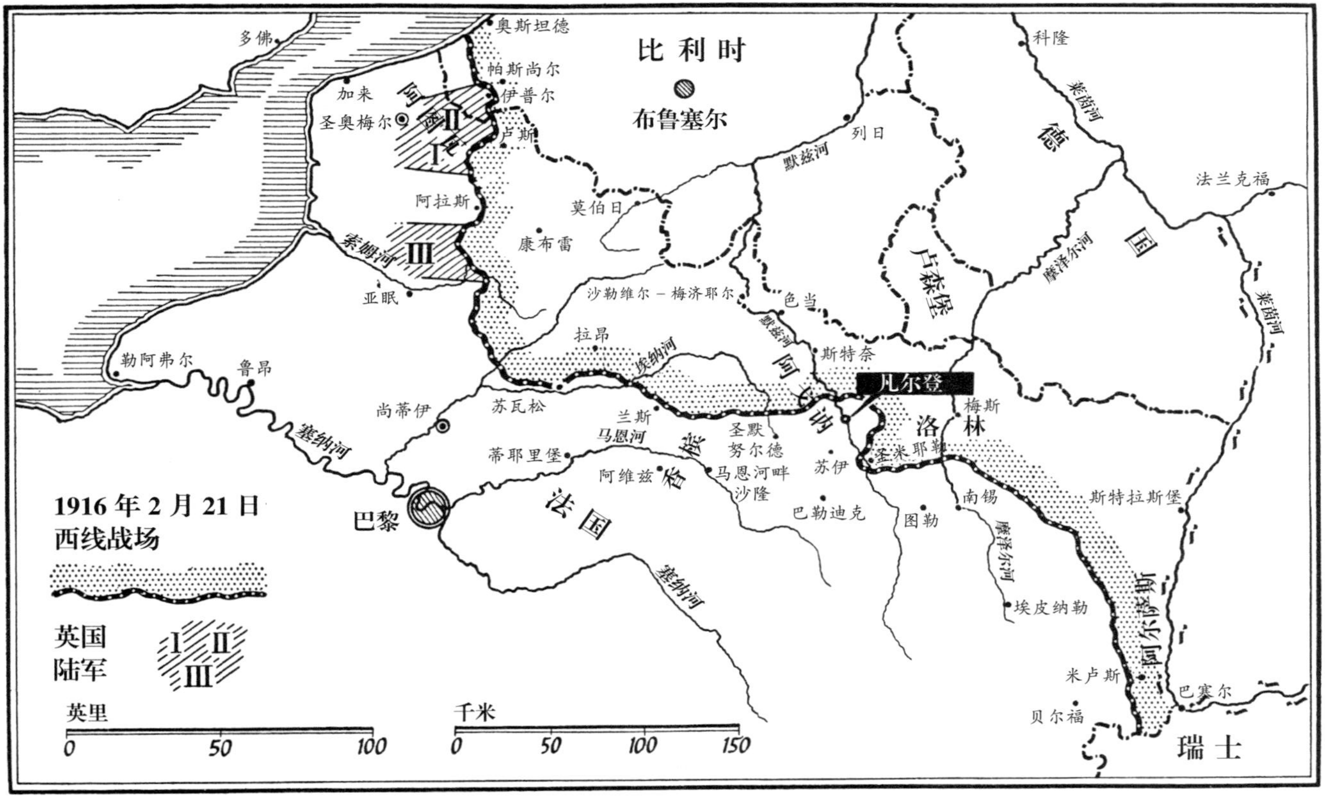

* 本书地图均为原书地图。

造了普鲁士军队的基本特点，那就是斯巴达式的作风。法金汉家族领地位于托伦（Thorn）附近的一处简陋的庄园，那里在1945年波德边境西移之前很久就处于波兰腹地。在中世纪，托伦是条顿骑士团的主要据点之一，条顿骑士团数百年来自诩为西方文明抵御波兰人和其他东方野蛮民族的壁垒。法金汉家族自豪地宣称自己的祖先能追溯到条顿骑士团，一直到12世纪。数百年来，这个家族有很多人选择了从军，其中一位曾在腓特烈大王麾下担任将军，并在里格尼茨战役中获得过功勋勋章（Pour le Mérite）。[1] 所以埃里希和他哥哥不约而同地选择陆军作为人生归宿也就不足为奇了。

法金汉生于1861年，比霞飞小近10岁。他25岁结婚，这也是世人所知的唯一有关他私生活的细节了。他26岁进入军事学院。即便最推崇他的传记作者，也未能在他的学院生活和之后的军旅生涯中找出一丝一毫表明他智力高于常人的迹象，更找不出他"如饥似渴"地精研高深军事理论的证据。在这一点上，法金汉跟黑格、霞飞很像。他的职业生涯还有一点跟黑格类似的地方，那就是他们两人作为普通军官后来能蹿升至顶峰，都得益于君主的大力提携。法金汉32岁成为总参谋部的上尉，3年后的1896年作为德国军事顾问团的一员被派往中国。德国顾问团还没开始工作，就因俄国人的抗议而被迫解散，因为俄国人很警惕，不想看到当时无能的清政府加强军事实力。法金汉当时已经到了中国，于是被转派出任清军湖北武备学堂的总教习。不过他干了不到两年就辞职了，抱怨说学员的年龄不是太老就是太小，他干不成任何事情。此时，义和团运动爆发，已是少校军衔的法金汉受八国联军

---

[1] 德国最高荣誉勋章，由腓特烈大王设立，他瞧不起自己的母语德语，因此用了一个法文名字。

总司令冯·瓦德西委派，在天津的临时政府任职。他在天津展现出很高的工作效率和一定的铁腕手段，在一片混乱的形势当中恢复了秩序。他拆除了部分古老而神圣的北京城墙，以改善城内外的交通和通信。

大约就在这个时期，法金汉从中国发回的详细报告引起了德皇的注意。1902年，他从远东回国，指挥一个野战步兵营，当时已经41岁了。1906年，他出任驻扎在梅斯的第16军的参谋长。军长是冯·普里特维茨（von Prittwitz）将军，此人既无能又容易慌乱，后来在大战初期指挥东普鲁士的德军部队时，差点引发了一场彻底的军事灾难。法金汉充分利用了这一机会，独揽了整个军的大权，越来越倾向于绕过军长发号施令。连局外人都看得出来冯·普里特维茨依赖参谋长，在夏季演习当中，法金汉掌控局势的能力给德皇留下了非常好的印象，从此简在帝心。1911年，他作为一名野战军军官当上了近卫军的团长，在当时，无论在德军还是英军中，这都是异乎寻常的恩遇。第二年，法金汉晋升少将，再次出任参谋长，也再次跟部队主官闹不和。1913年，他在几乎想要申请调职的时候，又被提升了一级，担任陆军部长。法金汉惊讶不已，他的同僚军官们倒多多少少能够预见到这一步。最后在1914年9月小毛奇倒台的时候，法金汉登上了军事生涯的顶峰，当时他才即将满53岁。

新任总参谋长越过了众多高级将领而上位，但比这更让人吃惊的是，他在以后好几个月里还兼着陆军部长的旧职。用现代民主国家的标准来说，这就好比"二战"英军的阿兰–布鲁克（Alan-brooke）元帅兼任帝国总参谋长和陆军部长，还承担起国防部长的大部分职责一样。法金汉身兼两职，比协约国方面任何一位领导人在战争指导方面的权力都要大，而且他的职权范围远远超出指导陆上战争的范畴。可是，拥有如此重大职责的他，以往的指挥和战斗经验却还不如霞飞。

任何人看到法金汉的画像第一反应绝对是"这是个典型的普鲁士将军"。他的头发修剪得很短，鼻梁挺直，脸部轮廓严肃而精神饱满。他的双眼眼角和很多普鲁士军官那样稍向下弯——这也许显示在某个久远的历史年代，条顿骑士的血液里曾混入了少量草原游牧民族的好战血统。他的双眼闪烁着智慧的寒光，显示着冷血无情甚至残忍的性格。但是，在谈及他的嘴巴时，整个画风却变了，尽管他也留着好战军人的典型的胡须，但这不是一名坚毅的领导人、实干家应有的嘴巴，而是一张显得犹豫不决、思绪繁多且内向的嘴，敏感而有酒窝的下巴形状也加强了这种印象。

这就是破解法金汉性格至关重要的一点。他的履历的确处处显示出一贯的无情：战前他在议会里坚决主张军官有决斗的权利，声称"这是维护陆军荣誉的重要手段"。也是他批准在伊普尔战役首次运用毒气，推崇无限制潜艇战和对平民进行无差别轰炸，作为对协约国空袭的报复手段。他对新闻界和"人民"抱有容克阶级惯常的蔑视态度，对伤亡数字甚至比霞飞或者黑格更加无动于衷。他用直接的铁腕手段指导自己和部下的工作，自身的工作能力也近乎无限。如果说他有任何错误的话，那就是他承担了太多责任，同时想要出现在各个地方。他对战略局势的把握经常是相当精准的，德国之所以能从马恩河战役的灾难低谷中走出来，走到1915年底的高峰，大部分要归功于他。

可是他的冷酷缺乏鲁登道夫那样坚韧不拔的明确目标，他的犹豫不决和过分谨慎经常把本来可以到手的全胜变成了胜负参半。在伊普尔战役中,当毒气奇袭在英军防线上撕开了一个巨大缺口的时候,法金汉却没有乾坤一掷的气魄。当鲁登道夫就快要在东线打一个甚至比坦能堡会战更辉煌的大胜仗的时候,法金汉却认为鲁登道夫的攻势胃口太大,紧张地取消了行动。他能消除敌人一时的威胁,却没有打歼灭战的大气魄。因为谨慎和犹豫,他曾经拒绝了奥地利军队设计的一款坦克,还回绝了奥斯曼向西线派出精锐的提议,而这支生力军原本可以为西线提供紧缺的决定性预备队。他从未能充分利用德国在东西两线迅速调动的内线优势来达成暂时的兵力优势。他的指导思想是确保一切地区的安全,利德尔·哈特对此敏锐地指出,"他的行动和思维方式不像是指挥一支强大的、离胜利只有咫尺之遥的军队的统帅,而更像是在竭力避免即将来临的失败"。就连倒台的小毛奇都看出了法金汉的性格弱点,他在1915年1月给德皇写信说,自己的继任者"虽然具有顽强的意志力,但对祖国来说是一个严重的威胁,因为他在精神和灵魂上不具有内在的力量来构思并执行宏大的战略行动……"。可是当时法金汉圣眷正隆,小毛奇的进谏只落得个严旨申斥的回应。最后,在他手下最能干的参谋军官之一鲍尔(Bauer)上校的眼里,法金汉"总的来说是个非同寻常的人物,他能够成为优秀的政治家、外交家或者议会领袖,却不是优秀的将军"。(不过也得承认,鲍尔是法金汉的对手鲁登道夫的私淑子弟,而且他写这番评价难免有事后诸葛之嫌。)

用今天的话来讲,法金汉是个"锯了嘴的葫芦"。霞飞和黑格都算得上不善言谈,贝当在幕僚的眼里也总是拒人于千里之外,可是我们还能知道他们私生活和思想的一鳞半爪,而对法金汉,后人根本无从了解。他的一位传记作者形容他是"孤独的将军",

可他的特立独行是刻意为之。法金汉没有知心朋友，没有亲信，不党不群，更没有像兴登堡或鲁登道夫那样的公众魅力，结果当他在德皇那里的影响力开始衰退的时候，他去职的命运就注定了。他用尖刻伤人的冷言冷语把自己的真实想法紧紧掩藏起来，就像掩藏希腊神话中的金羊毛，不让阿耳戈英雄们发现。扮演从不睡觉的恶龙的是他的总参作战处长塔本（Tappen）上校，这位上校性格执拗，脑子也转得不快，嘴却和上司一样紧，有一个同僚写道，"很少有军官像他那样遭部下恨"。就连法金汉的战争回忆录也是用冷淡的第三人称写就的，就因为这种冷淡到近乎非人的性格特征，让人摸不透他进攻凡尔登的真实目的究竟是什么。法金汉性格当中的第一个特点——犹豫不决——将来会在凡尔登战役当中给法德双方带来令人痛心的悲剧，而第二个特点，也就是对保密近乎病态的偏执，源于他离群索居的性格，将来会导致他在凡尔登战役的最终失败，最终甚至导致同盟国输掉了这场战争。

1915年12月上旬，法金汉起草了一份致德皇的长篇备忘录，开头对战争局势的分析令人印象深刻：

> 法国已经接近精疲力竭……俄军还没有被完全击败，但是其进攻能力已经受到严重摧毁，不可能再恢复到旧日的实力。

法金汉据此推断说，战争还在继续仅仅是因为"英国对其盟国仍保持着巨大的影响力"。由此他指出，德国最致命的敌人是大不列颠。"历史上英国反对荷兰、西班牙、法国和拿破仑帝国的战争正在重演。敌人绝不会对德国心慈手软……"德国也无法长时间对英国维持守势：

我们的敌国拥有人力物力方面的优势,其扩张资源的速度远快于我国。照此趋势发展下去,终有一天双方实力的平衡将被打破,德国将丧失一切胜利的希望。

但是应该如何打击这个死敌呢?德军无法攻击英国本土。在两河流域甚至苏伊士运河地区战胜英国也不能对其造成致命的打击,而如果失败,德国将会在其盟国当中丧失威望。法金汉接下去否定了在欧洲大陆上对英军采取决定性攻势的一个又一个替代方案:弗兰德斯攻势不现实,因为"地形原因";弗兰德斯南部也不行,因为需要大约30个师的兵力,而他声称这么庞大的兵力会把其他战线的后备兵力抽调一空。所以德国在任何地区都无法给予英国致命一击,"这种形势当然令人沮丧"。

可是法金汉不无道理地论证道:"但是,我们应该感到欣慰,如果我们认识到,英国在欧洲大陆上运用自己的兵力所进行的战争,充其量只具有次要的意义而已。英国在欧洲真正的武器是法军、俄军和意大利军队。"法金汉认为,如果能击落这几样武器,就能够终结"英国对毁灭的渴望",不过他在接着论证如何打落这三件武器之前,先审视了德国拥有的唯一一件确实能够直接打击英国的武器。"海军当局做出明确承诺,无限制潜艇战能在1916年内迫使英国屈膝投降",这一可能性应该予以全力争取。就算这样做将把美国拉进战争,但等到美国参战时,一切已成定局了。

然后法金汉论证了"如何摧毁英国在欧洲大陆上的武器"。他首先轻蔑地否定了意大利的作用,奥匈帝国总参谋长康拉德·冯·赫岑多夫早已跃跃欲试地想要一劳永逸地消灭意军。此外，德国在俄国战线上迫切需要奥军的帮助。法金汉下一步分析了俄国的局势，他认为，"即便俄国没有发生大规模革命，我们也可以很安全地假定，俄国内政方面的棘手问题将会在相对较短的时间内迫使它屈服"。法金汉继续评论说："进攻莫斯科对我们来说毫无价值。"希特勒如果也有他这样的眼光，会少走很多弯路。在俄国战场唯一有价值的作战目标是拿下乌克兰，但这样也会让罗马尼亚站到协约国一边。不过这位谨慎的将军接下来说，通向乌克兰的交通设施不足，而且德国也没有足够的兵力来发动这样大规模的攻势。所以德国最好不理睬俄国，让它在自己的麻烦当中自生自灭。

接下来，这份文件就提出了这次大战中最有争议性的德国战略。德国内部和英国一样分东方派和西方派，双方都坚持自己的主张是唯一正确的。法金汉在1915年底就已经成为西方派的一员了，兴登堡和鲁登道夫的追随者则是东方派，而施利芬的信徒坚信德国一定要在一条战线上集中兵力，这些人也支持东方派，认为德国如果运用1916年初能够集中起来的优势兵力，最有希望求得决定性战果的地方是在俄国。战后，从利德尔·哈特到丘吉尔等几乎所有协约国的战略家们众口一词地支持东方派，用丘吉尔的话来说，德国只需要浪费在凡尔登的一半的努力、四分之一的伤亡，就能在"富饶的乌克兰战场上"克服交通设施方面的恶劣条件，这种论调给了德国的东方派证实自己正确性的口实。这样做很可能迫使俄国提前一年退出战争，而且就算俄国坚持下来，同盟国夺取了乌克兰的小麦和原材料以后，也能在英国皇家海军的封锁之下坚持更长的时间。可是对协约国来说幸运的是，1916年在德国掌权的是法金汉，而不是鲁登道夫。

法金汉冗长的备忘录终于说到了最重要的论点：

>那就只剩下法国了……如果我们能让法兰西人民认清军事上的现实，认识到他们毫无希望，那法国就会崩溃，英国手中最好的一柄剑也就会被打落。想要达到这个目的，我们并不需要去尝试不知道能不能成功的大规模突破敌人防线的方法，而且我们反正也没有足够兵力去做到这一点。在西线战场法军防守的地段，我军可以在攻击能力范围之内找到这样一些目标，法军总部将被迫投入他们最后一点兵力不惜代价地加以保卫。如果他们真的不惜代价防守，那么不管我们有没有攻下这些目标，*法国都将流尽最后一滴血*[1]，因为根本不存在主动撤退的可能性。如果法军没有死守而我们拿下了这些目标，那么法国的民心士气也将受到致命的打击。而德国则不需要为了狭窄正面上的有限进攻而动员太大的兵力……
>
>我考虑的此类目标是贝尔福和凡尔登，这两处都符合上述的条件，但我更倾向于凡尔登。

在备忘录结尾，法金汉在论证为什么更倾向于凡尔登时给出的解释不那么令人信服。他认为，法军如果从凡尔登出发发动进攻，可能会对整个德军防线正面造成严重威胁。其实法军总部里即使最弱智的作战计划人员也从没有设想过从这样一个三面被德军包围的突出部发动攻势，因为这里的每一寸土地都处于德军炮火的打击范围之内。

法金汉的备忘录在军事史上留下一笔。历史上还从没有一位

---

[1] 作者本人将此处用斜体字标出。

伟大的总司令或战略家建议用让敌人流尽鲜血的办法来彻底击败对手。这么残酷而令人不快的计划，只能出自这场世界大战，甚至成了这场大战的典型病症，在这场战争当中，各国的军政领袖把人命视为草芥。但只有历史才能验证这个战略是否正确。

12月15日至22日之间的某一天，法金汉在忠实的塔本上校陪同下于波茨坦觐见了德皇。整个战争当中最重要的战略决策的日期竟无从确认，这种事情发生在法金汉身上倒是再典型不过。德皇的回忆录中很奇怪地根本没有提到法金汉或者凡尔登战役，而塔本跟他的主子一样守口如瓶。这次觐见有可能发生在20日，至于觐见的整个过程，我们只能靠猜测来还原历史的真相。德皇作为最高战争决策者，在马恩河战役之后越来越远离战争指导的实际事务，这不仅让总参谋部感到惊讶，很可能也让他们暗中窃喜。（据说）德皇含混地提到过遍布全欧洲的杀戮，说"我没想到事情会发展到这个地步"，他经常会沉浸在自己乐观的幻想世界当中无法自拔，忙着想些不着边际的事情。他待在位于沙勒维尔－梅济耶尔（Charleville-Mézière）的西线总部时，整日悠哉游哉，和前线下来的战斗英雄聊天并给他们授勋，还常常在色当附近漫步，沉醉于过去简单而荣耀的时光中。进晚餐的时候，德皇的随员要讲一些他特别喜爱的精彩的"堑壕战小故事"。这些小故事经过精心挑选和润色，一定要颂扬条顿英雄主义，并讽刺敌人行为的乖谬与荒诞。德皇有意地封闭自己，对接近战争真相的事情充耳不闻，就连他宠信的人比如法金汉，如果胆敢试图打破德皇心中那些美好的霍亨索伦幻象的话，也会遭到圣驾的严厉申斥，关于这点可怜的小毛奇已经领教过了。塔本和法金汉越来越习惯于对德皇报喜不报忧。

我们可以想象觐见时的场景：法金汉用最新的"堑壕战小故事"打破沉默开始进言（尽管他自己私下里对此类战斗故事嗤之以鼻）。德皇跨坐在马鞍形的座椅上，这让待在写字台前的他也能幻想自己正在跃马战场，指挥百万雄师。当法金汉具体解释上述备忘录的细节时，德皇的双眼炯炯有神，充满着赞许。法金汉得宠绝非侥幸，他有足够的经验能用花里胡哨的华丽外表来包装自己军事思想的严肃内核，让德皇听得兴高采烈。他首先花了很长时间论述"英国是我们最致命的死敌"这个观点，并将其发挥得淋漓尽致、极尽夸张。其实英国1915—1916年间在协约国当中的相对实力地位，远不如1939—1940年间。法国仍旧是协约国当中的主导力量。可是法金汉了解德皇对自己英国母亲的厌憎情绪，也了解德皇把自己热爱的父亲的死归罪于那些"英国庸医"，还有德皇在自己那位英俊潇洒的舅舅英王爱德华七世面前感受到的真实或想象出来的怠慢和轻视。法金汉还了解德皇怨恨皇家海军在和平时期每次都挫败自己的扩张意图。因此，他让自己的陈述听起来好像是要对英国发出致命一击，这样可以确保德皇听得进去他的观点。而且他选择凡尔登而不是贝尔福作为战场，这样发动胜利攻势的德军肯定将由德皇自己的儿子指挥，毕竟皇太子的部队自从1914年9月起就在一次次徒劳地进攻凡尔登的工事了，德皇一定会出于这个私人原因而倾向于同意法金汉的计划。就在那个月，战争所带来的困苦和厌战已经在德国国内露出第一丝迹象，虽然问题还不太严重，但德国的社会民主党人让当局感到越来越棘手，单单为此，德军就需要在战场上获得一场大胜利——尤其是总参谋长预言这场胜利的代价将会微乎其微。

法金汉从柏林回梅济耶尔总部的专列在离目的地还有1小时

车程的蒙特梅迪（Montmedy）停车，施密特·冯·克诺贝尔斯多夫将军（Schmidt von Knobelsdorf）登上了专列。他是德国皇太子第5集团军的参谋长，按照德军中的惯例，也是该集团军真正的掌舵人。似乎也是他第一个向法金汉建言在凡尔登发动攻势的。不过克诺贝尔斯多夫也是到这时才第一次知道，这次攻势将成为1916年德国战争行动的重中之重。皇太子从克诺贝尔斯多夫那里听到这个消息的时候大喜过望，但还是有所保留（不过我们不知道这些保留在多大程度上是皇太子事后在回忆录中的说辞）：

我终于获准指挥久经战斗考验的忠诚部下，再次走上战场。我欣喜若狂，可对未来也有些许担忧。总参谋长反复提到必须让法军在凡尔登城下"流血致死"，我对此相当不安，而且我还怀疑我军凭借现有手段能不能拿下这座堡垒。

法金汉从柏林回来的第二天是圣诞前夜，关于这次行动的德军电报开始大量出现，它们使用的行动代号叫作"杀戮场"（Gericht），这是个不祥的代号，意思是裁判所、审判的场所，有时候也指刑场。德军准备进攻的速度比协约国准备索姆河攻势的速度快得多。为这次进攻准备的第一个军已在绝密情况下从瓦朗谢讷（Valenciennes）到达驻地，军长冯·茨维尔（von Zwehl）将军也在12月27日抵达了自己的新总部。1月27日，德军发布了进攻的最后命令（挑选1月27日有趋吉的意味，因为这一天是德皇生日），规定进攻发动的日期就在2月12日。

法金汉和第5集团军之间从12月24日到1月27日就凡尔登攻势进行了商讨，双方就两点重要问题出现了争执。第一点是，克诺贝尔斯多夫和皇太子想在默兹河两岸同时进攻。但法金汉说他抽不出足够的部队,反复强调德国可用的预备队中至少三分之一必须留出来对付协约国在战线其他部分肯定会发动的反攻。因此进攻只能限于默兹河右岸,或者东岸,而且只能动用有限的 9 个师兵力。其他德国领导人或许比法金汉处于更能做出正确判断的位置,并不同意他关于协约国反攻迫在眉睫的担心。1 月 7 日,与黑格麾下英国远征军对线的德军第 6 集团军参谋长冯·库尔(von Kuhl)将军奉召前往柏林,获知德军即将在凡尔登发动进攻。法金汉提醒他英军肯定会很快在阿拉斯以北地区发动针锋相对的反攻,德军在击败英军的反攻后,预计要到 2 月中旬才能够空出 8 个师对英军进行反攻。冯·库尔简要地回答说法金汉对形势的预判是胡说八道,他正确地指出英国基钦纳麾下的新部队根本就没有完全准备好作战。2 月 11 日,凡尔登战役开始前一天,法金汉再次会见冯·库尔,重复自己的预判,说协约国会在其他地段反攻,而德军击败这一反攻后"将让战争再次回到运动战状态"。这些话传到了第 6 集团军司令巴伐利亚王太子鲁普雷希特(Crown Prince Rupprecht of Bavaria)耳朵里,王太子评论说:"冯·法金汉将军自己都不清楚他想要达成什么目标,只是希望命运会指向满意的结果。"这就是法金汉没有明确表露自己战略意图所带来的困惑。

德军作战计划中的第二点不和谐因素,也可能是这场会战里最令人困惑的一点,那就是对凡尔登战役看法最尖锐的德国批评家赫尔曼·温特(Hermann Wendt)指出的"自相矛盾"。法金汉给第 5 集团军下达的命令只提到"在默兹河地区,向凡尔登方向发动进攻"。而皇太子在集团军命令当中指定的进攻目标却是

"以雷厉风行的手段夺取凡尔登"。多年后,温特问塔本上校,法金汉到底是不是真想在 1916 年 2 月拿下凡尔登,塔本指出:"夺取凡尔登从来就不是进攻的真正目的,真正的目的是歼灭守卫这个地区的法军主力。如果能在这个过程中拿下凡尔登,那当然更好。"这个说法完全符合那份著名的备忘录的精神——而第 5 集团军想要在凡尔登取得速胜的愿望则跟"流血致死"的指导思想背道而驰。法国一旦丢掉凡尔登,德军也就失去了将法军投入血肉磨坊的诱饵,第 5 集团军如果迅速推进,就会完全消除这个预计要流血漂橹的致命的突出部战场。

皇太子和克诺贝尔斯多夫都没读过原始备忘录,那么我们一定会问,法金汉怎么会批准第 5 集团军的这份与自己的设想大相径庭的作战计划呢?也许这个问题的答案就在"士气"两个字。法金汉冷酷的头脑一定会料到,部队如果以为自己的目标是攻占法国最坚固的筑垒地区,而不知道真正的目的其实是再发动一次消耗战,就会打得更积极。(就连克诺贝尔斯多夫后来也提到,如果他从一开始就知道法金汉的真实目的的话,他当时不可能支持发动这场战役。)同时,法金汉为了让第 5 集团军的行动符合自己的战略意图,一方面向皇太子许诺提供足够的预备队,另一方面却坚持把预备队控制在自己手里,而不交给第 5 集团军。他用缺乏营房作为借口把 2 个师控制在距离战场 2 天行程的地方,另外还有 2 个师被控制在比利时境内,这 4 个师在战役的关键时间都是远水不解近渴。温特评论道,法金汉把预备队作为干预战役的"杠杆",这样上下其手的恶果很快就会显现出来。

作为一名大军统帅,德国皇太子被法金汉完全蒙在鼓里。其受欺瞒之彻底,在整个战争史上都很难找到同样的例子。

第 4 章

"杀戮场"行动

> 上兵伐谋,其次伐交,其次伐攻,其下攻城……兵之形,避实而击虚。
>
> ——《孙子兵法》

德意志民族在组织方面的天分在这场攻势当中尽展所长。沃埃夫尔(Woevre)周围土地松软潮湿,法国人在战前有意荒废此地的路政建设,这也算他们少有的远见之一。现在,德国第5集团军为了增强这里少数几条道路的通行能力,建造了10条新的铁路线以及20多座车站。光在斯潘库尔森林(Forest of Spincourt),德军就建造了7条铁路支线,以便为隐蔽在那里的重炮提供弹药。他们运来了装满整列火车的蒸汽压路机和其他筑路设备。小型内燃机车拖着长长的成列车皮,没日没夜地在60厘米窄轨铁路上来回跑,给前锋部队运来给养。军需总监部下发给一个军的物资就包括6000具铁丝网切割器、17,000把铁锹、125,000枚手榴弹、100万个沙袋、265,000公里的带刺铁丝网,等等。德军把前线后方的整个村庄疏散,为集结起来的14万部队腾地方。少数留下来的法国村民绝望地看着无休无止的德军部队、物资以及那些将给同胞带来毁灭的巨炮向前线开进。他们有时候看到德军短粗的重型迫击炮开过，会以典型的高卢人的幽默调侃一句"我们的炮起码比这个长一点"，在调侃中感到一点安慰。

德军备战的重中之重在于炮兵。德军作战方案总的指导思想是用重炮在法军防线上炸出一个足够深的突破口，然后步兵跟进占领阵地，这样一来，步兵所承受的伤亡可以降至最低。随着战事的发展，陆续开进凡尔登突出部加强防守的法军增援部队将同样被毁灭性的德军炮火炸成碎片。为此，德军将集结开战以来最大规模的重炮和弹药，其数量之巨在整个战争史上都史无前例。在最大规模集中火力这个问题上，法金汉所表现出来的不遗余力的程度，让皇太子对战役的目的在于突破这一点深信不疑。德军在预计的主攻地段上集中了306门野战炮和542门重炮，外加大约152具威力巨大的掷雷器。在主攻地带侧翼，德军还另外集结了更多炮兵。整段战线只有8英里宽，集中的大炮却有1220（原文即为1220）多门。

德军从远至俄国和巴尔干战场的各条战线抽调炮兵，日夜不停地陆续将其运达集结地点。按照口径大小来排序的话，最大的是13门420毫米口径迫击炮，外号"大伯莎"又或"伽马"炮（Gamma Gun），这些邪恶的战争怪兽，形状看上去像是巨型的吉尼斯啤酒瓶。"大伯莎"炮口径17英寸，发射的每枚炮弹重逾一吨，将近一人高，这是整个第一次世界大战期间使用过的最大的重炮。每门"大伯莎"在运输途中要被拆成172个部件，动用12节车皮，花费20多个小时才能运输就位。"大伯莎"开炮的时候产生的冲击波会震碎2英里以外房屋的窗玻璃。它是军火巨头克虏伯先生对德国战争努力所做的第一个巨大贡献，也是1914年开战之初德军的"秘密武器"。这种大炮曾粉碎过号称坚不可摧的列日要塞，德军希望它在凡尔登也能起到相同的作用。后世的兵器当中，只有"二战"期间的"斯图卡"俯冲轰炸机在噪音、使用时间之长和瓦解敌军士气方面堪与"大伯莎"比肩。

第二大的是2门长身管380毫米（15英寸）口径海军炮，也是克虏伯军工出品，射程很远。它们被安全地部署在战线深远后方的瓦普雷蒙森林（Bois de Wapremont）里面。再次便是17门奥地利制造的短粗的305毫米口径重迫击炮，也叫"贝塔"炮。此外，德军还有大量便于机动的高射速210毫米口径大炮，这种炮后来在凡尔登战役中成为法军前线士兵挥之不去的噩梦。再次是长身管的150毫米大炮，这种大炮无处不在，射程似乎也无限远，所以后来成了法军炮兵和辎重兵最害怕的德军兵器。最后一种大炮是深受法军官兵憎恨的130毫米炮，绰号"嗖－砰"（飞砰弹），它的弹道低平，遭到打击的敌军官兵听到炮弹声之后根本没有时间掩蔽，炮弹就爆炸了，这是狙击敌方战线背后那些正在上厕所或者打牌、自以为安全而毫无防备的士兵的最佳兵器。与之形成鲜明对比的，是那些看上去很原始的掷雷器，它能把装满100多磅炸药的桶状炸药包发射到敌人阵地上，炸药包上面经常还绑有闹钟充作定时引信，以便不等落地就在空中爆炸，造成最大的杀伤，因此和大炮一样令人畏惧。你可以眼看着炸药包在空中飞来，甚至慢悠悠地在空中打着转，可你看到了也没有用，因为这些炸药包的爆炸威力巨大，能炸塌整段战壕，你根本没有掩蔽的余地。德军武库中口径最小的炮是77毫米野战炮，它几乎和法军著名的75毫米野战炮一样好用，能在冲击部队的前方打出一片弹幕，不过它的性能比起法军75毫米野战炮还是略逊一筹。此外，德军还有各种伴随步兵的火力支援轻炮，比如半自动速射"左轮"炮

（revolver-cannons）和"梆梆"炮（pom-poms）。最后，德军还有一种在凡尔登战役期间首次闪亮登场的恐怖武器：火焰喷射器。

每种德军火炮都有各自不同的作战任务。威力强大的伽马和贝塔迫击炮隐蔽在罗马涅（Romagne）和莫里蒙（Morimont）地区的山丘后面，通过山头上的炮兵观察哨进行瞄准，集中火力对付法军要塞。一门380毫米海军炮的任务是以每天40发炮弹的恒定射速打击凡尔登城区本身，另一门的任务是切断法军在默兹河左岸深远后方的交通线。210毫米重炮的任务是轰炸法军第一线防御阵地，平均每150码就会分配上一门。在完成打击法军前沿阵地的任务之后，210毫米重炮群将会抬高炮口进行延伸射击，在第一线法军阵地后方打出一片"隔离带"，阻止法军增援部队开上来发动反击。而近射程的掷雷器则被用来对付重迫击炮未能摧毁的法军火力点。一旦德军占领法军前沿阵地，较轻的德军大炮就在后方重炮火力掩护下，马上突前开进新的阵地，再以自己的火力掩护后方重炮向前转移阵地，这样交替掩护前进。在进攻发起日，德军榴弹炮和野炮应发射毒气弹覆盖所有已知的法军炮兵阵地，而领受特别任务的德军150毫米重炮将隐蔽待命，准备好打掉任何新冒出来的法军炮兵阵地。同时，另外一些远程150毫米大炮受命不停地对通往法军前线的后方道路和小径进行遮断射击。德军炮兵的命令中写道："必须轰炸所有敌人的前沿阵地，阻断一切法军补给线，让敌人在任何地点都感到危机四伏。"为了实现如此可怕的炮兵攻势，德军预先在炮兵阵地上储备了可以使用6天的弹药，总共动用大约1300列弹药火车运输了250万发炮弹。尽管运输条件很艰苦，但在2月1日，第5集团军炮兵指挥官比格（Beeg）少将还是能向上级汇报说，所有1200门大炮都已按时就位，不过在运输过程中，德军累死了30%的马匹。在凡尔登周围的森林里，隐蔽着如此众多的德军大炮和弹药堆栈，几乎没有人落脚的空间。

德军的作战计划极其周密，几乎是算无遗策：德军前线部队已经为突破法军第一道防线之后就要突前的重型榴弹炮预先构筑好了阵地。炮兵观察哨的电话线也已经卷好，一旦需要向前进入被占领的法军阵地，观察哨可以举起线轴就跑。德军还有特设的步炮联络部队，他们装备有红色气球，以便在密林中为炮兵指示步兵前锋所到达的位置。

德军的保密工作甚至比他们进行准备的速度还要令人惊叹，法金汉本人的工作作风对保密工作的影响很大。德军的其他部队直到进攻发起前最后一刻才获悉"杀戮场"行动的存在。其他德军集团军不能向第5集团军派出联络官，甚至法金汉自己的主要炮兵顾问鲍尔上校也要到最后一刻才能看到炮兵的火力配置计划，因而无法对计划做出任何改动。德军总部让西线战场最南端的盖德（Gaede）将军继续毫不知情地准备着"黑森林行动"（Operation Black Forest）计划，要对贝尔福要塞群发起进攻，但其实那根本不是法金汉的真实意图。皇太子为了进一步示假隐真，还大张旗鼓地访问了盖德的军队集群（译注：这里army group肯定不是集团军群，而是德军特有的军语，指的是临时编组的、集团军级别的军队集群）并和瑞士边境的守卫部队握手。前线其他地段的德军还故意进行炮兵佯动。后来，当德军在凡尔登地区的集结再也掩盖不住的时候，德国间谍又在中立国家散布谣言，说德军的集结只是故布疑阵，真实的目的是在其他地段发动大型攻势。德军甚至告诉那些调到凡尔登战线后方新设立的大规模野战医院的护士们说，她们此来只是医治"内科疾病"的。德军保密手段效果如何，我们在下文可以看到，但令人震惊的是德国的盟国奥匈帝国同样被蒙在鼓里——法金汉此举在外交上是一个错误，后来也的确带来了严重后果。

默兹河沿岸山地地形破碎，遍布着森林，在冬天还常常有浓雾笼罩，这些因素都有助于德军的保密工作。（事实上德军决定沿东北方向的隐蔽地带发动主攻，而不是从东面更容易但是地形也更暴露的沃埃夫尔地区发动进攻，最主要的原因就是保密。）德国人巧妙地利用地形进一步示假隐真。德国艺术家弗兰茨·马克（Franz Marc）和其他很多艺术家一起为大炮画了伪装网和遮盖的帆布。这些伪装网和帆布被张挂在没有树林掩蔽的公路路段上，就像晾晒的渔网。德军工兵精心设计了1200门大炮阵地的构筑顺序，先由炮组侦察地形，然后在夜间挖掘炮位，挖掘工作完成后立即加以伪装，然后把炮弹运上炮位，一切就绪后，才轮到容易暴露的大炮本身进入炮位。总攻之前，德军在遇到法军炮兵骚扰必须还击的时候，只允许那些已经在这个地区驻守了很长时间的炮组和法军对射，因为这些炮组的位置应该早已被法军发现了。

而整个战役准备期间，对保密贡献最大的是那些在进攻发起地段沿线仓促挖掘的地下前进坑道。在1915年双方徒劳无功的各次攻势当中，主攻部队在开战之前都要被塞进露天的前进坑道里，很容易被警觉的敌人发现，因此也就丧失了进攻的突然性，不但无法保密，而且肯定会招致敌方的"炮火反准备"，遭受惨烈的人员伤亡。协约国的将领们从未吸取过教训，但德军吸取了教训，这次凡尔登战役之前，德军的步兵藏进了这些宽敞且防弹的地下前进坑道，以躲开法军的侦察。有些坑道甚至能容纳半个营的兵力。在进攻发起日,从地下坑道钻出来的进攻部队通常需要冲过1000码宽的无人区,而不是50码。德军这样做有点冒险,成功的前提是他们的大炮可以摧毁绝大多数法军的75毫米野战炮。后来德军在1918年3月对英军发动的进攻当中,故技重施,取得的奇袭效果甚至比这次还大。

除了地面的准备工作之外,此次战役中德军还在世界战史上首次实践了空中保护伞的做法。在1916年之前,双方的空中作战基本上只限于英勇的单个年轻飞行员驾驶着漂亮而原始的飞机进行一对一的空中决斗。照相侦察在当时已经出现了(不过双方的参谋们都不相信那些照片),齐柏林飞艇当然也已被用来进行空袭。以上便是当时空中作战的所有形态了。这次在凡尔登,空中作战将创造新的历史。德军首次大规模运用飞机来支援地面作战。在发动进攻之前,德军将其主要空中力量集结到了这个地区,包括168架飞机、14个系留气球以及4艘齐柏林飞艇。按照第一次世界大战期间的标准来说,这是一支令人生畏的空中力量,理论上可以从早到晚地为德军的地面备战活动提供掩护,阻止任何法军飞机的空中侦察,就像德军炮兵用拦阻射击的方式封堵法军步兵增援一样。德军发动进攻之后,其"空中掩护"保护重要的炮兵观测气球,防止炮兵的"眼睛"被法军飞行员击落。过去角斗士式的空中孤胆英雄的日子屈指可数了,空战离后世不列颠空战的模式又近了一步。

凡尔登城历史悠久而光辉,在众神之中尤其受到战神马尔斯的眷顾。早在罗马帝国时代,当时的"凡尔登努姆"(Virodunum)就已经是一座要塞化的驻军点了。当年阿提拉曾因它所处地点的战略重要性而焚城。843年，查理曼大帝的三位争权夺利的继承人签订了《凡尔登条约》（Treaty of Verdun），三分欧洲，德意志国家的雏形由此诞生。因此，凡尔登在条顿民族的记忆当中，永久占据着一个神话般的崇高地位。条约最初把凡尔登划归后世的法国，但在923年，凡尔登成为德意志的一部分，直到1552年，法王亨利二世才"解放"了这座城市。100多年后，沃邦（Vauban）元帅修建拱卫法国边境的要塞体系，把凡尔登建成了这个体系中最令人胆寒的要塞城市，也由此进一步确立了法国对凡尔登的所有权。凡尔登从三十年战争中第一次遭到围攻，到1916年，基本上每一百年就会被围攻一次。1792年，凡尔登被普鲁士军队的大炮围攻，最后要塞司令官博勒佩尔（Beaurepair）宁愿自杀也不投降。（也有说法讲，其实博勒佩尔是被想要向普军投降的市民所杀。）1870年普法战争中，凡尔登坚守得比色当、梅斯、斯特拉斯堡都要久，是最后一个投降的法国要塞。所以这座城市对双方来说都具有重要的象征意义和情感价值。

1916年初的凡尔登是一座死气沉沉的法国外省城镇，既不对自己光辉的过往感到骄傲，也不对未来有所憧憬。它最引以为荣的特产是糖衣杏仁（再往早里说，17世纪以前凡尔登主要的特产是宦官，还不如糖衣杏仁拿得出手）。这里的天气差不多也是全法国最糟糕的，多雨多雾，很难让市民产生自豪感。德军自1914年9月以来就一直兵临城下，离城门还不到10英里，凡尔登的城市生活相较战前却无多大变化，这还真是相当不容易。这儿到处都有驻军，不过这也没什么新鲜的，历史上凡尔登向来就是一个驻军点。战火烧到了城下，周期性的炮击让凡尔登的人口数量从平日的将近15,000减少到大约3000。不过留下来的居民对战时生活适应得还不错，看上去过得还挺滋润：从前的乐器店老板现在向吵吵闹闹的法国大兵兜售西红柿和罐头沙丁鱼（利润不菲），从前的商务酒店不再向商客提供服务，转而经营起成桶批发红酒的生意来，从前弃置不用的剧院现在被用来卖奶酪和橙子。从前城里只有4家葡萄酒批发商，现在增加到十几家，从前的银行职员、学校老师甚至没有被征召入伍的警察们，现在都改行做起了食品生意——凡尔登从前有25家食品店，现在新增加了40多家，但大家似乎都不在意同行竞争。

"公鸡哈迪"（Coq Hardi）夜晚的生意和战前一样红火，在那里用餐的军官们怀旧地谈论起战前的日子，谈到在当地清澈的小溪里钓鱼，在默兹河对岸山上的林子里猎野猪，而现在那里成了前线，没法打猎了，除此以外，战时的生活倒是没有什么可抱怨的。因为在1914年10月到1916年2月这段时间里，凡尔登前线其实是整个西线最平静的地段之一，零星的炮击当然会有，军区指挥部被迫从沃邦炮台顶上的兵营搬进了坚不可摧的地下堡垒，后来干脆搬出了凡尔登城，不过当时那些参谋军官们，哪个不是有点风吹草动就神经过敏的？有一名1915年4月从香槟地区调来凡尔登的军官对整天听不到一声炮响表示惊异，他说这里跟和平时代没什么两样。凡尔登战线后方的生活很惬意，平静得让人丧失警惕——就像1941年日本进攻前的新加坡一样。其中最缺乏警惕性的就是法军总部。

凡尔登坚不可摧的名声在外，号称地表最强要塞，是"一战"时期的直布罗陀外加新加坡。马恩河战役的时候，凡尔登的工事经受住了考验。德国皇太子指挥的集团军都已经合围了这座要塞，霞飞害怕守军遭受普法战争期间巴赞元帅的军团困守梅斯的命运，当时已经下令弃城。还好法军第3集团军司令上了年岁、还留着美国南北战争时期的胡子的萨拉伊（Sarrail）将军抗命不遵。凡尔登扛住了德国皇太子发动的反复攻击，稳如磐石，为当时正向巴黎退却的整个法军左翼战线提供了稳定的支撑点。当时如果法军真的主动放弃了凡尔登，霞飞指挥的整个法军战线就会被一分为二，马恩河奇迹就不可能发生，而巴黎就会陷落，法国也可能因此而战败。1914年的凡尔登就是如此重要。

马恩河战役后，德军被迫在要塞的两翼稍稍后撤，不过后来又再次反攻，在圣米耶勒（St. Mihiel）附近建立起一座跨越默兹河的桥头阵地，十分逼近凡尔登城，还切断了一条凡尔登连接后方的铁路主动脉。整个1915年，德军都在反复进攻，想要从两翼的莱塞帕尔热（Les Éparges）和阿戈讷地区的沃库瓦（Vauquois）这两个突出部包抄凡尔登，结果双方进行了激烈的以挖壕埋雷为主要形式的局部战斗。到1916年，凡尔登附近战线，仍然像一段巨大而突出体外的盲肠一样脆弱。

凡尔登的防御体系看上去坚不可摧。它四边都有陡峭的默兹河谷的山地拱卫，这些山地很不寻常地以凡尔登为圆心成环形排列，组成了巨大的天然堡垒，半径大约5到10英里，而整个天然堡垒的中心城堡，就是凡尔登城本身。在默兹河右岸最关键的东北地区，沿山脊形成了4道天然防线。这些山脊的形状和走向就像城堡外的坡道一样，地势从攻方向守方缓缓上升，而守方一侧的反斜面却相当陡峭，所以守军可以躲在这些受到保护的反斜面山谷中以逸待劳，然后从反斜面工事中一跃而出据守山头阵地，用猛烈的火力居高临下地扫射正沿着长坡道向上爬的敌军。敌军如果想要沿着蜿蜒曲折的默兹河谷前进，又会遭到法军的交叉火力扫射，法军阵地部署在组成河湾的那一道道突出而且两岸相对犬牙交错的山脊上面。这里的地形，跟一马平川的弗兰德斯和香槟地区的开阔地完全不同。

在这片自然形成的强固阵地之上，法军还在所有重要的山头或者山脊上都构筑了强大的堡垒，这是凡尔登防御体系的一个重要特点，也是普法战争之后德·里维耶将军主持的堡垒体系的产物。仅仅在德军1914年的作战地图上就标有不下20处大型工事和40处中型工事（ouvrage）。默兹河右岸的工事大致形成一外二内三道环形防线。第一道外围防线包括穆兰维尔堡（Fort Moulainville）、沃堡和杜奥蒙堡。第二道防线包括塔瓦内堡（Fort Tavannes）和苏维尔堡，最靠里的环形防线坐落在俯瞰凡尔登城的高地上，包括贝尔吕堡（Fort Belrupt）、圣米歇尔堡（Fort St.Michel）和贝尔维尔（Fort Belleville）堡。在默兹河左岸有两道类似的堡垒防线，不过最重要的还是外围沿布鲁森林（Bois Bourrus）山脊地带布置的5座堡垒，因为它们跟河对岸的杜奥蒙堡和苏维尔堡两道防线遥相呼应。在凡尔登城南还有其他堡垒群，不过和此次凡尔登战役的关系不大。所有这些堡垒当中最强大的是杜奥蒙堡。它是整个防御体系的基石，就坐落在1200英尺的高地顶端，像缩微版的意大利卡西诺山（Monte Cassino）一样，控制着附近各个方向的整片地域。

从沃邦的时代开始，法军工兵的筑垒技术就独步天下，凡尔登要塞也不例外。这里的每一座堡垒都能用自己的炮火打击沿着坡道仰攻友邻堡垒的敌军。各堡垒要么配备一门155毫米重炮，要么就有两门短身管的75毫米炮。这些大炮被安装在可伸缩炮塔里面，顶上覆盖重型钢甲，只有遭到敌方最重型火炮的直接命中才可能被摧毁。此外每座堡垒还配有同样坚不可摧的机枪塔，还有精心选址的小碉，这些小碉形成侧射火力，能够打退敌人从任何方向发动的正面进攻。最大的堡垒配备1个连以上的步兵在地下守卫，那些更现代化的堡垒顶上覆盖厚达8英尺的增强水泥，上面再行覆土。这些堡垒就像是无法移动但坚不可摧的坦克，或者像一队永不沉没的铁甲舰。而且1914年的战事渐渐沉寂以后，这里外围防线上每座堡垒前面，法军在己方山脚下和德军阵地之间，都构筑了2到3英里纵深的堑壕保护带，法军有15个月相对平静的时间，把这道堑壕防线也尽可能加强到固若金汤的程度。

所以说，1916年的凡尔登在理论上是协约国整个防线的最强地段。实际上这里却是最薄弱的环节。为什么这么说呢？

1914年德军的秘密武器420毫米重型迫击炮轻易粉碎了著名的比利时防御要塞，甚至迫降了法国当时规模最大也最现代化的马农维莱尔堡（Fort Manonviller），这严重影响了法军总司令部的自信心。总部里格朗梅松进攻学派的信徒们无视萨拉伊防守凡尔登的成功经验，很快就开始利用这些失败的战例大做文章（他们这样做无疑也是为了稍微挽回些边界战役中该学派受损的名声）。他们重申，自己一向主张要塞只不过是困住有生力量的陷阱，困守要塞不符合法军的积极进攻观点。法军战士应该投身于积极的进攻中，就算形势逼人的话，也应当据守在堑壕里，而绝不能龟缩在一堆混凝土下面。上次战争中，巴赞和麦克马洪退守坚固的梅斯和色当要塞，结果他们的命运如何呢？1915年协约国的春季攻势因缺少炮兵火力支援而失败，法军总部于是尽力搜刮一切火炮，为下次进攻做准备。所以，某些格朗梅松的信徒灵机一动，建议说与其让大量的火炮资源浪费在无用的凡尔登各个堡垒里面，还不如把它们好好地用在进攻战中。

7月，凡尔登所属的法军东部集团军群司令官杜巴伊（Dubail）将军对来访的军事委员会代表团声称，总部的主张当然是正确的。凡尔登要塞守军司令库唐索（Coutanceau）将军对此有不同意见，很快就被解职了。8月，杜巴伊根据霞飞的直接命令，对新任凡尔登要塞司令、年迈的炮兵军官埃尔（Herr）将军面授机宜，"那些注定将会遭受敌军围攻的要塞据点，在今后的战争中无足轻重"。凡尔登要塞体系本身"在任何情况下都不能为守而守，负责这个地区防务的指挥官绝不能坐困于此"。同时，为了准备即将在香槟地区发动的攻势，法军打算拆走凡尔登各堡垒中所有能移动的大炮，尤其是侧翼小碉里配备的火炮，按照计划，除了那些永久性安装在旋转炮塔中的大炮以外，其他火炮一律搬走。到10月，法军已经撤掉了43个重炮炮台（外加128,000枚炮弹）还有11个野战炮炮台。法国最强大的要塞体系一夕之间面目全非，用一位法国军事历史学家的话来说，"这种程度的鲁莽行事实在很难理解"。

法军总部对默兹河右岸要塞的作用嗤之以鼻，因此命令埃尔将军在左岸，也就是凡尔登城的后方，着手构筑一道防线。但是，当埃尔将军才开始要求当地的野战军军长制订一份防御计划时，这个军就被调往香槟地区了。1916年2月会战开始之前，不幸的埃尔将军一直都缺少人手，手下兵力一直都在被抽调前往其他战线。到2月10日，也就是德军计划发动进攻的两天前，法军还专心致志地于左岸构筑工事。不过，1月底，法军总部开始察觉到德军有在这里发动进攻的危险，已经要求埃尔用手下有限的兵力去完善凡尔登与后方的交通线，并改善右岸的阵地。"所有事情都已经开始做了，可什么也没来得及做完。"

法军不仅人力匮乏，而且士气低落。法军士兵从来都不擅长"掘壕据守"，这一点跟英军和德军迥然不同。而且埃尔手下的部队要么是刚从香槟攻势中撤下来的疲惫之师，准备在这段平静的前线休整一段时间，要么是些在凡尔登战线待得太久的老兵油子，不想因为某个新任将军的心血来潮就挽起袖子挖战壕，累到自己。有一名来访的军官看到当地缺少那些重要的能救命的通往前线的交通壕，就质问一名士兵，结果得到的回答是"有没有交通壕根本没关系。士兵轻易就能走过开阔地，德国人根本不会开枪"。凡尔登地区的平静也麻痹了上层的思想。新调来的法军军长克雷蒂安（Chrétien）将军到任之后的第一印象是，这里将面临一场灾难，"凡尔登周围的作战地域没有挖交通壕，没有铺设地下电话线，没有带刺铁丝网。凡尔登城前却堆积了大量防御设施，为的就是在来访者面前做表面文章"。克雷蒂安的军在几周之后就将要承受德军攻势的重压。

虽说埃尔将军个性不够强硬，办事也不够雷厉风行，他对自己守卫的地段缺乏战备的确难辞其咎，不过他毕竟对凡尔登防线的弱点有清醒的认识。他徒劳地请求上级调拨增援来完成重要的工事。他在1915年秋天跟贝当的副官讲的话充分反映了他的绝望情绪："我每天都担心得发抖，要是德军对我这里发动进攻，我根本抵挡不住，我告诉过总部，可没人听我的。"后来他还对时任陆军部长加利埃尼说："最糟糕的事情在于，我每次向总部请求增调火炮，总部里那些少壮派军官是怎么回应的？每次他们都从我这里抽走2个或者2个半炮兵连，告诉我说，'你那儿肯定不会遭到德军进攻。凡尔登不是进攻地点。德国人根本不知道凡尔登的防御武器已经被调空了'。"

法军总部一直对凡尔登所面临的危险局面以及埃尔将军的请求置若罔闻,可是突然之间,一名小小的中校却出人意料地震撼了霞飞将军那奥林匹斯神山一般强大而平静的情绪。

不过埃米尔·德里昂(Émile Driant)可不是一名普通的校官。他在早年的军事生涯里曾做过布朗热将军的副官,后来还成了将军的女婿,等到了凡尔登战役的时候,已是花甲之年。德里昂是一名出色的军事专家,出版过几本军事专著,其中有一本就叫作《论要塞防御战》(La Guerre de Forteresse)。不过,很可能是因为德里昂跟布朗热将军的政治关系,他发现自己连续 5 年得不到晋升,于是最终决定离开部队,并成了凡尔登附近某个选区的议员。他在战前曾多次指出法国陆军的弱点,他作为观察员参观了德军 1906 年的演习,结果深受震动,在法国《闪电报》(L'Éclair)上发表文章预言说:"我们会和 1870 年一样被打败,甚至可能败得更惨……"1914 年战争爆发,德里昂立即作为后备役军官加入了自己曾服役的猎兵部队。他被派往凡尔登驻军担任参谋,但不顾自己年事已高,主动要求亲自带兵,于是被分派指挥两个猎兵营。[1] 马恩河战役之后,他手下的第 56 和第 59 猎兵营领受了清理凡尔登东北考雷森林地区的任务,此后就一直驻扎在此。

考雷森林大约有 2 英里长,半英里宽,在一片很小但地势险要的高地顶端,呈东北—西南走向分布。在 1916 年,这里是默兹河右岸凡尔登第一道外围防线的中段,所以德里昂的防区是法军防御体系的重中之重。

德里昂跟大多数雷厉风行、战斗作风优良的猎兵一样,身材

---

[1] 法军和德军的同级单位主官军衔一般要比英军低,营长通常由少校担任,团长有时候是上校,但更多时候是中校。

不高，可是他凌厉的脸部轮廓和大胡子显示出此人出众的意志力，这类人到 1918 年战争结束的时候差不多已经绝迹了。德里昂在 1915 年 1 月的一封信里写道："德国人就算把他们全部的 420 毫米大炮都搬来，也休想前进一步，他们绝不会打到凡尔登城前。"但到了 7 月，德里昂已明显感觉到了形势开始紧张，向上级旅长抱怨说，自己没有足够的人力一面驻守前线，一面还要兼顾修筑工事。8 月 22 日，他写信给自己的朋友议会主席保罗·德尚奈尔（Paul Deschanel），预言说：

> 德军进攻的大锤将要砸在凡尔登–南锡地区。他们要是拿下了这些城市里的一座，就会对我军士气造成重大打击！……我们竭尽所能日夜巩固战线……可是人手短缺，谁也没有办法。我求你向陆军部长呼吁一下。如果敌人突破了我军的第一道防线，那第二道防线根本不够强，我们还来不及加强它，所以也守不住。请您向上转达我们这里缺少人手尤其是缺少带刺铁丝网的困难。

德里昂信中的内容被转达给了陆军部长（现任陆军部长是马恩河战役中巴黎的拯救者加利埃尼，他素来与霞飞不和），12 月，军事委员会向凡尔登派出一个调查代表团，代表团向加利埃尼证实了德里昂的申诉内容，而加利埃尼把调查报告转给霞飞，征询霞飞的意见。这一干涉行动让霞飞极其罕见地大发雷霆，后来利德尔·哈特尖刻地写道："霞飞的回答是全世界官僚在此情况下会说的最为经典的一段话，值得写成条幅装裱起来，流传后世成为天下官僚的万世经典。"

（霞飞说）对那些在我指挥下却不遵循正常的层级渠道，在执行命令的问题上，越级向政府抱怨或者抗议的人，我根本无话可说……这种行为将极大地损害军队的纪律性……总之，我认为您在12月16日公函中，以政府的名义所提出的担心，纯属无稽之谈……

德里昂后来在战斗中英勇牺牲，可能这才免于受到军法审判，他变成了法国的烈士而英名不朽。

霞飞直到德军发动进攻之前的最后一刻，还对凡尔登地区所面临的危险视而不见，这在某种程度上应归咎于法军的情报机构，因为他们根本没有刺探到法金汉攻势的机密。对法军情报部门而言不幸的是，德国人在凡尔登攻势开始之前刚刚成功破获了一个由一名勇敢的法国妇女露易丝·德·贝蒂尼（Louise de Bettignies）所领导的深入敌后的间谍网。一夜之间，60多名法国谍报人员人间蒸发，法军完全失去了耳目。法国人无可奈何又深感羞辱，不得不请求英国人提供情报，可是直到1月底，英国皇家海军的情报机构才从一名德军高级军官那里听到了只言片语，当时这位军官在柏林的鸡尾酒会上不小心说漏了嘴。凡尔登前线的情报搜集工作也没有什么成效。法国人很少派出巡逻队进行探查活动（毕竟潜伏在两军之间无人区的这种紧张刺激感，根本不合法国人的胃口，就像掘壕据守一样），在战场情报的搜集方面，法军主要依赖前线的监听站，偶尔能截获德军堑壕电话系统当中不谨慎的对话，但这种手段不甚可靠。

战场的天气直到1月17日都很糟糕，因此法军也无法出动飞机对德军防线进行照相侦察。其实法军在凡尔登有3个侦察机中队,可是埃尔将军的司令部里竟然找不到一名懂得分析航空照片的参谋。(上级指挥部直到德军进攻前4天才给埃尔派来解读照片的专家,他正确地预言了德军主攻的地段,不过可能为时已晚。)1月17日那天,法军出动一架侦察机,两次遭到德军负责空中掩护的福克尔战斗机的拦截,相机被打碎了,但该侦察机还是带回了位于罗马涅斜坡后方的德军炮位的一些照片。6天之后,法军侦察机倾巢出动再次飞临罗马涅地区进行侦察,但没能拍到附近斯潘库尔森林里集结的大量德军重炮。虽说法军并没有倾全力进行空中侦察,但他们至少证实德军的空中保护幕墙并非铁板一块。侦察失败的原因,主要在于恶劣的气候条件、德军对法军机场不停的炮击还有法军自己主观上不够努力。到德军进攻发起时为止,法军总共只从空中发现了70个德军炮位,所以对德军的炮兵集结规模之大毫无所知。侦察机反而发现德军前线"没有构筑新的攻击出发堑壕",这个发现正中德国人下怀,让法军总司令部以为德军不可能马上发动进攻。

尽管法军情报机构错漏百出,但德军准备发动"杀戮场"攻势的迹象还是日益明显起来。法军内部流传的一些谣言根本不着边际,比如其中一则谣言说,德军正在凡尔登以南的法军防线地下挖掘一条宽达14米的隧道,以便从法军后方钻出来发动进攻。但其他迹象还是靠谱的,比如德军逃兵越来越多,很多是阿尔萨斯人,这一直是大战在即的可靠迹象。这些人给埃尔将军带来了地下进攻堑壕的详细消息,埃尔将军一下子就领悟到了这种工事的目的何在。(可法军总部的回答却是,你猜错了,这种地下工事肯定是用于防御目的。)1月上旬,法军观察哨发现德军防线背后的教堂尖顶一个个地消失了,以前法军炮兵一直用这些尖顶作为炮兵对射的参考坐标。1月12日，埃尔的情报处报告说德军炮兵开始"测距试射"，14日，法军发现德军建立了数座新的医院，15日，法军不安地听到了满载德军的运兵列车通过隆维（Longwy）地区的消息。进入2月，来自德军的逃兵说德军业已取消了所有休假，说他们害怕"可能会发生什么可怕的事情"。

巴黎的军事委员会对凡尔登受到的威胁不那么关心，他们更在意德军的一艘齐柏林飞艇在1月29日渗透到首都上空发动了空袭。军事委员会为此大动肝火，负责空防的助理部长引咎辞职。直到德军进攻之前几天，霞飞还安慰黑格说，德国人计划发动进攻的对象是俄国，同时法军总司令部作战处坚持认为，德国人如果要在法国发动进攻的话，也应该会选择在阿图瓦或者香槟地区。可是预警的迹象越来越多，越来越难以视而不见。大量高官驾临埃尔的指挥部。1月24日，霞飞倚重的副手德·卡斯特尔诺视察凡尔登，下令优先加紧完成默兹河右岸的第一和第二道防线，并在两道防线之间构筑一条新的中间防线。甚至普恩加莱总统也戴着惯常的司机帽、穿着长靴前来视察前线了，他是坐着由两匹骡子拖曳的小型专列车厢驾临前线的。最后甚至伟大的霞飞本人也亲临视察，不过新来的人里，最重要的还不是总统或者霞飞，而是埃尔将军申请了半年之久的增援部队。时间不多了，这两个新到的步兵师是在2月12日才划归埃尔指挥的，而这一天恰恰是德国皇太子指挥的炮兵预定要万炮齐鸣的日子。

德军万事俱备，只欠东风。在这一小片只有几英里长的美丽的法国乡村里，德军集中了850多门大炮，其中有些是陆战有史以来威力最大的火炮，与他们对阵的是270门各式法军火炮，其中大部分火炮都缺乏弹药；德军72个精锐步兵营都是久经考验的突击部队，面对着躲在未完成工事里的34个营的法军。如果德军按时发动进攻，法军肯定会在换防的当口被打个措手不及，发生巨大的灾难。可就在这关键时刻来临之前的最后一分钟，改变诸国命运的奇迹发生了。这个奇迹拯救了凡尔登，也可能拯救了整个法国。

第 5 章

等待作战的机器

可是气候之神突然心血来潮,搞乱了我们的所有计划。

——德国皇太子威廉回忆录《我的战争经历》

你也许自以为知道战争是怎么一回事,
可当我们为国捐躯的时候,又有谁知道我们?

——雅克·梅尔

凡尔登前线的法军部队在 2 月 11 日至 12 日夜间受命进入一级战备状态。这可不是无的放矢。11 日,德国皇太子已经从位于默兹河右岸斯特奈(Stenay)的集团军司令部签发了公告,准备在第二天公开发表,公告开头说:"在经过了长时间的顽强防御之后,我们的皇帝和国王陛下下令进攻!"可是 12 日破晓时分,疲惫的法军观察哨极目所见,战场上只是一片混沌的白色。天降大雪,士兵们透过浓雾和雪花根本看不见敌军的前线。一片不祥的沉寂笼罩了整个前线地区,没有令人生疑的噪音,没有任何异动。法军官兵一边抱怨头天晚上没睡好觉,一边回到自己平日的阵地。军官们也松了一口气。在对面,德军几百双眼睛正通过炮兵测距仪观察着法军阵地,却只能看到"仅仅 1 千米以外的一切都消失在一片蓝灰之中"。在德军战线的深远后方，将军们焦急地研究着气压表，最后皇太子在斯特奈的集团军司令部里做出决定，将攻势和公告都推迟 24 小时。如果关键的炮兵火力看不见敌人，那战斗根本无法进行。

整装待发的德军突击队看到突击坑道里贴出的"整理内务"的命令，才知道进攻被推迟了。13 日，法军再次接到一级战备的命令，但是因为雪还在下，天气更冷了，法军再一次苦等到次日清晨才解除警戒。德军突击坑道里再次贴出"整理内务"的命令，军官们将其解读成，"如果恶劣天气持续，我们就要在室内战斗"。每天部队的作战日志都是同样的记载："又下雪了……雪化了，可是又起雾、下雨、刮大风……还是狂风暴雨。再推迟一天……狂风暴雨。听不见炮声……狂风吹雪……雾气还有寒冷。"凡尔登反常的天气为自己的祖国做出了极大的贡献。

用一位著名的法国军事小说家的话来说，步兵到 1916 年已经成了"等待作战的机器"。因为战事逐日推迟，双方的士兵都在等待中日渐心焦，并开始用各种各样的方式熬过这段时间。少数积极的法国军官想让部队利用这个时间修复工事，可是冬天土地冻硬了，活儿是干不了多少，只能徒劳地让部队更加疲惫而已。大多数法军士兵裹在大衣里，玩些战壕中常用来排遣无聊的游戏。有些人用炮弹弹体上的铜箍给远方的妻子做个项链；还有人用发火帽上的铝材给情人做个戒指，上面有时会镶嵌着从德军大衣上取下的纽扣；也有人用空弹壳给孩子做笔帽。他们精雕细刻，有时需要花数月之久方能完工。法军士兵开赴前线的时候身上携带的装备和给养特别沉重，可业余匠人总能在背囊里找出地方放他的金属小工具。他的小首饰上面刻满了花纹，可惜最后的结局往往是被敌人狙击手的子弹打烂。有些士兵不知疲倦地玩着皮克牌（piquet），输光了自己微薄的津贴。一名守在考雷森林的猎兵中尉兴高采烈地摆弄一门自己发明的新型堑壕迫击炮。另一些人热衷于在战壕里到处抓老鼠，只为了运动起来让身上暖和一点。所有这一切的目的只有一个：不让自己去想那个恼人的问题——何时开打？

地下坑道里，德军突击队的神经更加紧绷，等待的滋味更不好受。突击坑道原本是用来作为临时掩蔽部的，只能容下寥寥几个人躺下睡觉。其他人如果每天晚上要回后方休息的话，就得在冰冷的雨雪里行军7英里之多。德军进攻计划虽然细致周密，但也免不了有欠周全的地方：突击坑道在恶劣天气下很快就会灌满水，德军又很缺水泵。结果德军步兵中的精锐一天到晚就被迫在齐膝深的冰水里为拯救坑道而斗争。日复一日，德军靠着从野战应急口粮包里抽出来的巧克力和罐头食品维持生命，品类单一且不健康。每天都有很多不着边际的谣言满天飞，比如说在比利（Billy）附近抓住了空投的法国特务。还有报告说穿着德军军装的法国军官潜入后方侦察德军前沿阵地，为此，德军下令逮捕任何"看起来可疑"的军官。2月14日，巴伐利亚王储鲁普雷希特在北面的司令部里写道："再这么等待下去，我们就会丧失进攻的突然性。"突击坑道里的每名官兵担心的也是这个。有名曾当过神父的德军士兵在某次延迟进攻之后写道："难道这就是我们要忍受的考验吗？"德军知道即将到来的进攻的意义，所以比法军更难转移自己的注意力。少数幸运儿能以写信缓解紧张情绪，可那毕竟只是暂时的，有些人疯狂且绝望地祈祷着，还有些人也许生平第一次思考起了"战争毫无意义"这个哲学命题。不知道是因为紧张,还是因为寒冷的战壕跟突击坑道里的卫生条件,严重胃疼的病例与日俱增。突击部队在这种条件下很难保持高昂的士气。

既然战争双方都在不自然的平静中被迫日复一日地紧张等待,那我们还是趁此机会来看看凡尔登战役前双方部队的日常生活吧。战争史记载了太多的将军,可是凡尔登战役毕竟是历史上最典型的"士兵的战争",这场战役的主角是这些卑微的普通士兵,而不是霞飞或法金汉之流。

在突击坑道中整装待发的德军突击部队最右翼是第7后备军,它的作战地域在默兹河跟弗拉巴(Flabas)之间。这个军的士兵来自北德的威斯特伐利亚地区——主要是明斯特、杜塞尔多夫和鲁尔工业区,很多人都是农家子弟,吃苦耐劳。战争爆发后,第7后备军打下了法国的要塞城市莫伯日,能干的军长冯·茨维尔将军因此获得德国最高军功奖章——功勋勋章。后来在马恩河战役中,又是这个军被匆匆派去堵住冯·克鲁克和冯·比洛(von Bülow)两个集团军之间的致命缺口。德军序列的下一个军是冯·申克(von Schenck)将军的第18军,负责地段在弗拉巴和维尔(Ville)之间,士兵主要来自黑森,是历史上著名的雇佣兵的后代,其中第80团的历史可以追溯到1631年,在德意志反抗拿破仑的民族解放战争中,黑森的战士们在敌对双方都进行过英勇的战斗。普法战争中该军第21师在维桑堡(Wissemburg)、沃尔特(Worth)、色当诸战役中获得过荣誉,而另一个师,[1] 第25师

---

[1] 德军在1916年的一个军通常只由2个师组成,每个师2个旅,每个旅2个团,每个团2到3个营,每个营大约有1000名官兵。法军编制亦与此类似,不过有的军下辖3个师。

参加过维翁维尔（Vionville）战役和格拉沃洛特（Gravelotte）战役。1914年，第18军参加过血腥的讷沙托（Neufchâteau）战役，并在兰斯（Rheims）附近参加了马恩河战役。第18军左翼从维尔到赫贝布瓦（Herbebois）之间是战功卓著的第3军，又称勃兰登堡军，这是德意志帝国陆军的精锐部队，这个军以擅长进攻著称，其中第24师将在凡尔登战役中承担一项特别光荣的任务。在普法战争当中，第3军在时任军长冯·阿尔文斯勒本（von Alvensleben）指挥下，在维翁维尔地区与正在撤退的整个巴赞军团遭遇，切断了法军的撤退路线。1915年，这个军以成功的行动把法军赶过了埃纳河，军长冯·洛赫夫（von Lochow）将军因此获得功勋勋章。第3军下辖的第6师刚刚从巴尔干半岛凯旋，还沉浸在征服塞尔维亚的喜悦之中。在整个西线各集团军中，再难找到比此次承担主攻任务的3个军更有作战经验的部队了。在勃兰登堡军左翼负责赫贝布瓦到奥尔讷（Orenes）地区的是第15军，不过在凡尔登战役的第一阶段，这个军没有什么作战任务。最后，德军第一线后方作为预备队的是第5后备军，这是一支二流部队，很多士兵是来自西里西亚的上了年纪的波兰人，还有不少阿尔萨斯–洛林人，这些人经常会叛变投敌，给法国人送去关键的战场情报。

  这几个令人生畏的德军部队的对手，仅仅是克雷蒂安将军的法国第30军，下辖巴普斯特（Bapst）的第72师（负责默兹河以东地区）、布朗热（Boullangé）的第51师，还有克莱佩（Crepey）的第14师（这个师在后来的战斗中所起的作用不大），而德·博纳瓦尔（de Bonneval）将军的第37师作为预备队正在调来的路上。当时的评论者形容第30军"是个大杂烩"，这话有一定道理，它的兵员成分相当复杂。防线上某些重要地段上的防守任务是由上年纪的地方守备队负责的,他们的性质有点介于英国的地方志愿军和先遣兵部队之间。第二线部队则由法国殖民地军团组成,包括戴着红色小圆帽的北非朱阿夫兵和穿着殖民地卡其军装的散兵。第 72 师的构成在第 30 军当中最为典型。这个师自动员后就一直驻军凡尔登,而且从 1914 年秋天起就没打过什么大仗,现在却可能要承受德军第一次进攻的最大压力。这个师里最精锐的部队,无疑是德里昂指挥的两个猎兵营。这两个营的士兵大多是征募自巴黎及其北部地区的正规军。他们容易冲动,和平时期不服管束,可是在德里昂这样的好指挥官带领下,就能成为坚忍顽强的斗士。此外还有 324 团,它的士兵是来自法国西部舒适恬静的马耶讷（Mayenne）跟奥恩河（Orne）地区的预备兵。他们打仗没有德里昂手下的猎兵那么顽强,却更愿意服从命令。351 团是来自皮卡第（Picardy）跟布列塔尼（Breton）半岛的后备役部队,165 团是来自默兹河本地的正规军,凡尔登战役对他们来说是保卫家园之战。

1916 年的法军战士已不是两年前战争爆发时穿着红色马裤、伴着军乐走上战场的莽撞新兵了。以前的平顶帽被更加实用的钢盔取代（尽管霞飞过分乐观地认为法军不需要普遍配发钢盔）,起码在配发钢盔这一点上,法军领先于德军。就算在那些为本部队的军容颇感自豪的猎兵当中,士兵们也不再穿着致命的红马裤,不再像战前那样精心地打扮了。各部队渐渐开始普及天际蓝颜色的新军装。（这种颜色在伪装方面还是不像英军的卡其色和德军的野战灰那么有效,但也算是一种折中了：法军的天际蓝在泥泞的战壕里打几天滚,就能跟其他任何颜色一样混同于周围的环境,不过每次法国生力军来跟英军换防的时候,英军都注意到,簇新的天际蓝制服能让前线疲惫不堪的士兵耳目一新,士气大振。)不过当时天际蓝的新军装还没普遍配发到位,考雷森林里的法军猎兵们还穿着破旧的羊皮裤和打补丁的上装,几乎看不出是军装。猎兵们虽然衣衫褴褛,可毕竟都是堑壕战的老手了,永远不会忘记在步枪枪口上堵个塞子防止进水,也不会忘记在枪栓周围系一条防尘的手帕。

法德两军的士兵们都已经久经考验了。前线的士兵几经整补,现在大多数由三种成分组成,数量大致各占三分之一。一种是幸存下来的25到30岁的青年,已经负过伤,经过医治重返前线;一种是40来岁的后备役军人;还有一种是18到20岁的新兵蛋子。即便是最后一种新兵也留着乱糟糟的大胡子,这让他们看上去像是上了年纪的老兵(所以法文俚语的大兵Poilu就是胡子的意思)。

今天大多数欧洲人多多少少能够想象堑壕战的状况,不过即便是亲身经历过堑壕战的老兵也很难描摹它真实残酷的一面,因为过去的岁月已经在记忆里冲淡了战争的苦痛。现代人很难接受这样的场景:人类成年累月地被迫像老鼠一样生活在地下,还常常要趟着几英寸甚至1英尺深的水,身上从来没干爽过,永远都有泥巴的恶心味道,只有在离开前线短期休整的时候,身上才能没有虱子。掩体里总是有硕大的老鼠,这玩意儿好像是战争期间唯一能活得滋润的东西,就像是臃肿的投机者。它们在睡着的士兵脸上爬,偷吃背囊里的军粮,还啃食没来得及掩埋的尸体。其实除了不吃死人,士兵跟老鼠的生活也没什么区别。法军士兵最盼望的事情,除了来邮件跟粮食以外,就是能躺进堑壕壁上费力挖出来的凹坑,趁战斗间隙好好睡一觉(德军和英军都严禁这种做法),虽说一颗爆炸的炮弹就能把这个小小的安乐窝震塌,把人活埋在里面，可是能干爽地躲开雨水睡一觉，还是值得冒这个风险。对于一个正常的文明人来说，就算不打仗，生活在堑壕里也像生活在地狱里一样，何况损耗（wastage，参谋人员会委婉地用这个词）每时每刻都在身边发生着：被敌人狙击手打死，被突如其来的迫击炮弹爆炸活埋，还有担架手抬着糊满泥巴和血渍的伤员后送，这种景象太普通了，没人会多看一眼。

不知道是因为组织不善还是物质上的匮乏，也许两者兼有吧，法军这边的情况总是比德军更糟糕一点。来访的英国人总是被法国人一贯的不讲卫生的态度震惊到，可法国人自己也许是因为和平时期就虱子多了不咬，自己倒是见怪不怪。堑壕里的生活再糟糕，也不妨碍高卢人的幽默感，他们对虱子的繁殖速度之快颇感惊奇，说一只虱子早晨刚生出来，到晚上就是子孙满堂的老奶奶了。法军接管灌满水的堑壕的时候，最受人欢迎的笑话是说："只要德国潜艇不在里面向我们发射鱼雷就行！"

不过只要配发的皮纳德（pinard，法军中配发的劣质红酒）和食物能供应得上，以上一切困苦倒也不算什么。吃喝对法国兵来说，比对其他一切国家的士兵都更重要。可军粮供应体系经常被打乱，很可能是因为法国人后勤管理方面的效率低得可怕。1915年12月，法军总部宣传处派发过一份报告，吹嘘"我们的战士总是能每天吃到两顿正餐"，所以法军的粮食供应比德军好得多，结果收到了20多万封来自前线的抗议信。按照标准，法军每个连应该配备一个野战厨房，其中包括一口灶和两口大锅，可是30万份送到前线的装备当中，能用的只有一半。有些黑心商人肯定是在政府订单当中趁火打劫，中饱私囊了。而法军能运到前线的粮食，也只有单调乏味的罐头牛肉，既油腻还老得咬不动，还有盐没放够的咸鱼,跟嚼起来像橡皮一样的奶酪意面,而且所有这些食品都掺杂了大量灰土。

就算在后方,法军士兵的生活也远非田园牧歌。士兵在向前线开进的时候,还没有用上后来第二次世界大战中西方军队见惯的"连级运输车辆",他得靠双脚走上前线,身上的负重让他看起来像个背着氧气瓶的深海潜水员:其中包括用防潮布卷起来的两床毯子、一双备用靴子、一身羊皮大衣或者棉大衣、一把铁锹或者重型铁丝钳子、一个干粮袋跟饭盆、一只装满2升皮纳德的大水壶、4天的干粮、200发子弹、6枚手榴弹、1个防毒面具,还有个人物品,所有这些都要挤进3只巨大的背囊中。每个法军士兵的平均负重超过85磅。所以如果在去前线的路上有累坏的士兵在泥泞中滑倒的话,他想要站起来"比一只翻过来的甲虫还难"。在后方宿营时,法国军官和士官占用了所有能用的屋舍,士兵只能自己找地方,常常只能自掏腰包向乘机漫天要价的农民租个铺位睡觉,而他们每天的津贴只有可怜的5个苏。就算在永久性"后方休整区",法军也严重缺乏厕所、淋浴、厨房设备。床铺也不够,很多士兵常常被迫轮流睡觉,直到1917年贝当在法军实施改革,情况才有所改善。英军一直信奉一名军官的首要职责是照顾手下士兵的福利,这个信条在法军当中根本没人买账。

"一战"期间的法军是列强当中唯一的共和国军队,照理说应该比其他国家军队拥有更加民主的官兵关系,可奇怪的是,军官士官跟普通士兵之间的鸿沟其实比英军甚至德军更大。从法国的铁路车站里的牌子上就能找到这种隔阂的微妙写照:

军官的厕所

士官的隔间

士兵的茅坑

战争爆发后的头两年中，法军军官团的损失惨重（占正规军官的一半以上），这个缺额很大程度上由从前的中士和军士长们补上来，没有人比这批新军官对官兵之间的阶级差别更加在意。1916年法军官兵之间的鸿沟可能比从前还大。官兵之间在作战之外几乎没有交流，法军的军官在一次成功的进攻战役之后就离队了，把本应撤下来休整的士兵留在被摧毁的敌人阵地上好几个日夜，盟军的观察员常常对这种现象震惊不已。不仅高级军官有这种阶级意识。这让人想起克里米亚战争中，英国的卡迪根（Cardigan）伯爵在带领士兵打完著名的伤亡惨重的轻骑兵冲锋以后，根本不问部下伤亡情况，径直骑马回到自己游艇上的事例，这样的类比有点极端，可并不算离谱。法军军官的做派让人觉得，一打完仗，他对于所指挥部队的责任也就随之结束了。可是军官们在战斗以外跟士兵的隔阂，却在很大程度上能由他们在战斗中大无畏的勇敢精神和以身作则的行为来弥补。法军铁的军纪也提高了军官们的威望，这种军纪之威严，就连普鲁士军官们都觉得接近于野蛮。1914年9月，法军建立过很多特别战地军事法庭来审判失职的官兵，那些被判定有罪的军人，通常的惩罚都是在24小时内枪决且不许上诉。那些按照今天的标准来说，只不过算是情节轻微的军官在当时都会被判处死刑，而那些程度更轻的人将被送到惩戒连去，在下次战斗中执行特别危险的任务。如果一个步兵团打了败仗，团长常常诉诸"什一抽杀令"（decimation）这种野蛮而不公正的手段进行惩罚，就是从每个连按照多多少少随机的方式抽取士兵,在象征性的潦草审判之后当场枪决。后来在1917年,法国军官们以身作则的个人勇气都弥补不了领导能力的缺乏给士气带来的严重打击了,这时就连这种铁一样的纪律都无法维系军队的凝聚力。不过在1916年初那个时候,法军的士气和纪律还算可以。

普通士兵就算是在暂时离队探亲的时候,还是会遭受上峰长官漫不经心的虐待。开战一年后,法军才在部队里实行常规的休假政策,而且好不容易得来的假期还要在路上浪费好多个宝贵的小时,甚至好几天,士兵需要在窗户破损的拥挤列车上浪费宝贵的假期。当士兵在火车站台上苦苦等车时,英军有基督教青年会等福利机构照顾他们,提供食宿,法军没有。食物也很少能买到,而且就算有地方买,法国兵兜里也没钱。有时候,法军在签发和检查休假通行证时表现出来的官僚主义让人难以置信,结果士兵根本没有时间回家,只能把宝贵的休假时间浪费在某个陌生而昂贵的大城市里。不过这时至少有一些士兵能在"教母"的怀里得到一些补偿。这些所谓的"战时教母"最初是政府招募的一批妇女,她们认领不认识的士兵,给他们送去慰问品,后来成了政府的宣传工具。有时候,士兵会因为担心遭到他们教母的蔑视而在前线奋勇作战,这甚至比军官的督战更管用。大多数时候,所谓"教母"只是一个从未谋面的女人,常常写信来鼓舞士兵勇敢战斗,不怕牺牲,但也有少数幸运儿能在偶尔的休假期间找到他们的"教母"上床。(这个令人羡慕的系统也有适得其反的时候,有一个中士居然认了44个"教母",结果发现自己的假期永远不够长,不能让他那些"教母"个个在床上心满意足,所以他开了小差。)

在1914年那批新兵蛋子逐渐开始学习和认知战争的时候，最具有教育意义的莫过于看到工业革命的最新成果——那些新武器——能对人体造成多么可怕的伤害。受伤已经够糟糕了，不过被子弹打穿起码还算是个干净的伤口。如果你挨了步枪或者机关枪的枪子儿，要么当场一命呜呼，要是侥幸不死，你后来很可能囫囵个儿地活下来。但枪弹伤在第一次世界大战期间是少数，这点和第二次世界大战不同，"一战"中绝大部分伤亡是炮火造成的。而且"一战"的炮火跟"二战"还不同，到"二战"时，随着文明的进步，冶金铸造技术也更先进了，每发炮弹和炸弹爆炸形成的弹片更细小，每次爆炸的杀伤范围更大，但弹片所形成的创面没那么可怕。第一次世界大战当中，炮弹爆炸形成的弹片比第二次世界大战时的要大很多，有的弹片两个人都抬不起来，而这种弹片到处飞溅，你可以想象会对脆弱的血肉之躯造成什么样的可怕创伤。法国作家巴比塞（Barbusse）写的《火线下》（Le Feu）可能是描写第一次世界大战最好的小说，书里面描写的炮弹创伤，可绝不是恐怖二字所能形容的：

> ……一枚普通的炮弹就能把人体挤扁，一削两半，从头到脚中分开，或者炸成碎片，把内脏整个翻出来，喷洒得到处都是，甚至把头颅塞进胸腔里去，就像一柄大锤当头砸下一般……

血肉之躯经过如此挤压变形之后，有些人竟还能不死，足以让人莫名惊怖，杜哈梅尔（Duhamel）医生曾经描述过送进他的伤员收容站的那些已经变形却还活着的躯体："他们让我联想到动弹不得的废船,每个缝隙都在进水。"他后来因关于战争经历的写作而当选法兰西学术院的成员。此外还有恐怖的毒气,每个遭受过毒气残害的幸存者一辈子挥之不去的梦魇,就是在湿冷的冬天里被窒息、肺里被烧灼的恐怖感,还好,在第二次世界大战中,官兵们不需要承受这种经历。

伤残规模如此之大,相应的医疗服务却非常匮乏。这方面跟前面讲述的很多方面一样,法国在开战时相较英德两国做得尤其不好,而且在整个战争期间都没有什么改善。1914年开战时,法军的医疗系统是为速战速决做准备的,对持久战毫无准备,法军的军医受格朗梅松进攻学派的影响,脑子里对战争的预期是进攻战且大多数要处理的是枪伤,以为会遭遇"干净的战争",这种错误估计很可能葬送了相当于一个军的本来可以救治的伤员,很多伤口都因为炮弹爆炸带来的尘土和碎片感染而无法救治,可怕的气性坏疽感染成为伤员致死的最重要原因。"二战"期间,气性坏疽病几乎闻所未闻,这种感染一旦发生,只有及时且娴熟的手术可以治疗,而在"一战"中这些是不可能做到的。

如果一名重伤员经受住两名担架手粗暴的拖曳还没死的话,在伤员收容站里,过度疲惫的卫生员能给予他的也只有最简单的处理,然后他要坐着拥有实心轮子和极硬弹簧的救护车长途颠簸去往后方医院,在那里,他生存的希望还是很低。战争爆发时,克莱蒙梭的《自由人报》(*L'Homme Libre*)刊登过尖刻的批评文章,描述了运送伤员回后方医院的那些原本用来运牲口的铁路车厢里肮脏的卫生条件,后送的伤员里很多人都感染了破伤风。虽然报上的文章很快被新闻检察官毙掉了,但法军的卫生条件没有随着战争的发展而有所好转。伤员的死亡率在后方医院仍然居高不下。手术和造成伤口的那些弹片一样简陋而原始。医生们劳累过度，工作条件又极为艰苦，必须立即把伤员分成三类：一类伤员无论如何都要死，没有医治的价值；二类伤员可以幸存，但再也上不了战场；三类伤员在伤好以后可以重返前线。医生对第三类伤员最为尽心尽力，这叫作"保存有效性"。第二类只有在时间许可的情况下才会被马马虎虎地处理一下。结果是骇人听闻的，杜哈梅尔用一句话来概括，那就是："身上有个洞，那就拿块抹布堵一下。"

所以后来大战伤亡数字统计出来以后，在三个西方列强当中，法国的伤员死亡率居首，除了89.5万名阵亡者之外，另有42万伤病员最终死去。

后世研究第一次世界大战期间人类行为的社会学家一定会为当时各国各民族的战士们的忍耐力而惊叹不已，他们不得不在那么长的时间里忍受伤害和荼毒，甚至屈辱，还有领袖们的无能以及堑壕里非人的生活条件。后世的人们在看到凡尔登战役的参战士兵丧失勇气的时候也应该认识到，在那样的条件下还能保持勇气，是一件多么难能可贵的事情。甚至，这种"丧失勇气"的现象居然没有大面积爆发，这不能不让人惊叹不已。我们这些20世纪中期的后人们，能不能忍受得了第一次世界大战期间士兵们所忍受的四分之一的困苦？当然在那时的战士们当中，有很多人是习惯了对恶劣的生存条件逆来顺受的农民（直到今天，法国乡野中还有很多空荡荡的村庄茕茕孑立，见证着当年战争中所遭受的可怕创伤），这也许可以部分解释当时士兵惊人的忍耐力。战争爆发时各阶层的人民，都是从维多利亚时代的和平岁月中走过来的,无论在英伦还是欧陆,斯科特·菲茨杰拉德笔下"各阶级之间确定而明晰的关系"早已形成。他们从小就被教育要接受现状。他们笃信大人先生们的智慧,接受"上等人"与生俱来的优越,而不去挑战权威,直到第一次世界大战永远地打碎了这份笃信。

1916年,人们仍然接受命运的安排。1914年,那些向世界问出"为什么"的那批人不是死了就是在命运面前屈服了。如果有一个人曾痛苦地拷问过自己,在这样的生存条件下,生命还有什么意义的话,那么10个甚至更多的人早已无助且麻木地默然接受了残酷的现状。这些1916年的士兵们,在他们沉默的逆来顺受中,有一股倔强的愤世嫉俗,他们怀着这股倔强来接受现实。他们早就放弃了为诸如阿尔萨斯、比利时、祖国或者统治海洋之类冠冕堂皇的理由而战。他们仅仅是因为别无选择的习惯而战斗,为生存而战。18个月的堑壕岁月早已磨灭了1914年那种理想主义的锐气。可在当时,前线的士兵似乎还能无限期地忍耐下去。无论法军还是德军,都早已把体力和意志变得刚硬,能够对战争的一切苦难无动于衷。当时在白雪覆盖的战壕里,几乎没有出现过肺炎的病例,更没有用军事法庭来维持军纪的必要。凡尔登之战中的敌对双方代表了整个大战期间最巅峰的战斗力,士兵们就像淬火时间刚刚好的钢材,既坚硬又韧性十足,但还没有过刚易折,他们早已不是1914年充满热情的毛头小伙,但也还没变成1917—1918年间厌战的老兵油子。凡尔登就像分水岭,过了这个坎,双方都将不复往日的高度。

凡尔登战场上,双方的神经在一周的警戒和等待之后,都呈现出了将要绷断的迹象。情绪容易波动的法国人开始把敌军恼人的按兵不动看成故意折磨对手的神经战。2月17日，俄国大胜奥斯曼军队的消息传来，小小地振奋了一下法军的士气。可是埃尔斯伦距离太过遥远，法国人也早已学会对那些所谓的"决定性大捷"打上一个审慎的问号。坏天气还在持续。19号终于出太阳了，泥泞也慢慢开始被晒干。霞飞最后一次视察凡尔登，嘉奖了埃尔的备战工作。那天晚上开始霜冻。20号的天气晴朗，给人一种春天的感觉。每个人都知道"就快要开始了"。有人听到总司令部作战处长勒努瓦尔（Renouard）上校兴高采烈地说："敌人将要捅怎样大的一个马蜂窝呀！"德里昂在考雷森林里给妻子写的最后一封信语气更为现实："时间快要到了……我觉得很平静……在我们森林里，敌人只需几分钟就能占领第一道堑壕……我可怜的两个营，直到今天还幸免于难！"他给朋友写信说："至于我，我总有好运相伴，等过了这段最艰难的时光，我希望还能再给你写信。"法军炮兵在下午4点第一次开火，炮击一个小时，为紧张的前线部队鼓舞士气。埃尔将军给部队下达了战前最后一道动员令，说的是"一战"期间几乎所有法军指挥官一贯的陈词滥调："不惜一切代价防守，宁可粉身碎骨也绝不后退一步。"

夜幕降临。在凡尔登后方30英里之外的雷维尼（Revigny），一个警觉的75毫米野战炮组向一艘前来轰炸交通设施的齐柏林飞艇开火，居然击落了目标，这一战果是前所未有的。同时一轮清冷的明月照亮了平静的大地。在考雷森林里，站岗的猎兵们也受到了这种氛围的感染，他们漫不经心地把手插在口袋里，扫视着面前谜一般的森林黑影，不禁开始猜想明天出现在面前的将会是怎样一幅场景。在他们身后的暗影里，法军辎重队正在往前沿最后一次运输给养，伴随着一两声踏断松枝的脆响和故意压低声音的谈话。除此以外，森林中万籁俱寂。离这些彻夜无眠的猎兵们很远的地方，隐隐传来持续的火车轰鸣声，那是德军的军列正向斯潘库尔森林里运送弹药。近处，月光普照大地，掩盖了一切战争留下的污迹，让两军之间的无人地带也变得美丽起来，就在这片无人区的上空，悠悠飘来德军士兵的歌声。

第6章

开战第一天

这才仅仅是开始。

——保罗·克洛岱尔,《歌谣》

我一接触战争就疯狂地爱上了它……这种爱永远不会终止,因为战争让一切最卑微的人变得荣耀。

——拉·图尔·杜平,《熔炉》

在卢瓦松(Loison)附近的密林里,一门克虏伯海军大炮慢慢地从伪装网里昂起粗大的身管。昏昏欲睡的炮组已经是第10次重复这样的训练动作了,夜复一夜被从宿营地赶到拂晓的苦寒中重复同样的训练好像没有意义,他们都已经受够了。可今天不一样,这次好像要动真格了。炮长再一次用近乎爱抚的触摸检查过引信,炮弹几乎和他本人一样高。野战电话响了一声。期待已久的命令下达了。炮兵们吊起巨大的炮弹,砰的一声塞进炮膛。炮兵们转身背向炮口,抬手捂住耳朵,弓起身子,此时炮长一声大喝:"开炮!"

将近20英里之外,炮弹击中了凡尔登城里主教宫的庭院,打塌了大教堂的一角,爆炸声地动山摇。炮兵们近来每天重复的炮术训练没能达到预期效果,这一炮没打准,没能击中默兹河上重要的桥梁,结果只是给协约国的宣传攻势提供了更多有关德军暴行的口实而已。在沃邦要塞巨大的迷宫般的通道里,某处响起了尖利的警号声,提醒人们注意隐蔽,拿破仑战争期间,英军战俘曾经被关押在这里。德军炮弹开始以固定的节奏落下来。第二门380毫米口径巨炮的设定目标是凡尔登火车站,准头比她的姐妹炮要好,几发炮弹之后,火车调车场的铁轨就像弯折的电线一样竖立在了半空中。"杀戮场"行动正式开始。

在考雷森林里,德里昂中校手下大多数猎兵都在熟睡,根本不知道后方遭到了炮击。大概3小时之后,斯蒂芬(Stephane)下士慢慢地醒过来了,他已经46岁,绰号叫"老爹"。他一醒过来就听见旁边咖啡研磨机发出的令人满意的声响,还有两个人在用那种清晨还没睡醒的模糊声音咕噜着什么,也许在吵架。"老爹"斯蒂芬从掩体里看出去,这一天跟其他任何一天没什么两样,要说不同,也就是天气要比过去大家已经忍了几周的天气要好得多。不过大家已经谈论了好久德军可能会进攻,这样一个好天可不是什么好兆头。昨天晚上一架德军飞机飞越了法军战线,这可是好久以来没出现过的情况,也许预示着危险。不过类似的预言从圣诞节到现在都没停过,可一直也没真的发生什么。有些人相信这一切都是凡尔登城里那些参谋们编造出来的,就为了让前线那些可怜的大兵们多干点活。斯蒂芬下士正处在半梦半醒之间,这真是个舒服的状态,唯一美中不足的就是冷,他满脑子想的都是起床的困难,还有很快就要轮到的休假。

突然,好像整个世界都在他面前崩塌了。正在煮咖啡的两个老兵一下子就麻利地躲进了地下,一边在骂娘,"这帮××的,

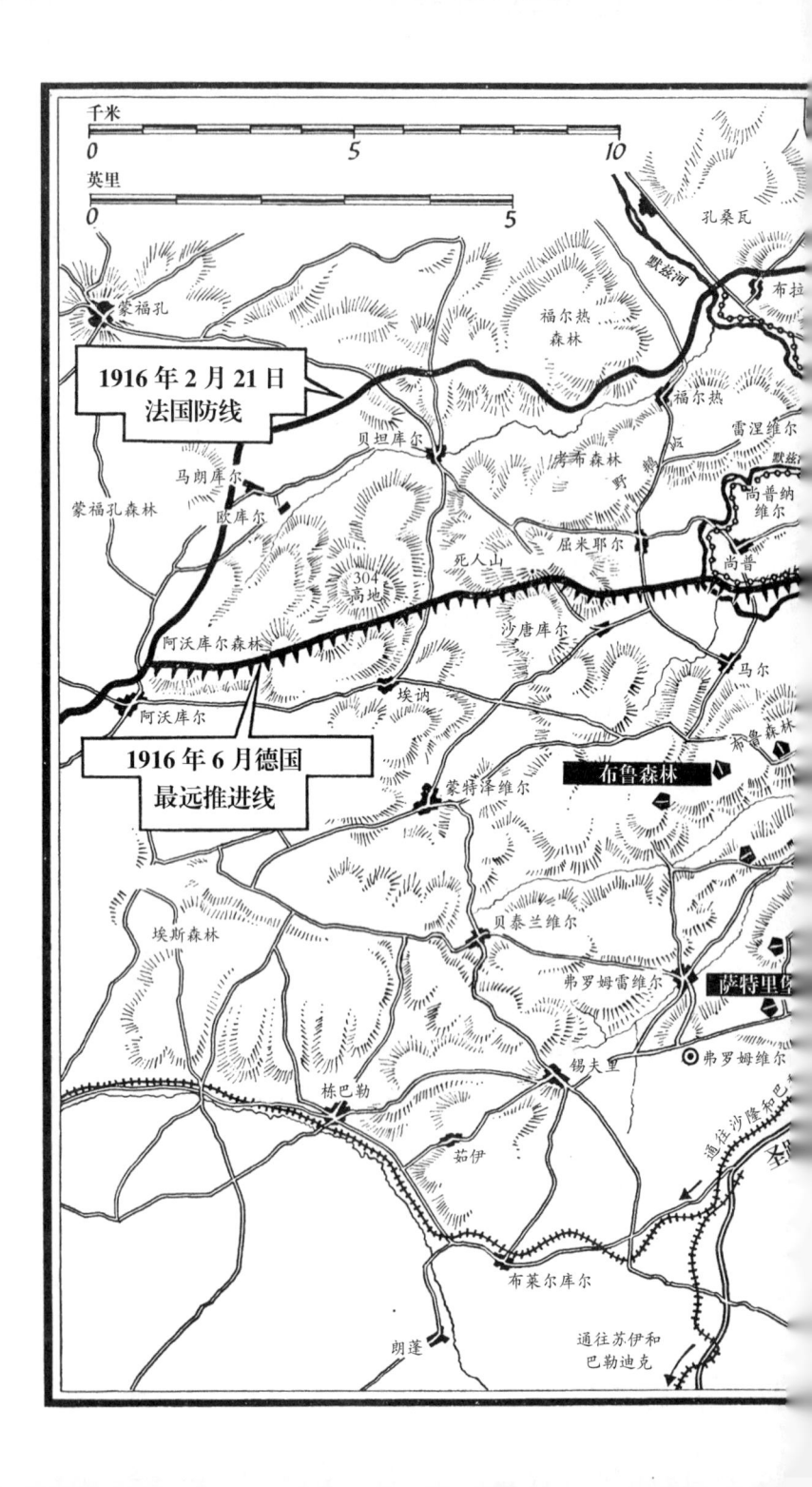

凡尔登战役地图

比例尺
- 千米：0 — 5 — 10
- 英里：0 — 5

标注：
- 1916年2月21日 法国防线
- 1916年6月德国最远推进线

地名：

蒙福孔、福尔热森林、孔桑瓦、布拉、默兹河、福尔热、雷涅维尔、尚普纳维尔、尚普、贝坦库尔、考布森林、马朗库尔、欧库尔、蒙福孔森林、屈米耶尔、马尔、304高地、死人山、沙唐库尔、阿沃库尔森林、阿沃库尔、埃讷、布鲁森林、蒙特泽维尔、埃斯森林、贝泰兰维尔、弗罗姆雷维尔、萨特里古、锡夫里、弗罗姆维尔、栋巴勒、茹伊、通往沙隆和圣、布莱尔库尔、朗蓬、通往苏伊和巴勒迪克

弗拉巴
维尔
阿扎讷
孔特
森林
维尔
森林
欧蒙森林
格勒米伊
考雷
森林
瓦夫里尔
森林
赫贝布瓦森林
欧蒙
奥尔讷地区
瑞莫耶
博蒙
莫蒙
农场
344 高地
福塞森林
绍姆
森林
奥尔讷
莫库尔
卢夫蒙
伯宗沃
沃歇
伯宗沃
哈道蒙
胡椒岭
奥德罗蒙
采石场
杜奥蒙
哈苏勒森林
洛里昂
瓦谢罗维尔
哈道蒙
杜奥蒙堡
贡厄溪谷
卡耶特
沃
沃埃夫尔
布拉
蒂欧蒙
当卢
阿博库尔
弗鲁瓦德
泰尔
四烟囱
弗勒里
沃堡
当卢炮台
福明森林
葡萄园溪谷
默兹河
苏维尔堡
劳菲
贝尔维尔堡
隧道
平原
圣米歇尔堡
埃镇
塔瓦内堡
贝尔维尔
埃镇
火车站
穆兰维尔堡
穆兰维尔
凡尔登
曼尼色
贝尔吕堡
兵营
索默迪约森林
沙蒂永
贝尔吕
默兹河
罗泽里尔堡
欧丹维尔
欧丹维尔堡
年 2 月 26 日
前线
1916 年 12 月 15 日
前线
沃堡
工事
铁路
道路

怎么就不能等我喝完咖啡再来"。考雷森林里到处充满了四处飞溅的东西，斯蒂芬下士觉得就好像"狂风暴雨横扫而来，每时每刻都在加强，而铺路石就像下雨一样从空中掉下来"。周围除了可怕的爆炸声，还有210毫米炮弹打断树干树枝或者把大树连根拔起的断裂声。炸断的树干还没来得及坠落地面，在半空中就又被下一次爆炸抛向天空。斯蒂芬自己的掩体还没遭到炮击，他从这儿以一种着迷的态度观察着德军准确且严谨的炮弹落点，后者就像是花园里浇水的水管，先扫遍了树林前方的1号坐标格（Grande Garde），[1] 然后沿着溪谷往下扫到第2、第3、第4号坐标格，打到对面的R2号水泥碉堡还有路口，再扫回1号坐标格，每一刻钟这样重复一次。

短短两个小时给人的感觉却像是传说中的永恒。此时，德军炮弹终于向斯蒂芬的连部小世界扫过来了。连着4发重炮炮弹快速袭来，打中了附近担架手所在的掩体。一等医务兵肖勒克（Scholeck）曾自豪地吹嘘说"处女地上挖出来的4米掩体，一人一米"。斯蒂芬惊奇地发现这4个人居然奇迹般地从土里爬了出来，虽然衣服被扯破了，灰头土脸，可毫发未伤。接着，又是一发炮弹直接命中了斯蒂芬自己的掩体，现场一片狼藉。然而，斯蒂芬的第一反应居然不是庆幸自己能奇迹般地从炮弹底下逃生，他首先想到的竟是老婆花了好长时间给自己织的那顶巴拉克拉瓦头套找不到了，这让他懊恼不已。

---

[1] 按照德里昂的防御部署，法军在考雷森林不设绵亘防线，而是在森林外围设立一系列小型哨位组成警戒线。稍往后是主要防线，由独立工事组成，每组工事可以容纳一个排以上的兵力，再往后是支援防线（也叫S线），最后面是R线，由水泥碉堡构成，德里昂自己的指挥部就在R线。

毁灭性的炮击持续了整个早上，然后在中午突然出现了一个短暂的间歇。考雷森林里，剩余的守军以为德军马上要发动进攻了，摇摇晃晃地从掩体里出来开始占领阵地，这正中德国人下怀（尽管斯蒂芬跟他的上司德里昂都没想到）。德国炮兵观察员这次总算看清了法军哪些火力点、哪些前线的战壕经受住了210毫米大炮的轰击。于是，德军换了短射程但更精准的重型迫击炮来一个个结果幸存的法军前线据点，而210毫米大炮的任务则改为延伸射击纵深目标。

那天早晨6点钟，[1]德里昂离开位于第二道防线上莫蒙（Mormont）的基本指挥所，前往考雷森林的前进指挥所。出发前，他把自己的结婚戒指和一些私人物品交给勤务兵保管。第一声炮弹爆炸的时候，他已经到前进指挥所几分钟了。他沉着地下达了几条命令，然后钻进掩蔽部里，并由随军牧师马坦普雷（Martimprey）协助做了告解，马坦普雷牧师战前曾是贝鲁特大学的校长。这时，来自72师师部的普佐（Pujo）上尉和30军的一名参谋正好坐车来到考雷森林，正漫不经心地通过望远镜观察德军防线，然后准备来拜访德里昂。但是炮击一开始，两名参谋军官就改变了注意，抄近道跑回师部去了，根本没来德里昂这里。

那天早晨，巴普斯特将军自己也正骑马从布拉（Bras）出发去视察布拉班特（Brabant）前线，第一批炮弹落下来的时候，他刚走到半路的萨莫尼厄（Samogneux）。将军马上向351团团长贝尔纳（Bernard）中校口述了几道命令要他向布拉班特的守军发出预警，然后便全速返回了布拉。从默兹河左岸的马朗库尔

---

[1] 法国时间上午6点相当于德国时间上午7点，本书均使用法国时间。

（Malancourt）到凡尔登以南很远的莱塞帕尔热，法军全线像考雷森林一样遭到了猛烈的炮击。在维尔森林（Bois de ville）第51师的防区，炮弹落下的速度达到每分钟40发。在100多英里外的孚日前线，有一名未来将在凡尔登战役落幕时发挥重要作用的将军听到了持续的轰鸣声，他还没搞清到底发生了什么。在凡尔登，可怕的德军远程海军大炮已经严重破坏了法军弹药列车的装卸工作。

到上午8点左右，离德军发起炮击还不到1个小时，法军前线旅以下各级指挥部与后方的电话联系已经全部中断。第51师的一名旅长组织起一个由传令兵接力组成的临时通信系统，每个传令兵负责传递100码的信息——如果他能在德军炮火下活这么久的话。后来的几个月，这种不惜人力的做法成为这场战役的标志之一，不过当时在德军的猛烈炮火之下，这种勉为其难的人力链几乎起不了什么作用。法军的增援部队也没法越过德军弹幕赶赴前线，巴普斯特派去增援布拉班特前线的两个连付出了重大伤亡，直到德军炮击结束才到达目的地。短短两英里左右的路程花了他们将近8个小时。法军中再也不存在有效的指挥系统，德军的"封锁火力"比他们自己预期的更加成功。

在法军前线后方，那些还没有被密集的毒气弹幕摧毁的法军炮兵眼睁睁地看着法国步兵的阵地陷入崩溃，但是他们根本无法进行有效的炮兵观察，所以不可能进行反击。少数几架成功突破德军空中掩护的法军侦察机报告说，德军的炮位太多了，根本不可能一一辨认清楚，据说德军炮兵所在的森林正连续不断地喷出火焰。不过一些法军远程大炮的反击比他们自己想象的要更加有效。在德军大后方的比利，法军刚开始反击就一炮轰飞了第24勃兰登堡团的主计长，连同他用来装现金的盒子。在更靠后方的维塔维尔（Vittarville），冯·克诺贝尔斯多夫将军正向皇太子汇报说德军的炮击多么有效，法军的回击多么无力，正说着，突然之间一批法军重炮炮弹就落到了这位霍亨索伦皇室继承人的周围。为此，第5集团军的总部匆忙撤退到了斯特奈，并将一直待在那儿直到这场战役结束。不过除了这两起孤立事件以外，法军炮兵的反击的确是聊胜于无。到中午时分，皇太子手下的炮兵指挥官比格将军可以汇报说，法军大多数炮兵连只剩下零星的一两门炮还能反击了。

法军的防御阵地消失在升腾起的烟雾之中，这个景象对前沿的德军突击部队来说，就像香槟酒一样令人兴奋。过去几周窝在地下突击坑道里的日子让他们的士气像手中的枪支一样饱受锈蚀，但是现在，所有的苦难、疲惫和憋屈都早已变成了兴奋和乐观。这天下午，第8燧发枪团一名黑森士兵在给妈妈的最后一封信中写道："将要到来的战斗会是全世界闻所未闻的。"从法军前线上空返航的德军侦察机飞行员绘声绘色地描述了他们亲眼看见的可怕的破坏景象，其中一名飞行员告诉长官说："妥了，我们肯定畅通无阻，那儿再也没有什么活物了。"

在突击坑道里，德军士兵正做着最后的准备工作。士兵们把头盔上的尖顶拧下来，以防缠挂在法军阵地茂密森林的枝杈上，又戴上了白臂章，好识别敌我。军官把帽檐向后反戴，以免被法军狙击手认出自己是军官。德军没有忽略任何一个细节，每名官兵都带着对面法军防御工事的大比例尺略图，还有很多没带武器的机枪手准备随同突击队一起冲锋，以便一缴获法军阵地上遗弃的机枪就能马上将其利用起来。下午3点，德军加快了炮击节奏，40分钟后，炮击达到最高潮，步兵连长们开始看手表。下午4点，德军全线响起"冲啊"（Los!）的喊杀声，一道灰线沿着整个战线漫涌而出，向前席卷。左翼勃兰登堡师的一个团在冲锋的时候，唱起了战歌《荣耀普鲁士》（Preussens Gloria）。

不到 5 个月之后，英军步兵在索姆河发起的冲锋，队形密集得像是在自杀。德军侦察部队与此完全不同，他们呈小群，娴熟地利用地形掩护。根据第 5 集团军的战前命令，进攻第一天的步兵行动仅限于火力侦察，这无疑是受了谨慎的法金汉的影响，他不想让战斗进行得太快。这些德军侦察部队就像牙医的探针一样，他们的任务是找出法军前线在德军炮击之下损失最严重的地段。德军的全力进攻将在 22 日开始，以扩大这些突破口。德军 3 个军里的 2 个都严守规程，而莫伯日的征服者、身经百战的冯·茨维尔将军却充分利用了德军中赋予下级指挥官的充分自主权（这种自主权曾导致过马恩河战役的灾难），擅自决定让第一波突击队主力在侦察部队身后跟进。

冯·茨维尔第 7 后备军里那些威斯特伐利亚小伙子的面前，是形状不规则的欧蒙森林（Bois d'haumont），它在考雷森林左翼稍微突前的位置上，掩护着后者的侧翼。这里被德军炮火打得很惨，大多数守军在后半个下午都疲惫地躺倒了，剩下的人显现出呆滞和弹震症的状态。突然，森林西侧一条战壕里的一名士兵抬头看见一条野战灰的散兵线出现在面前不到 100 码的地方。法军拉响了战斗警报，很快组织起火力阻挡住德军的进击。但在靠近考雷森林的另一侧，法军 165 团面临着险恶的局势。这里有很多堑壕都被德军炮火夷平了，法军士兵的步枪枪管填满了灰土没法发射，成箱的手榴弹和子弹被埋在瓦砾堆下面。有两个排驻守一段大约半英里宽的地段，战士们为挖出被埋在地下的战友早已疲惫不堪，他们发现德军先锋侦察兵的时候，敌军已经从无人看守的地段渗透进法军防线，离他们不到10码了。有两处哨位几乎未加抵抗就被占领，结果欧蒙森林里的整条第一道防线很快就被攻破。早就蓄势待发的德军机枪手迅速冲上来操起缴获的法军机枪，手持乙炔喷枪的士兵开始切割法军剩下的铁丝网。夜幕降临时，德军在法军的防御体系上获得了第一个重要的立足点。防守欧蒙森林的营长德拉普拉斯（Delaplace）上尉焦急地向旅长沃莱（Vaulet）上校传信询问："我该怎么办？"

在威斯特伐利亚士兵占领欧蒙森林的第一道堑壕的时候，考雷森林里的守军正惊恐万状地审视着周围。当炮击第二次停歇时，幸存的法军士兵从藏身的洞里探出身来，透过渐渐落下的尘土看着周围。树林里的景象非常可怕，一切都变了样，就好像每一寸土地都被巨人的铁锤反复砸过一样。[1] 原来挺拔漂亮的橡树和白桦树大多都已变成几英尺高的木头橛子，就像《格列佛游记》里巨人国的石笋一样。少数几个还能横在空中的枝杈上，挂着炮击以后那些常见的恐怖遗留：撕碎的军装、辨认不出来的残肢碎块——有时仅仅是一段肠子，那是人体被炮弹直接命中的结果。在这么系统的反复炮击之下，似乎不可能有人活下来，可还真有人活下来了。就像被淘气的小孩子用脚踩了又踩的沙土里的蚂蚁窝，总有士兵在被掩埋、再次被掩埋之后，还能奇迹般地挣扎着爬到地面上，斯蒂芬和肖勒克他们便是如此。很多人能幸存下来，得归功于德里昂布置森林防御工事时的聪明才智：他把工事分散

---

[1] 战后估计，在500码乘1000码的一个长方形地块上就有8万发重炮炮弹落下。

成单个的掩体和碉堡，不像西线其他地段到处都是千篇一律的连绵战壕。

不过损失还是惨重的。混凝土铸造的机枪阵地像火柴一样被炮弹轻易地炸成碎片。R4跟R5两个大型掩蔽部被直接命中，整整两个排报销在里面。德里昂自己待的R2掩蔽部的一端被击中，1名中尉阵亡，9名士兵负重伤。其中一名重伤员被挖出来的时候已经被炮轰吓疯，他一边狂笑，一边尖叫着跑开了。猎兵们的掩体大多数都坍塌了，没有被埋的士兵爬出来的时候都受到了严重的震伤。德里昂手下1300人大约不到一半没负伤，有名下士估计说："5名士兵当中，有2名被活埋在工事里，2名受了不同程度的伤，只有1名还活着待命……"

在德军炮兵延伸射击3分钟后，一名猎兵跑来喊着向德里昂报告说"德国佬上来了"。中校亲自抓起一支步枪跑出指挥所，集合被打得七零八落的士兵。据说他曾喊道："我们就在这儿，这是我们的地方，他们赶不走我们。"同时他派一个传令兵回去把手下的后备营带上来。过了一会儿，"老爹"斯蒂芬带着连长罗宾（Robin）中尉的口信来德里昂的指挥所报告，说自己的第一线阵地已经被德国人攻陷了，请求炮火支援。"恐怕你休不成假啦，"德里昂干巴巴地告诉斯蒂芬，自己在前一个小时一直在徒劳地请求75毫米野战炮火力支援，"说实话，下士，恐怕我们得靠自己了。"

罗宾中尉23岁，已经是个老兵了，在战争早期曾集结起一个被德军夜袭惊散了的步兵团，表现出勇敢的精神。他现在守着考雷森林最靠北的阵地，德军炮击一停，就下令自己的连占领胸墙残留部分的阵位。可一支大约150人的德军巡逻队已经借着支离破碎的树林的掩护，渗透进了他的连跟左翼塞甘（Séguin）上尉的连之间的接合部。德国人沿着一条交通壕一路摸上来,突然出现在S7火力支撑点的后方,远远在第一线堑壕后面。一名大个子黑森兵举着左轮枪正在向罗宾中尉瞄准,马上被罗宾手下的一名野战排中士打倒,这名中士随后又接连击毙了6名德国兵。罗宾指挥手下退到S6支撑点,他们在奇袭之下还保持着相当不错的秩序,在这儿用手榴弹和刺刀跟德国人展开了激烈的肉搏战,罗宾自己脚上因手榴弹的一块弹片而受伤。在前方,法军总算挡住了进攻的德国人,可是德军侦察部队再次包抄了法国人的两翼。夜幕降临时,罗宾的人被迫再次撤到下一道支撑防线,这个连只剩下不到80人。

罗宾左翼的形势更加危急。塞甘上尉那个连的右翼有两挺机枪把守,一挺由莱热(Léger)中士指挥,另外一挺则由波特(Pot)下士指挥。波特下士那个战斗组有5名非常不团结的老兵,跟头儿争论谁应该负责将他们阵地上灌满的水舀出。正当他们处于气头上的时候,不到50码外的地方出现了大约200名德国兵。猎兵们来不及让机枪就位并开火,于是就撤到了后备防线上的S9碉堡,而且居然奇迹般地没被德国人发现。S9碉堡由军士长丹道夫(Dandauw)手下的一个排把守,而丹道夫本人则已经被炮击吓坏了。正当波特下士等6个人满脸警觉地进入碉堡时,对面就出现了一小群戴着白臂章的士兵。丹道夫一开始以为那是法国的担架手,便让自己的士兵别开枪,然后他突然醒悟那些人是德国人,吓得不知所措,只能命令后退,于是整个排迅速沿着一条交通壕撤退了。

这条堑壕经过位于R2点的德里昂指挥所,在那里,逃跑的士兵们被德里昂中校亲自拦住了。德里昂的镇定自若堪比霞飞本人，他没有申斥丹道夫，只是命令他："把你的人带进掩体里，休息一下。天亮以后，你要夺回你的阵地。"与此同时，莱热中士及其士兵却英勇地挡住了德军的突破企图，避免了灾难性的后果。他作为士官比波特有经验得多，在炮击的时候就把机枪拆卸隐蔽起来了，关键时刻又及时架好机枪，用致命的火力迎接第一批出现的德军巡逻队。德国人还是渗透进了他周围的阵地。他被包围，弹药用尽，只能砸毁机枪，并用手榴弹和敌军继续战斗。最终，他们全班 12 个人几乎只剩下莱热自己还活着，身受重伤昏过去了。

在苦战的猎兵东面，第 51 师负责的赫贝布瓦森林（Bois d'Herbebois）里也正进行着差不多的混战。军士长昆廷（Quintin）好几天以来一直盯着他的排阵地对面的苏马扎内（Soumazzannes）农场，好奇那后面究竟发生着什么。现在他看见那边出现了灰色的人影，他想，真像老鼠从洞里爬出来了啊。很快敌人开始向他的堑壕射击，一段被炮击炸塌的堑壕里，3 名被掩埋的惊恐的幸存者爬上来告诉他，在他防线左翼有个无人把守的缺口。昆廷手下的 40 名士兵只有 12 个人活了下来，他们一开火，德军就自动停下来，像海水拍打到礁石上，然后开始绕过礁石向四周的裂缝渗透分流。在暮光四合之中，昆廷带着手下后撤到新阵地，敌人没有阻击他们后退。灰色的大潮顺着他左手的防线缺口流进来，一直向前，然后碰到一个几乎没有受到损失、严阵以待的法军阵地，这个阵地由一名叫作贝尔通（Berthon）的年轻见习军官指挥的一个排把守着。[1] 德军暂停了攻势并开了个短会。其后，贝尔通的人突然被一道灼热的火柱包围了，他们甚至还没找到可以开枪

---

[1] 法军当中，见习军官在受训的最后阶段会被派往前线临时指挥一支小部队，经过这个实习期以后才能得到正式授任。

射击的目标。3天前，贝尔通的连长看到苏马扎内农场背后升起一股巨大的火焰以及黑色的浓烟。他不知道那是什么，但还是呼叫炮兵往那里打了一通炮。现在贝尔通的排成了德军第一次在实战中试用这种可怕的新式武器的豚鼠。很快，连战壕的支撑木材都被德军喷火兵点着了。守军痛苦地号叫着，身上的衣服和头发都着了火，溃不成军地逃散开去。德国人迅速占领了还在冒烟的阵地，架起一挺重机枪从背后扫射惊慌失措的逃跑法军。

与此同时，在考雷森林里，罗宾中尉给了黑森兵一顿迎头痛击。罗宾虽然负了伤，但还是在暗夜中匆匆组织起一次上刺刀冲锋，夺回了两处被敌人占领的支撑点。这次反冲锋大获成功，罗宾其后甚至夺回了一段法国的第一线堑壕，在那儿，过于轻敌的德国人已经睡着了，被打了个措手不及，乱七八糟地撤退了下去。罗宾还抓了几名俘虏，其中一名俘虏供称，他们只是一支侦察部队，主攻要到明天中午时分才开始。罗宾向德里昂汇报了这个情况并请示："我用我的80个人能怎么办？"德里昂的回答是："可怜的罗宾，我们得到的命令是就地死守。"

随着夜幕降临，战斗也告一段落，但可怕的炮击又开始了。德里昂让传令兵给巴普斯特将军送去的一份情况简报写道："虽然德国佬的炮击极其可恶，我们还是决心守住。"法军在阵地各处疯了一样地修复损坏的工事，尽力照顾伤员。准备在清晨发动还击的指挥官们焦急地等待增援，但增援常常是根本不存在的。整条前线各处都向师部传回十万火急的信息，其中防守赫贝布瓦的博多（Bodot）少校的信这么写道：

我在找 233 团刚刚离开福塞森林（Bois des Fosses）的两个连，他们应该在防线的缺口处跟我会合，可是我根本找不到他们。

战斗开始的第一天，法军整条前线总体而言只受了点小挫折，在部分地段出现过无数孤立的死守战斗，就像一个个没有被记录下来的微型温泉关战役。在德军喷火兵首战登场的地段，法军陷入了恐慌，在欧蒙森林，有一名军官带着 36 名士兵向德军一个喷火战斗小组投降。可是整体来说，那一个个微型温泉关战役拯救了法军，拯救了防线。

其实那天德国人在战斗中遇到的挫折，只是凡尔登战役中他们将要承受的众多失望中的第一个而已。德军精心组织的炮击没有取得预期效果。军官们告诉士兵，他们在法军第一线阵地除了尸体以外根本不会遇到其他东西，结果第一线部队刚在开阔地露头，就遭受法军火力迎头杀伤，这让德军大感意外。到午夜为止，德军投入战斗的小股部队已经伤亡 600 多人。可是德军还是取得了初步成功，全线各支侦察队的队长都敦促上头赶紧派出原定 22 日主攻才能动用的大部队，以利用法军初战的混乱状态。克诺贝尔斯多夫本人明显也对战况感到出乎预料，他一听说冯·茨维尔在欧蒙森林地带取得的迅速进展，就敏捷地下令另外两个军长也要"尽可能向前推进"。可是，等到他的命令层层传达下去，一切为时已晚，夜幕已经降临。第 18 军的侦察部队被区区少数受到炮弹震荡的法军猎兵阻挡在考雷森林，而该军的主力根本还没从突击坑道里出动。只有抗命不遵的茨维尔将军的第 7 后备军取得了实质性的进展，在 5 个小时之内占领了整个欧蒙森林地带，在法军前线打开了一条缝隙。德军丧失了宝贵的战机，法金汉式的谨慎让德国人第一次尝到战场上挫败的滋味。更糟糕的是，德军的气象专家搞错了，这天夜里，暴露在外的德军巡逻队周围，又飘起了漫天的雪花。

第 7 章

德里昂中校之死

在这个时代,炮兵才是军队之魂。

——拿破仑一世

克诺贝尔斯多夫在 22 日作战命令当中,不再为下属各军的进攻目标设限了。他亲自打电话给第 18 军参谋长,命令他当天必须不惜一切代价占领考雷森林。德军在这一天将重复前一天清晨的炮击,直到法军的防御彻底"软化"为止,然后突击队将在下午发起冲击。可是在破晓时分,法军暂时转入主动,沿整个前线的数个点发动了连营规模的反攻。法军的反攻和 1914 年战争爆发时的举措一样,是他们一直以来所秉承的进攻教条的典型反映,按照这种教条,一切丢失的阵地都必须立刻通过反击加以收复,这种教条复活了过去好几个世纪以来震慑着全欧洲的那种所谓的"法兰西狂怒"。可是这种零星而仓促的小规模反攻总是代价高昂,与所获得的微不足道的成果不成比例。大多数这类局部反攻一开始就被打散了,要么被德军新一轮炮火弹幕所消灭,要么被掘壕据守的德军侦察队连夜运上阵地的重机枪扫倒,又或者迎头撞上兵力占据绝对优势的德军进攻部队。在考雷森林地带,前一天在战斗中丢了脸的丹道夫军士长在清晨迅速被击溃的反攻中牺牲，用鲜血为自己洗刷了耻辱。同时，法军炮火在这场战役当中第一次发挥了些许作用，结果却敌我不分地打到法德两军扭作一团的步兵们头上，反而给法军的反攻添了乱。在赫贝布瓦也发生过同样的误击，当时博多少校那个走丢了的连的残部终于被找到了，正准备夺回前一天被德军喷火兵攻占的碉堡。

法军计划在考雷森林左翼发动一次规模最大的反攻，目标是收复欧蒙森林，结果在这里却陷入了更大的混乱。当地指挥官邦瓦勒（Bonviolle）中校努力把各单位的散兵游勇集结成一个临时的营来发动反攻，可是只搜罗到大约一半的兵力。不过他在凌晨5点总算集结起足够的兵力，能对森林的西南角发动进攻。可就在预定的反攻时间之前一个小时，一名浑身泥污的传令兵带来了巴普斯特将军签发的一道命令，这名传令兵于昨晚11点被派出，用了5个小时才走完中间的4英里路。巴普斯特将军把更多的部队划归邦瓦勒指挥，但要求他筹划在清晨6点对整个森林发动进攻。此刻中校跟第72师师部的电话联系已经恢复，只是还有些断断续续。邦瓦勒中校跟巴普斯特将军在电话上激烈地争吵了一番，邦瓦勒辩解说自己的局部反攻起码已经准备停当，而且有成功的希望，可巴普斯特坚持要他对欧蒙森林发动全面反攻。两个人因糟糕的电话线路发生了许多误解，最后达成妥协：邦瓦勒将会发动巴普斯特所要求的全面进攻，不过要推迟到上午8点半，那时天将大亮。这个妥协的结果是灾难性的。

上午7点20分，在欧蒙森林后方2英里处344号高地上指挥法军165团一个后备营的贝特朗（Bertrand）少校接到命令，要他带领自己的营向前方移动参加反攻。这是贝特朗头一次听到上级有反攻的意图，可他在前线只能看到德军弹幕射击掀起的巨大烟云。贝特朗认为部队在这种情况下无法向前方移动,于是派传令兵去向上级请示进一步命令,自己则原地待命。随着天色很快大亮,法军再也不可能采取任何行动了,德军飞机一发现贝特朗集结起来的增援兵力,便立刻指引德军重炮火力劈头盖脸地砸了下来。

德军步兵也没有坐等法国人的反攻。破晓后不久,冯·茨维尔将军不等己方重炮的长时间轰炸彻底软化法军在其他地段的防御,就又一次主动采取了行动。孔桑瓦森林(Bois de Consenvoye)位于欧蒙森林以西,离法军第72师负责的默兹河侧翼不远,这里的守军是一个地方守备团,大部分士兵都过了40岁,还有很多笨手笨脚的人,根本就不该被派来驻守前线。就在邦瓦勒预定发动反攻的时候,冯·茨维尔手下的德军猎兵(他们和法军中的猎兵差不多)全力对这个守备团发动了进攻。德军再次派出喷火兵,这次法军一整个连土崩瓦解,没命地一直逃到默兹河边的萨莫尼厄才停下脚步。正规军第351团的一个营试图抵挡德军,结果几乎被全歼。到下午为止,德军抓了450名法军俘虏,其中有9名军官。法军的第一道防线被捣出了一个大洞,而后备部队都被派出去加入邦瓦勒的反攻了,再也没有马上可用的部队来填补窟窿。萨莫尼厄受到德军的严重威胁。

在欧蒙村附近,邦瓦勒中校马上就要发动反攻了,他突然发现大批德军步兵跟随在弹幕后面涌出了欧蒙森林。德军大炮开始猛烈轰击村庄,邦瓦勒中校马上意识到自己的反攻开始得太晚了,现在已经不可能夺回森林地带,他要用手下所有兵力来守住欧蒙村。他在8点半前不久下令取消反攻。165团一名年轻的连长德罗姆(Derome)中尉根本没接到命令,于是在预定的进攻发起时间挥舞着军刀带领着所剩不多士兵冲进了德军的弹幕,而迎战他们的是茨维尔将军手下的一个精锐师。最后他的连只剩下50名幸存的士兵还有受重伤的连长本人,全都做了德军的俘虏。

与此同时,仍旧待在344高地的贝特朗少校在望远镜里看着邦瓦勒的反攻崩溃,却一直按兵不动,他在等待新的命令。

德罗姆中尉发动的自杀性冲锋也并非全然徒劳无益,他深深地刺激了德国人,就连冯·茨维尔的部队也被迫在进攻中变得更加谨慎。于是邦瓦勒得以喘息片刻,缓过手来抽调一个营去加强孔桑瓦森林跟萨莫尼厄之间防御薄弱的地带。可是法军防线上到处是窟窿,堵不胜堵。大股身着灰色制服的德军慢慢地迫近了欧蒙村。法军在废墟中的某处火力点两度击退德军突击部队,但德军很快调动炮火对这片地区重新进行弹幕覆盖。两门德军的420毫米巨炮加入了轰击,榴弹和重迫击炮弹如雨点一般落到这座战前人口不过百的小村里,速度达到每分钟20发炮弹,小村的面貌每时每刻都在变化。有一座混凝土碉堡被一发420毫米重迫击炮弹直接命中,里面的80名法军士兵和两挺机枪被埋。下午3点,在邦瓦勒指挥下还有战斗力守卫村庄的士兵只剩下不到500人,大多数军官非死即伤。下午4点,德军从三面逼近,开始了最后的总攻,却再一次被躲在倒塌房屋的地窖里的法军机关枪火力击退。德军突击队派出了喷火队员,把英勇的最后守军淹没在火海里。邦瓦勒本人奇迹般地逃出生天,当时一名德国喷火兵已经把喷嘴对准了邦瓦勒指挥部地窖的通风口,正要喷火。邦瓦勒和他的参谋们及时撤了出来,总算逃出了村庄。他的军装被子弹灼焦和撕裂,但身上居然毫发无伤。这个团只剩下他本人、5名军官和大约60名士兵,死伤总数达1800人。冯·茨维尔的这个军攻占了本次战役中的第一个村庄，并且在法军防线上打进了一个危险的楔子，它一方面打开了直接通往萨莫尼厄的极具战略意义的山谷，另一方面也令考雷森林的侧翼暴露出来。疲惫不堪的威斯特伐利亚士兵们有充分的理由为这次首战告捷而兴高采烈，他们从欧蒙村废墟的地窖里取出法军储存的白兰地进行庆祝。

考雷森林所占据的关键位置决定了德军 22 日的重点进攻目标肯定是这里。冯·克诺贝尔斯多夫不但严令第 18 军必须成功，而且下令友邻两个军给予支援。于是实力已经大打折扣的两个法军猎兵营将要面对德军集结起来的压倒性优势兵力。德军再次从早晨 7 点开始对考雷森林进行炮击。德军的重型掷雷器发射大型榴弹，在法军的铁丝网上炸出宽达 20 码的口子。有些法国猎兵在掩体被炮弹炸塌后到处乱窜，寻找新的藏身之所。一名接近发疯的士兵跑到罗宾中尉所在阵地的边缘，刚开口说"中尉，掩体"就突然消失在炮弹爆炸的火光之中，没能把整句话说完。这一天法军在炮击中遭受的损失超过了前一天，第一线的战壕已经被破坏殆尽。

到中午时分，德军炮火开始延伸射击，德军第 18 军主力以相隔 500 码的距离呈多个波次对德里昂两个营的残部发起冲击，这个时间点和头一天被罗宾抓获的德军俘虏供述的时间分毫不差。随着战斗的发展，法军猎兵防御阵地的两翼岌岌可危，德军攻占欧蒙森林让这里的法军阵地变得更加不安全，德军突击队沿着法军 165 团弃守所形成的防线上的空洞，轻易地渗透进了法军侧翼后方。这支德军找到了法军防御体系中的阿喀琉斯之踵，而德里昂早就在那封引得霞飞勃然大怒的致陆军部的信中，对此提出过警告。现在却是德里昂，而不是霞飞，要为法军的疏漏付出代价，

第 7 章 德里昂中校之死

战争这件事真是没有公平可言。在法军右翼，勃兰登堡第 3 军跟着各团军乐队以行军队列穿过了一个类似的被法军友邻部队放弃的缺口，迅速攻占维尔森林。这使得黑森军团可以接着向德里昂的后方迂回。从德里昂的指挥所可以清楚地看到，大约有 5000 名德军从阵地后方发动进攻。法国人接连发射信号弹，召唤 75 毫米野战炮对背后的德军进行覆盖，可是法军的炮火支援杳无音讯，最后还是幸存下来的法军机枪火力勇敢作战，挡住了德军在这一面的进攻。德里昂巧妙设计的防御火力配置一次又一次把进攻的德军置于交叉火力之下，给予德军重大杀伤。德军发现在这片满目疮痍的森林里，场面极其混乱，要取得进展远比预想的困难得多。连和排失去了联系，排长又找不到手下各班。各班则到处乱撞，甚至与下一波突击部队发生了交火。很快，德军的进攻部队被分割成了各自为战的小集群，遭到四面八方看不见来源的法军火力杀伤。德军的进攻丧失了锐气，可是他们的数量优势太大了……

在考雷森林暴露的北部顶点，前线守备的法军各连被逐个歼灭，两军之间开始短兵相接的手榴弹攻防战，手榴弹扔完以后，法军就用石头和枪托进行肉搏。塞甘上尉的那个连打得只剩下 40 人，后来又减少到只剩 10 个人和 6 条可用的步枪。一枚小口径炮弹炸断了上尉的右臂，连里的军士长用鞋带当止血带给自己包扎，最后法军阵地终于失守。而在战役开始第一天里曾极其英勇地作战的罗宾中尉，关于他的命运有两个不同的说法：格拉塞（Grasset）中尉说罗宾烧毁了机密文件，手握步枪在战斗中被德军俘虏。虽然格拉塞中尉隶属另一个连，但他对战役其他方面的记载都已经被证实为准确无误。但斯蒂芬下士当时就和罗宾在一起，他的说法就不那么浪漫主义，他说罗宾的掩体几乎在德军炮击刚一停歇的时候就被包围了。罗宾大喝道："开枪啊，看在上帝的份上，开枪！"有名士兵喊着反对："那不可能，他们就在那儿，6米外，有好几百人呢。""不管，开火！""中尉，那是发疯，他们就在那儿，我说，一百多号人把我们的阵地包围了！"斯蒂芬说年轻的罗宾哭了出来，说"那我们怎么办"。在罗宾还没拿定主意之前，斯蒂芬听到一个德国人操着流利的法语问："有人在里面吗？"然后一张德国人的苍白面孔立即出现了，这人头戴尖顶钢盔，戴着金丝边眼镜。

斯蒂芬被押着穿过德国战线，他两天以来第一次走出考雷森林的硝烟和尘土，第一反应是，太阳照得何等耀眼。他同时惊恐地看见德军正在用喷火器清理自己连的残部仍然据守着的一条战壕。再往德军后方走，他遇到一波又一波开上去的进攻部队。士兵们排着整齐的队列，跟着军官沙哑的口令前进。这些精神抖擞的金发年轻人"充满活力，干净利落……一看就知道是德国陆军的精华"，他们胡子刮得干干净净，身穿崭新的军装，很多人满不在乎地吸着雪茄。被这样的精锐部队俘虏不算丢人。斯蒂芬被路边堆积如山的炮弹惊得瞪大了双眼。一门邪恶的420毫米重迫击炮正在射击。让斯蒂芬感到惊奇的是，一炮打出去后很久，空中的黑点还是清晰可见。后来一名德军军官讯问了斯蒂芬，评论说德军向考雷森林打了1万多吨炮弹，居然还有人能活着从那里走出来，这真是一个奇迹。不过这个德军军官还说："无论如何，我们也会在星期天之前拿下凡尔登。"

德里昂中校在考雷森林深处R2点的指挥部里，痛苦地看着远处德军喷火兵消灭他的前卫各连。敌人很快就逼近了混凝土地堡组成的R防线，其中也包括他所在的R2地堡。从维尔森林迁回而来的德军从背后攻占了 800 码外的 R1 地堡,下午 1 点继续向 R2 发起冲击。德里昂紧握手中步枪,在地堡外面占据着一个暴露的阵地,冷静地观察并指挥周围法军士兵的火力。空中子弹横飞,手下士兵请求他进地堡里躲避,他还是站在那儿,镇静地说,"你很清楚,他们还从没打中过我呢"。法军击退了德国人的进攻,还抓了几名俘虏。德军改变战术,应用他们拿手的渗透战术试图从 R2 和左侧的 R3 地堡之间溜过去,然后从背后开火。法军再次击退了德军,可是其后整整一个团德军从欧蒙森林那边的缺口开上来,对 R3 地堡发动正面强攻。下午 4 点半,指挥 R3 地堡的上尉被迫撤退,德里昂和 R2 地堡陷入重围。

中校身边还集结着来自 8 个排的 80 来名幸存猎兵战士,他们又打退了德军一个营对 R2 发动的第 3 次进攻。但突然之间,法军身后传来快炮速射的声音,法军阵地正被扫射着。守军起初以为,被德里昂的信号弹召唤来的法军炮火支援终于姗姗来迟却打错了目标,因而痛骂自家炮兵,但实际上那是敢于冒险的德军野战炮兵连长冯·文斯科夫斯基(von Wienskowski)上尉指挥手下肩扛手推,硬是把两门 77 毫米野战炮从维尔森林那条路拉了上来,向 R2 地堡进行直瞄射击。德里昂一明白过来炮火的来源,马上命令一名中尉指挥一挺重机枪调转枪口,压制德军野战炮。可是机枪刚刚就位,就被文斯科夫斯基一炮直接命中,法军的机枪和射手组立刻报销了。德国方面记载说,第二个机枪组慌忙躲避。等在一旁的德军第 87 黑森团步兵欢呼着冲上前去,这个团在 65 年前的色当战役中立过战功。

很明显 R2 再也守不住了。几分钟之内,唯一的撤退线路将被德军封锁。德里昂仍然保持着整个战斗期间一贯的平静,给手下两个营长勒努瓦尔（Renouard）和文森特（Vincent）下令："我认为是时候撤到后方阵地去了。"中校烧毁了机密文件，一名机警的士兵捣毁了军需官的朗姆酒桶，法军幸存者分为三组，奉命向考雷森林后方的博蒙村（Beaumont）方向突围。可是法军一冲进开阔地，就遭到德军3个团的致命扫射火力杀伤。文森特身中两弹。指挥第二组突围的德里昂在一个弹坑里停下来救护一名受伤的士兵。而当他刚从弹坑里抬起身来准备继续前进时，一名法军中士就看到，他抬起双臂并喊了一声"噢，上帝哪"，便倒地不起。这名中士跑到他身边的时候，德里昂已经断了气，太阳穴中了一颗子弹。几分钟后，德里昂手下的另一名营长勒努瓦尔也因致命的重伤而倒下。

德里昂和他的部队为法军总参谋部的疏漏付出了部分代价。在这2个营总共1200名官兵当中，最后只有少数军官和大约500名士兵撤回法军防线，很多人都负了伤。但他们的血没有白流。德军进攻部队也付出了惨重代价，那一天第一波进攻的两个团损失了440多人，其中仅87团的一个连就有80多人伤亡，这是德军迄今为止最惨重的战斗损失，德军的信心被动摇了。但对法国人来说最重要的是，德里昂的英勇战斗把皇太子的总攻拖延了至关重要的一天，第18军没能达到22日的进攻目标。德里昂身后成为第一次世界大战期间法国的传奇英雄，他配得上这样的荣誉，他在考雷森林的防御战甚至在敌对阵营也赢得了赞誉。虽说这场战争中双方的积怨日深，骑士气概的行为越来越罕见，但还是有一名德国男爵找到了德里昂的遗体，他的夫人把德里昂的遗物通过瑞士寄给了德里昂夫人，并附上了一封慰问信。

22日下午将近5点的时候，唯一可能增援德里昂的法军部队是344高地上的贝特朗少校，可他还在坐等上峰的命令，而下午4点钟从德里昂的R2地堡派出求援的传令兵要到当夜凌晨2点才能到达沃莱上校的旅部。法军全线都遭受了重创。夜幕降临时分，德军基本占领了默兹河沿线整个法军第一线阵地各主要据点，只有赫贝布瓦和布拉班特除外。法军炮兵那一天只在赫贝布瓦成功地用弹幕打散了德军的主攻部队，那里的激战仍在持续，普鲁士人凄厉的军号声回荡在森林里，激励部队再做一次攻占法军阵地的尝试，但第3军的进攻又被挡住了，现在他们停下来等待第2天早晨炮兵发动第3轮猛轰，之后再重复一次系统性的进攻步骤。这些勃兰登堡士兵早已习惯了面对那些装备低劣、一触即溃的塞尔维亚军队，进攻的失败深深刺伤了他们的自尊心。这一天，又只有冯·茨维尔的威斯特伐利亚后备军达成了他们的进攻目标。德军当天损失2350人，按照第一次世界大战的标准来说真的不算太高，可损失的几乎全都是无可替代的精锐突击部队。守军的损失远高于此，按照西线以往的经验来说，本应是攻方的损失大于守方。两天战斗下来，格拉塞上校估计第72师只剩下：

> 半个猎兵连、165团的两个半营、351团的1个半营、第44守备团的2个半连——以上是本师剩下的全部兵力了。

法军炮兵和步兵一样损失惨重，他们这一天的行动令人沮丧，跟前线的电话联系早就被切断了，而步兵请求炮火支援的信号弹被淹没在德军炮火腾起的硝烟里，根本看不见，能够突破炮火封锁回到后方的传令兵更是寥寥无几。德军战斗机扫清了法军炮兵所有的观察校射飞机和气球，因此法军炮兵大部分时间只能满足于向那些过去已经标定的目标盲目射击，对陷入苦战的步兵根本帮不上多少忙。同时德军的150毫米大炮一个接一个地击毁法军的炮兵阵地，德军观察员注意到法军的火力正在稳步衰减。那些尚有挽马幸存的法军炮兵连开始后撤大炮，可是很多大炮都被丢给了前进中的德军。其中驻守赫贝布瓦的一名年轻海军炮兵军官的经历很典型，体现了法军炮兵保卫自己移动不便的大炮时所秉持的献身精神。皮耶里（Pieri）下士受命指挥一门长身管160毫米海军炮，在一场大卫和歌利亚式实力悬殊的炮兵对射中，跟10英里开外负责炮击的一门德军380毫米巨炮展开交战。21日，一轮4发巨炮炮弹齐射把皮耶里的大炮从石筑的阵地里直接掀上了半空，可他居然把大炮修好了，使其还能继续战斗，一直发射到德军步兵逼近才被迫后撤，炮手们炸毁了没用完且搬不走的弹药，在附近另一处战壕重新占领发射阵地。不幸的是，这门1874型号的老式线膛炮原本是被海军用来作为礼炮的，用的推进药还是黑火药，每次发射升腾起的黑烟就会暴露他们的发射位置，结果他们不得不再次撤退。在混战当中，皮耶里居然还能再打回来重新占领这门被放弃的大炮，他两次试图炸毁大炮，却都因为引信受潮没有成功，德军步兵已经占领了炮位外战壕的拐角并正在那里架起重机枪，他居然还是成功地把炮闩卸下来，手下幸存的炮手们用附近战壕里找到的一把尖镐捣毁了炮闩。

22日夜里，严酷的霜冻再次给筋疲力尽的攻守双方带来了片刻宁静，可是对于很多在双方战线之间无人地带里躺着动弹不得的伤员来说，这却是真正的雪上加霜。

第 8 章

突　破

征服的意志力可以横扫一切。

——福煦元帅

　　法军各级指挥部里的混乱和慌张与时俱增。自从 21 日巴普斯特将军每天早晨例行的骑马被德军炮火打断以后，他的日子就特别难过。尽管表面上依然镇定且精力充沛，但他毕竟已经 60 多岁了，就师级指挥官来说年纪已经很大了。他军事生涯的大部分时间都在和平时期的炮兵那个小圈子里度过，他在布拉一所学校的小小校舍里建立的师部，也是按照和平时期的惯例来组织工作的，师长和手下整个师部只挖掘了一个 4 平方码的避弹所。不过最起码他的师部在狭小的掩蔽部里还算井井有条。然后 21 日中午时分，第 30 军下达命令，要他前移到瓦谢罗维尔（Vacherauville）去，于是他匆忙集合部下，等到夜幕降临就立即出发。到了新师部以后，他也努力在一片激动和混乱的气氛中尽量将自己安顿好，师部连挂作战地图的地方都没有，仅有的照明来自一支蜡烛的摇曳烛光，还经常被德军炮弹爆炸的气浪吹灭。巴普斯特向军长克雷蒂安将军抱怨说在这样恶劣的条件下，自己无法有效地履行指挥战斗的职责，于是获准搬回布拉的原师部。22 日上午 10 点，他的师部沿着一条遭到德军炮击又挤满部队的道路开始往回搬，于是72师在关键的几个小时中，再次陷入群龙无首的状态。他在混乱中抵达布拉，却发现原先的校舍已经成了各兵种、厨师、文书等勤杂人员和伤兵的避难所。在一片尴尬之中，这些人都被驱逐了出去，但此时巴普斯特的精神状态已开始显示出紧张疲惫的迹象。

就在这种混乱而疲惫的气氛中，22日下午，巴普斯特的左翼传来警讯，德军在孔桑瓦森林突破法军防线并且占领欧蒙村以后，默兹河沿岸的法军防线主要支撑点布拉班特就面临着被包围的危险。一旦那里被合围，巴普斯特知道自己就再也没有部队来掩护沿默兹河通向凡尔登方向上同样重要的萨莫尼厄村了。他清楚地记得"不准撤退"的严令，急忙派普佐上尉去克雷蒂安将军位于苏维尔堡的军部请求放弃布拉班特的正式许可。普佐在下午5点半一到达军部就马上被军长召见。克雷蒂安将军是经历过印度支那战争的老兵，脸上有一道伤疤弄歪了嘴，让他更加面露凶相。但是在这种表象之下，他是一个缺乏决断力的人。他对巴普斯特请求的第一反应是坚决否定，因为一名法国军官居然主动撤退，这是不可想象的事情，此事关系到部队荣誉。但他后来犹豫了，让普佐在军部等了两个小时都没有接到明确的命令。最后普佐被不情愿地告知，既然巴普斯特将军是现地指挥官，他可以按照自己的判断见机行事。

与此同时，前线的坏消息以小时为单位接踵到达布拉的72师师部。德军离布拉班特背后的默兹河岸越来越近，被围在布拉班特的第44守备团的60名士兵在一名上尉的带领下竖起了白旗。前线其他地段或是没有战报传来，或是传来的信息自相矛盾。邦瓦勒中校带着从欧蒙村幸存下来的少数士兵撤回萨莫尼厄，而考雷森林里的德里昂则不祥地杳无音讯。战斗的压力正逐渐变得难以忍受，普佐上尉终于在午夜0点3刻从苏维尔堡回到师部，带回了上级的指示：军长的意思似乎是赋予巴普斯特相机行事的全权。于是，巴普斯特即刻起草撤离布拉班特的命令。不久之后，一发炮弹在师部附近爆炸，引发储存的一批手榴弹殉爆，让这个本已不够舒适的师部更加没法住人了。凌晨3点，巴普斯特的撤退命令传到苏维尔堡的军部，而普佐上尉离开之后，第30军接到上级派来援兵的新承诺，克雷蒂安将军再次改变了主意。布拉班特现在似乎具有了战略上的重要意义，于是他又犹豫了3个半小时。最终他选择遵从格朗梅松信条，向巴普斯特下达了死命令："除非得到最高司令部的明令许可，否则绝不可以放弃布拉班特阵地……第72师师长必须采取措施收复布拉班特。"

半小时后，克雷蒂安再下一道命令，不让巴普斯特为此动用过多的兵力，这显示出第30军军部有多么脱离前线的实际情况。

在默兹河弥漫的晨雾掩护之下，法军以极小的代价就成功撤出了布拉班特。可巴普斯特是一名严格执行命令的军人，他虽然肯定已经明白反攻有多不现实，却还是严令必须收复布拉班特。前线传回消息说根本没有兵力发动反攻，于是反攻命令只得取消，茨维尔手下的德军在中午开进了布拉班特。

法国的军事作家们认为弃守布拉班特是法军在凡尔登战役中所犯的第一个严重的战术错误。巴普斯特本人成了后来一系列替罪羊中的第一个。他几乎因此被送上军事法庭，而且以后再也没有指挥过现役部队。实际上他的决定明显是正确的，也是当时情况下唯一可能做出的反应。死守布拉班特几乎肯定会葬送法军剩下两个团的余部，而且此后冯·茨维尔的推进只能更加畅通无阻。

23日凌晨，法军自相矛盾的命令不可避免地导致了混乱，法军第72师已经差不多耗尽了实力。少数还没有投入交战的法军预备队里流传着前线受伤残兵带回来的可怕谣传，士气愈显低落。但是法军仍在前线各处英勇地进行着近乎自杀的局部反冲锋，很多这样的反冲锋兵力只能达到半个排的规模。最大的一场反击来自贝特朗少校那个营，他终于接到了拂晓反攻考雷森林的命令，德军第18军主力据守在此。贝特朗大胆发动奇袭，打得德军措手不及，取得了一些进展，但也一如既往地付出了沉重的代价。可是沃莱上校指挥的友邻部队本该受命配合这次反攻，却直到中午才收到命令，这道命令在1英里多一点的路上耽搁了10个小时，此时发动攻势已经为时太晚，但沃莱还是严格执行了命令。可是他的反攻刚一发动就迎面撞上了一整团正在开进的德军，德军扛着步枪，唱着军歌，轻易地就把反攻的法军击败。

法军此类自主发动而又缺乏协调的自杀性反攻，最后的结果大抵如此，可是他们的勇猛精神再次迫使德军变得更加小心谨慎。虽然德军沿整个法国第30军前线全力发动进攻，进攻之前又辅之以毁灭性的炮击，但第3天的作战仍然没有取得突破性进展，数量远居劣势的法军没有出现大规模溃败的迹象。法军右翼第51师承受的压力比第72师稍轻，打得也和第72师一样顽强，此刻还在坚守赫贝布瓦，这是法军在第一道防线上唯一还在坚守的地段了。德军的喷火兵在赫贝布瓦的战斗中开始丧失最初的部分威慑力，法军狙击手发现自己能在德军负重前行的喷火突击手进入射程之前，轻易地干掉他们。德军调来奥地利制造的巨型305毫米迫击炮轰击这片树林，最后法军师部在下午4点半下令撤离赫贝布瓦，可是昆汀军士长指挥的一个排的残部在此后又坚守了一个半小时，最终被敌人包围俘虏。

前一天德里昂准备撤往的博蒙村坐落于一处险要的高地上，几个法国团的残部聚集在此打退了德军的反复进攻。德军损失惨重，在官方历史中把这里的战斗跟普法战争中损失最大的圣普利瓦特战役相提并论。德国第18军的黑森士兵攻上来时，被不顾自身安危的法军重机枪组大片地扫倒，直到机枪组藏身的房屋被炸塌，守军才停止了射击。德军呈梯次一波接一波地发动冲锋，死伤枕藉，在法军眼里就好像是成群结队地被驱赶着往守军的机枪口上撞一样。后来24日博蒙终于失守的时候，一名德军中尉不得不亲自干预才能制止暴怒的手下杀死被俘的法军指挥官。德军黑森部队在临近的瓦夫里尔森林（Bois de Wavrille）也遭受重大损失，他们在这里既遭到克雷蒂安将军麾下法军重炮的轰击，同时还被德军自己打得过近的炮兵弹幕所误击。德军进攻部队慌了，第115团和第117团的部队在混乱中互相开火，后来虽然发现是误会，但此时再发动进攻已经太晚了。在德军官方的战史记载当中，第一次出现了"形势危急"以及"可怕的一天"这样的字眼。

法军在赫贝布瓦和博蒙两地的长时间顽强坚守给第72师的防御提供了有力的支撑点，让第72师得以在23日大部分时间里坚守博蒙到萨莫尼厄一线，而这里的防御又让德军的挺进再次遭遇挫折，这次受阻的是茨维尔的那个军。冯·茨维尔意外发现自己受阻于法军第一道和第二道防线之间的地带，德军战前仔细绘制的作战地图上根本没有标出法军在这里有任何防御阵地，因而事先的炮击根本没有触及这里。这里的工事，其实就是德·卡斯特尔诺将军1月来访之后下令匆忙修筑的所谓"中间防线"，他未来还将在凡尔登战役当中做出更多的贡献。德军狂风骤雨般的攻势出现了难得的几个小时顿挫，给了克雷蒂安将军喘息的时间，后者趁机把新到的第37非洲师调上来，部署在支离破碎的第72师背后。

但第72师残部的处境迅速恶化，越来越多的传令兵没能到达目的地，那些幸运到达的传令兵带来的消息大多令人绝望：

> 第60团3营中尉代理营长致143旅旅部——我们营长和所有连长已经阵亡，本营只剩下大约180人，弹尽粮绝，该怎么办？

23日上午10点，沃莱上校受够了跟前线联系不上的窘境，决定把旅部前移。他是大战爆发时法军中那种典型的斗士，时年57岁，从行伍间一步步晋升到今天的地位。1914年，沃莱还是一名中校，在"边境战役"中腹部受重伤，被德军俘虏，两星期以后伤口还没愈合就从战俘营逃跑了。他藏身于一所法国监狱，身穿平民服装，手持假证件，伪装成一名快要获释的流浪汉，可是再次被德国人抓住，当作间谍审判，但是被宣判无罪，于是被送往德国境内的战俘营。4个月后，他身体很虚弱，伤势仍然没有好，于是被德国人通过瑞士，作为不适于继续服役的人员遣返回国。沃莱在1915年3月重返军队。自从2月21日会战开始以来，这位坚强的老上校作为德里昂的直接上级，也许是法军各旅里最杰出的旅长。他的格言是"反攻，反攻，永远反攻"，体现了第72师永不屈服的战斗意志。这次正当他走出掩体跟随旅部向炮火纷飞的前线转移的时候，人们看到他消失在一团炮弹爆炸的火焰之中。

法军指挥官一个接一个地阵亡。沃莱、德里昂、勒努瓦尔死了，贝特朗和其他几名营长受伤，更糟糕的是法军开始成建制地被消灭。守在萨莫尼厄的贝尔纳中校收到的一条命令最能反映当时法军的士气状态。这条命令要求他在阵地背后保留一个机枪组："对那些忘记军人天职的士兵执行战场纪律。"不过似乎第 72 师的噩梦快要到头了，第 37 师勇敢的摩洛哥和阿尔及利亚士兵近在咫尺。当天午夜前不久，克雷蒂安将军命令巴普斯特把部队撤下来，在名叫塔卢山（Talou）和胡椒岭（Pepper Hill）的两道山脊之间的地段整编第 72 师残部。

但第 72 师命中注定还有一劫：萨莫尼厄。给萨莫尼厄守军下达的命令是简单常规的"坚守至最后一人"。该地守军是贝尔纳中校指挥的相当于一个营的兵力，这里的交火非常激烈，遭受的炮击也越来越密集，贝尔纳背后是默兹河，两翼遭到茨维尔手下德军的夹攻。杜飞（Duffet）少校奉命带一个营上来增援，在离萨莫尼厄还有半英里的地方被河对岸的德军炮兵观察哨发觉。德军重炮在援兵跟贝尔纳的守军之间打出一道可怕的火墙，援兵损失惨重被迫停止前进。同时军官早已阵亡的萨莫尼厄守军士兵心惊胆战，纷纷开小差逃离阵地，为了给自己开脱，又在后方散布萨莫尼厄已经失守的谣言，说自己是守军里唯一一批幸存者。谣言传到巴普斯特的师部，师长马上派人向贝尔纳核实，信使带回了贝尔纳不满的答复。他在痛斥"胆小鬼和散布恐慌者"的同时说道：

> 形势远非乐观，可我还守在萨莫尼厄……所有战马都死了，自行车也被砸烂了，传令兵不是受伤就是散在途中。我将无法随时向您汇报战况。

随之而来的是沉默。萨莫尼厄失守的谣言不断地流传着，那天夜里 22 点，克雷蒂安的副参谋长贝克尔（Becker）少校看到一名骑马的传令兵从身边疾驰而过，大喊着"德国佬打进萨莫尼厄了"。贝克尔回忆道："我想截住他问问从哪儿得到的消息，他又在执行什么任务，可他不管不顾继续疾驰，我没能拦住，于是拔出手枪向他开了两枪，却没打中。"

然后灾难性的事件发生了。巴普斯特以为萨莫尼厄真的丢了，按照惯例下达了反攻令。同时在凡尔登城里的埃尔将军下令，刚刚在默兹河左岸瓦谢罗维尔堡背后完成集结的强大的法军炮兵群倾全力覆盖被德军占领的阵地。0 点 15 分，正当贝尔纳派人报告说自己还在坚守的时候，法军 155 毫米重炮的第一轮齐射就打到了法军阵地上。这次法军炮兵的射击异乎寻常的精准。几秒钟之内，负责警戒萨莫尼厄左翼的法军机枪就被打哑了，守军慌忙发射"停止射击"的绿色信号弹，可是根本没用。法军炮火持续了致命的两个小时，炸死了德军进攻部队的指挥官，可也打断了法国守军的脊梁。早已守候多时的德军抓住战机攻上来，到凌晨 3 点，萨莫尼厄的战斗已经结束。德军经过一处被炮击炸塌的洞穴，听到里面法语求救的喊声："看在孩子的份上，救救我！"德国人停下来想挖出里面的人，可做不到，然后得到命令放下手边的活，继续进攻。贝尔纳被俘，被带到德皇面前。德皇以为凡尔登很快就会陷落，想见证征服的时刻，于是亲自来到前线，此刻正在一处很安全的地方用炮队镜观察前方战事。这位被俘的法军中校不屈地说："你永远到不了凡尔登。"[1]

---

[1] 在整个第一次世界大战期间，由于通信中断和步炮协同太差，萨莫尼厄这样的悲剧一再发生，不胜枚举。法国专家 Percin 将军估计，整个战争期间仅因己方炮火误击被打死的法军士兵就达到 7.5 万人——出自《我们的步兵被屠杀》一书。

萨莫尼厄的悲剧结束以后，第72师最终退出了凡尔登战场。用格拉塞的话来说，这个师已经不复存在。经过4天的战斗，第72师损失了192名军官和9636名士兵。友邻部队第51师损失了140名军官和6256名士兵。两个师合计，满编的26,523人之中损失了16,224人。沃莱和德里昂阵亡，贝尔纳、罗宾、斯蒂芬和昆廷都被俘，巴普斯特丧失了荣誉，然后另一批主角粉墨登上了凡尔登战役的舞台——这新的一批人也将很快消失，再换一批，换人的速度快得令人绝望——这种的新旧交替速度即便以西线的标准来说，也是非常罕见的。

德军阵营里的气氛越来越乐观，他们抓到了大约1万名法国战俘，缴获65门大炮、75挺机枪，而且初战告捷，帝国档案里罕见地用上了条顿民族优越性这种陈词滥调，声言"这是德意志民族尚武精神的又一明证"。

1916年2月24日，法军防线崩溃。当德军突破了博蒙和萨莫尼厄之间的"卡斯特尔诺防线"后，法军第二道防线在3小时之内就土崩瓦解，因为这里原本就准备不足，又连续遭了4天凶猛的炮击。敌军在那灾难性的一天里占领的地区相当于之前三天的总和。那天夜里，整个战争的面貌在马恩河战役之后第一次开始呈现出回到运动战的迹象，再也没有堑壕、带刺铁丝网或者致命的重机枪阵地。福煦、霞飞、黑格这些将领在过去一年半当中屡次寻求的突破和运动战形势，似乎总算是出现了，只不过它出现的方式跟协约国军将领们的期望截然相反。

克雷蒂安将军为了堵住第72师和第51师之间的缺口，把一个新的师——第37非洲师——以逐次添油的方式派上前线，就像用铁锹铲黏土去填补大坝上的裂缝那样。黑格一听到凡尔登战场24日的战况简报，就在日记中以他一贯用来描述法国盟友的居高临下的口吻写道："我预计这个师肯定会跟埃纳河战役中我右翼的那些'摩洛哥步兵'一样逃得无影无踪。"可悲的是，黑格的断言相较事实并未夸大太多。第37非洲师号称法国陆军的精锐，其下辖的朱阿夫兵团由经历过北非不间断的"绥靖战斗"的殖民地老兵组成，而散兵团里尽是来自摩洛哥和阿尔及利亚的凶猛的部落战士，是今天反法反殖战士的父辈。这些法国殖民地部队在敌军中拥有令人生畏的名声（因为他们不愿意抓俘虏），德国人每到一处新战场就会打听"对面有没有非洲部队"。这些优秀的北非士兵在进攻中很勇敢，甚至接近疯狂的程度，可是跟那些顽强的法国北方佬相比，他们太过情绪化，在战斗中并不可靠，这是大多数凶猛的南方种族战士的通病。这个师在23日抵达凡尔登战场时，士兵们人人从头裹到脚，看上去就像中世纪的萨拉森人，他们一到战场就诸事不顺。这个师被分散使用，各部队接受陌生的军官指挥，而法国正规军经常都把殖民地部队视为炮灰。第37师的士兵们一到前线就被命令去防守一道根本没有预设工事的防线。防线上所有可以用来抵御严寒或者炮火的掩蔽部都被德军的炮弹夷平了。北非士兵不习惯北方潮湿彻骨的寒冷天气，一夜暴露在严寒之下让他们的士气下降到了最低点。同时他们防线上到处都流传着令人胆寒的失败谣言，受伤的和患上弹震症的散兵漫无目的地到处游荡，两眼空空洞洞，跟部队失散了，到后方来求庇护，到处散布吓人的恐怖故事，这些人不停地游荡，只有一颗子弹才能让其永远安静下来。

压垮非洲士兵的最后一根稻草是无处不在的炮击。与战斗头两天中德里昂手下的猎兵不同,他们没有既设工事的掩护,也从来没经历过这种形式的战争。当德军步兵像盖满整个乡间的灰色地毯一样铺天盖地冲上来时,一个班的非洲士兵意志崩溃了,接着一个排、一个连乃至整营的士兵都开始惊慌失措地溃逃而去。德国人推进的速度越来越快。胡椒岭阵地上的卢夫蒙(Louvemont)是整个法军第三道防线的关键支撑点,似乎已经失守。法军右翼的北非朱阿夫兵团也发生了类似的恐慌现象。德军第3军的勃兰登堡士兵在占领了赫贝布瓦跟博蒙之后,向杜奥蒙堡方向继续挺进。为了挡住德军,克雷蒂安将军把最后的预备队第3朱阿夫团派上去,给他们下达了惯常的"抵抗到最后一人"的命令。可他们就像早晨的薄雾一样在敌军进攻面前烟消云散。在沃歇谷(Ravin de la Vauche),德军缴获了一组法军重机枪和4门75毫米野战炮,根本没有遇到法军步兵的抵抗。一名生还的法国军官报告说,在山谷和苏维尔的军部之间,他根本找不到一名法军步兵。北非朱阿夫兵团到底经历了什么,直到今天仍是个谜团,法军官方历史对此不置一词。克雷蒂安的副参谋长贝克尔的记载也许能提供一点线索,他说那天早晨北非朱阿夫兵团的一名营长阵亡后,这个营就崩溃了,一名上尉代理营长徒劳地想要重新组织起防线,可是没人搭理他的呼喝命令,最后"一个机枪班向那些跟苍蝇一样到处乱窜的逃兵开了火"。[1]

这一天,法军遭受了巨大的灾难,但就像法国军事史上常常

---

[1] 德军对法军俘虏审讯以后汇总的情报综述基本上证实了北非部队士气的崩溃:"法军中的朱阿夫兵和阿尔及利亚兵的士气完全垮了。战俘在自己的主官和高级军官面前肆无忌惮地大声抱怨,甚至向来自法军其他团的被俘军官吐口水。"(引自 von Klüfer, p.73)

会出现的那样，在一些局部的小规模作战中，总有一些奋不顾身的英勇事迹可以洗雪这种耻辱。在卢夫蒙，一名非洲步兵营长手下只有一群被打败、惊慌失措的乌合之众，外加自己的营部连，却要担负起防守这个被四面包围的村庄的重担。营部连里的一个见习军士教导排在防御战的危急关头起到了关键作用，当时这个教导排的年轻见习军士们刚刚到达，还没来得及被分配到各个班排。这个排的58名年轻战士当中，当天只有9个人活了下来，可卢夫蒙暂时得救了。

到24日深夜，法军的士气严重动摇，看起来任何事情都有可能发生。法军炮兵大部分时间都沉默着，这当然不是什么好兆头，步兵也因此变得更加灰心丧气。法军炮兵从最初的阵地后撤之后不得不尽量建立起合适的临时阵地，常常根本没时间挖掘掩体，他们的大炮就在这样脆弱的阵地上被德军炮火一门接一门地击毁。凡尔登战场上，法军拥有的两门口径最大的火炮，分别是部署在屈米耶尔（Cumières）和沃堡的240毫米海军炮。它们被各自成惊弓之鸟的炮组毫无理由地炸毁，这个地区大多数其他远程海军大炮也遭逢了类似的命运。步兵战士的作战信心发生了动摇：难道说炮兵不再支援自己了吗？除了得不到炮火支援外，最影响作战士气的莫过于让士兵们看到成百上千的伤员被弃之不顾。法军本就不擅长组织野战救护，当时在伤员收容站里等待救护的士兵所遭受的苦难简直已非语言所能形容。凡尔登战役最初几天，在那里服役的救护车驾驶员皮埃尔-阿列克谢·莫埃尼尔（Pierre-Alexis Muenier）描述过被担架抬到收容站的伤兵，很多人的伤口又受到了冻伤。尽管炮声轰鸣，那些还能说话的伤员却压低声音谈话，好像害怕被看不见的敌人听到一般。他们喃喃自语："霞飞会打退他们的，嗯！"被德军大口径炮弹炸得血肉横飞的伤兵们仍然困惑不已，因为他们甚至连敌人的面都没见过（后来这成了凡尔登战场上的普遍现象）。在布拉的伤员收容站外面躺着好几百名等待后送的重伤员，他们被任由暴露在不间断的德军炮火之下。当时一次只能后送其中一小部分伤员。莫埃尼尔那个救护车排的一辆救护车一次运送5名伤员离开这个人间地狱，来回要花费12个小时。几乎所有的道路都变得难以通行了。救护汽车常常陷进弹坑里动弹不得，而马拉的救护车呢，马又会被无处不在的炮火惊到，疯跑起来把车上的重伤员掀翻一地，自己却绝尘而去。凡尔登后方医院里的情况也好不到哪儿去。德军的380毫米重炮打得极为精准，已经切断了凡尔登跟法国腹地的铁路联系，而救护汽车数量又太少，而且要用10个小时才能开过20英里路把伤员后送。

克雷蒂安将军的那个军已经完蛋了，一个连的预备兵力都不剩。尽管开战之前克雷蒂安一直决心在手中始终保持相当于一个旅的机动兵力，以便发动强大的反攻，可现实迫使他一点点地逐次投入兵力，挥霍掉最后的预备队。21日，他从14个后备营之中，给手下两个师长巴普斯特和布朗热派去3个，第二天又派出去9个营，手中只剩下2个营预备队。第37师在23日赶到，几乎立刻就被分散投入各处的战斗中。36小时后，这个有12,300人的师损失超过4700名，在第3朱阿夫团溃败以后，克雷蒂安最后的预备队也没有了。他手下各个炮兵连没有一个还能剩下3门以上大炮，很多都只剩下一门炮，炮身被火药熏得漆黑。那天夜里10点，巴尔富里耶（Balfourier）将军接替了克雷蒂安的防务，但他是个光杆司令。他手下的那个军前任军长是福煦，该军曾在1914年拯救了南锡,被称为"铁军",在整个法军中负有盛名,可是这个军仍在拼命地向凡尔登战场开进的途中。前锋2个团在巴尔富里耶到位不久后也赶到了战场,却已经有12个小时没吃过东西了,而且把大部分重机枪都留在后方,每名士兵只有120发子弹。救护车司机莫埃尼尔这样描述这些新到达的精锐部队:"大批人员和骡子围在我们周围……军官和士官们就像在演习中那样大声发布命令,简洁而清晰。部队一举一动都整齐划一。"可是这些疲惫饥饿的士兵们满脑子想的,只是"能有张床躺下来歇会儿就好了"。机枪手们彼此依靠着取暖,抵御零下15摄氏度的严寒,让人想起拿破仑大军团远征俄国时别列津纳河战役的场景。克雷蒂安几乎马上就想把新到的援兵投入作战,但旅长们抗议说手下士兵已经疲惫不堪了。克雷蒂安坚持己见,说当年马恩河战役中部队也是同样疲惫,"可是当军官下达整队奔赴战场的命令之后,士兵的疲惫就不见了"。不过,就算法军当时做出这最后一点牺牲,其实也未必就能争取到足够的时间让第20军剩余的部队到达前线,并阻止整个默兹河右岸阵地的丢失,还有随之而来的凡尔登城的失守。正如战后一位法国历史学家所说:"……在2月24日夜间最黑暗的时刻,敌人通向凡尔登的道路畅通无阻……"可是德国人没能意识到。

不过,如果说德国人在那天夜里因为己方遇到的一些困难而分心,没有意识到法军的形势有多么危急的话,他们其实也同样没有意识到,自己马上就会迎来这场会战中最大的一次局部胜利。战争中最有戏剧性的一幕即将上演。

第 9 章

杜奥蒙堡

要塞对我来说是个累赘,它们徒然浪费兵力,我根本不想要任何要塞。

——德·卡斯特尔诺将军,1913 年

杜奥蒙这个地名是德意志英雄主义的一座丰碑。

——冯·兴登堡元帅,《我的一生》

冯·洛赫夫将军麾下第 3 军第 24 勃兰登堡团的荣誉感在德军中是无与伦比的。布吕歇尔(Blücher)在拿破仑战争中曾评价这个团说:"它只有一个缺点,那就是太勇敢了。"24 团一直充满骄傲地对这条评价念念不忘。每一名入伍的新兵都要熟记这条名言以及来自腓特烈大王的团座右铭:"超越你的职责。"1914 年,这个团打进比利时,在蒙斯战役中猛攻英国远征军,然后冲向马恩河战场。它在法兰西的土地上一路踏着正步、痛饮"解放牌"香槟酒并高唱战歌"我们胜利进军战胜法国"。这时的这个团似乎注定会从一个胜利走向下一个胜利。但当它在马恩河战役中接到后撤命令后,士兵们觉得受到了极大的侮辱。1916 年 2 月,24 团刚刚从巴尔干战场凯旋,它参加了把塞尔维亚人赶出塞尔维亚的战役。然而，到目前为止，24团在凡尔登战场还没取得值得一提的战绩，法军在赫贝布瓦顽强防御，让他们进展缓慢，这个团早就习惯了战无不胜，现在感觉很丢脸，而且3营还在战斗中遭受到不小的损失。尤其是战线另一端传来消息，那些威斯特伐利亚后备军士兵们居然进展顺利，而这些人只不过是些穿上军装的农夫而已，这就更让他们坐不住了。勃兰登堡士兵们看到法军防线在自己面前受到压力并开始崩溃，跃跃欲试地想要大干一番，立下新功，为过去几天的延误挽回颜面。在他们前方，最大的战果越来越近，简直是触手可及，那便是杜奥蒙堡。这个团一到凡尔登战场就盯上了这座乌龟壳形的巨型堡垒。任何人都不可能对杜奥蒙堡视而不见，你在它面前会感觉到威压以及毫无保护的赤裸感，变得像被雄鹰双眼一眨不眨地紧盯上的小老鼠一般。同时，它也是一个散发着魔术般吸引力的战术目标。

可是就在24团还有两三天便能打到杜奥蒙堡的节骨眼上，军部却把这座堡垒划归友邻第12掷弹兵团的作战地域，这让24团气愤不已。在给24团下达的2月25日作战命令当中，他们被要求在堡垒前半英里的地方停止前进，把它让给右翼的竞争者去夺取，这一点都不公平。

无论从哪个角度接近杜奥蒙堡，它都显得强大而威严。它的大炮可以向周围地域360度不留死角地开火。对遭到重击的法军来说，它是一个强大而坚不可摧的背后支撑，给人安全感。正如贝当元帅后来所说的，它是整个凡尔登防御体系的支点。它也是当时全世界最强大的堡垒——当然仅仅在纸面上如此。杜奥蒙堡始建于1885年，是德·里维耶防线的组成部分。后来它又分别于1887年、1889年以及最近的1913年获得现代化改造和加强。它按照沃邦元帅惯用的设计，呈巨大的传统多边形，直径将近四分之一英里，体量巨大。堡垒外围有相距 30 码的两道带刺铁丝网护卫，铁丝网后面是坚固的尖角护栏，有 8 英尺高。在堡垒的下方有深达 24 英尺深的护城壕环绕。堡垒体系北侧两个边角有混凝土构筑的炮位，面对护城壕，顶点有双层炮台，形状像一个拉扁的字母 M。这三组炮位（据说）装备有轻型速射炮（机关炮）、重机枪和探照灯，这样敢于下到护城壕里的敌军就会遭遇致命的火力扫射。每组炮位都有很长的地下通道与堡垒中心相连，这样守军就可以不用担心敌军火力，随时增援正面炮位。此外，在堡垒北面还构筑有渐渐抬升的斜坡道，完全暴露在守军的机枪塔火力扫射之下，如果堡垒侧翼的炮位被打哑，敌人进攻到这里，仍将寸步难行。就算敌人冲过抬升的坡道，进一步渗透进连接堡垒两端的东西向城墙顶的堡垒街，还是会遭到背后从地下掩蔽部冲出来的守军的杀伤。

在堡垒南方薄弱地区，入口处有独立的碉堡负责拱卫，也有双层侧射火力口。西南方向来路由一座城墙内堡保护，装备两门 75 毫米野战炮。同时沃堡与其他临近堡垒的炮火也可以覆盖杜奥蒙堡的这一侧。

杜奥蒙堡内部是一座名副其实的地下城市，由很多迷宫般的走廊相连接，全都走一遍要花费一个星期。堡垒里有地下两层的营房，能住下一个步兵营的大部，每间营房在暴露的南侧都有厚厚的混凝土墙，并开有射击孔，这样就算敌人能推进到这么远，每间营房在必要的时候也都可以被用作独立的碉堡防守。为了鼓舞士气，中央主走廊里用大写字母印刷着标语"宁可埋葬在堡垒的废墟下也决不投降"。不过堡垒真正的武器还是可伸缩炮塔里

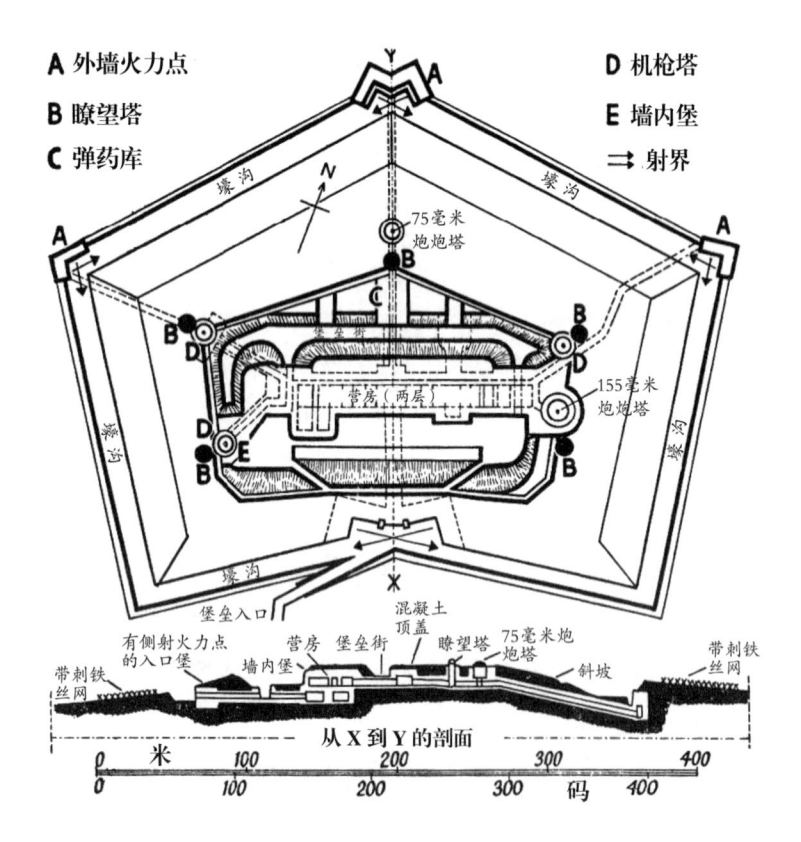

A 外墙火力点　　　　　　　　**D** 机枪塔
B 瞭望塔　　　　　　　　　　**E** 墙内堡
C 弹药库　　　　　　　　　　⇉ 射界

从 X 到 Y 的剖面

部署的大炮。其中有射速每分钟3发的短管重型155毫米炮，北面堑壕边另一座炮塔里有双联装75毫米炮，此外还有3座机枪塔和4座重装甲保护的圆顶瞭望塔。就那个年代而言，法军炮塔的设计可谓精妙至极，三四十年后，马奇诺防线上所用炮塔的机械结构几乎原封不动地照搬这里的设计。重达48吨的配重钢块可以把炮塔抬升1到2英尺，进入发射位置，而敌军炮火打到附近的时候，整个炮塔又能缩进混凝土的保护当中。只有德军最重型的炮弹直接命中它厚达2英尺半的龟甲顶钢板才能摧毁它，只要不被彻底摧毁，这些炮塔就能对迫近的敌人造成巨大的杀伤。虽说在霞飞1915年对各个堡垒的清洗中，布置在侧翼炮位和墙内堡中的大炮被挪作他用了，但那些强大的炮塔炮仍然可用。

整座堡垒顶上覆盖着一层8英尺厚的增强水泥保护板，再上面还有几英尺的覆土。比利时的巨型堡垒曾在德军420毫米巨炮轰击下倒塌，杜奥蒙堡的混凝土顶板则不同，它是由两层混凝土中间夹一层4英尺厚沙子的三明治结构。沙子可以对炮弹爆炸起到非常有效的缓冲作用。凡尔登战役整一年前，德国皇太子曾在1915年2月调来德军的420毫米巨炮尝试轰击杜奥蒙堡。巨炮总共发射了62枚炮弹，德国炮兵军官满意地记录道："杜奥蒙堡的坡道上升腾起了大树形状的烟尘柱。"当时该堡没有开火还击，于是德国人以为克虏伯的"大伯莎"炮再次奏功。事实上，虽然当时堡垒内部的震动与回声令人倍感不适，但德军重炮的战果，只限于把大门上方的"杜奥蒙"这个大字打掉了半边而已。（炮台上的155毫米大炮没有开火还击的原因很简单：它们最大射程只有6000多码，连法军防线都够不着。）在1916年2月的炮击当中，德军的420毫米重炮还是收效甚微。所以看起来，跟悲观的霞飞及法军总部的观点相反，杜奥蒙堡基本上是不可战胜的。

1916年2月25日当天，进攻的德军有理由认为杜奥蒙堡已经受到重创，但仍可能是一个顽固而棘手的障碍。他们做梦也想不到，这里根本毫发未伤，同时又由于法军方面犯下了一系列难以置信的错误，还完全没有防卫。

第24勃兰登堡团接到的25日作战命令是占领哈苏勒森林（Hassoule Wood），然后在杜奥蒙堡东北750码外停止前进。德军在上午9点开始对前线进行毁灭性的例行炮击。当步兵开始进攻时，炮火则将向杜奥蒙堡本身延伸射击。24团的作战序列如下：2营在右，3营在左，1营作为预备队。24团的右翼是第12掷弹兵团（杜奥蒙堡本身位于第12掷弹兵团的进攻地幅内，但该团也奉命在堡垒前方停止前进），左翼是第20团，三个团齐头并进。不过第一次世界大战时期还没有步话机，只能用传令兵口头传达命令，所以经常出现计划在最后一分钟仍未传达到位的现象，这次两翼的第12团和第20团都没有收到攻击令。结果当炮兵延伸射击，总攻发起后，24团发现自己在孤军冒进，但他们发挥了自己典型的作风，不顾危险，以惯常的勇敢精神猛打猛冲。结果幸运女神垂青了勇敢者，24团不但没有陷入法军的重围，反而插进前一天北非师溃散以后留下来的真空地带。进攻轴线上残留的少数法军很快就被肃清，尽管引起过轻微的混乱。德军疯狂地追击着逃散的敌军，俘虏人数达到200名。2营的先头部队在25分钟之内就推进了四分之三英里，到达了当天的作战目标。这差不多是整场战争中一日推进的最远纪录了。

2营最左翼的突击班由24岁的孔策（Kunze）中士指挥。孔策出身于图林根的农民家庭,是一名正规军士兵,看他的照片就能感觉出此人智力有限,有点笨拙。他后来的行动则给人勇敢无畏的印象,不过这种无畏更可能是因为天生缺乏想象力。孔策这类人组成了德国陆军的中坚,他们会不加思考、不计代价地执行命令,直到牺牲而后已。按照德军的惯例,孔策那个班得到的命令是在第一波突击部队当中发起冲锋,清除沿途铁丝网等一切障碍。他们的地形很有利,很快按时完成了任务。孔策自己这个下午过得惊心动魄。他占领了一个法军的机枪阵地,停下来替一名受伤的法军士官包扎伤口,可是这名不知感恩的机枪手不知道怎么回事,居然夺回了机枪重新向德国人开火。孔策赶紧转身回来,毫不犹豫地打死了这名法军。几分钟后,孔策在另一处法军阵地上和一名守军同时举枪瞄准对方,但孔策抢先开火。所以,当他攻占预定目标的时候,孔策已经兴奋得热血沸腾,用一个很贴切但却不容易找到合适翻译的德语词来形容,叫作"unternehmungslustig"(沉醉于冒险精神)。他停下脚步稍事喘息,看着杜奥蒙堡的巨型圆顶就近在咫尺,那么令人生畏却又充满了致命的诱惑。右翼的法军机枪还在不停扫射,但他自己面前倒是一片平静。孔策回想了一下自己早晨出发前接到的命令:要扫除前进道路上的一切障碍。自己面前的杜奥蒙堡不正是前进道路上最大的一道障碍吗?他暂时忘却了不允许越过预定进攻目标这一命令,毫不犹豫地向堡垒方向冲过去,根本没想过就算能打到堡垒面前,凭一己之力又能有什么作为。他班里的士兵忠实地跟在身后。10个人挑战全世界最强大的要塞!看起来完全是毫无希望的疯狂举动。

孔策带着他的班在几分钟之内就跑到封锁斜坡堤道的铁丝网

面前，没有人向他们开火，孔策感到一丝宽慰，不过他也注意到堡垒上的法军155毫米大炮正越过自己头顶向远处某个目标射击。他还注意到24团右翼正被一挺巧妙布置在杜奥蒙村教堂尖顶上的法军重机枪困着，吃尽苦头。德军的炮击打烂了大部分法军铁丝网，孔策的班用铁丝钳剪断剩下的铁丝网，迅速通过了堡垒前的两道铁丝网，他们在杜奥蒙堡最北尖角以东50码的地方抵达下一道障碍，带尖刺的护栏。当时刚过下午3点半，他们根本没办法穿过护栏或者从上面爬过去。孔策顺着栏杆往左走，这样走很明显是因为另一边有法军的机枪火力。他转过堡垒体系的东北角，刚拐过去就欣喜地发现护栏上有一处被炮弹炸开的4英尺宽的口子。正当孔策还在犹豫怎么才能下到护栏后面24英尺深的护城壕时，老天爷在他背后推了一把：正好有一发炮弹在他附近爆炸，把他掀到沟里，孔策蒙了一会儿，不过还好没受伤。清醒过来以后，他催班里的战友跟着自己下来沟里。班里一名下士觉得班长疯了，声称自己要后撤，不过德军的炮火还在密集地轰击着杜奥蒙堡露出地面的上层结构，可能是因为害怕自己的大炮，班里其他战友互相帮助着跟着孔策一起下到了护城壕中。

护城壕里没有守军。在护栏缺口旁边的墙体上有个小窗户，还有一扇紧闭的钢门（那里属于东北角炮台的一部分），不过都位于墙体正面的高处。孔策他们看见其中一个射击孔里弹出一门小口径加农炮的身管，便迅速倾尽全力地试图在护城壕的瓦砾堆中寻求掩护。不过沟里除了他们以外空无一人，孔策又一次不顾后果地想要爬进上面的炮台。那扇小门锁得紧紧的，最低的炮位都比沟底高出12英尺，他们够不着。孔策突然记起战前那些没意思的体操课上的训练内容。他立即让战友们搭人梯，前几次人梯在一片狼藉中垮了，但最终孔策成功地顺着人梯爬进了一处炮眼，并把那里无人操作的旋转加农炮推到一旁。这处炮兵发射阵地无人防守，他试了几次，终于从里面打开了那扇门，催促下面的战友爬上来。然而打开的门看上去像是巨兽张开的嘴巴，内里不知道隐藏着怎样的危险，孔策的战友们退缩了，在他们看来，被自己的炮弹炸死都比钻进这头怪兽的肚子里面好得多！只有2名士兵跟了进来，其他人都跑得无影无踪。

孔策自己还是无所畏惧，他沿着一条长长的漆黑地道走了下去。堡垒外面炮弹爆炸的声音震耳欲聋，可是炮弹爆炸的间歇静得可怕。孔策走啊走啊，地道似乎无穷无尽，它会把自己带到哪儿呢？还有法国守军去哪儿了？孔策终于走到一处台阶，沿着楼梯走上去，却发现楼梯顶端有两条分叉的走廊，他还能听到附近某处有开炮的沉闷轰鸣声。他让身边的两名战友警戒其中一条走廊，自己沿着另一条走廊循声而去，没走多远就能听见空弹壳退出炮膛的声音。这名无畏的中士举起手枪，猛地拽开一扇门，大喝一声"举起手来"。4名脸膛被熏得黧黑的法军炮手被吓得不敢动弹。他们还没回过味儿来，就被孔策押着走出了炮塔。孔策单枪匹马就打哑了整个杜奥蒙堡中最大的一门155毫米重炮。

接下来，在这场残酷的战斗中，一幕剧情近乎马尔克斯兄弟作品的喜剧上演了。孔策从炮塔退出来以后转错了弯，很快发现自己在杜奥蒙堡内部兔窝般的迷宫走廊里迷了路，找不到自己留在身后警戒的两名战友了。他让4名俘虏走在前面，自己则在后面押解，并迎着走道里透出光亮的方向走去，再次听见大炮的轰鸣声。他们很快走出地下，来到一片开阔地，这是堡垒里的南院。他的俘虏突然逃跑了，他们用闪电般的速度转身闪进堡垒建筑的另一处出口。孔策紧追着他们冲进堡垒,刚要开枪,俘虏们消失在左手边的一扇门背后。孔策瞥见旁边有间营房,里面一名上了年纪的士官正向20名左右年轻士兵训话。孔策再次大吼一声"举起手来",不过这次恰好有一枚重炮炮弹在头顶上的堡垒外爆炸,巨大的冲击波震灭了屋里的蜡烛,现场一片慌乱。孔策的第一反应是"这回我死定了"。他猛地一下把厚重的大门关上,幸运的是,这道门居然可以从外面锁上。他在门外又警戒了一会儿,但没看见什么新的猎物。他对继续等待感到疲了,便再次开始到处走动,搜寻还有没有其他战果。很快,他又撞上一名没带武器的法国士兵,这名士兵吓得要死,一直管他叫"上尉先生"。虽然孔策一句法语都不会说,还是想尽办法让这个俘虏明白,自己要找的是堡里的军官。他最新的这名俘虏吓得发抖,只得把他带进另一间营房。这里看上去像是军官食堂,里面空无一人。在一张桌子上有只巨大的食品篮,里面装满了鸡蛋、红酒和其他食物。孔策好几个月都没看见过这么多好吃的了,自从会战开打以来甚至都没吃过一顿饱饭,之前猫在地下突击壕里待命的那好几个星期,日子过得更憋屈,只能吃硬得像铁块的应急口粮。突如其来的饥饿感不可抗拒,孔策那简单的农民头脑彻底被美食征服了,顾不上任何其他事情。锁在营房里的大批俘虏、孤身一人身处四面危机的敌人地堡、战争本身,这一切都被暂时忘却了。孔策在俘虏难以置信的注视下坐了下来,开始大口地吃喝。

但我们不禁要问,这座强大堡垒的守军主力在这期间究竟跑到哪里去了?

战争开始时,杜奥蒙堡常驻步兵有500名。后来霞飞在1915年下令抽调各个堡垒的守军充实前线兵力,只给这里剩下来的炮塔留下炮手。也许是出于命运的讽刺，杜奥蒙堡原先的守军在会战爆发后不久考雷森林里的激战中就被消耗殆尽，原来驻军的指挥官也受了重伤。按照法国筑垒地区管理条令，凡尔登附近的堡垒统一归属凡尔登当地驻军司令埃尔将军指挥，这个地段的野战军军长无权管辖各堡垒。所以当初军长克雷蒂安将军履新来视察杜奥蒙堡时，吃了个闭门羹。克雷蒂安将军当时都已经到了护城壕的吊桥上，却被一个名叫舍诺（Chenot）的上了年纪的区区军士长拒之门外，这名军士长居然敢告诉将军："堡垒只对凡尔登驻军司令开放。其他人没有他的命令一律不得进入。我没有预先收到您要来的通知，可以以间谍嫌疑将您逮捕！"结果克雷蒂安在这次丢脸的遭遇之后再也不管要塞的防御了，这个堡垒既然能把一名三颗星的将军拒之门外，那么阻挡任何敌人肯定也不在话下。无论如何，这都不属于他的职责范围。凡尔登战役打响时，杜奥蒙堡的守军其实只有军士长舍诺指挥的56名炮兵，操纵着霞飞撤炮令以后仅剩的155毫米炮和75毫米炮炮塔。在法军陷入绝望的24日，埃尔将军曾下令准备炸毁凡尔登地区的所有要塞炮台，所以又给杜奥蒙堡这里派来了一名工兵中士负责埋雷炸堡，但是这名军官在来的路上失踪了，因此埋雷的工作一直就没有开始。

与此同时，第20军的先头部队两个旅赶到战场，在苏维尔堡的克雷蒂安正要把指挥权移交给新来的巴尔富维耶将军。就在交接前夕，凡尔登的埃尔将军给他打来了一个狂乱的电话，要他"派兵充实要塞防线，并坚守到最后一人"。克雷蒂安离任前最后一条指示是要手下参谋把上述命令传达给下属几个师长。巴尔富维耶经过长途急行军赶到指挥位置的时候已经很疲惫，他不加调查地轻信了克雷蒂安的断言：各堡垒守军已经各就各位，没什么可担心的。新到的两个旅已经在杜奥蒙堡两侧占领阵地，他们的总指挥官德里尼（Deligny）将军请示克雷蒂安，是不是应该把指挥部设在堡垒里。克雷蒂安回答说不用了，"杜奥蒙堡防守充足，等明天我走之后，你可以把指挥部设在我这儿"。

在持续的紧张战斗中，即便是最井井有条的事情也可能出现错乱，通常情况下无法想象的错误都有可能发生，这就是一例。克雷蒂安军部里的人——可能是一名微不足道的信号兵下士——忘了把派兵充实要塞防线的重要命令下达给部队。德里尼跟克雷蒂安的军部只有一墙之隔，赌咒发誓说自己从没有收到过这条命令，直到第二天一切都太迟了。前线的两个旅则心满意足地以为两个旅之间的杜奥蒙堡防务固若金汤。他们反而担心要塞工事会招致敌人最密集的炮火袭击，因此要下属各团在设防的时候，尽量跟杜奥蒙堡拉开距离。

正当孔策于杜奥蒙堡里大快朵颐的时候，在堡垒另一边，另外3名德军24团的军官正准备登场。他们的名字分别叫拉德克、豪普特（Haupt）和冯·布兰戴斯（von Brandis）。他们三个人在战场上三个不同的地点，分别但几乎同时，被杜奥蒙堡的魔力所吸引。24岁的拉德克是6连的中尉，后备役军人，他戴着无框眼镜，溜肩膀，看上去不像普鲁士军官，倒像是个政府的低级公务员或者银行职员。他指挥自己那个排越过目标点，借助地形掩护，沿着一处叫作草莓谷（Strawberry Ravine）的山中狭径，很快打到杜奥蒙堡铁丝网边，这一段经历跟孔策差不多。他在铁丝网附近再度跃进到堡垒前的开阔地，很惊讶没有遭到来自附近杜奥蒙村的法军火力袭击。他主要担心两点，一是德军的炮弹在周边爆炸，二是根本找不到本应在右翼接应的第12掷弹兵团。拉德克打光了自己的信号弹,想让德军炮兵延伸射击,可炮兵和往常一样根本没有看到。在猛烈的炮击下,拉德克手下有些士兵受不了了,但他仍然督促他们向前冲。他和孔策一样轻易地找到一处铁丝网的缺口,摸到堡垒北面顶角附近,大约在孔策之前位置的右手边某处。拉德克很幸运,正在此时,一发重炮炮弹在附近的防护栏上炸开了一处新的更大的缺口,还把堡垒北顶角的边缘炸塌了一处,碎石瓦砾掉到下面的护城壕里,把深沟沟底垫高了很多。拉德克带着20多人跳进沟底,他成了攻进杜奥蒙堡范围的第一名德军军官。

拉德克跳进杜奥蒙堡护城壕的举动,在某种程度上比孔策的行为需要更大的勇气。拉德克比孔策晚到大约半小时,不可能看见孔策没遇到任何抵抗就钻进了堡垒,他作为一名军官,对这里的工事有着足够的了解,清楚自己可能会遭到来自两侧法军炮位的交叉火力痛击。拉德克一旦意识到两侧的法军炮位根本没人,便马上从护城壕里收集了一些沉重的木材搭在被炮弹炸开的豁口上,方便后续部队进入。他没有像孔策那样直接钻进法军炮台,而是带着人边躲避德军炮击的弹片,边手脚并用地沿着斜堤向上爬。在抵达了堡垒中间连接左右两顶点的堡垒街后,他们很快发现一处进口,通向营房的二楼。这里的走廊有昏暗的煤油灯照明。远处传来脚步声,德国士兵赶紧潜伏到阴影中,拉德克俘虏了3名没有武器、惊恐不安的法国炮兵,这是他的第一批俘虏。俘虏供述说堡里总共只有60人,这让他大吃一惊,这3名俘虏很快带着他在另一间营房里找到了另外5名守军。

在下面一层营房中,孔策中士吃饱喝足,觉得是时候接着干活儿了。他押着唯一一名俘虏沿走廊来到之前锁住其他法军的那间房间，想把他们关在一块儿，可是，上帝啊，这房间是空的！现在那些逃脱牢笼的俘虏们可能已经给整个堡垒的守军报了警。孔策这时才意识到自己玩忽职守的代价。他怎么跟自己的上级解释这一切呢？这幕喜剧的最后一幕是，4名法军炮手去155毫米大炮炮塔接替上一组炮手，却发现上一个炮组的人居然凭空消失，这让他们大惊失色。不过高卢人向来见怪不惊，他们耸了耸肩，又各就各位，于是在炮击中断了半小时后，杜奥蒙堡的155毫米大炮又恢复了射击，这次还是漫无目的地向远处开炮。

豪普特上尉登场了。他是7连连长，年近四十，是个军龄很长的老兵，性情谦和。他集结起本连尽可能多的士兵在拉德克之后5分钟发起冲锋。那时天空下起了大雪。一名下级军官抗议说他们已经超出当天的进攻目标很远了，豪普特却回答说"我们得冲进杜奥蒙堡"。豪普特选择的进攻路线更靠右，因此遭到了杜奥蒙村教堂尖顶上法军重机枪的扫射，一名军官受了致命伤。但他们继续前进，发现了北面护栏上的破洞，还有拉德克之前铺好的木材。德军重炮还在不停地轰击堡垒，豪普特手下一名士兵特别勇敢，冒着雨点般落下的炮弹爬到堡垒顶上，直起身子挥舞着一面巨大的联络旗，想让炮兵停止射击。豪普特循着和拉德克大致相同的路线冲进了营房二楼，立刻就迎面撞上一名法军炮手，据说，正是这名炮手在大约一刻钟之前找到了先前被孔策锁在房间里的26名法军并把他们解救出来的。这名法军炮手再次遭遇德军后续部队，变得灰心丧气，立即带着豪普特找到了胡子花白的舍诺本人，舍诺当时正在下层地堡里面躲避炮击，当他知道一小撮德国人就占领了杜奥蒙堡的时候，沮丧之情无以言表。

到此这出戏剧的所有线索都连接起来了。拉德克和豪普特会合，孔策的上司沃格特（Voigt）中尉也跟着豪普特一起到达堡垒，并找到了孔策。孔策给中尉的汇报含混不清。豪普特作为现场最资深的军官统一指挥所有人，很快组织部队准备迎击法军可能发动的反攻，并且派拉德克带人搜索堡里残余的守军。德国人的胜利来得太轻易，他们怀疑法国人是不是在堡垒底下埋藏了炸药，要把自己炸上天，为了安全起见，他们把不情愿的舍诺和其他法军俘虏锁在弹药库上方的一间营房里。

豪普特到来及舍诺被俘，标志着杜奥蒙堡正式易手。勃兰登堡团在全天的战斗当中只有32人阵亡，全世界最强的堡垒一枪未发就陷落了。在凡尔登战场上的一名法军师长估计，这座堡垒后来起码让法军付出了10万人的代价。

此刻是下午4点半，离孔策跳进护城壕只过去了45分钟。

此外还有一位冯·布兰戴斯，他在杜奥蒙堡陷落当中所起的作用有些模糊不清。布兰戴斯是8连连长，27岁，正规军一级中尉（大致相当于英军军衔里的上尉）。他写的东西流露着普鲁士人性格当中某些令人讨厌的特质：喜欢说教还有对较弱欧洲种族的优越感。在1914年马恩河战役期间的记述当中，他轻蔑地提到法国乡村乱糟糟的景象，并断言这些现象是种族堕落的表现。在布兰戴斯的眼里，所谓战争无非就是数不清的垂头丧气的法国人高举双手投降，大声乞求饶命。2月25日那天，布兰戴斯的8连在本营的最右翼，所以损失也最严重。第12掷弹兵团不知去向，再加上从杜奥蒙村里打过来的重机枪火力，这些都迟滞了他的前进步伐，让他的连伤亡高于其他各连。所以在下午4点半时，他比豪普特和拉德克的两个连都落后很多，还耽搁在开阔地上。据他事后自称，他当时也被占领杜奥蒙堡的冲动控制着，根本不知道别人已经抢先到达了那里。不过当时他跟营部副官讲的一句话揭露出他当时的确看见豪普特的连已经占领了堡垒。此外，当时他手下整个连不太可能没有一名士兵看见那么近的距离外，堡垒顶上飘扬着一面德军的巨型炮兵联络旗。他在飞旋的漫天雪花中逼近了堡垒北角的缺口，居然奇迹般地没有遭受来自村里法军机枪火力的扫射，毕竟他的位置比拉德克和豪普特离杜奥蒙村都更近。他和手下士兵攀援着沟底的木材下了护城壕，据说根本没想过是谁把木材放在这么便利的地方，也没有注意到在他之前到达堡垒的 50 多人留下的痕迹。他通过斜堤，穿过东面顶端的一个门进入堡垒内部，并下到营房的一层，便听见紧闭的门背后有法语说话声。他手下有个士兵在法国当过餐馆招待，用法语大喝一声"缴枪不杀"。然后门里面的法国兵就俘虏的待遇问题跟德国人展开了讨价还价，当德国人答应他们"将被作为战俘对待"以后，门里面走出来 26 名守备部队的炮兵（布兰戴斯声称"有五六十人"）。堡垒内部所有的法军都未发一枪就投降了，他们被聚拢来，而在场的德军则大约有 90 人。快下午 5 点时，布兰戴斯遇见了豪普特，作为在场第二资深的军官，布兰德斯被安排负责堡垒的外部防御。15 分钟后，布兰戴斯指挥手下击退了一小股在暮色四合之中走向堡垒的法军巡逻队，这是当天法军唯一一次试图收复杜奥蒙堡的举动。5 点 25 分，豪普特把布兰戴斯派回营部汇报并把营里其他的部队带上来。这就是布兰戴斯在杜奥蒙堡陷落中起到的全部作用，但我们以后还将不断地听到这个名字。

在我们记叙完杜奥蒙堡陷落事件之前，还需要回答两个困扰我们的关于法军防御的问题。第一，舍诺为什么没发现德军迫近，因而没有动用他的 75 毫米双联装大炮对敌人开火？第二，为什么堡垒两侧的法军几乎无所作为？

　　第一个问题的答案很简单，也很符合人性。虽说德军的420毫米巨炮发出的炮弹没有一颗打透过杜奥蒙堡顶上的混凝土，可过去三天连续的炮击还是给守军士气造成了严重打击。每次一枚巨型炮弹击中堡垒顶盖，都会震灭灯火，走廊里充满了尘土和令人窒息的烟气，轰隆的回声令人仿若置身巨鼓之中。那些上了年纪的守备兵们害怕堡垒随时可能坍塌，所以舍诺和所有不在155毫米大炮炮塔里当值的炮手们都躲进地下，越远越好，藏身于地窖中。舍诺被俘以后替自己辩解说，瞭望塔已经被击毁，其实根本没有，只是无人值守而已。他们与世隔绝，完全不知道战事的走向，做梦也没有想到德军在过去24小时之内进展竟如此神速。所以舍诺觉得没必要派人上瞭望塔警戒。而待在炮塔里的155毫米炮炮组只管按照标定的方位盲目射击，他们标定的那些目标早就移动了。舍诺在被俘前半个小时，明显已经得知德军比自己预想的更加逼近，可他还是没有从地窖里爬上来亲自核实情况，只是第一次派人去操纵75毫米大炮而已。当时已经太晚了，拉德克已经冲进了堡垒，顺路缴获了那两门75毫米大炮。

　　第二个问题的答案在于法军自己的失误，那一天法军犯下了一系列错误，而下面讲述的是最后一个。我们知道部署在杜奥蒙堡两侧的两个旅是巴尔富里耶"铁军"的先头部队，他们被告知堡垒足以自卫。25日那天，法军95团牢牢占据着杜奥蒙村，能清晰地对堡垒北侧地区实施监控。然而，匆匆抵达战场的这个团还没能完全搞清楚状况，他们只知道自己友邻部队是部署在右翼某处的一个朱阿夫团（他们会掩护堡垒北面）。整个下午，法军部署在教堂尖顶上的重机枪阵地都一刻不断地扫射半英里开外进攻中的勃兰登堡士兵。当时天降大雪，能见度越来越差。突然，在德军阵地前方很远的地方，出现了一群人，正沿着堡垒的斜堤往上走，离法军侧翼的连队只有200码远。这个连马上开火，可是这些人既没有还击，堡垒里面也没有开火。更有甚者，这些人还直通通地冲进了德军自己的炮火弹幕中。法军连长使劲地睁大双眼，想透过一片灰蒙蒙的雪幕看清远处，对他来说，自己这个连明显是在误击友军，所以下令停火。他甚至赌咒发誓说自己看见了朱阿夫兵标志性的平顶红军帽。结果豪普特和布兰戴斯的两支部队得以不受法军95团任何阻挡，就冲过了斜堤顶端那最关键的几十码并进入了堡垒。（而孔策跟拉德克则是利用东面地形掩护走小路接近堡垒的。）法国人误以为是北非平顶红军帽的，肯定是已经取下尖顶的德军钢盔，德军士兵为了通过凡尔登地区的密林而不被枝叶缠住才拆下了尖顶。佩里卡（Pericard）和杜拉西耶（Durassié）这两位当时法国方面的目击证人都拒绝相信杜奥蒙堡的陷落居然不是因为德军使用了某种木马计。他们直到今天都坚持认为德国人穿上了缴获的朱阿夫军装。可是的确没有证据表明存在什么"伪装的朱阿夫兵"。舍诺那天下午看见的敌人，肯定全都穿着德军的野战灰军装。

德国上下因占领杜奥蒙堡而欢欣鼓舞。后来有一名英国战地记者形容说"这是德军在西线战场的最高成就"，是突破马恩河前线以来最重要的胜利。全德国的教堂敲钟庆贺，学校放假。一份德国报纸报道说，在凡尔登后方25英里外的巴勒迪克（Bar-le-Duc）和圣默努尔德（Ste. Ménéhould），居民们已经开始后撤，还有一份报纸的大字标题是："凡尔登的胜利……法国的崩溃……"即便是总参谋部里的死硬东线派也不情不愿地承认，法金汉坚持进攻西线的决定有可能是正确的。皇帝陛下御驾亲临斯特奈的皇太子集团军司令部，亲自向勃兰登堡健儿的战功表示祝贺。

然后自然要论功行赏。德国人在确认已经牢牢占据杜奥蒙堡之后，自然会用勋章来奖赏这件不世奇功。对于读者来说，勃兰登堡的战士当中谁最有资格领赏是一目了然的，可是战争中经常会发生把战功张冠李戴的情况，攻占杜奥蒙堡的战功也不例外。当时，豪普特派一级中尉冯·布兰戴斯回营部报功，而后者在向营长冯·克吕弗尔（von Klüfer）汇报之后，就请求由自己继续去团部汇报。旅部仅仅根据布兰戴斯的一面之词，就在当晚的作战日记里写道："在豪普特上尉和冯·布兰戴斯一级中尉的指挥下，24团7连和8连攻占了杜奥蒙堡。这两名军官在战斗中的表现极为突出。"于是这则褒扬被逐级上报到皇太子本人的办公桌上，与此同时，拉德克还没来得及讲述自己在攻占杜奥蒙堡中所起的作用，就在第二天上午法军发动的反攻中身受重伤。他在堡垒的医疗站里躺了一个多星期，然后被送往德国境内的后方医院。他在医院里听说豪普特和冯·布兰戴斯被授予德国最高军事勋章——功勋勋章，而自己什么也没得到（孔策也两手空空）。后来营长冯·克吕弗尔一直试图纠正这个错误，可是德国皇室的继承人绝不会认错。而且皇太子很欣赏冯·布兰戴斯那双"炯炯有神的眼睛"，认为比起外表不像军人的拉德克，冯·布兰戴斯更能反映出理想的德国英雄的典型形象，何况冯·布兰戴斯是贵族，姓氏里有个"冯"字，拉德克只是平民。

谦逊的豪普特，他的所作所为完全配得上至高荣誉，后来很快也湮灭无闻了。冯·布兰戴斯则不然，他很快成了皇太子的宠儿，从皇太子那里获赠一只镌刻着"威廉"的金质烟盒，与皇太子同乘指挥车合影，还跟其他战斗英雄一起手挽手合照，其中包括伟大的空战王牌奥斯瓦尔德·波尔克（Oswald Boelcke）。他的书《杜奥蒙堡的突击者》（*The Stormers of Douaumont*）于1917年出版，里面充斥着吹嘘，甚至把豪普特贬到了次要地位，然而此书很快成为畅销书。数以百计的仰慕者从德国各地来信，还有很多求婚信。战后有一座普鲁士的村庄以他命名，那里的学生曾听过他做的关于杜奥蒙堡争夺战的激动人心的报告，直到今天，下一代德国人都对他所讲的内容记忆犹新。10年过去了，从没有人对冯·布兰戴斯的英雄事迹提出过疑问。直到后来官方的帝国档案公布，才首次披露，拉德克在攻占杜奥蒙堡的战斗中，起着仅次于豪普特的重要作用。后来拉德克本人也出版了自己的战斗记述。最后，已经复员当上警察的孔策中士，受到所有这些重启的争论的刺激，觉得事情已经过了这么长时间，要是现在再出面承认差不多20年前自己做的那些事情，也许没有什么不妥当，于是他联系了自己的老营长冯·克吕弗尔，原原本本地把整个故事讲给他听。克吕弗尔总结多年的争论和研究，终于在"二战"爆发前夕给予了这一事件完整详细的叙述，尽管当时社会对于究竟是谁攻占杜奥蒙堡的争论已经失去了兴趣。拉德克的说法被接受，而且人们还第一次得知，第一个冲进堡垒的其实是一名突击队中士，而不是普鲁士的军官。孔策很快被提升为警察局长，而拉德克则收到了皇太子的签名照片作为迟来的补偿。

如果说德国人对攻占杜奥蒙堡的争功，是把一件小事无限放大，那他们跟法国人相比还真是小巫见大巫，法国人做的正相反，是要把一场灾难轻描淡写地消弭于无形。在当时，法军总部新闻审查处被形象地拟人成一个手拿剪刀的丑陋老太太，名做"安娜斯塔西"（Anastasie）。正是在她的驱动下，新闻审查官们再次闻风而动。26日发布的官方通讯简直是一份杰作：

> 在杜奥蒙堡附近爆发了激烈的战斗，这里是凡尔登旧式防御体系中的一处前进工事。敌军在数次徒劳的进攻并付出惨重代价之后，于今晨占领了这一阵地，但上午我军已进抵并迂回了杜奥蒙堡，敌人所有的努力都未能将我军击退。

后来，新闻审查官们意识到收复杜奥蒙堡无望便转而集中渲染德军的损失，有一篇报道用诗化的语言描述"德军就像秋天的灰黄树叶一样掉落在深雪之中"。再后来，新闻处故意"透露"，其实此前法国人已经自行炸毁了这座堡垒，德军占领的只是一处无用的废墟而已。他们又向美国等重要的中立国家故弄玄虚地指出，法军采取了"新的作战方法，凡尔登早已据此严阵以待"，那些堡垒已然无足轻重。法军总司令部驻爱丽舍宫总统府的联络官"四月微笑"佩纳隆安慰普恩加莱总统说，法军的炮击很快就会把德军赶出杜奥蒙堡，后来又告诉总统，事实上法军早已收复了杜奥蒙堡。可是法军不可能永远欺骗全世界。在真相终于明朗之后，普恩加莱总统用一贯的委婉口气记载说当天的国务会议中"群情激愤"。实际上法国人民听到这个消息时感受到的震惊，不亚于1942年英国人民听说托布鲁克（Tobruk）陷落时的情况，唯一的区别在于，杜奥蒙堡离巴黎凯旋门只有150英里。

杜奥蒙堡的陷落在前线造成了直接且严重的影响。第37师是第30军当中还留在前线的最后一支部队，它的师长德·博纳瓦尔做了一个灾难性的决定。德·博纳瓦尔打仗打得很窝火，他好好的师团一到凡尔登就马上被拆散，零星地用来增援第51师和第72师。更糟糕的是手下的精锐殖民地部队就在自己眼前一个接一个地败退崩溃，这是以前从没出过的状况。虽然在同时代的评论家眼中，德·博纳瓦尔身负"名将之风"，但在25日下午，他已彻底陷入了沮丧状态。德·博纳瓦尔从设在弗鲁瓦德泰尔（Froideterre）山上的师部突然望见杜奥蒙堡上空升起德军停止炮击的信号弹，以为自己的右翼一定发生了灾难性的崩溃，他手下支离破碎的第37师正在扼守关键的塔卢山和胡椒岭高地，身后是洪水泛滥的默兹河，如果自己的右翼崩溃了，那么背水而战的部队肯定会被德军合围。虽然第37师那一天根本没有遭到德军进攻，他却还是立即下达了分阶段撤退的命令，第一步撤到弗鲁瓦德泰尔，第二步一直撤回贝尔维尔山脊（Belleville Ridge）。法军还炸掉了布拉那里关键的桥梁。贝尔维尔是默兹河河曲部凡尔登城前的最后一道高地屏障，从那里可以直接俯瞰凡尔登城本身，并将凡尔登置于机枪射程以内。撤到贝尔维尔就意味着要放弃默兹河右岸所有堡垒和工事，那么凡尔登城势必会在不久后陷落。

德国人对自己的胜利大加宣传利用，派飞机在法军前沿阵地上空抛撒传单，声称"杜奥蒙堡已经陷落，很快一切都将结束，别再做无谓的牺牲了"。凡尔登地区一片恐慌。第8团刚刚开到前线，匆忙投入战斗。这个团的迪布吕勒（Dubrulle）中士在日记里写道："恐慌开始蔓延，失败的大门缓缓打开。我们战败了，他们把我们派进了地狱，没有粮食，也几乎没有弹药。我们已经是最后的部队，他们让我们去白白牺牲……"乱作一团的大炮、伤兵和逃兵沿着各条道路往后方涌去。有一名朱阿夫兵听到一位将军说"就算拿破仑再世也阻止不了失败了"。第51师撤下来的残部在惊吓中跑进了以前驻扎的兵营躲着不出来,就算在后方的兵营里,法军部队也是一夕数惊。迪布吕勒和他的团从前线下来后驻扎在马索(Marceau)兵营,却突然受到一波德军远程炮弹的轰炸,其中有一发可怕的炮弹正好命中拴在营房门外的一匹战马。兵营的一栋房子房顶坍塌,压住了百来名士兵。活下来的人逃进外面的黑夜里,却又被发狂的可怜战马践踏。最后,筋疲力尽且垂头丧气的部队又被拉出兵营,开回前线,按命令挖掘战壕藏身。

人们的忍耐力已经到达极限。凡尔登城里有一名中尉被逮捕,因为他在大街上乱跑狂喊,"大家各自逃命吧"。居民们看到默兹河桥梁已经被埋上了炸药准备随时炸桥,以及军队即将撤退的其他各种迹象,有人开始弃家逃难。不久之后传来命令,所有平民要在几个小时之内撤离凡尔登。出城的各条道路很快在混乱中拥塞起来了,可怜的战争难民们结成长长的队伍,绝望地推着装有床垫和其他物件的手推车。一代人之后,这种场景在"二战"期间成为法国乡村道路上的经典景象。有些离家出走的居民匆忙到连桌子上的食物都来不及吃完就扔在那里,还有些人把自家地下酒窖里成桶的葡萄酒扛到大街上,当街砸毁扔掉,路两侧的排水阴沟都因此而变红。城堡附近一处食品仓库敞开大门,让经过的士兵们随便拿走任何拿得走的东西。伴随着任何一场败仗必然发生的抢劫在全城蔓延。撤下来的部队成了惊弓之鸟,在主人已经撤离的房子的地窖里藏身,用里面储存的红酒把自己灌得酩酊大醉,然后逐层拿走主人家留下的东西。甚至还有报道说,警察在试图制止喝醉的抢劫者时反而被吊了起来。

在法国研究这场会战的最大的权威之一帕拉(Palat)将军看来,2月25日"可能是整个凡尔登战役中最黑暗的时刻"。那天夜晚,似乎已经没有什么可以阻挡皇太子的得胜之师彻底征服这个法国最强大的防御体系。皇太子本人后来在回忆录里说得一点也不夸张："我军离胜利只有一步之遥！"他的速胜会不会恰好破坏法金汉所计划的"流血致死"的战略意图呢？当时看来确实有这种可能性，在法金汉邪恶的消耗战略开始生效之前，战斗就已经以胜利告终了。

后话：本书作者在记叙杜奥蒙堡失守过程时，曾错误地以为欧根·拉德克已经去世。本书的德文译本问世几年后，笔者惊喜地收到他从柏林写来的一封长信。信中对书里的叙述做出了高度赞扬，他说："霍恩先生，我真搞不懂你是从哪里获知关于那天攻击行动的如此具体的细节的，只有我们这些第一波在场的当事人才有可能知道得那么详细……"

后来笔者在巴黎见到了年逾古稀的拉德克本人，他和法国方面的老兵杜拉西耶会面对证当年的细节（详见本书前文）。这是拉德克在半个世纪之前的凡尔登战役之后第一次踏上法国的土地。当他和杜拉西耶谈到那个"伪装的朱阿夫兵"问题时，双方各执己见，争得面红耳赤，大有要把当年的世界大战再接着打下去的意味。

第 10 章

德·卡斯特尔诺的决策

> 当一个国家不幸到不得不在本土进行战争的时候,需要考虑的不仅仅是单纯的战略因素。
>
> ——德·托马逊中校,《凡尔登战役的前夜》

在尚蒂伊法军总部,战役头两天传来的战报并没有让霞飞将军太担心。他每天还是照常过着自己平静的布尔乔亚式的生活。《伦敦新闻画报》(*Illustrated London News*)的一名记者说有人看到霞飞"听见会战爆发的消息时搓着双手跃跃欲试的样子"。可是到了 23 日,战报已经糟糕到了法军总司令部的参谋们也没法掩饰的程度,霞飞这才听劝,派出自己的助理参谋长克洛岱尔(Claudel)上校前往凡尔登做实地调查。克洛岱尔具有他这个职位所要求的一切优秀品质(尤其是毫无来由的乐观主义),他第二天下午就从前线打来电话报告说"德军的进攻已被迟滞,我们应该能守住,甚至可以发动反击",而那一天正是德军进展最大最顺利的一天。那天夜里,埃尔将军的直接上司法国中央集团军群司令德·朗格勒·德·卡里(de Langle de Cary)将军在霞飞晚餐时间打来电话,他所报告的状况远为悲观。朗格勒将军请求霞飞批准撤出沃埃夫尔平原，因为德军在默兹河高地的快速挺进已经威胁到了这里。霞飞平静地回答说："你看着办吧。"这种模棱两可的回答让朗格勒将军异常不安，因为他知道根据惯例，法军很快就要开始为凡尔登的灾难找替罪羔羊了。总司令继续用餐，一个小时后，霞飞的副手德·卡斯特尔诺带着3名将军来访，以便让霞飞知晓凡尔登前线战局吃紧的程度。德·卡斯特尔诺建议把当时作为总预备队的第2集团军立即调往凡尔登防守默兹河左岸。第2集团军司令就是菲利普·贝当。

霞飞同意了卡斯特尔诺的提议。当天晚上11点，卡斯特尔诺又回到了霞飞的办公室，因为他又收到了进一步的告急情报，内容似乎预示着法军默兹河右岸防线即将发生总崩溃。但是，霞飞这位伟人按照雷打不动的生活习惯已经就寝了。关于此事的一个传说版本后来在《晨报》上被一群明显企图以卡斯特尔诺取代霞飞的军官捅了出来，曾在法国公众中引起轩然大波。按照这个说法，德·卡斯特尔诺被勤务兵挡驾，说是任何情况下都不可以惊扰总司令的睡眠。可是卡斯特尔诺坚持要见霞飞，并亲自赶去普瓦雷别墅（Villa Poiret）。在那里，他派副官叫醒了霞飞，霞飞穿着睡衣打开上了双重门锁的卧室门出来了。卡斯特尔诺向霞飞汇报了形势的严峻程度，要求赋予自己全权，以亲自赶往前线采取任何必要措施。《晨报》说霞飞以先前回复朗格勒将军的同样腔调答道"随便你吧"，之后就回床上睡觉了。霞飞本人后来强烈否认这一说法的真实性，而《晨报》的编辑又在凡尔登阵亡了。不管真实情况究竟如何，起码有两件事是肯定的：霞飞批准了德·卡斯特尔诺的自告奋勇，他后来也的确回房间继续睡觉了。霞飞自己说"那天夜里我比平常任何时候都更希望自己可以无所不在"。但是这么晚了，总司令亲自赶往凡尔登前线，会打破其在法军心目中镇定自若的形象，要知道当时法军军心很大程度上依赖于这种表象。而且考虑到当时法军的运作方式，霞飞很可能会想到，将来万一凡尔登的战局不可收拾，让卡斯特尔诺出面上前线处理局势，可以分担自己作为总司令的责任。

德·卡斯特尔诺在法军总司令部里的角色有点尴尬。1915 年的灾难之后，来自上面的压力（主要是来自天分很高但不适合其职位的陆军部长加利埃尼）迫使霞飞在总部进行过一轮清洗，其中最主要的人事变动就是在 12 月任命德·卡斯特尔诺为参谋长，让他在霞飞身边起到"隐形制衡"的作用。很多人都心知肚明，加利埃尼是霞飞的政敌（他们结怨有各种原因，其中最主要的一条就是霞飞攫取了马恩河战役中应属于加利埃尼的大部分荣誉），一直想要把霞飞调回巴黎出任总参谋长（CIGS）职务，主管行政工作，把战场指挥的大权交给德·卡斯特尔诺。虽说后者曾和总理白里安（Briand）开玩笑说自己和霞飞"除了不睡在一起，其他一切的一切都不能更亲密无间了"，而且作为尚蒂伊的每日惯例，总司令和参谋长每天下午都一起散步，但是实际上霞飞和他的亲信对这位离宝座太近的将军一直心怀嫉妒，就像奥斯曼皇子对自己的兄弟一样。

卡斯特尔诺的全名是诺尔·马利·约瑟夫·爱德华·德·屈里埃·德·卡斯特尔诺子爵，他跟福煦、霞飞一样是个容易冲动的比利牛斯人，但他同时还是一名贵族，是戎马世家之后。德·卡斯特尔诺家族参加了法国历代几乎每一场战争，并且功勋卓著。拿破仑大帝手下就有一位德·卡斯特尔诺将军，路易 – 拿破仑·波拿巴手下另外一位卡斯特尔诺还在色当投降之后陪伴退位的皇帝流亡国外。目前的这位德·卡斯特尔诺家族族长时年65岁，也参加过普法战争。他是德·格朗梅松进攻学派的主要倡导人，这一方面与他的家世背景有关，另一方面可能是因为他亲身经历过普法战争可耻的失败。就是他在1913年对里尔卫戍司令勒巴（Lebas）将军说"我根本不想要任何要塞"。但是德·卡斯特尔诺同时还拥有出众的头脑、敏捷的反应能力和灵活性，这一点上，他跟法军参谋部里的其他进攻学派的信徒有很大区别。开战后的最初几个星期，他手下的第2集团军按照第十七号计划疯狂地发动进攻，结果遭受了全军最大的损失，但这也促使他做出了戏剧性的转变。德·卡斯特尔诺利用地形优势进行过成功的防御战，守住了至关重要的南锡城，当时大多数法国将军都打不出如此漂亮的防御战。我们知道，德·卡斯特尔诺在凡尔登战役爆发之前，就在1月份视察过这里，下令匆匆构建了一道"中间防线"，这是他为凡尔登防御部署做出的重要贡献。法军如果有足够时间完成他下令修建的第三道防线的话，就有可能完全阻止德军在24日达成的突破。德·卡斯特尔诺在军中能爬到这么高的职位，这一事实本身就说明了此人的能力非凡，因为当时法兰西共和国还没完全从德雷福斯事件的阴影下走出来，卡斯特尔诺的家世和宗教背景都对他在军中晋升不利。全军都知道他的外号叫"战斗修士"（le Capucin Botté），他走到哪里都带着自己的耶稣会私人告解神父，此人还是他的侄子，有着拉伯雷式的土味幽默感。据说卡斯特尔诺虽然很长寿，一直活到"二战"结束，但笃信宗教和保守主义这两点让他最终都没能拿到元帅军衔。

让·德·皮埃尔福（Jean de Pierrefeu）曾捎带揶揄口吻地写过一本生动的法军总司令部编年史，他这样描述德·卡斯特尔诺：

他是个开朗精干的小个子男人，讲话语速很快但是很友好。他的军人仪态和白色的唇髭让人一望便知此人是一名典型的法国骑兵军官。在法军总部里，所有不拉帮结派的军官都绝对拥护他。每次他一走进酒店，[1]不用说话，只需要用手杖轻敲地板，以小孩子般灵动而又明亮的目光扫视周围，就自然而然会有人上前殷勤招呼，以为他效劳为荣。他总是能用一两句简单的致意就让人心花怒放，让别人在瞬间变成自己的崇拜者。这个小个子男人机警而充满正能量，让人觉得诚实可信。

不仅尚蒂伊总部里那些老练的参谋们崇拜德·卡斯特尔诺，前线的士兵也同样尊敬他，这个总是裹在黑色长披风里的矮胖身影总是有着某种魔力，能让战后疲惫不堪的部队重新振作士气。

尽管德·卡斯特尔诺在1914年大战爆发以来从实战中吸取了很多经验教训，但他仍然是福煦学派的"进攻将军"。普恩加莱总统曾回忆说，1916年有一次就连福煦本人都对协约国的攻势表示出了怀疑态度，德·卡斯特尔诺却不耐烦地对此疑虑"大发雷霆"。在凡尔登战役最危急的几周里，德·卡斯特尔诺有一次在去利兹饭店用餐的路上对身材魁梧的《泰晤士报》记者雷平顿中校说："法兰西民族宁可一战，绝不接受德国人的奴役。"此话让雷平顿印象颇为深刻。雷平顿中校虽然日常混迹于巴黎的社交圈，但他对军事事务的触觉还是很敏锐的。德·卡斯特尔诺抗战到底的决心不仅与他的家世传统和个性有关，还有个人原因：他3个

---

[1] 法军总部租用的。

儿子都为了祖国牺牲在战场上。

2月25日凌晨匆匆赶赴凡尔登的就是这样一个人，他在凡尔登战役中的出场时间虽短，却做出了极为重要的贡献。

德·卡斯特尔诺在朗格勒位于阿维兹（Avize）的集团军群司令部稍作停留，安抚那里的悲观情绪，还给可怜的埃尔将军打了个电话，提前警告他绝不能再丢一寸土地，"否则将面临最严重的后果"。他在25日早餐时分抵达凡尔登，发现埃尔将军"灰心丧气，而且有点疲惫"，不过这一点也不奇怪。德·卡斯特尔诺尽管彻夜未眠，还是立刻就前往默兹河右岸地区着手整顿防务。前线的失败还在继续，幕后法军各级司令部里的气氛却已经开始出现奇迹般的变化。那一天"他给所到之处带来了决心和秩序"。卡斯特尔诺观察着前线的地形，很快便对形势有了敏锐的判断。25日下午3点半，几乎正当孔策中士跳进杜奥蒙堡之际，德·卡斯特尔诺打电话告诉法军总部他的结论：凡尔登能够守住。德·卡斯特尔诺认为，法军可以在己方保有的默兹河右岸交错的山脊间进行有效的防御，绝不能向左岸撤退。他同时建议任命贝当负责左岸防务，并统管右岸地区，"疲惫的"埃尔将军应以贝当顾问的身份暂时留任，然后悄悄地被"赋予闲职"（和埃尔同命运而且更早就丧失了名誉的将军们有巴普斯特、德·博纳瓦尔和克雷蒂安）。德·卡斯特尔诺有全权便宜行事，不经霞飞批准就立即向贝当发布了必要的命令。

德·卡斯特尔诺的当机立断不但影响了凡尔登战役的进程，甚至也不仅仅影响了战争的结局，可以说对以后整个法国的历史走向都产生了深远的影响。日后，当凡尔登已然确定无疑地可以守住时，霞飞周围的亲信声称总司令享有守住凡尔登的荣誉，但

第 10 章 德·卡斯特尔诺的决策

没有证据表明在德·卡斯特尔诺从尚蒂伊赶赴前线的时候,霞飞已经下定了不向左岸撤退的决心。(我们记得,在德军发动攻势之前半年,霞飞一直想在默兹河左岸、凡尔登城后方建立一道后撤防线。)所以毫无疑问,这一至关重要的决策是德·卡斯特尔诺做出的,而且完全是出自他的个人判断。这位小个子骑兵军官拥有法兰西民族留下来的全部的军事天才和战斗精神,勇敢地接受了德军的挑战。法国的反应与法金汉所预料和希望的如出一辙。法金汉至少正确地判断了法兰西民族的心理,所谓"流血至死"的消耗战得以正式展开。

在将近半个世纪之后的今天,我们应该如何评价大战危急之际一位将军做出的决策呢?他为什么不这样做,为什么当时没有预见到我们现在知道的情况?第二次世界大战过后不久,就有人站出来批评蒙哥马利没有在阿拉曼战役之后以更积极的态度追击被击败的非洲军。他们也许是正确的,但是他们没有考虑到当时当地特别重要的一个因素——心理上的紧张和焦虑,因为随着时间的流逝,这种心理上的因素被淡化掉了。在那些事后诸葛亮看来,战术和物质上的因素是最重要的,而英国第 8 集团军因此前屡战屡败所产生的不自信的心理则不值一提。凡尔登战役的状况亦是如此。我们今天处在上帝视角,清楚法金汉发动战役的目的,也知道后来在凡尔登所发生的悲剧,我们也许可以说法国当初就不应该下决心不惜一切代价死守凡尔登。当时温斯顿·丘吉尔就以非同寻常的远见卓识写过这样一段话:

> 迎战敌军的炮兵进攻就像抓住一只迎面飞来的板球。你把手臂往后撤才能吸收动量,你得懂得"退缩"一点点,变

得灵活些，才能缓解冲击力。

法国可以不用固执地在默兹河右岸寸土不让，可以从凡尔登退后，毕竟自从周围堡垒的大部分武备被撤，这里本来就已经失去了非守不可的防御价值。在凡尔登后方的左岸地区，起伏的山地和森林绵延 25 英里左右，直抵圣默努尔德。法军可以在这里边打边撤，利用地形建立起一道又一道防线阻滞德军的前进。德军当时根本就不可能拥有足够的资源突破法军防线打到马恩河畔沙隆（Chalons-sur-Marne）附近的平原地带。德国皇太子的兵力将遭到预先布置在阵地里的法军 75 毫米大炮和机枪的重大杀伤，而法国守军所付出的代价将相对小得多。德军的进攻将渐渐停滞。精疲力竭、实力大减的他们将无法迎战协约国在索姆河战场向其挥来的铁锤。

当然，上述只是可能发生的情形而已。这种可能性也许能变成现实，如果当时贝当是决策者，而非仅仅负责执行卡斯特尔诺的决定。但后撤行动无论伴随着多么激烈的战斗，都与第一次世界大战时期法国的军事教条相背离，也不符合德·卡斯特尔诺的个性。更重要的是，德·卡斯特尔诺的决策考虑到了心理因素带来的影响。德·托马逊（de Thomasson）中校是研究凡尔登战役的法国专家当中比较公正客观的一个，他评论说："情绪因素往往会比纯粹的理性更能激发作战的勇气。"凡尔登的法军当时士气涣散，濒临崩溃的边缘。此后长达一年半的战争中，法军还将要经历一连串令人丧胆的血腥败仗。谁知道法军有没有能力来执行一场坚强的有组织的防御作战呢？谁又知道会不会适得其反，撤退反而加速了溃败，演变成一次彻底的崩溃，将通往巴黎最直接的道路暴露于德军面前呢？德·卡斯特尔诺作为青年军官参加过普法战争，他能清晰地回忆起法军一撤退就兵败如山倒，最后只能一点一点地集中起来的情形。他了解法国的士兵，他们在进攻的时候比顽强的英国兵拥有更强的冲劲，可是在逆境下也更容易惊慌失措，打不出英军在历史上一再上演的有序后撤防御的拿手好戏。况且法军是本土作战，而每一寸国土都是神圣的。在这种情况下，正如德·托马逊所言："需要考虑的不仅仅是单纯的战略因素。"最后，设若军事上负有盛名的凡尔登丢了，法国士气是否还能维系得住都是一个疑问。所以德·卡斯特尔诺本人和他的决策的执行者贝当都已经下定了死守到底的决心。

第 11 章

贝 当

> 法国出现了这样一位领导者,他教导军队分清真实与虚幻、可能与不可能。当需要在理性和毁灭之间做出抉择的时候,贝当因势而起……
>
> ——夏尔·戴高乐上校,《法国与法军》,1938 年

> 贝当元帅在我国的历史篇章上留下了印迹,有一些是彪炳史册的,另一些则至今充满了争议。我们应该尊崇前者,但也不能忽略后者。
>
> ——安德烈·弗朗索瓦 – 庞塞,1953 年[1]

凡尔登战役爆发之前 6 个星期,法国第 2 集团军被正在急速扩充兵员的英国远征军从前线替换下来,在后方组成总预备队。它在香槟地区经过整个秋天的苦战,急需这次休整。集团军司令部驻在诺阿耶(Noailles),司令官每天在美丽的森林里骑马,日子过得逍遥自在。这里和法国外省的大多数小城镇一样,没有什

---

[1] 贝当元帅死后,庞塞接替贝当被选为法兰西学术院院士。这句话引自庞塞的感谢演说。

么事情来分散注意力，生活也许过于平静了。

所以当集团军司令部收到贝当的第一封任职令的时候，参谋们都震惊不已。当时已晚上10点多，贝当将军要在第二天早晨8点向霞飞报到，可将军既不在办公室，也不在宿舍，到处都找不到他。警报！法兰西正在召唤拯救者，而这位被拣选的拯救者却无影无踪。对于法兰西来说幸运的是，贝当的副官塞里尼（Serrigny）上尉跟所有称职的副官们一样，对这位上了年纪的老光棍的生活习惯略有所知。他连夜驾驶一部车全速开进巴黎。多年后，他在未发表的长篇回忆录当中说："命运让我敲响了巴黎北站车站大酒店的门。"此时已经凌晨3点，酒店的老板娘起初坚决否认贝当当天夜里光顾过这里——在凌晨时分被从床上喊起来的酒店前台肯定都会这样无精打采地否认。塞里尼试图唤起老板娘的爱国情操，坚持说"这是对法兰西生死攸关的事"。最后老板娘承认将军在旅馆里，不太情愿地带塞里尼上楼来到一间客房的门口，门前地板上摆放着"伟大将军的黄色长筒靴，旁边还依偎着一双特别精巧秀丽的女人的莫里哀式拖鞋"。塞里尼不管不顾径直敲门。将军"穿着可以想象的最少的布料"出现了，就在灯光昏暗的车站酒店走廊里，两人简短交谈，这样的命运召唤让人不禁联想起德雷克（Drake）在普利茅斯听到西班牙联合舰队来袭时的情景，尽管周遭环境还是有那么一点点的不同。塞里尼传达了霞飞的召见令。黑暗的卧室里传来轻轻的啜泣声。贝当很镇定也很坚决，让塞里尼在酒店里另开一个房间稍作休息，第二天早晨和自己一起赶赴法军总部。至于贝当自己在当天夜里则还有未竟的使命，于是回房间继续战斗了。

这位到处留情的将军不久之后将赢得法国人民热诚的爱戴和

无数的荣誉，后来又被千夫所指，被钉在历史的耻辱柱上，这究竟是一个怎么样的人呢？在被召唤的时候，贝当已然60岁，还未结婚的他有着令人称赞的活力。战后有一次贝当去做例行体检，医生居然没有认出他来，对他说："您明显没有参过战。"（唉，要不是贝当老来身强体健，后来也不至于晚节不保。）当贝当穿起"天际蓝"的军装，昂首挺胸，威风凛凛地展现圣西尔军校标志性的飒爽姿容时，整个演兵场上再也没有比他更令人难忘的军人了。要是贝当和德·卡斯特尔诺站在一起，不明真相的人会以为贝当是贵族，而那位矮小敦实的子爵才是农民，尽管真相正好相反。那位眼光精准而刻薄的皮埃尔福这样描述贝当抵达法军总部时的情景：

> 我仿佛看到了博物馆里的一尊罗马元老的大理石雕塑，他身材高大，精力充沛，表情庄严，肤色白皙，目光坦率而又深沉，令人印象深刻。

弗朗索瓦-庞塞（François-Poncet）大使接替贝当在法兰西学术院的位置时说：

> ……他身材伟岸，天生贵气逼人……他的蓝色眼睛里有一种神秘的意味，让人联想起寒冰……他的个性散发出令人不可抗拒的威严……无论在哪里出现，他都能让周围的人服从……任何人第一眼看见贝当就难以忘怀。

女人们当然就更加对他难以忘怀。他的风流韵事时常变成冒险，1917 年，法国截获了德国驻西班牙大使给柏林的报告，说在马德里找到新任法军总司令的一位旧情人，而包养这位小姐每月的费用只是区区 12,000 比塞塔。

贝当身上有很多伴随他一生的农民习性，其中一个便是简朴的生活方式——在这一点上，贝当和霞飞有相似之处，但两人之间的相似点也仅此而已。贝当晚睡早起，在很少的闲暇时间里，他会在花园里摆弄花花草草，经常说退休以后想做个农夫。他晚间打发时间的爱好是翻阅历史名人照片相册，看那些过去半个世纪在欧洲史上留名的大人物的肖像。他很少在夜半之前入睡，而是经常阅读高乃依（Corneille）的剧作到凌晨 2 点。福熙总喜欢摆出征服者向前进的架势拍照，贝当则完全不同，他痛恨照相，1918 年雷平顿为《泰晤士报》找到的唯一一张贝当肖像照，是他直愣愣地瞪着镜头的照片。1945 年受审的时候，贝当坚持身穿最简单的法兰西元帅制服，唯一的配饰是军人勋章。

贝当生性不喜欢作秀，因此多年以来也对任何形式的阴谋诡计抱有轻蔑的态度，他尤其看不起政治和政治家。在当低级军官的时候，贝当的大多数同时代人全都清楚在第三共和国里怎样才能获得晋升，因而对政客们曲意逢迎，而贝当却胆敢因为某次无足轻重的违反军纪行为而逮捕某位保守党的部长。在外界流传的关于贝当的政治笑话里，他不畏权贵，曾当面讥讽普恩加莱总统说："法国总统阁下本人应该最清楚不过，法国既没人领导，也无人管理。"1939 年贝当拒绝竞选总统，回忆起自己曾说过的话："这个职位只适合打了败仗的元帅来当。"（译注：指普法战争中兵败投降的麦克马洪元帅战后出任总统。）1917 年，贝当指责政府部长过于频繁地视察前线是引发兵变的部分原因。贝当和

政客之间的不信任是相互的,当时法国比较能干的议员之一阿贝尔·费里(Abel Ferry)在日记中写道:

> 贝当是个狗杂种。他很强势,但他对任何跟军队和秩序无关的东西都持负面看法,他只看到议会政治制度的缺点。

贝当和议会政治家们之间相互敌对,部分是因为他出身寒微,家世背景不够显赫,因而内心充满了不安全感。在遭到政客攻击的时候,霞飞会"把自己缩成一个球",而贝当则会反唇相讥,掩饰自己。不管背后的真实原因究竟是什么,贝当和政治家们的关系糟糕是个事实。普恩加莱从来没有忘记贝当对自己的轻视,这在后来对贝当的军事生涯产生了负面影响,而其对后来的战争指导产生的后果更是灾难性的。

就很多方面来说,贝当在第一次世界大战期间的法军体制当中都是一个另类。霞飞、福煦和德·卡斯特尔诺都来自比利牛斯山区,贝当则来自加莱海峡省的农民家庭,拥有法国北方人所有的典型性格。贝当家族从来没有从军的传统。普法战争结束的时候,贝当15岁,和霞飞跟卡斯特尔诺不同,还不到从军年龄。他从军似乎是受了家族里一个在拿破仑大军中当过老兵的90多岁的爷叔影响。在从斯巴达式严格的圣西尔军校毕业以后,贝当加入了新成立的兵种——阿尔卑斯猎兵,5年严格的轻步兵训练是他后来拥有一副好身板的部分原因。后来他转入驻扎在贝桑松(Besancon)的步兵团,在那里跟一位名叫埃尔的中尉交上了朋友。贝当非常勤奋,可是即便用和平时期的标准来看,也还是晋升得太慢:他当了5年少尉,7年中尉,10年上尉,当上营长的时候已经45岁了。

大战爆发的时候,他是一名58岁的上校,而且没有海外服役经历。他的整个军事生涯到那时为止连平庸都称不上,似乎退休近在眼前,他自己也已经为退休生活做好准备,在圣奥梅尔城(St. Omer)郊区买了一栋小房子。后来他在18个月之内从一个指挥几千人的团长晋升为统帅50万大军的集团军司令。

福煦、德·卡斯特尔诺和其他军中虔诚的天主教徒会因为宗教立场而前程受阻,但贝当晋升缓慢的原因跟宗教无关,其实他有30年没去望过弥撒了,这反而是对他晋升有利的事情。但那个时代,晋升军职需要朝中有人才行,来自圣奥梅尔农民家庭的贝当没有背景。当然,霞飞是个商店店主的儿子,同样没有政治背景,可是他会拉关系,贝当则从职业生涯的早期开始,就从不掩饰自己对第三共和国的轻蔑态度。他跟同时代的军官们截然相反,毫无上进心到了自我毁灭的程度:有一次,上级想任命他当步兵学校校长,被他拒绝了,因为这样会超越同为少校军衔、资历比他更深的同事。不过对贝当最不利的一点是,霞飞、福煦、德·卡斯特尔诺都是军中主流进攻学派的鼓吹者,而贝当形单影只地对抗格朗梅松的教条。别人都念念不忘于1870年普法战争的灾难,而贝当则脚踏实地勤奋钻研那些更现代的战争中的经验教训,例如布尔战争和1905年的日俄战争,这些战争显示了防御的优越性。格朗梅松的信徒们对新式武器的潜在能力嗤之以鼻,而贝当却没有忽视机枪、榴弹炮乃至不起眼的新式步枪,他自己就是一名优秀步枪射手。贝当的观点精炼成一句话就是"火力能杀人"。他的观点的合理推论就是,法军的进攻队形在还没有接敌之前就会被对方精心布置的防御火力网打散。

这简直是异端邪说。长期以来,贝当宣扬自己观点的渠道被封锁,直到 1906 年他被任命为战争学院教官后才有机会宣传自己的理论。当时,格朗梅松进攻学派正处于巅峰时期,贝当的课跟激进的福煦以及步兵系主任德·莫杜伊(de Maud'huy)上校等人的课比起来完全让人提不起精神。据说莫杜伊上校每天晚上都让自己的几个儿子祈祷上帝"让自己像贝亚尔骑士一样勇敢"。贝当的学生给他起外号叫"精确先生"(Précis-le-sec)。不过他也有自己的信徒,其中一个善于思索又很合群的年轻人名叫夏尔·戴高乐,戴高乐对贝当的理论非常推崇,从圣西尔军校一毕业就申请加入贝当指挥的 33 团。贝当的前程似乎只剩下一个可能性:作为一个无名上校退休。可是战争爆发了,第十七号计划惨败,为他提供了证明自己主张的天赐良机。霞飞无情地在军中清洗平庸无能的将领,给有能力的军官让出一条快速晋升的捷径,贝当是主要的受益者之一。贝当指挥下的部队守如磐石,从前线撤退的时候能够集中致命的火力做好掩护,后来又在马恩河战役中立下战功,这一切让他的朋友和敌人同样印象深刻。贝当在 1914 年 8 月底被火线提拔为准将,晋升来得太快,给他做肩章的上了年纪的纺织女工只能从她自己父亲的军装上拆下将星给他。此后贝当迅速晋升为师长和军长。1915 年 5 月在失败的阿图瓦攻势中,贝当指挥的军沿着维米山岭(Vimy Ridge)发动进攻,提前做好了充分的准备工作,德军防线一度摇摇欲坠。秋季的香槟攻势中,贝当遭受了自己军事生涯当中为数不多的一次失败。贝当标志性的密集炮火准备拖的时间太长了,使得进攻丧失了至关重要的突然性。不过贝当和第一次世界大战中其他大多数将领不同,尤其和当时自己的直接上司德·卡斯特尔诺形成鲜明对比,贝当懂得什么时候应该适可而止,而不是徒劳地付出高昂的生命代价去试图挽回败局。

在整个战争期间，贝当都以旁人难以企及的速度吸取战争经验，他随机应变的本领在这个年纪的老人中非常罕见。斯皮尔斯认为，"他在战争的每一个阶段都比当时的实践、理论和思潮领先一步"。当时的步兵对炮兵的作用一无所知，而且以此为豪，反过来，炮兵对步兵也是如此。贝当作为圣西尔军校的毕业生，却能比专业的炮兵更娴熟地使用大炮。据说贝当在阿图瓦攻势期间亲自指导每一门大炮的摆放位置。即便黑格在与贝当的第一次见面后也赞扬有加："我发现他很专业、学识丰富而且说话言简意赅，这最后一种品质在法国人身上极其罕见！"

1915年底，贝当已经晋升到集团军司令的位置，在军中广受尊敬，但在公众当中还是默默无闻。他把自己关于火力的理论提炼成一系列简短的格言和连贯的公式。贝当说："进攻当中前进的是火力，防御当中阻敌的也是火力。大炮打胜仗，步兵去占领。"（他远在法金汉写出凡尔登战役计划备忘录之前就得出了以上结论。）贝当在解释他的军为什么中止春季阿图瓦攻势的时候，冷冷地嘲讽了被法军奉为圭臬的神圣信条：

> 丢失阵地固然不好，可是付出几千人的代价在三四个营的敌人面前死守阵地更不可取。

在秋季攻势失败以后，贝当写了一份报告，在其中几乎没有掩饰自己对霞飞一味顽固地追求突破敌军防线的批评。他认为协约国军缺乏重炮，因此：

不可能以同样高昂的士气不断突破敌人一道又一道的防线……其实我们不应该追求突破，而应该在初次进攻的时候，追求给敌人造成严重的伤亡，以便在未来我方选择的时间点对敌人纵深继续进攻的时候，拥有兵力优势。

贝当也信奉消耗战，但他的观点和霞飞跟黑格他们完全不同。霞飞和黑格认为协约国比德国拥有更多的士兵当炮灰，一比一对耗的话，长此以往，德国必败，这是基于非人性化的数字计算之上得出的结论。而贝当喜欢的格言是"不能拿人命去拼物质"：应该用大炮而不是步兵来打消耗战。他主张发动一系列经过精心准备、节约兵力的小型攻势，每次的目标是有限的——每次都给敌人造成更多的消耗，直到最后迎来决战时刻，而不是力图毕其功于一役。贝当跟伟大的杜伦尼有相似之处。他和蒙哥马利也有共同点，蒙哥马利认为只有在胜算在手的情况下，对敌人拥有3比1的数量优势，才能进行决战。贝当另一条格言是"果敢是一种知道什么是过于鲁莽的艺术"。这个信条让他后来获得过于谨慎的名声，再后来又让他变成了悲观主义者，直至最后蜕变成失败主义者。

但贝当的谨慎和在使用兵力方面的精打细算并非完全建立于冷静的推理基础之上。他在军队中的近从以及特别是来访的政客和记者面前表现出一种高高在上、近乎非人的冷淡以及雕塑般的威严。1918年，雷平顿中校跟贝当吃过一次饭，当时贝当对自己在社会上的名望表现得一点都不自在，雷平顿在日记里写道："和平日一样冷淡而正式。除了老朋友以外，其他人都怕贝当。他让我想起很多王室成员——人前一面，人后一面……平时只有贝当主动和别人打招呼，从没有人敢主动招呼贝当，而且每次只有一个人开口说话。"1943年写就的一本恶毒攻击贝当的书描述了他作为上校去33团上任时冷冷的正式举止。有一名中校是贝当在圣西尔军校时代同班的好朋友，用非正式的"你"来称呼新任团长，结果招来一顿斥责："中校，我必须要求你保持距离。我要求你向我敬礼，以下属的礼节对我讲话，当你称呼我的时候，希望你使用'上校阁下'这一尊称。"尽管在1943年法国人对贝当抱有敌意，但是这则轶事有可能是真的，因为这完全符合贝当的个性，而且33团在他接手的时候完全缺乏军纪管束。贝当虽然对与自己级别相近的人冷淡异常，但是在普通法军士兵中享有传奇性的声誉，这是其他法军将领所不拥有的。他就像父亲一样，真正关心部下，与他们同甘共苦。很快就有一种说法流传开来，在马恩河战役期间，很多帕雷扎－托罗公爵式的将军们都是从各个法国城堡里下达命令指挥战斗的，而贝当把指挥部移到前线，跟内心恐惧的步兵一起忍受德军的炮击。后来，贝当在视察一个损失惨重的团时曾说：

你们唱着《马赛曲》发动冲锋，这很英勇，可是下次进攻的时候不用唱《马赛曲》了，伴随你们取胜的将是足够多的大炮的轰鸣。

贝当言出必践。1915年之后，士兵们逐渐相信如果贝当决定发动进攻，那就一定有道理，他不会像那些野心勃勃的将军们一样，为了个人的声名，而让士兵不惜一切地去攻占几码长的敌军堑壕，去做毫无意义的牺牲。

长年在基层工作的经验让贝当和普通士兵之间产生了亲密的感情，这是其他法军将领所不具备的。战争爆发时，贝当还只是一名基层军官，因此和黑格与霞飞不同，他非常清楚伤员的悲惨处境。尽管一路迅速晋升，贝当还是保留了一名优秀指挥官爱兵如子的品质，他清楚将领做的哪怕一点小事都可能对前线将士意味着太多。任何对前线将士漠不关心的行为都会让贝当怒火中烧。有一次，他发现第二线的休整营地竟建在了能够听到炮声的地方，便破口大骂部队指挥官"蠢货"。还有一次在凡尔登战场上，一名营长在收到军粮的同时接到了开拔的命令，于是下令士兵饿着肚子出发，贝当听说此事后骂道："此人甚至不配当一名下士。"

贝当像拿破仑、蒙哥马利或任何一名真正伟大的将军一样，常常突然视察前线，在进攻战之后立刻亲自颁发勋章，慰问伤员，这些行动让他深受各级指战员的爱戴。他那双北方人的蓝灰色眼睛仿佛能够洞察一切。据说他拥有非同寻常的直觉，能察觉谁应该受到嘉奖，谁又应该受到批评。贝当每次视察野战医院都会难受，可是绝不因此而逃避这方面的职责。有一次他被一名受了致命重伤的18岁小兵感动得决定自掏腰包，让这个年轻人跟妈妈见最后一面。

多年以后，当法国处于最困难的被占领时期，暮年的贝当被迫和纳粹进行更紧密的合作，忠实的塞里尼对他说："您为法国人民考虑得太多，却没有更多地想到法国本身。"诚哉此言。贝当在1916年对法国士兵的爱护是发自内心的（尽管现在的书都不承认这一点），完全不是为了沽名钓誉，毕竟，全世界所有的士兵都同样敏锐，能分辨出指挥官的真情或者假意。皮埃尔福在贝当被任命为法军总司令以后评论道：

贝当在军中一直都不忘初心。他不会故作亲密，不会自诩慈父，更不会假装真情流露，因为这类欺骗总有一天将被前线士兵所识破。他一直镇定自若，是一名真正大权在握的总司令。他自然地和士兵们交流，以自己的崇高威望让人俯首帖耳，并不会刻意地把自己降低到对方的层次上——那些刻意伪装的人可能会这样做。但贝当的话语中有着真诚和严肃、绝对的不做作、公正和怜悯，没有人怀疑他的话语是发自内心的。正是这种人文关怀赋予了将军更大的权威。

我们知道，任命贝当指挥凡尔登战役与其说是因为他的个人品质，还不如说是因为他适逢其时，手下部队能够立即填补前线。当然，他最突出的两个优点——对防守战的深刻理解和对部队的真诚关怀——使他成为这个职位的最佳人选。命运的悲剧性讽刺在于，德·卡斯特尔诺预先已经下了死命令，这位在法军当中唯一爱兵如子的将军被召唤来指挥部下进行一场整个战争中伤亡最惨重的战役。

第 12 章

临危受命

在战争中,一个好的将领胜过众多士兵。

——拿破仑一世

贝当和塞里尼在 2 月 25 日早晨抵达尚蒂伊报到的时候发觉"恐慌到达了巅峰"。凡尔登的陷落指日可待,"每个人都在说应当枪毙埃尔将军"。不知为何,贝当从巴黎而非诺阿耶赶来的消息泄露了。那些喜欢搞阴谋诡计的小人马上揣测说贝当来总部之前,先在巴黎面见了尚蒂伊的死对头——陆军部长加利埃尼。谣言无疑助长了空气中的紧张气氛。只有霞飞本人一如往常,保持着镇定自若,似乎不受流言影响。霞飞一上来就对贝当说:"好啊,贝当,你看形势其实根本不算坏嘛。"他向贝当简单介绍了战局,然后马上让这位新任司令员赶赴前线,临别赠言则含义不清:"现在你感到轻松多了吧。"

贝当一行上路赶赴凡尔登。在马恩河畔沙隆,贝当稍事停留,并与独臂的战争英雄古罗(Gouraud)将军[1]共进了午餐。这时贝

---

[1] 他的儿子也当上了将军,是因卷入 1961 年阿尔及利亚兵变被判刑的将领之一。

当右眼皮直跳，情绪显得很低落。塞里尼一直都是一名细致周到的副官，他试图讲些20年前拉伯雷式的军旅轶事，来驱散贝当心头的阴云。言谈之间，大家发现，古罗将军当上尉时在亚眠曾爱上一名叫妮妮（Nini）的美女，这位妮妮当时在驻军中颇有名气，竟和饭桌上的三个人在不同的时期都有染。古罗对此毫不在意，这让贝当很高兴，据塞里尼说，贝当"离开沙隆的时候完全恢复了"。可是贝当的坏情绪很快又回来了。路上的厚雪堆跟薄冰大大影响了他们一行人的前进速度，过了巴勒迪克后，他们碰到了混乱的凡尔登驻军后方部队，行进速度下降到每小时2英里。贝当一眼就从这些即将归自己指挥的部队身上看到了必败的迹象。公路上每隔几步就被一团乱麻的人群堵得死死的。这里有向前开进的增援部队，也有从凡尔登兵站撤下来的军人，还有逃难的平民和后撤的前线败兵。糟糕的天气更助长了混乱。拉炮的挽马无助地在结冰的路面上打滑，满载伤员的救护车滑进了路边的沟渠。这幅乱象，尤其是步兵中出现的混乱，极大地影响了贝当。第2朱阿夫兵团打了败仗，损失惨重，团中一名中尉带着75名浑身泥泞的手下士兵从这位新任司令官身旁缓缓经过，发现贝当忍不住流下了眼泪，这一幕令中尉终生难忘。

到达埃尔将军位于迪尼（Dugny）的司令部后，塞里尼回忆说："我们就像踏进了一所疯人院……人人都在抢着说话，打着手势。"埃尔语无伦次，都快要神经崩溃了。埃尔手下主管作战的参谋长居然好像不知道手下各军之间的分界线在哪里。现场根本没有标明部队准确位置的作战地图，也没人知道司令部给各部队下达过什么命令。他们唯一可以明确告诉贝当的就是杜奥蒙堡陷落的可怕消息。贝当很快看出这里的气氛不适于开展工作，冷冰冰地告诉塞里尼:"目前形势下,我们应该去苏伊(Souilly)落脚,在那里先冷静下来。"他们于是又往回走到苏伊,这是一个横跨巴勒迪克到凡尔登大道的小村庄。贝当在这里见到了德·卡斯特尔诺,并把杜奥蒙堡失陷的坏消息原原本本地告诉了他。卡斯特尔诺从笔记本上撕下一页纸,在上面匆匆写下了那道不惜代价在默兹河右岸死守凡尔登的历史性命令,递给贝当。凡尔登地区所有部队的指挥权将于午夜正式移交给贝当。当时已经夜里 11 点了,贝当一开始还嘟囔着抱怨说自己对战场形势没有一个全面了解。但卡斯特尔诺很强硬,在没有通知贝当的前提下就颁布了这道命令。

然后,这位固执的小个子将军就淡出了凡尔登战役的舞台,他已经完成了自己在凡尔登的历史使命。

贝当在午夜时分作为总司令的第一个行动是致电 20 军军长巴尔富里耶将军:"你好!我是贝当将军,我接任战区指挥官。告诉你的部队要死守。我对你有信心。"

巴尔富里耶回答说:"那太好了,将军阁下,从此一切都会好起来的。"

贝当还给指挥默兹河左岸所有部队的德·巴泽莱尔(de Bazelaire)将军打了个类似的电话,他在回忆录里简洁地记录说:"业已确立起上下级联系。"

他的参谋长德·巴雷斯库(de Barescut)上校也来了,贝当用一支粗炭笔画出在他指挥下所要坚守的前线位置。当天能做到的一切都做完了,剩下的只有在哪里安顿将军休息的问题。在苏伊的村公所里就连建立非常简陋的指挥部的空间都几乎没有,更不用说躺下睡觉的地方了,最后塞里尼找了一所当地律师的房子。

他们在冰冷的餐室里想要生火,结果弄得满屋子烟雾,只好作罢。贝当用勤务兵们晚饭剩下的豆子凑合吃了顿饭,蜷缩在扶手椅上睡了过去。第二天早上,不可避免的事情发生了。就算贝当再身强力壮,他毕竟上了年纪。长时间在雪夜里行军,住的房子又没有取暖设施,头天夜里还过度劳累,他的身体终于撑不住了。贝当醒过来就开始发高烧,大夫诊断是双侧肺炎。那个年代消炎药还没有发明,病情不可能在两天之内得到控制,将军至少要卧床静养五六天时间,甚至有致命的危险。法兰西的厄运还有没有个尽头了?

军方要求医生发誓保密,司令部也严防死守,以免新任指挥官卧床不起的消息让撤到默兹河边背水一战的部队愈加恐慌。贝当不断地把德·巴雷斯库和塞里尼派往前线了解情况,充当自己的耳目。之后几天,他躺在病床上,一边发着高烧、浑身颤抖,一边指挥作战,就像萨克斯元帅在担架上指挥了丰特努瓦大捷一样。总指挥病重的秘密居然保守得很好。

这位病人以让人惊讶的速度一手掌控起会战的千头万绪,秩序开始取代混乱。他很快意识到,从战术角度来说,凡尔登的局势不像一眼看上去的那么糟糕。对于城防来说至关重要的一系列堡垒目前只丢了一座杜奥蒙堡。他认为"2月25日凡尔登还在我们手里本身就是一个成功"。巴尔富里耶的"铁军"第20军业已全部赶到前线,另有两个军正在赶来的路上,第三个军也在整装待命。黑格虽然不情愿,但还是同意从法军那里再接管一段防线,因此法军应该已经拥有了足够的后备力量。贝当认为凡尔登如果能再多守两三天,就会彻底安全。可是"我们的前线已经遭到了极大的震撼,随时可能崩溃",再也没有犯下致命错误的余地了。贝当开始有条不紊地确保起不再犯任何错误。德·卡斯特尔诺忠于死守的信条，已下令反攻夺回杜奥蒙堡，但是在一次自杀式的冲锋后，贝当立即撤销了反攻令。他指示下属各级指挥官"保存实力，反攻的时机终将到来"。法军要沿着贝当接手指挥权那天夜里画出的防卫线，建立一堵炮火弹幕组成的防御墙。各个曾被忽略、武器大批被撤走的堡垒将扮演这条防线的骨干角色。他下令重新武装各个堡垒，拆除为自毁埋设的地雷，步兵携带14天粮食开进堡垒驻守，绝不允许投降。（同时法军还沿着内侧的贝尔维尔堡、苏维尔堡、塔瓦内堡和穆兰维尔堡规划了一条以备万一的后撤防线。万一战事不利，可以在这里一战。当然，这项规划是瞒着前线部队做出的。）

炮兵是新任司令官的宠儿，他们在凡尔登战场的法军各部队里最能感受到走马换将所带来的新气象。贝当本人亲自控制属下炮兵，每天早晨询问手下指挥官们，"你的炮兵连在干什么？别的细节以后再说"。他一再重申，炮兵"要给予步兵有力支援，不能让步兵以为自己的炮兵被敌人压制了"。法军步兵当时实力太弱，无力从德军手中夺取战场主动权，贝当就精心计划并指挥发动"炮兵攻势"，以最小的代价给敌人造成最大的损失。法军炮兵第一次不再进行不协调的零敲碎打的炮击，而是被打造成一件集中使用、令人生畏的武器。此前，协约国一方从未做到过这一点，而这马上就对德军产生了影响，帝国档案记载说："从此以后，法军炮兵向杜奥蒙以北山谷和道路上倾泻的侧射火力给我们造成了严重损失。"

不过在2月最后那几天绝望的日子里，困扰贝当最严重、最具有戏剧性的难题无疑是交通设施问题，很少有人意识到这一点。连接凡尔登和法国其他部分的生命线岌岌可危。1916年以前，法军总司令部一再顽固地拒绝军事委员会提出的铺设通往凡尔登的新铁路线的建议。现在沿着默兹河的铁路主干线被驻扎在圣米耶勒两侧的德军部队切断，而另一条经过圣默努尔德通往巴黎的铁路线则遭到皇太子手下海军大炮的不断轰炸。这条铁路线的中断已经迫使凡尔登的炮兵急剧减少弹药的消耗量。现在只剩下一条叫作默兹河线（Meusien）的窄轨铁路，让人联想起过去的安梅特（Emmett）铁路，它在和平时期本来是用来为驻军运输给养的。此外，从巴勒迪克起，还有一条50英里长的二级公路与默兹河铁路并行展开。修筑这条公路是战役爆发之前法军总司令部在凡尔登地区所干的唯一一件有点先见之明的事情。这条公路在1915年被拓宽到7码，刚刚够双向行驶。要不是这条公路，凡尔登肯定会因为缺乏弹药而被慢慢绞杀。贝当在赶赴战场的路上亲身经历过这条结冰的公路上的混乱，有充分的理由怀疑它能不能起作用。凡尔登的守军很快将达到50万人，外加17万匹牲畜，贝当的炮兵需要比之前多出两倍到三倍的弹药供给。这一切需求能不能依靠这条细细的生命线来满足，而不至于让后勤彻底垮掉呢？此前还没有一支这么大规模的军队是完全依靠公路运输补给的。

负责凡尔登军运的工程师里卡尔德（Richard）少校的才能和贝当本人的组织天才相得益彰。他们一起制定了严格的规章制度，以保证交通生命线顺畅。这条公路被划分为6段，每段都有专职工兵和大型机械维修站来维护当时还很原始的机动车辆。这条路仅供运输汽车通行，任何徒步行军纵队都必须在两侧的田野上走，任何在路上抛锚的卡车都会马上被掀进路边的沟里。路上不准停留。贝当还部署了10个地方守备营来专门修建一条通往雷维尼的宽轨铁路。可是法国陆军有没有足够的汽车来维持补给呢？汽车在当时还是新发明，战前法国陆军严重忽视了汽车和大多数其他新鲜事物的发展。大战爆发时，整个陆军只有170辆汽车，整个大战期间，主管汽车运输的军官最高不过是中校军衔。幸运的是，马恩河战役对汽车运输的创造性运用引起了法军总司令部的兴趣。德军发动凡尔登战役时，法军凡尔登要塞区（RFV）和友邻的第3集团军能够集结700辆卡车，每天运输量可以达到1250吨。可是凡尔登的守军预计每天至少需要2000吨物资，另外每增援1个师还要再增加100吨的运输量。里卡尔德少校和手下为了找到足够的运输工具搜刮遍了整个法国。马恩河战役中的出租车奇迹再次上演：这一次巴黎的民用车辆从街头消失，让城里的菜价翻番。到贝当接替指挥时，里卡尔德已经搜罗了3500台各式车辆。他只是区区一名少校，能取得这样的成就不可谓不惊人。可是法国仍旧缺乏受过训练的司机。在连续开车50小时乃至75小时后，司机们因疲劳而开始打盹，很容易出事故，导致宝贵的运输车辆被毁。在法军车辆维修站服役的塞内加尔兵起初还喝用于这些怪兽的润滑油。一方面修车工人数不足，另一方面当时原始的汽车本身就不可靠，两个因素加起来让里卡尔德的维修站永远忙得不可开交。

老式汽车的轮胎是实心的，而且胎面光滑没有沟槽，开在结冰的路面上很容易打滑。这种略显滑稽的场景让一位美国旁观者想起小象结队走路时的样子："很多汽车不是侧翻就是四脚朝天，还有些车子起火了。"可是车流依然滚滚向前。夜里从远处看去，公路上车辆排成长龙，开着昏暗的车灯，就像"一条发光的巨蛇，看不见头也看不到尾"。在道路两旁，车灯照亮了行军纵队里士兵们弓着的后背，就好像整个法国的活力都在通过这条狭窄的动脉被输送给凡尔登。2月28日，灾难终于降临了。伴随着严重的冰雪融化，几个小时之内，未经铺装的路面变成了泥潭，在某些地段，泥泞深达18英寸。那些步履蹒跚的"小象"们好像马上就要完全停下了，而输给凡尔登的血液也将随着它们停止流动。贝当授予里卡尔德全权，让他召集所有可用的地方守备部队。在公路两旁，士兵们几乎肩并着肩，不停地往过往的汽车轮下垫碎石。焦急的贝当给里卡尔德打电话询问：

"公路能挺住吗？"

"一定能。"

"很好，否则我就要下令撤出右岸地区了。"

公路的确挺过来了。在2月28日后的关键一周里，法军通过这条公路向凡尔登输送了超过2.5万吨物资和19万人。6月运输最高峰的时候，法军动用了1.2万辆汽车，每14秒公路上就会开过一辆汽车。据估计，汽车每周在这条短短50英里的公路上开过的总里程数加起来，能够绕地球25周。贝当为了防止2月危机重演，投入了相当于一个整师的人力对这条路进行永久性改造。法兰西殖民帝国的各族臣民都参与到维持凡尔登生命线畅通的斗争中来，其中包括强壮的塞内加尔人，他们唱着"打碎石头"的劳动号子，挥舞着鹤嘴锄，跟他们并肩劳动的是勤奋的小个子安南人，后者穿着黄色制服。在凡尔登战役10个月的进程当中，里卡尔德的筑路部队据说在公路上总共铺垫了将近75万吨金属。有历史学家十分恰当地把这条路跟1863年格兰特将军修筑的查塔努加（Chattanoogn）铁路相提并论，它们都是军事史上的创举。整个法国陆军差不多三分之二的部队前赴后继地通过这条公路开赴可怕的凡尔登血肉磨坊，莫里斯·巴雷斯给它起的名字"圣路"

（Voie Sacrée）可谓名副其实。

"贝当出掌大权"的消息在前线立刻起到了魔力般的作用。他在向部队下达的第一道每日命令中说"法兰西正注视着你们"，同样，部队也在注视着贝当，尽管在差不多一个星期的时间里，他们根本没看到新任总司令本人。德·卡斯特尔诺的视察提振了各级指挥部的士气，而贝当的名字则给普通士兵注入了活力。软弱的防线开始慢慢变得坚强，最终就像被钉牢在地面一样。2月27日的德国帝国档案记录说："尽管部队英勇奋战，付出了重大牺牲，但2月27日仍然是凡尔登战役中第一个全线毫无进展的日子。"精锐的法国第20军在默兹河右岸站稳了脚跟，其他各支增援部队也在赶赴战场的路上。就连德·博纳瓦尔匆忙撤退而在贝尔维尔山脊地区留下的大漏洞也被填补上了，这个口子敞开了12个小时，但过于小心谨慎的德军还是没有来得及利用这里的形势。法军匆忙把他们著名的75毫米野战炮集结起一个炮群开赴弗鲁瓦德泰尔，致命的炮兵弹幕火力给第20军新开到前线的一个师争取了足够的时间，使其得以穿过德·博纳瓦尔后退的第37非洲师残部，在布拉到奥德罗蒙（Haudromont）之间建立起一道稳固的防线。

主要的战斗发生在杜奥蒙村周围，这里的激战持续了将近一周时间。德军3次进攻失败。在堡垒机枪塔（现在由冯·布兰戴斯指挥）火力的掩护下，第24勃兰登堡团在取得杜奥蒙堡大捷之后再次被投入战斗。这次他们却遭遇了开战以来最惨重的伤亡。德军又调来一个新锐的萨克森团加入进攻，却被自己的掩护炮火打得七零八落。27日这一天，德军一个猎兵营就有413名官兵阵亡。村庄几经易手，其后德军调来420毫米巨炮，用1吨重的炮弹覆盖村子的废墟。当时一名守在村里一处地堡的法军中尉写道："在德军巨炮的轰击之下，30米见方的整个街区都在颤抖，有时候会像风暴中的航船一样整个被抛向空中。"可是，仍然有一些自杀般顽强的法军机枪阵地在炮击之后的瓦砾堆中幸存下来，成片地扫倒德军突击部队。通往杜奥蒙村的斜坡上，铺满了德军尸体，灰色的"地毯"越来越厚。在灾难性的2月25日那天，坚守杜奥蒙村的法军第95团被打残了，被迫撤出战斗，其他团又顶上来。最后，命运开了个古怪的玩笑，贝当本人曾任团长的第33团也被投入杜奥蒙村的防守中。团里有一名军官在开赴前线途中给父母写信，言辞颇为不祥："难道此去就是永别？"对很多人来说，的确如此。贝当得到报告说自己的老部队在3天内就损失了一个整营，有一个连只剩下19名幸存者。军官损失名单上有一名年轻连长的名字，贝当还能想起此人当年曾积极报名参加自己的部队，而且前程远大。现在这名连长身受重伤，被德军俘虏。他便是夏尔·戴高乐上尉。

3月4日清晨，法军第33团残部被从曾经叫作杜奥蒙村的这片瓦砾堆中肃清，德军占领了这里。当地的法军指挥官还想发动局部反攻收复失地，贝当出面干预制止了他。杜奥蒙村的陷落标志着战役第一阶段的结束，更为残酷的第二阶段即将开始。

第 13 章

调整部署

人们直到 3 月还以为德国将在凡尔登战役中取胜……

——鲁登道夫将军

有些将领不需要听取建议，他们独自评估，然后做出决策，而他们的手下只需要执行就好。但这样的人是百年一遇的天才。大多数情况下，一支军队的指挥官还是需要听取意见和建议的……

——老毛奇，《1859 年意大利战局》

2 月 27 日，艺术家弗兰茨·马克从凡尔登前线写回的家信充满了惊叹的语气："……法军防线被全面突破。没亲眼见到的人绝对想象不到德军进攻的强大威力……"他还用怜悯的口吻加了一句："那些可怜的军马！"3 月 2 日，他的家信已经从反面流露出对战事发展的一丝担忧："我从不怀疑凡尔登会被攻占。"3 月 3 日的家信完全悲观了："好几天以来，人类所能想象的最可怕的事情在我身边发生着。"第二天，一枚法国炮弹炸死了这位天才的艺术家，书信就此中断。

在任何一场重大的危机当中，其中一方总是被包围着自己的各种难题所困扰，却很难想到敌方阵营也同样艰难。这种情况让研究战争的学者感到很有意思，却会让实际参战者沮丧不已。面临巨大压力的法军当时不知道，德国人精心制订的战役计划（准确地说，是皇太子的计划）实际上也正在分崩离析。德军的进攻到2月底取得了令人振奋的初期成功，可是已经基本上自然而然地停顿下来了。整个攻势在泥泞中举步维艰。根据法金汉用炮兵火力将法军碾碎的指导思想，德军第5集团军的炮兵奉命一俟法军第一道防线被占领就向前转移阵地。德军制定的炮兵交替掩护跃进方案是参谋工作的杰作，可是德国军事计划的杰作常常会被现实打乱，这次一个小疏忽就打乱了整个计划：战场上的所有道路都被德军自己的炮火击毁，而每一寸土地上都布满了巨大的土堆和弹坑，计划中没有考虑到重炮在这种地形上移动将遇到的困难。[1]春季冰雪融化，对法军通往凡尔登的运输生命线构成了巨大的威胁，但它对德军为害更大：它把战场上的土地变成了黏糊糊的泥潭，德军步兵齐膝的高筒皮靴被吸进泥潭，8吨重的榴弹炮一直陷到轮轴。德军新装备的牵引车太少，马力也不够强大，无法把大炮拉出泥潭，所以德国人只能依靠人和马的力量。他们付出了超人的努力（至少要动用10匹马才能拖动一门中型野战炮）才把大炮向前挪动到位，却耽误了宝贵的时间。这意味着，在德军攻势中至关重要的210毫米重炮在最被需要的时候却无法投入作战。

越来越多法军155毫米远程大炮现在到达战场，击毁了很多

---

[1] 不过至少德国人吸取了教训，德军在1918年的成功突破很大程度上得益于鲁登道夫为炮兵准备了便携式斜坡道和重型铺路钢板，德军炮兵可以快速通过遍布弹坑的地形，而协约国军队将领们很少吸取教训。

转移阵地过程中暴露在空地上的德军大炮。第3军勇敢的野战炮兵指挥官洛特赫（Lotterer）老将在战役第一阶段经常在最前沿的炮兵阵地督战，此时被一枚法军炮弹弹片击中身亡。弗兰茨·马克所在部队的军马伤亡特别惨重，一天之内就死亡7000匹，其中有97匹是被同一颗法国海军大炮的炮弹炸死的。此外，长时间开火的磨损也加剧了德军重炮的损失：德国人付出超人的努力，把一门420毫米巨炮牵引着穿过福塞森林前移，想用它炮轰苏维尔堡，结果大炮在进入新阵地后刚打到第3炮时就因为身管磨损而炸了膛，整个炮组几乎都被炸死。德军大炮终于到位之后，炮手们的疲劳也降低了德军火力的精确度和射速。最后还有一点，那就是战场本身和各条道路的状况都很糟糕，沃埃夫尔平原地区泥泞更甚，炮队堵塞在道路上，现场一片混乱。德军无法向前线运输足够的弹药，来保证像战役头四天那样密集的火力。德军的炮弹供应非常紧张，到3月3日，数个榴弹炮连因之不得不撤出战场。

经过贝当的重新组织，法军炮火变得越来越有效，德法两军的炮兵火力此消彼长，产生了立竿见影的致命后果。德军冲锋部队越来越经常地发现法军的机枪阵地没有被己方的炮火准备摧毁。德军的经历跟西线协约国军每次进攻时的悲痛经历越来越类似。法金汉曾夸下海口，说一旦德军炮兵完成火力准备，步兵只需要走进无人防守的凡尔登即可，现在事实如何呢？德军的伤亡越来越大。2月21日至26日，法军损失25,000人，据当时的可靠估计，法德损失比率差不多为3比1，可是德军的损失到29日已经超过了25,000人。3月1日，法军某处监听站听到德国人在电话里说："像这样下去，到战斗结束时，我们连一个人也剩不下了。"德国第3军下属的一个普鲁士近卫掷弹兵营在进攻杜奥蒙村的战斗中打到只剩 196 人，隶属同一个旅的另一个团到 3 月 2 日为止损失了 38 名军官、1151 名士兵。在第 18 军，曾在考雷森林里攻占德里昂阵地的那个旅属下 3 个黑森步兵团，每个团的损失都超过 1000 人。这两个军都因损失过大被迫于 3 月 12 日从前线撤下，当时仅第 18 军就损失了 10,309 名士兵和 295 名军官。

不过，在会战头几天战果辉煌的冯·茨维尔的第 7 后备军在三个军里却遭受了最大的损失（也是最不应该的）。这个军沿默兹河右岸迅速挺进，结果越来越把侧翼暴露在河对岸山上的法军面前。贝当在 2 月 27 日就已经在左岸山地上集结了一支令人生畏的重炮兵。尽管法军那些老式的 155 毫米大炮铸造时，制退复位机构还没有被发明，每开一炮炮身都会往后跳开，像拿破仑时代的大炮一样需要人工复位，可是这些大炮相当精准。法军炮兵离河对岸山坡上密集的灰色德军进攻部队只有几千码距离，可以目视直瞄射击，这样完美的目标可不常有。德国人把其中一条流入默兹河的溪谷叫作"保龄球道"（Bowling Alley），因为它完全暴露在对岸法军炮火的纵射之下，这个绰号可谓异常贴切。德军第 77 旅在翻越塔卢山脊的进军途中伤亡惨重，不得不停下来，就连守住已攻占的阵地也需要德军每天付出越来越高的代价。德军战线后方也没有一处地方是安全的，法军炮火无处不在，3 月头几天，德军作为预备队的一个团在战线后方休整时所遭受的损失比开战第一天进攻欧蒙森林时的还大。更糟糕的是，德军没有消除法军火力威胁的手段，他们动用了所有可用的大炮压制法军炮火，可是法军很多炮兵阵地都处于聚集在布鲁森林山脊周边的各个炮台工事的掩护之下，德军很难击中它们。

冯·茨维尔将军尤其无法接受自己指挥的得胜之师惨遭屠戮。

战前他参加过三次攻击凡尔登要塞的演习，每次演习都得出同样的结论，那就是任何成功的进攻必须在默兹河两岸同步进行，这样才能消除河对岸侧射火力的威胁。战役之前，他向上级指出过这一点，但是没人听得进去，而现在付出代价的却是自己的部下。绝望之下，他在27日从萨莫尼厄派了一支部队渡河，却被隐藏在泛滥河水下的铁丝网挡住了，所有人不是被淹死就是被俘。冯·茨维尔派参谋长再次明确请求皇太子同时在左岸发动全面攻势。

德军的损失越来越大，曾有目击者回忆说有一名被炮弹震傻了的德军上尉奉命去见营长，却大声抱怨："什么营？哪里还有一个营呢！"另一名将军形容路过自己指挥部后撤的伤兵队伍"呈现出地狱般的场景"。各级指挥官都向上级紧急求援，可是整个第5集团军在2月25日——也就是通向凡尔登的道路完全敞开的那天，总共只有1个团尚未投入交战的预备兵力。皇太子急电法金汉索要事先答应给他的增援部队，可是根本没有，在可预见的将来也不会有什么增援。一个损失了400人的营得到的补充还不到半数，而且来得很慢。预定拨给皇太子的两个师现在还在梅斯按兵不动，离凡尔登尚有两天的行军路程，如果这两个师能在最需要的关头被投入战场的话，德军几乎肯定能拿下凡尔登。法金汉在法军主力中计全力投入凡尔登战场之前，根本不想松手这两个师。德军西线其他后备部队则面对着英军静坐无所事事，等待后者发动缓解攻势，可黑格既没有意愿也没有兵力。法金汉的犹豫不决、他一贯半心半意的行事作风还有他对"流血致死"战略实验的顽固坚持，都是德军在2月25日至26日错失整个战争中最重大胜利的原因。这样的机会一去不复返。法金汉当时肯定没有意识到，自己可能放跑了德国赢得战争的最后一次良机。

德国人曾在许多历史关头计算错误,就仿佛有神明在拯救西方协约国。这次法金汉不给皇太子派援兵的错误,堪与希特勒在敦刻尔克停下装甲部队相比,只是两者的动机不同。虽说凡尔登战役第一周德军失败的主要原因在于法金汉(皇太子在回忆录中把一切责任都归罪给法金汉),但第5集团军司令部也有部分责任。法德双方比较公正的研究者都认为,就算皇太子得不到法金汉手里的预备队,他原本仍可以在第一波攻势后拿下凡尔登。的确,希特勒手下的将领绝不会认可第5集团军在进攻当中所表现出来的犹豫不决和过度谨慎。德军在21日自我设限,仅试图小心地试探法军阵地(除了抗命不遵的冯·茨维尔之外,他那天取得了整个集团军唯一的胜利),结果白白浪费了一天时间。德军突击部队直到24日还在等待炮兵重新进行炮火准备,然后小心翼翼地前进,生怕中了圈套,其实当时整个法军防线都已呈现出明显的动摇迹象。在西线战场上,双方已经僵持了18个月之久,从未取得过突破,凡尔登地区的德军基层指挥官们已经丧失了"别人做不到而我就能成功"的自信。

皇太子和他的参谋部跟冯·法金汉将军在2月29日开会,研究下一步行动方案。会议的气氛很冷淡。第5集团军对凡尔登的当前局势自然感到失望,而法金汉唯一能用来安抚他们的消息,只有同时开展的潜艇战取得了重大成功(他在致德皇的备忘录中对此进行过规划)。在谈到默兹河左岸法军阵地对德军造成的威胁时,皇太子肯定掩饰不住地流露出了"我早就告诉过你"的态度。法金汉坚持把攻势限制在右岸,立场孤立。凡尔登防御体系的缔造者德·里维耶将军早就警告过法军防御的真正弱点在左岸。战前德军演习得出的结论以及法金汉手下所有炮兵专家的意见都一致指向在默兹河两岸同时进攻的必要性。即便是远离战场的巴伐利亚王太子鲁普雷希特都在战前警告过法金汉，左岸的侧射火力会让德军的进攻陷于停顿。可是严峻冷漠的总司令拒绝询问或采纳任何意见和建议。他在回忆录中简短地提过自己其实已经预见到这一危险，可是认为仅凭手中可用的兵力，根本无法突破敌军在左岸的"强固阵地"。（其实2月21日那天，法军左岸阵地的状况并不比右岸的好到哪里去，而且他如果没有足够兵力的话，就根本不应该发动进攻。他的辩解可以轻易地被驳得体无完肤。）

不过，当法金汉询问皇太子对下一步行动的意见时，后者仍然认为应当继续进攻。出其不意的优势已经失去，所以今后要取得进展肯定比以前更困难，但在"士气和物质方面取得一场大捷"的前景仍然诱人。皇太子提出继续进攻的三个条件。第一，必须立即把进攻范围扩大到左岸，不是因为那里是通向凡尔登城的捷径，而是因为"为我军主力减轻压力的战术需要"。第二，最高统帅部"必须确保向我提供必要的人力物力以继续进攻，而且增援规模必须足够大，不能小打小闹"。第三，一旦发现"我军的损失和疲劳程度超过敌军"，就应该立即停止战斗。

法金汉的答复原话没有被记录下来，不过他似乎答应了皇太子和冯·克诺贝尔斯多夫将军的请求。德军立即开始准备3月6日在左岸发动总攻，为此调来了新的第6后备军（就人力方面而言，这已经超过了2月份法金汉答应却未送来的预备兵力）。同时，德军将于7日在右岸对沃堡发动第2次攻势，因为沃堡的纵射炮火阻挡住了第5集团军的另一个侧翼。在这两处威胁被扫除之前，德军位于杜奥蒙堡附近的中央部分将按兵不动。所谓的"两翼战役"（Battle of the Wings）即将展开，法金汉的"有限攻势"就像肿瘤一样已然长大了一倍。

在索姆河后方的司令部里,敏锐的巴伐利亚王太子鲁普雷希特在日记中写道:"听说在凡尔登,我军在默兹河左岸也要发起进攻了。现在奇袭的因素已不存在,要打必须快打。"

默兹河两岸的地理形势截然不同,右岸万壑绵延,陡峭的山脊上覆盖着茂密的森林,事实已证明这种地形有利于德军施展渗透战术这一拿手好戏。左岸是开阔的丘陵地带,羊群在宽广的坡地上吃草,山谷很宽,树林也稀疏,视野很开阔。事实上,这里就地形而言有点像英国的索尔兹伯里平原。考虑到前线与凡尔登城之间地域的地形特征,德军将主攻目标选定在一块长长的、光秃秃的隆起高地,它与默兹河呈直角,顶部有两座小山丘。这块高地名叫"死人山"(le Mort Homme),它的海拔比对岸的杜奥蒙堡还低 300 英尺,但从顶部向各个方向望去的视野都非常开阔。拿下死人山就能消灭部署在反斜面、给对岸德军造成最多杀伤的法军野战炮群,还能有效地控制住通往凡尔登的下一道山岭——重要的布鲁森林——而法军的重炮群就集中于那里。从德军前沿阵地到死人山只有 2 英里路,似乎一次全力以赴的冲锋就可将其攻下——尤其考虑到会战头 4 天第 5 集团军在右岸推进了 3 倍于此的距离。但事实上,死人山成了后面 3 个月双方反复拉锯苦战的中心。它的名字来自遥远的另一个年代某场早已被人遗忘的悲剧性战役。

德·巴雷斯库上校在德军进攻之前那焦灼的一周里,每天早晨都会来到贝当的病床前汇报前一天的战场形势,每次贝当都问他:"左岸有什么新情况?"法军早已接到情报警告说在左岸发现长长的德军运兵列车,德军在挖掘熟悉的突击坑道,但预料中的进攻还没开始,贝当对此评价道:"他们根本不会打仗。"这一次,法军至少不会被打个措手不及了。法军努力加固工事,同时不断用炮火骚扰德军,就连皇太子都承认"我军的进攻准备工作受到了严重影响"。到6日上午德军大炮开始轰击法军阵地的时候,德·巴泽莱尔将军已经在左岸前线部署了4个师,另外还有一个师的预备队。这是迄今为止凡尔登战场上最接近完整的防线了。

但德军的新攻势一开始还是轻易取得了一些成功,这让法国人感到沮丧。德军的火力密度不亚于2月21日那次毁灭性的炮击,重炮炮弹雨点般地砸到法军第67师的头上,这个师的素质一般,迄今为止对德军炮击的经验仅限于从对岸而来的道听途说。半小时之内,所有和后方的电话联系都不出预料地中断了,法军士气受到震撼,德军随之而来的步兵进攻没有像上次耽搁得那么久。德军第77旅势如猛虎,在布拉班特和尚普纳维尔(Champneuville)旋风般地渡过了泛滥的默兹河,一雪此前进攻不利之耻。富于创造性的冯·茨维尔将军事先悄悄地往河边调来一列装甲列车,列车炮在装甲的有效保护下,可以为河对岸发动冲锋的步兵提供近距离火力掩护。可是火车头的黑烟把列车的位置暴露给了部署在布鲁森林背后的法军炮兵,于是这辆装甲列车很快就被迫狼狈地退出了战斗。不过它已经给守军造成了足够的伤害,冯·茨维尔的部下已经在左岸法军第一道防线深远后方站稳了脚跟。法军此刻又遭遇了一个事先难以预料的不幸:布鲁森林的炮群向挺进的德军打出雨点般密集的炮弹,可是很多炮弹的引信扎到默兹河岸边松软的沼泽泥塘里没有爆炸。惊慌的情绪在守军中蔓延开了。雷曼(Kiemann)将军的第22后备师沿默兹河左岸急速前进,和茨维尔的步兵一起向被包围在雷涅维尔

（Regnéville）附近默兹河河曲部的法军发动了钳形攻势。法军的防线岌岌可危。夜幕降临时，德军已经占领了福尔热村（Forges）和雷涅维尔村，还有野鹅岭（Goose Ridge）上重要的265高地。这条山岭在西面尽头与考布森林（Bois des Corbeaux）会合，而这片森林又是死人山的东北侧翼。德军先头部队进展神速，已经在试探着冲进考布森林，这是死人山附近唯一一片森林，德军屡试不爽的渗透战术在这里大有用武之地。

但德军对死人山发起的正面主攻被法军炮兵打出的一道火墙所阻，几乎没能从出发阵地前进一步，法军炮兵很多天前就已经预料到德军会从这个方向发动进攻。德国军士们撕扯着喉咙，竭力想要把士兵们重新集合起来，再做一次超人的努力，可每次进攻的结果都是一样的。凡尔登的战斗反复证明，双方炮兵的成败决定了步兵的命运。

法国人受到了惊吓。第67师仓皇地撤退了，战斗才打到第2天，这个师已经有3000多名士兵投降，其中仅211团就有1200多人投降。德·巴泽莱尔将军指挥部下达了一贯而又可怕的死命令：福尔热地区的指挥官未能履行其军人职责，将被交付军法审判，炮兵和机枪将对准任何继续撤退的部队（这份命令也落到了德军手里）。现在法军很容易就能看出德军的意图，还有危机的严重性。德军正通过考布森林，从东北方向对至关重要的死人山高地发动侧翼攻击。到7日下午，德军伴随着覆盖整个地区的最猛烈的炮击弹幕，攻占了整个考布森林，还俘虏了受伤的211团团长，这位团长进行了寸土不让的最后抵抗，这无疑把自己从可怕的耻辱中解救了出来。

法军必须不惜一切代价夺回考布森林。德·巴泽莱尔从战线其他部分抽调来一个精锐团，决定在8日清晨发动一场最为干脆利落的反攻。

优雅的马克尔（Macker）中校被选召来带领这次决死的攻势，他向上翘的两撇小胡子仿佛代表了战前法国圣西尔军校一切的骄傲、坚忍、传统和惊人的勇气。他的行动更像是奥斯特里茨或者博罗季诺会战中的英雄篇章，而不是来自灰暗的第一次世界大战编年史。这位英朗的中校日出之前就被勤务兵叫醒，冒着狂乱的炮火开始优雅而仔细地为进攻洗漱打扮，因为缺水，他用部队配发的红酒洗了胡须。他的团摆成拿破仑战争时代的密集队形，肩并肩成紧密的三列纵队，以稳健的步伐开始踏上通往森林的400码无人区，团长在最前面带队，镇定地抽着雪茄，挥舞着手杖。德军机枪和炮弹在进攻队伍里撕开一个个大缺口，战士们一再收拢队形，他们的勇气简直可以媲美拿破仑的老近卫军。在离德军阵地还有100码距离的地方，马克尔的战士们上刺刀发动冲锋。德军前一天冲进森林里，形成一个不太稳固的突出部，随后又没能得到适当的增援，现在看到积雪和晨光辉映下一片闪着寒光的刺刀，被法军进攻的大无畏勇气所震慑，再加上德军指挥官在法军刚发起冲锋的时候就阵亡了，结果德军被逼退了。法军在早晨7点20分收复了几乎整个考布森林。

这次挫败在最紧要的关头打乱了德军在整个左岸地区的作战计划。德军匆忙取消了预定用来掩护最后总攻死人山的炮击，转而全力巩固6日夺取的阵地，以防法军反击。这是法军最干净利落的一次成功反击。当德军于3月9日准备好通过西北方向的贝坦库尔（Béthincourt）再次进攻死人山时，法军早已从最初的挫折中恢复过来并站稳了脚跟。帝国档案记载了这场"左岸地区第一次彻底的、悲剧性的进攻失败"。可是那位"漂亮的中校"也没能享受多久胜利的喜悦。在10日的另一次勇敢的拂晓进攻当中，他的团把德国人赶出考布森林旁边的另一片小树林，然后马克尔来到前方祝贺手下某位指挥进攻的营长。两个人都在德军机枪手的扫射下阵亡了。正当此刻，德军再次发动进攻，马克尔的部下突然丧失了勇气。受人爱戴的指挥官突然死亡，手下部队因而崩溃，这样的例子在历史上屡见不鲜。考布森林再次易手，可是德军付出的代价实在太高（一个西里西亚营只剩300人），也已无力继续前进。后面一个月，从这个方向通往死人山的前线基本没有再移动过。

德军在默兹河右岸重新发动的攻势进展更小，他们直到进攻前最后一刻也没能完全克服弹药供应方面的巨大困难。德军甚至把坚韧的步兵当成骡子，用人力去扛沉重的炮弹。可是用于巨型堑壕迫击炮的毒气弹非常不稳定，部队当然不愿意搬运这种毒气弹。最后德军只好把进攻推迟48小时，结果就丧失了在默兹河两岸同时发动进攻的优势。德军凭借开始时的势头打到了沃村外围，刚刚能够到沃堡的边角。可是就在这里，进攻却蜕变成了一场血腥的混战（据说沃村在3月份的战斗当中来回易手13次之多）。混乱中，德军师部收到了错误的讯息，误以为德军已占领沃堡。师长是名字有点古怪的古莱茨基－考尼茨（Guretzky-Cornitz），他闻报也不加核实就上呈集团军司令部，还用自己的话添油加醋一番。集团军司令部也未加详查就向全世界公布捷报，还同时宣布说德皇已经向古莱茨基－考尼茨授予了功勋勋章。德军部队不加侦察就排着4路纵队开去接管沃堡，可堡里根本没有一个德军，结果他们像锡制的玩具兵人一样被火力纷纷扫倒。当时法军总部的宣传人员还在设法为杜奥蒙堡的虚假宣传降温解压,正好抓住德军的这次失误大做文章,终于可以正当地大大庆贺一番了。霞飞本人听说德军进攻被全线击退的消息后兴高采烈,站出来宣布胜利并归功于自己。他向法国第 2 集团军的指战员发布了一道激动人心的每日命令:"未来每个人提起你们的时候,都会说——'他们保卫了凡尔登!'"他对国防委员会(National Defence Council)坚称,法国军队从来都没有想过弃守默兹河右岸阵地。他还开始对颇为心烦的贝当高谈阔论起尽早在凡尔登发动大规模反攻的可能性。

第 14 章

死人山

> 敌人尽可以反复进攻……法兰西早已森严壁垒,更加众志成城。
>
> ——加利埃尼将军

自贝当以下,凡尔登战场的各级指挥官可没有霞飞这么乐观。皇太子的第 2 次进攻还远远没有耗尽动量,这次德军的增援部队正源源不断地开到。3 月 14 日是那年春天第一个阳光灿烂的日子,德军以 6 个师以上的兵力再次对死人山发动正面进攻。在法国人看来,德国人似乎愿意付出无穷无尽的人力和炮弹,日复一日地发动攻势,就为了拿下这块荒芜的小山丘。此后两个月里,在这片狭小的战场上无休无止地重复上演着同样单调且致命的拉锯战。德军先花数小时实施饱和炮击,然后派突击部队对法军防线发动冲击。这里已经不存在真正意义上的堑壕了。冲上来的德军占领的所谓工事,大部分只是连片的弹坑而已,孤立的一群群士兵们就在这里休息,也在这里阵亡,用手榴弹和尖镐保卫所谓的"阵地"。德国人在这里的处境并不比法国人好到哪里去,就算法军的炮火会暂时停歇,他们也没有材料来挖掘惯用的地下突击壕。德军进攻的势头一旦耗尽,法军总会在 24 小时之内发动反击,在布鲁森林的法军炮群支援下，把残余的德军再次赶出阵地。这样的往复运动就像涨潮，浪奔浪回，德军的汪洋大海总能比上一次前进得多那么一点点。

可是为这么一点点的进展付出的代价是巨大的。双方的伤亡直线上升。当时伦敦的《陆地与海洋》杂志（*Land and Water*）刊登了一幅题为《凡尔登，进攻死人山》的漫画，上面德皇和皇太子挥舞皮鞭把德军士兵往死神的血盆大口里驱赶。到3月底，德军伤亡81,607人，法军伤亡89,000人。虽然战场幅员狭小，可是中高级军官的伤亡率不亚于士兵。在3月中旬的战斗中，有一个法国师里的4名上校阵亡了3名。

德国人在默兹河左岸的战术形势越来越不利。这里没有便于施展渗透战术的森林和破碎地形。曾令法军闻风丧胆的火焰喷射器现在成了德军的自杀武器，在开阔地上一出现就会成为法军的狙击目标。法军怀着惊惧的心情眼看着德军喷火兵背上的燃料瓶被一颗手榴弹或者炮弹弹片打破，然后把喷火兵自己点燃成一团满地打滚的火炬，有时候喷火兵受了伤，还会掉转喷管对准自己的战友喷射地狱之火。而德军战术上最不利的一点，就是每次突击部队跃出战壕冲进开阔地发动正面冲锋时，都会遭到法军侧翼火力的严重杀伤。第5集团军起初是为了消灭右翼法军炮火而在默兹河两岸同时进攻的。可是为此发动的侧翼进攻又被更靠右翼的法军炮火打散，这个炮兵群部署在和死人山地形相似的西侧山脊304高地上。跟协约国以往历次失败的进攻战役一样，无论德军的进攻正面拉得有多宽，在突击部队侧翼总有那么一两挺可恶的法军机枪牢牢地钉死一个整师的进攻。你拓宽进攻正面敲掉那挺机枪呢，新的正面又会有新的侧翼敌人火力点冒出来。这就像医生想要切除已经扩散的肿瘤一样，需要手术刀切除的部位相较最早的癌症原发地扩展得越来越远。因此德军在数次强攻死人山失败之后，下决心要先拔掉304高地。

和往常一样，德军进攻初期，法军惊慌失措。德军第一次进攻死人山的时候试图从东北方向迂回，几乎就成功了，这次进攻304高地也一样，德军试图从西面迂回。德军选定的突破口在凡尔登突出部最西边马朗库尔和阿沃库尔（Avocourt）两个村庄之间的地段，双方战线在这里经过埃斯森林（Forest of Hesse）的顶端向南弯折。在阿沃库尔森林的这段法军防线有一个危险的转折点，但法军自己对此有所防范，着力加强了此处的防御体系，布置了三道铁丝网，纵深50码，掩护着隐蔽得很好的碉堡工事。这里是默兹河左岸最强固的法军阵地，但对德国人来说，这里是攻占304高地的关键，而304高地又是攻占死人山的关键，死人山呢，又是攻占默兹河右岸的关键，等等，以此类推。

攻占这里的任务被交给了第11巴伐利亚师，这个师刚刚在冯·马肯森（von Mackensen）指挥下在塞尔维亚和加利西亚战役中大显身手。师长冯·克诺伊索（von Kneussl）将军在攻占俄国要塞普热梅西尔（Przemysl）之后获得了功勋勋章。勤奋的巴伐利亚人为这次进攻进行了长时间的精心准备，照例挖掘了很深的突击堑壕，工兵还在法军防线地下挖了好几条埋雷的地道。法军对德国人的准备工作心知肚明，调来法国能找到的最大口径的迫击炮进行轰击，结果炸塌了好几条突击坑道，活埋了很多巴伐利亚士兵。此外，在进攻发起的关键时刻，至少一处德军埋设的地雷没能炸响。但以上这一切准备工作都不重要，德军以意想不到的方式初战告捷。防守阿沃库尔森林的法军第29师在堑壕里待得太久了，很多士兵又来自法国温暖而懒散的南部地区，士气不高，很多人开小差。冯·克诺伊索手下的情报军官早就从开小差的法军士兵那里把穿越守军铁丝网的通道位置了解得一清二楚，后来法国人自己也认为有"可疑分子"通敌，出卖了前沿的情报，甚至有带路者。德军首战告捷的真正原因一直不是很清楚，德国的官方历史仍然把成功归因于巴伐利亚部队勇猛的进攻。无论原因是什么，反正3月20日上午，德军在发起进攻之后4个小时以内就占领了法军阵地，自己的损失可以忽略不计。法军一整个旅在被包围后投降，德军俘虏了2825人并缴获25挺机枪和12门大炮，还有一盒崭新的作战十字勋章（Croix-de-Guerres）——德国战地记者们对此很感兴趣。包括旅长和2名团长在内共有58名法军军官被俘，旅长还没听见打仗的枪响就钻进掩蔽部躲起来了。

法国军政高层在听说阿沃库尔惨败后，受到了极大的震动。普恩加莱总统在日记里沮丧地写道，"又一次失败"，显示这已经不是他第一次听到凡尔登前线士气崩溃的消息了。在帕拉将军眼里，这次失败是"大战爆发以来我方最可耻的事件之一"。投降的耻辱还有德军成功给整条前线带来的威胁，都促使默兹河左岸的守军疯狂地进行反击，法军155毫米炮群全力轰击阿沃库尔森林的巴伐利亚军，让他们在那里无法立足。22日德军发动进攻，试图扩大战果，却被精心布置的法军机枪阵地从三面扫射。天降大雨把战场变成一片泥潭，德军没法把重型迫击炮拉上来打掉法军机枪阵地，结果德军一个整营在法军机枪的扫射下几乎全军覆没。帝国档案形容这是"整个会战中最英勇的一场战斗"，每当伤亡特别惨重的时候，德国官方就会使用这种词汇。的确，区区几个营的德军在这一小片战场上所遭受的损失就超过了2400人，几乎相当于 1944 年诺曼底战役 D 日英军所受损失的总和,而德军在付出这些代价后获得的进展却为零。

3 月 29 日,法军力图堵上防线在阿沃库尔森林处的危险缺口。法国杰出的军事作家德·马勒雷(de Malleray)中校指挥了这次反攻。他夺回了部分森林阵地,可是不久就受了致命重伤,双腿齐断。据说他的儿子小马勒雷是同团的一名少尉,起初只听说了反击成功的消息却不知道自己父亲受了重伤。那天晚上,小马勒雷在开赴前线的路上遇到了团长,问团长说:"您对我父亲指挥的反攻感到满意吗?"团长只能回答道:"啊,可怜的孩子!"

德军进攻部队开始显现出越来越确凿无疑的疲惫迹象。一名正当壮年的中校死于心脏病突发,德国军医越来越担心前线部队的身体状况。德军报告第一次提到有部队拒绝跃出阵地发动冲锋,还有些报告则指责某些部队太容易投降。家信当中这样的话语越来越多:"我们班原本有 19 名战友,现在只剩下 3 人……有些士兵受了非致命但需要回国治疗的伤(Heimatschuss),自称像中了头彩。"士气之所以低落,部分原因在于德军指挥部补充部队的冷血方式,他们总是把各师放在第一线太久,不断地用新兵给这些师补充实力,久经战火考验的老兵越来越少,刚从国内阅兵场上调过来的 18 岁新兵蛋子越来越顶不住凡尔登地区残酷战斗的巨大压力。新兵的胆怯影响了整个团的战斗力。法金汉以其一贯的冷淡语气总结了 3 月的战果:"由于情况特殊,我军未能进一步扩大战果并把炮兵调到足够靠近前线的阵地,因此这里的准备工作不得不继续进行下去。"德军尽管出现了疲惫的迹象,战果也令人失望,但仍在继续"准备工作",顽固地在左岸不惜代价地向前拱。德军的灰色大潮稳步地缓慢推进,3 月 31 日,马朗库尔陷落;

4月5日，欧库尔（Haucourt）；4月8日轮到贝坦库尔。德军各级指挥官认为，法国人处境肯定更困难，伤亡也高得多，他们还能坚持多久？德皇在4月1日宣称："1870年战争决定于巴黎的得失，这次战争则决定于凡尔登的得失。"这是德国人第一次公开他们的真正作战意图。

德军再次改变战术，决定4月9日在默兹河两岸沿整条凡尔登前线发动总攻，做他们在2月21日本该去做的事情。德军将同时进攻死人山和304高地。第5集团军司令部改进了指挥结构，任命冯·穆德拉（von Mudra）将军统一指挥右岸部队，从巴尔干战场调来的冯·加尔维茨（von Gallwitz）将军统一指挥左岸部队。冯·加尔维茨是一名天才的炮兵专家，战前曾任野战炮兵总监，最近又在塞尔维亚战场上指挥第11集团军大获全胜。他带来的随从中有一名年轻的参谋军官，未来将成为第二次世界大战中德国最优秀的统帅，名叫埃里希·冯·曼施泰因（Erich von Manstein）。可冯·加尔维茨将军刚刚到任就被法军炮兵来了一个下马威：法军大炮把他手下的一名师长连人带车炸了个粉碎。他在日记里阴郁地写道："任务太重，后备力量不足。"

承担攻占死人山高地这一艰巨任务的，正是德军总参谋长的亲哥哥——第22后备军军长、骑兵将军欧根·冯·法金汉（Eugene von Falkenhayn），他还是皇太子儿童时期的教师。此人完整地继承了家族遗传的谨慎传统，冯·加尔维茨语带讥讽地评论他慢条斯理的作风："我们最早可以在1920年打进凡尔登。"法军全线的各级指挥官都受到德军强大的压力，向上级请求增援却常常得不到。老法金汉却能从自己两侧的友邻部队得到源源不断的援兵，可他取得的进展只是把战线沿着死人山的北坡向上推到了山顶。德军内部曾短暂地兴高采烈了一番，因为他们的地图错把北坡的坡顶标成了死人山主阵地本身。刚刚打到坡顶的疲惫的德军步兵可没时间兴高采烈，他们面前几百码远处还有一道高地，比这里还高100英尺，那才是真正的死人山主阵地，还被法军牢牢控制着。这是德军山地部队经历的最令人心酸的失望之一。

德军在这次2月21日以来最大规模的全线进攻当中，消耗了17列火车的炮弹，伤亡了好几千人，老法金汉手下有一个师在死人山浸透鲜血的北坡上损兵2200人。可是法军整条战线虽然在这里或那里凹进去一块，但总体上全都守住了。法军部署在304高地背后的炮群再次给德军造成了最大程度的杀伤。贝当在当日命令中罕见地流露出一丝乐观情绪，命令开头是这么写的："对我军来说，4月9日是充满荣光的一天。"命令结尾则引述了圣女贞德的名言："我们满怀勇气！"[1]

4月9日之后，死人山在双方大炮的集中轰击之下像火山口一样冒着浓烟烈火，很难分清楚哪一方实际占领了它，双方在死人山两座顶峰265高地和295高地之间来回拉锯，厮杀得难解难分。这样无休止的死战将在左岸持续数月之久。22岁的法军少尉罗杰·坎帕纳（Roger Campana）已经在凡尔登战场打过一轮仗，这次他仍在前线，他的日记让我们通过当事人的眼睛看到了这场野蛮而无序的混战的真实场景。4月6日，坎帕纳所在的部队还据守在死人山的北坡和顶上的265高地，起初他对山头阵地的相对平静感到意外的惊喜。前锋连的一名中尉在战前是数学家，来要一根蜡烛好在自己的掩体里继续研究数学问题。这种平静持续

---

[1] 命令原文为："Nos ennemis, fussent-ils pendus aux nuages, nous les aurons! Et nous les bouterons hors de France."

了两天，4月8日，"数学家中尉"在巡逻时抓住了两名德国逃兵，这才了解到德军的进攻迫在眉睫。第二天是个春光明媚的星期天，早晨时分，居然有云雀在死人山上鸣唱。那天怎么看都不像大战来临的一天。突然之间，一枚炮弹落地，飓风降临了。

到上午11点，德军炮击密集异常，坎帕纳能数出每分钟有5发炮弹落到并肩防守的法军两个连的头上。而在身后，几乎有8枚炮弹同时落在了他昨天晚上刚下令搬出去的那条战壕里。中午时分，德军尖刀部队挥舞刺刀冲出掩体。"他们冲了几米，然后被我军机枪扫倒……没有一名德军士兵能活着逃回战壕。"当然有些人明显是在装死，"就像兔子一样"，但这些人早晚会受不了，跳起来往回跑向自己的战壕，然后被坎帕纳的士兵一个个撂倒，这种情形虽然惊心动魄，对法国士兵来说却很好玩。德军重新开始炮击，一枚重炮炮弹终于打掉了法军的机枪。坎帕纳再次看到德军突击队列队："几分钟之内，265高地山坡上就挤满了冲向我们的敌人，这次我们只能用步枪迎击，而那远远不够。"在下方数学家的战壕里，双方已经开始肉搏。坎帕纳打出一发红色信号弹，这次法军的75毫米野战炮终于有所回应，直接打到冲上来的德军队形当中。德国人继续冲锋。坎帕纳在德军冲到30码距离时命令部下上刺刀，就在此刻，德军因遭到正面法军步枪火力和近距离支援的75毫米野战炮炮火的夹击，就像老鼠在烧着的谷仓里一样，"疯狂地向左右两翼逃窜"。

坎帕纳通过望远镜看到法军开始反攻，想要收复被占领的堑壕。指挥官是他在圣西尔军校的同班同学，一名带着白手套的年轻中尉。几分钟后，坎帕纳就看到这位同学倒在地上，戴着手套的双手交叉放在胸前，"就像蓝色大衣上的两片白斑"。夜幕降临，战斗告一段落。在一轮巨大红月的映照下，坎帕纳数出他所在排阵地前有180具德军尸体。此后一周里，他的排一直坚守在死人山的阵地上。等到撤下来修整时，他所在的第151团举行了授勋检阅仪式，一名将军骑马引领着军容整齐的参谋人员，小跑着穿过衣衫褴褛、到处缺额的士兵队列，年轻的坎帕纳觉得"那是我一生中最美的一天"。

同团的另一名少尉——26岁的雷蒙·朱贝尔（Raymond Jubert，他后来在凡尔登阵亡）——对那一天死人山的战斗，更多感受到的是混乱。朱贝尔他们连是预备队，当时几名军官正在打牌，命令就传来了，说前沿阵地失守，必须马上夺回来。在死人山顶，炮火掀起的黑烟久久不散，到处充斥着无尽的混乱，士兵们根本无法分清哪个弹坑里是友军，哪个是敌军。朱贝尔的连还没到达前沿阵地就被密集的炮火消灭了。他可能是连队里唯一幸存的军官，在发现自己陷入了孤立的境地后，给营长报信："我不知道自己在哪儿，可是这儿的阵地很重要，我只有10个人守住阵地。"他紧急要求增援2个连。营部传回的答复是这种危急时候常见的"没有增援"。朱贝尔在敌方不停的炮击之下居然在这块阵地上坚守了36个小时。撤下来的时候，他被炮弹震得晕头转向，深感人力在物力的地狱中是多么无力，谦卑地写道：

在战斗中，一个人只是海里的一朵浪花……油画上不起眼的一笔涂抹……在我们这个时代，勇敢虽然不会贬值，可过度使用却会越来越不管用。

官方的嘉奖令对战斗的描述更为戏剧化，声言2连残部在朱贝尔少尉的领导下"就像一起去文身一样,排着队,唱着歌,在欢声笑语中"夺回了半英里曾经是堑壕的山顶阵地,"从而挽救了整个151团"。

法军第146团的奥古斯汀·科钦(Augustin Cochin)上尉在死人山阵地的战斗经历和朱贝尔的类似,跟坎帕纳的相反。他在4月9日到4月14日的战斗中压根就没见过德军步兵,凡尔登战役中类似的经历并不罕见。可是他指挥的连队每天都在德军炮击下损失20人到30人,连部设在一条残破的堑壕的一个洞里,"浸透着伤员的血水,这些伤员躲到我身边来,就好像我能做些什么,唉……"。他于进攻前的平静时期开上死人山阵地,在给妈妈的信里把这里描述为"一个挺好的角落,整段防线上最好的地方"。4月14日,他却这样写道:

> 连续4天4夜96小时,我经历了平生最严酷的考验(2月25日在杜奥蒙堡附近的时候,他就已经第三次负伤了),最后两天甚至得泡在冰冷的泥水当中。面对敌军不断的炮击,我们唯一的掩体是狭窄的战壕,它看起来还是宽了点。我没有洞穴,没有地下掩蔽部,什么都没有。德国人当然不会进攻,进攻太傻了,往我们头上打炮要简单容易得多……结果呢?我们连开上来时有175人,回去的时候只剩34人,其中好几个快疯了。现在一个排猎兵接防我们的阵地,这对德国炮兵来说只是下一道小菜,这道菜之后很快还会再换一道,吃人怪兽的胃口是不会饱足的……我手下那些可怜的大兵们快疯了,他们在我说话的时候眼睛都不看我一下。

那年7月在索姆河会战的战场上，科钦轻蔑地评论说这里的炮击跟凡尔登相比根本不算什么。他后来在索姆河战场阵亡。

德国《每日评论》(Tägliche Rundschau)对4月9日攻势的报道，连一般很容易上当的德国读者都骗不了。他们是这样写的：

> 此次进攻是德意志总参谋部战略战术的杰作，与过去法军野蛮而徒劳地试图突破我军防线的进攻截然不同……我们按照事先精心制订的作战计划，缓慢而有节奏地步步为营，一段段地摧毁敌军的防御体系，而法国人在香槟战役中寻求的是摧毁我军防线的一个点。因此我军能够避免重大的伤亡……

看看前线亲历者对这种描述战斗的方式如何评价是很有意思的。冯·加尔维茨将军对所谓"精心制订的作战计划"肯定不抱任何幻想。他确定无疑地对皇太子的参谋长冯·克诺贝尔斯多夫说，只有最终拿下304高地才能进攻死人山。德国人以一贯的创造力想出了一个办法，挖两条长达2英里的地道，以便能够把突击部队安全地向上送到死人山北坡的阵地，这两条地道分别被命名为"加尔维茨"和"皇太子"。与此同时，法军在整个4月一再反击，夺回了整个死人山的山头阵地，抵消了德军4月9日攻势的一切收获，304高地部署的法军炮群一如既往地给德军造成了巨大的伤亡。

4月9日总攻之后12天里，雨一直下个不停，一切作战行动被迫叫停。双方军队不得不趴在布满尸体的泥坑里，生活条件比平日更加悲惨。帝国档案记载道：

战壕里水深过膝。士兵们全身上下没有一处是干燥的,他们没有掩蔽部可以提供干燥的藏身之所。病患人数急剧上升……

不过,天气原因至少迫使德国人推迟了又一次箭在弦上的进攻。在炮兵专家加尔维茨计划中,这次对304高地的进攻将会是纯粹的炮兵行动,炮火会把山上的法军全都炸掉,而且肯定会成功。德军之前从未集中过如此大规模的炮火,就连2月21日的炮击都相形见绌。

5月3日那天酷热难当,德军500多门重炮开始炮击法军1英里出头的前线。炮击持续了2天1夜,法军侦察机报告说阵地上的烟柱腾起2500多英尺高。地面上的守军觉得"德国人为了结束这一切,下决心给我们每个人分配一门大炮专门轰击"。在连续数周的重炮猛轰之后,法军严重缺乏坚固的防炮工事,遭受了可怕的伤亡。一名法国军官描述过他如何在一天之内三次被埋进堑壕里,每次又被战友们挖出来。其他人没有他那么幸运,据说有一个营只活下来3人,其他人多数都被炮击活埋在工事里了。法军机枪火力点一个接一个被炮火摧毁。法军后方有两天多都无法把食物和补给送上高地,前线的伤员也撤不下来。那些足够幸运能突破火力封锁到达前线的援兵也迷了路,整夜在山脊上乱窜,寻找自己的阵地。有一名幸存的连长回忆说:"没人知道各个团互相交错的具体位置在哪儿……士兵们根本不敢挪动。上级下达的命令把士兵们一摞一摞地叠加成了血肉人墙,以此抵挡德国人的火炮。"最后德军在硝烟和尘土中终于在山顶获得了一个立足点,但他们还需要进行3天激烈的白刃战才能最终占领304高地。

德军占领 304 高地后马上要求上级发放双份香烟，掩盖令人难以忍受的尸臭。根据战后的最终统计，为了保卫这块小小的法兰西土地，大约有 1 万名法军献出了自己的生命。

贝当在接手指挥时，画过一条"抵抗线"，德军通过占领 304 高地第一次在这条线上打开了缺口，这为德军总攻死人山阵地铺平了道路。指挥总攻的仍旧是老法金汉，这次他再也不敢犯任何错误，他的前学生皇太子就在司令部里关注着他的一举一动。皇太子在战争爆发后还从没有像今天那么兴高采烈：

> 我从没有这么清晰地近距离观察过一场战斗……我军密集的弹幕射击覆盖了整个山坡，形成一幅壮观的画卷，死人山像一座火山一样在燃烧，空气与大地同样在成千上万发炮弹的爆炸声中颤抖。进攻发起的零时降临，我军炮火准时延伸射击，我从炮队镜里清楚地看见我军的散兵线跃出战壕，稳步向前推进，我甚至能分辨出炮弹在各处爆炸后的硝烟。紧随其后的有预备部队、弹药手和堑壕挖掘连。不久，开始有人从法军阵地返回我方防线，起初是少数几个战俘，然后越来越多，最后战俘已然成群结队，我终于长长出了一口气！然后战斗出现了一个明显的间歇期。我那被派往东岸比较远的孔桑瓦森林监督进攻的参谋长给我打来电话说进攻失败了，我军到处在都往回撤。我告诉他，那是成群的俘虏在被押往后方！

德军到 5 月底完全占领了死人山高地和东面重要的屈米耶尔村。德军最远曾经打到沙唐库尔（Chattancourt）的火车站，并在布鲁森林山脚下回旋，不过后来被法军击退。这标志着德军左岸攻势的结束。皇太子终于做到了他本该在3月份就完成的事情，可是这次辅助性的清剿行动让他花了3个月时间，付出的伤亡代价相当于迄今为止凡尔登战场其他地段的伤亡总和。更糟糕的是，有迹象表明德军的伤亡可能首次超过了法军，一个新锐德军旅在一周之内几乎打到全军覆没。可是法军至此再也没有后退的余地了，下一步西线德军的所有压力都将重新降临到默兹河右岸贝当手下的法军头上。

1. 德皇莅临皇太子位于斯特奈的总部。德皇后面是皇太子,左边是施密特·冯·克诺贝尔斯多夫中将和奥斯卡王子

2. 埃里希·冯·法金汉将军

3. 施密特·冯·克诺贝尔斯多夫中将

4. 霞飞将军（中间）和德·卡斯特尔诺（左边）

5. 德里昂中校在考雷森林的指挥部里，1916年1月

6. 雷纳尔少校

7. 南杰瑟中尉

8. 基芬·洛克维尔

10. 拉德克中尉

9. 孔策中士

11. 拉科夫中尉

12. 奥斯瓦尔德·波尔克

13. 皇太子视察前线的第 5 集团军将士

14. 贝当将军

15. 法军部队在"圣路"上行军

16. 德国 210 毫米口径榴弹炮

17. 芒让将军在指挥部里

18. 尼维尔将军

19. 沃堡内情景，伤员和担架手在急救处

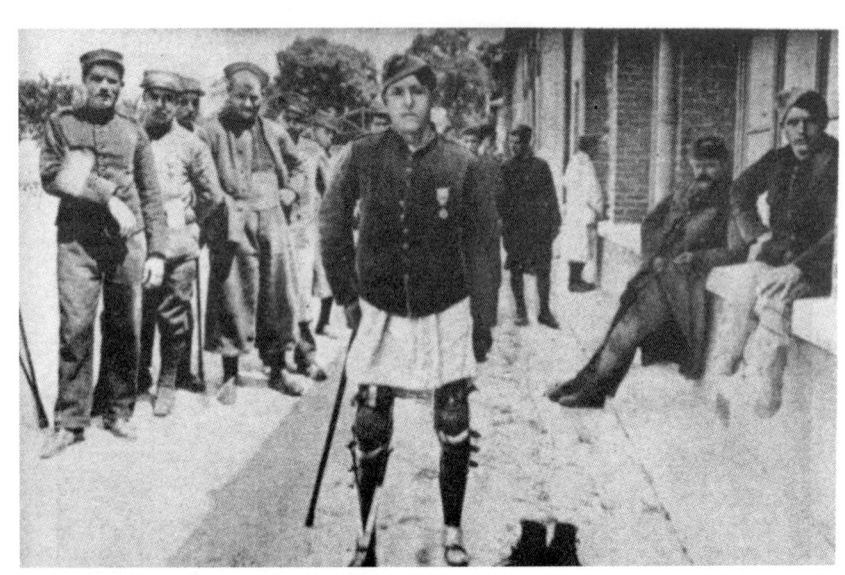

20. 法国宣传照片。1916年《纽约时报》的原标题为"这名士兵虽然失去了双腿，却仍能靠精巧的假肢很好地行走"

第 15 章

拓宽的视野

永别了！战争是如此美丽。
永别了！战歌与豪情。

——纪尧姆·阿波利奈尔，《骑士的告别》

……能亲身参战是最好的事情……每天我们都能学到新的东西，每天都能拓宽自己的视野。

——菲利普·维特柯普编纂，《德国学生的战时家信》

3月到5月底这段时间，德军的主要攻势都集中在默兹河左岸，但这并不意味着右岸就平静无事。除了炮兵无休止地进行轰炸外，双方还频繁发起小规模的进攻，意图在某处获得一点局部的战术胜利，伤亡名单越拉越长。会战开头一个月内，双方规模空前的炮火集中于比里士满公园大不了多少的狭窄区域，这在默兹河两岸造就了凡尔登战役独特的战场环境。现代的读者都已经从书中熟知了第一次世界大战期间堑壕战的恐怖和屠杀的规模，再重复这些只会令读者生厌。但凡尔登的恐怖比第一次世界大战的其他战役更深一层，首先是炮火的烈度，其次是持续的时间长度。然而，真正令我们再次长篇大论地描述战争恐怖的原因，还在于凡尔登的恶劣环境在参战官兵的脑海里留下了不同于第一次世界大战其他任何战役的特别印记,尤其在法军官兵中,凡尔登的噩梦在停战之后很多年都挥之不去。

对一名高高翱翔于蓝天的法军飞行员来说,雨后的凡尔登战场令人生厌,就像是"一只巨型蛤蟆湿漉漉的表皮"。另一名飞行员詹姆斯·麦康奈尔(James McConnell)在飞越红屋顶的凡尔登旧城时(他是美国人,后来在拉法叶中队作战时牺牲),注意到"红屋顶的海洋中有些不红的斑点,你能想象到这里发生了什么"。他写道:

> 飞跃老城后,突然之间出现了一条丑陋的棕色地带,那是被谋杀至死的自然界,似乎属于另一个世界,就连人类活动的迹象都已经被完全抹掉了。道路和森林被从大地上彻底抹掉,就像粉笔的痕迹被从黑板上擦掉一样,村庄只剩下黑烟……在进攻和大规模炮击的时候,我看到炮弹如雨点般降落,无数的烟柱让人想起古斯塔夫·多雷为但丁《地狱篇》里大异端分子的坟墓所画的插图……巨型炮弹时而呼啸着从身边飞过,卷起的气流让飞机剧烈地振动起来。有时候飞机会在半空中被炮弹截为两段。

飞机引擎的噪声掩盖了战斗的喧嚣,"于是地面的战斗变成了混乱和平静的怪异结合体"……

地面部队在向凡尔登开进时最初听到的噪声让人想起"日夜不停的巨大煅炉"。官兵们马上会注意到战区令人悲伤的单调景象,并为之抑郁不已。有些人觉得战地"色彩灰黄,光秃秃的,没有一点绿色",另一些人觉得这是一片棕色、灰色跟黑色的海洋,仅存的地形地貌就是弹坑。在默兹河右岸原先茂密森林的残留部分,树皮一条条地耷拉下来,又或者早就被饥饿的驮马啃光了。春天来了,本应是万物复苏的季节,光秃秃的树干上努力地迸发出一点新芽,却很快就在浸透硝烟的有毒空气里枯萎凋落。夜间,凡尔登的天空被炮弹的火光映照,像是极光迸发,但在白天,一名曾是艺术家的法军士兵能找到的唯一色彩就是玫瑰红,它来自那些倒毙在道路两侧的马匹身上的可怕伤痕以及其向后拉过下巴的嘴唇。战场上的色彩单调,大多数时候,凡尔登上空都被黑烟笼罩着,穿过黑烟照射下来的阳光也变成了灰色。有一位数次到过凡尔登战场的法国将军后来对作者回忆说,他手下的士兵在穿越一片废墟的凡尔登战场时从不唱歌,"你知道法国士兵经常唱歌的"。当军队离开这处战场的时候,他们往往为回到"色彩、草地、河流、树林所组成的世界"而欣喜若狂,即便是雨滴打在屋顶上的声音,也像大自然交响乐的音符一样优美。

部队在离前线一两英里的地方遇到第一道交通壕,不过"交通壕"这个称谓实在是夸张或者用词不当。堑壕墙壁渐渐地越来越矮,直到只比路边的阴沟深那么一点点。炮弹越来越频繁地击中聚集在一起的人群。部队一般都是在夜间向前线开进,在夜幕笼罩下,行军纵队经常会踩到脚下躺着的伤员,堑壕会"突然在一连串弹坑中变得难以辨别"。炮击把地上的烂泥翻搅得浓稠异常,仿若黏糊糊的黄油,部队不断地摔倒在泥地里,低声地咒骂着,仿佛怕骂声被敌人听到,因为敌人似乎在士兵们行进的每一步都无情地用炮弹追踪着他们。只有在很少的情况下,巨大的弹坑上才会铺有木板,背负很重装备的士兵会掉进这些积满了水的弹坑，直到淹死都爬不上它那湿滑的边缘。如果有战友停下来伸出援手，那经常意味着两个人一起掉下去淹死。在混乱的战场上，没有什么东西能指明方位，新开上来的援兵常常会迷路，整夜地在绝望中到处乱窜，直到拂晓来临时被敌人的机枪手撂倒。增援部队到达前线的时候常常只剩一半兵力，而向前线运动的行军过程也常常需要花10个小时。

新到凡尔登战场的部队最不习惯的第一件事就是到处充盈着的尸臭，"如此令人恶心，以至于毒气弹的味道相比之下都好闻多了"。英军总认为法国人在掩埋尸体方面漫不经心，可是在炮击不断的凡尔登战场上，要掩埋一具尸体往往意味着再死两个人。最安全的做法就是将尸体用帆布卷起来，然后从堑壕扔到最近的炮弹坑里。大多数惨白的尸体后来都在那些灌水的弹坑里浮起来，现场尸臭熏天。右岸有好几处这样用来丢弃尸体的水沟都被法国人贴切地称作"死人谷"（La Ravine de la Mort），其中有一条水沟大部分地段都被法军控制着，但在两端，德军机枪扫射形成封锁，打死了很多来到附近的法军士兵。德军重炮日复一日地轰击这条水沟，里面的尸体被反复地肢解。在亲历者眼里，水沟里充满了无法分辨的残肢断臂，没有人能也没有人愿意去掩埋它们，因为就算埋起来：

> 炮弹爆炸也会把它们刨出来，再埋起来，把它们切碎，就像猫玩老鼠一样。

天气转热，阵亡人数也在上升，战场的恐怖程度更甚。狭小的战场变成了露天墓地，每一平方英尺都有腐烂的血肉：

你能看见堑壕墙壁上露出来的死尸，有脑袋、腿，还有半边身体，就像是挖壕的工兵用尖镐和铁锹把它们砌进了墙里一样。

开上前线的部队很快发现，他们的日常生活就是"炮兵和筑路兵之间、大炮和土堆之间的搏斗"，这是在守备部队中服役的一名学院派艺术教授的原话。每天夜里，士兵们辛劳地在地上挖洞，第二天白天，敌军用炮弹把这些坑填平。经受了整个白天炮击的士兵在夜里根本睡不了觉（有些前线士兵多达11天不能睡觉）。夜幕一降临，就会有一名军官在坑坑洼洼的地面上拉上一根白线，然后士兵们就要沿着白线掘壕，他们暴露在地面上，强烈地祈祷自己不要被敌人的照明弹和机枪火力发现。天亮时分，堑壕也被挖到了差不多18英寸深，可是部队在整个白天都要守住这条浅浅的壕沟，而敌军炮兵则继续用炮弹来填平它。这种条件下根本不可能有厕所，士兵们就在躺着的地方大小便。菌痢成了凡尔登战场上司空见惯的疾病，其他战线上的士兵经常抱怨有跳蚤，这里的人根本见怪不怪。如果守军运气不错，那么到第二个早晨，堑壕就能被挖到3英尺深。

很多凡尔登的参战士兵都提到过他们曾两次、三次上前线，却从没有见过敌军步兵。朱贝尔[1]团里的上校在他们第一次开上前线的时候向手下的军官做了如下的鼓动报告，同样的报告一定已经在凡尔登重复了上千次：

---

1 参见前一章。

> 你们的任务就是流血牺牲，敌人想要进攻的阵地，就是你们的荣誉要求你们守住的地方。敌人每天都会骚扰你们，并给你们带来伤亡。敌人在进攻时，可能会杀死你们所有人，但你们的职责就是流血牺牲。

一个接一个营被炮击消灭，然后被其他的营替换下来，这些营接着又被敌人的炮火消灭殆尽。[1]有一名22岁的法军下士，在一个弹坑里忍受着不停的轰炸，又整夜浸透在冷冷的冰雨里，他后来写道：

> 啊，那些能睡在床上并且第二天起床读报纸的人们，会高兴地说"他们还在坚守呢"。他们想象得到"坚守"这个简单的词意味着什么吗？

整日忍受无穷无尽重炮轰击的感受是相当个人和主观的，第一手资料各有不同的记载。34岁的法国耶稣会士保罗·迪布吕勒在凡尔登战役中是一名步兵中士，他在日记中对战场进行了特别现实且未加修饰的描述，他的感受是这样的：

> 每个人一听见远处炮弹飞来的声响，整个身体都会反射

---

[1] 我们总是认为这种无谓的牺牲是"一战"的典型现象。可是我们也要明白，在德·卡斯特尔诺接受了德军在凡尔登发起的挑战之后，法军在这个地区就面临着一个难题。交战双方到1916年时都已经成功地尝试过，用减少前沿部署的办法降低部队在敌军炮火下的伤亡。可是在凡尔登的狭窄战区里，丢失100码阵地都有可能导致城池失守，法国人冒不起减少前沿部署的险。同样，作为攻方的德军也不可能减少前线的士兵密集度。

性地蜷缩起来，抵御即将到来的爆炸产生的强大冲击，每次重复都会带来一次新的冲击、新的疲惫、新的苦难。在这种情况下，即使最坚强的神经也坚持不了多长时间——总会有一个时刻，血冲上了头，发烧的热度燃烧着身体，神经已经无法再对外界的刺激做出反应。也许最恰当的比喻是晕船……这个人最后会放弃抵抗，不再有力气用背包遮盖自己的身体以阻挡到处飞散的弹片，甚至不再有力气来祈祷上帝……被子弹打死根本不值一提，你的尸体仍然完整无损，真正让人恐惧的是被肢解，被撕成碎片，甚至被捣成糨糊，这样的恐惧是肉体所不能忍受的，也是炮击给人们带来的最大的恐怖……

迪布吕勒在凡尔登战役中幸存了下来，但在 1917 年的尼维尔攻势中阵亡。

无休无止地忍受炮击，比任何其他事情都更能磨损最坚强的神经。法国军士长塞萨·梅莱拉（César Méléra）是名坚强的冒险家，战前曾坐船环游世界，起初对战争的恐怖似乎无动于衷，他一开始用冰冷而简洁的词语描述凡尔登的炮火："吵闹的夜晚，炮弹。"三天后，他在日记里写道："每天夜间的炮击让我想起埃德加·爱伦·坡（Edgar Allan Poe）笔下的噩梦之屋，四面墙壁一面接一面向你身上压下来。"第二天，他又写道："哦，我多羡慕那些能端着刺刀冲锋的士兵，他们不用待在这里等着被一颗炮弹埋葬。"最后他承认说：

凡尔登真可怕……因为人类在和物质作战，就像在和空气打仗一样……

梅莱拉活过了凡尔登战役和剩下的大部分战争时期，但在停战前两周阵亡。

随着法军的炮兵越战越强，双方步兵的经历也越来越类似。6月，部署在沃堡周围的德国第50师的一名士兵描述道："被迫躺在炮兵交战之间无所作为的痛苦，地球上没有什么可以与之相比。"双方步兵因为所遭受的苦难类似，居然产生了一种奇妙的同情心，憎恨只是留给敌人炮兵的。在死人山的科钦上尉看来，双方的炮兵似乎在玩什么愚蠢的游戏，看看哪一边能给苦难的步兵带来更多伤害。

前线步兵对自己炮兵的憎恨，也许从以下法国的统计数据中能窥见一些端倪：据法军估计，每10枚打到凡尔登战场堑壕的炮弹里，就有2枚是打到友军头上的。埃利·塔迪韦尔（Elie Tardivel）中士就记载了6月份一发法军155毫米炮弹如何炸死了友邻部队一个排的7名士兵：

> 我看见连长，告诉他我从后方搬来了一批手榴弹和带刺铁丝网，请示放在哪里。他回答说，"随便哪里吧。我军炮兵轰炸了我们两个小时，再这样下去，我就带着这个连用这些手榴弹去炸了炮兵阵地"。

步兵对炮兵的憎恨情感和第二次世界大战期间步兵对重型轰炸机机组的情感是类似的。[1] 在步兵的眼中，空军安全地驻扎在远离敌人的地方，在短促的出击中，还把炸弹不加区别地扔在双方

---

[1] 不过步兵和炮兵之间情绪上的敌意更加严重，两个兵种的士兵在休假期间互相遇到的时候经常打架。

部队的头顶上。法军一名连长夏尔·德尔维尔（Charles Delvert）这样描述他遇到的两个向凡尔登开进的海军炮兵连：

> 没有一个人步行，全都坐车。军官们还有舒适的私人小车……我看看自己可怜的部队。他们在路边蹒跚而行，被身上的行囊压弯了腰，浑身湿透，最后都要一股脑地挤进前线泥泞的战壕里去。

还有些步兵生气的是重炮兵漫不经心地从他们舒适的掩体里面随意地向自己看不见的目标盲目射击，"还不如对刚刚端上来的汤或者一壶酒上心"。

炮兵自己也在某种程度上助长了这种印象。中士丰萨格里夫（Fonsagrive）在一个105毫米炮兵连服役。3月份右岸战斗高潮期间，他在日记里写道："依旧是好天气，白天越来越长，早晨起床真高兴……"他们可以旁观头顶上双方战斗机的缠斗，有足够的时间想家，想念妻子。后来丰萨格里夫有点情绪地写道：

> 某一天，我正坐在一棵苹果树下，安静地写信，一发130毫米炮弹落在我身后40米的地方，吓了我一跳。

昂舍（Henches）少校也是炮兵（那年秋天阵亡于索姆河），5月，他在凡尔登的战斗间隙有时间给妻子写信：

> 告诉孩子们，我们这儿来了一只避难的可怜流浪狗，它受到了极大的惊吓，我很不喜欢，因为它很脏，夜里还打呼

噜。两只燕子在我们附近做巢……

但不是所有法军炮兵都像丰萨格里夫中士那么幸运。当德军反炮兵的远程炮火打过来的时候，死亡会突然降临。一名炮兵骑在炮身上喝汤，一群士官坐在一起打牌，都会被一排突如其来的炮弹炸飞。野战炮兵在战斗中的掩护比步兵的还少。在法军当中，炮兵被称为"战争女王"，那些老派的炮兵军官（这样的人不在少数）认为，在敌人火力之下寻找藏身之所就相当于畏惧，这也增加了炮兵不必要的伤亡。这些野战炮兵连的伤亡往往不比步兵低。毕业于圣西尔军校的安贝尔（Humbert）上尉隶属第97步兵团，他曾提及德军炮兵对法军后方地区发动的系统性的清洗，并说法军野战炮兵一定全都部署在那些被清洗地区：

没人能够生还，如果有大炮今天幸存了，明天也会被打掉……这里的整个炮兵连都被摧毁了……

加斯东·帕斯特（Gaston Pastre）中尉也是重炮兵，他描绘了一幅与丰萨格里夫所述迥然不同的场景。他在5月到达凡尔登战区，他们所接替的炮兵部队损失了40%的兵力，这些炮兵警告说："如果你也照例在这儿待上一个月的时间，你们也会损失一半兵力的。"他们的阵地设在通往右岸圣米歇尔堡山坡的反斜面上，这里挤满了各种口径的大炮，根本就是一座巨大的炮台，至少有500门大炮。这给德军饱和炮轰提供了极好的目标，"任何一颗掉在圣米歇尔堡跟大路之间的炮弹都不会落空"。一天之内只有两段平静的时间，即凌晨4—6点和傍晚4—7点之间，法军炮兵就在这两段时间里像穴居人一样从地下冒出来维修火炮和阵地。除此之外的其他时间里，想从一个掩蔽部跑到20码外的另一个掩蔽部都需要极大的勇气。夜间德军不停地炮击从凡尔登过来的唯一一条公路，料到这个时间段这条路上肯定会挤满首尾相连的运送弹药的车子。这里呈现出"地狱般的景象"，那些没被炮弹当场炸死的士兵，常常会被冲击波从炮车上掀翻下地，结果被自己的车辆在黑暗中碾轧致死。

除了不停的炮击、刺鼻的尸臭以及战场的荒芜以外，凡尔登战役的亲历者反复诉说的一个主题是孤立，其程度之深是其他战线的士兵很少会经历的。凡尔登战役是"士兵的战役"，每当进攻或反攻开始不到一个小时，各级指挥系统就会失灵，即便最下层的也概莫能外。连长跟下属各排之间只能保持着时断时续的微弱联系，而且每次失联往往长达数天。经常会出现一个法军机枪班用两挺机枪在一个弹坑里坚守200码宽的战线、好几天都和友军完全隔绝的情况。除了这种令人胆寒的孤立以外，炮击产生的硝烟久久不散，以至于前线的守军看不见身后的援兵，更糟糕的是自己后方的炮兵根本看不见步兵呼唤炮火支援或者叫停炮火的信号弹。凡尔登战役中有无数的无名英雄，他们像温泉关战役的勇士一样在某一处炮弹坑里死守不退直至牺牲，可是既不为人知也未能受到表彰，因为没有人见证他们的英雄事迹。

经过20个月的战斗，超过20次险死还生，（雷蒙·朱贝尔承认说）我从没见过想象中的战争场景。不，这里没有宏伟的悲剧战场画面，没有横扫一切的笔触和鲜明的色彩。这里，死亡不只是一笔一画，实际上发生的只有那些令人痛苦的小场景，在无人知道的角落，你根本就分不清什么是血肉，什么是泥水。

在凡尔登战场上，有三类人最无愧于英雄的称号——传令兵、运送食品的军工还有担架手。有一名驻苏维尔堡的主管全师传令兵的正规军中尉曾说："那些在危险环伺之下形单影只的人们所表现出来的勇气，才是真正的勇气。"电话线往往一铺设起来就会被炮火打断，所以传令兵成了凡尔登战场上唯一的通信手段，各级指挥部里最常听到的命令就是"派两名传令兵过来"。步兵们躲在相对安全的掩蔽部里，沉默而敬佩地看着传令兵戴着蓝色军帽跳出战壕，穿行于到处爆炸的炮弹之中。这个工作简直就是自杀，传令兵们的尸体排满了前线的各条小道，在死人山上，有一个团在3个小时之内就损失了21名传令兵。

往前线运送食品的军工可能比传令兵更需要勇气，法国军中把那些军工叫作"厨师"（cuistot）、"给养兵"（ravitailleur）或者"送汤的"（homme-soupe），他们只能在夜间单独工作。

在黑暗中，在危险里，一个人会因为孤独而感到特别恐惧。在众人的注视之下更容易激发出勇气（朱贝尔注意到）。而一人独处，除了自己以外没有什么可想的……无可选择，只能在没有众人称许的情况下孤独地死去！灵魂很快不再能控制自己，而肉体也会禁不住地颤抖。

因为德军的炮击，运输车到了"圣路"尽头绰号"止血带"（Le Tourniquet）的一条交叉路后就过不去了。马匹不能像人一样在听到空中炮弹飞来的声音后紧急躲避,因此损失高得吓人。在这种情况下,前线所有的食品供应都要靠人工背上去。每个连有3到4名这样的"厨师",一般都从上了年纪、枪打得不好、平日表现不好的士兵里挑选。大战期间,《法国画报》(L'Illustration)发表过一幅最震动人心的照片,描绘的就是一名愁苦的军工趴在凡尔登前线的地上,腰带上系着好多装着红酒的水壶,正在匍匐前进。他们每个人都要背12只很重的水壶,还把面包用线绳串在一起,然后像子弹带一样挂20条在身上。他们每天夜里常常要往返12英里,背着这么沉重的东西,他们有时候连爬都爬不动,更不用说在泥泞中走路了。他们总算到了目的地,疲劳得瘫倒在地,却遭到又饿又渴的战友的责骂,因为装有宝贵红酒的水壶被弹片打漏了,面包也沾满了灰尘泥土。更经常发生的情况是他们永远也到不了目的地。德军有固定的值班火炮每隔两三分钟就向几条众所周知的运输小道打几炮,长期炮击固定目标的练习使这些冷炮打得异常精准。穿越炮火封锁区就像在玩"谁是最后一个"的游戏:他们告诉你,自从上个军工在这里穿越封锁区时被打死,已经有40名军工安全过去了,那你就在那里等着敌军的炮弹爆炸,然后再狂乱地蹒跚跑过开阔地,因为你心里知道如果自己成了第41名出发的军工,杀死你的那颗炮弹可能已经在半空中呼啸而来。

尽管这些军工有着无畏的勇气和自我牺牲精神,但凡尔登战场的日常还是不乏饥渴,这让战争变得更加难以忍受。我们在死人山阵地上见过的坎帕纳少尉回忆起3月的一天夜里,他从前沿派回去8个运送粮食的军工,第二天早晨,5个人回来了,没有带回一点粮食。第二天夜里,他又派出8个军工,没有一个人回来。第三天夜里，他从各连派出了快 100 人运粮，却被猛烈的炮火打得几乎全军覆没。三天没有吃的，他手下的士兵饿得在阵地附近的尸体上翻东西吃，很多尸体已经腐烂好几个星期了。这种情况绝非罕见，尤其当冬天的严寒让位于夏季的酷暑后，就更多：

> 我看到有个人正在一个漂浮着绿色脏东西的泥潭边贪婪地喝水。就在水坑里，有一个死人趴着，早已肿胀不堪，他黝黑的面庞朝下，好像肚子里灌了好几天的水一样。

担架手的工作比前两个工种都更艰难。法军担架手通常都从团里的军乐队乐手当中招募，直到军乐队死完为止。法军在其他战线一般都用两轮手推车作为运送伤员的主要工具，它在凡尔登坑坑洼洼的战场地形上却完全不适用。平常用来靠嗅觉找到伤员的军犬在不断的炮轰之下会疯掉。在后送伤员的时候，这些担架兵 / 军乐手跟传令兵或者军工不同，他们不能一听到炮弹的呼啸声就卧倒。这样的要求根本就超出了人类天性和肉体能够忍受的极限。没有多少士兵响应军方招募担架手的呼吁，凡尔登前线的部队意识到，他们如果在战场上受伤，那么被后送或者得到治疗的机会微乎其微。

在第二次世界大战期间，如果部队意识到受伤之后 5 个小时以内都得不到治疗的话，他们就会士气低落，即便是身经百战的英国近卫军也不例外。在多数"二战"西线战场上，士兵们在受伤后 1 到 2 小时之内就能得到治疗。外科医生和护士组成的小分队部署在非常靠近前线的地方，携带大量血浆、镇痛药和消炎药，保证重伤员不需要经过颠簸的道路后送，就能就地得到紧急处理。

真正严重的伤员还可以直接被空运到后方几百英里外的基地医院。而在凡尔登战场上，一名伤员就算被担架兵后送了，也极少能在 24 小时之内得到治疗。在 7 月的激战当中，伤员们滞留在肮脏、阴暗、到处是粪便的苏维尔堡地下室里，要等 6 天以上的时间才能被后送。

法军的军事医疗服务一向都组织得很差，整个战争期间都供不应求，在凡尔登战场上，这套系统甚至好几次都濒临完全崩溃的边缘。外科医生永远不够，救护车也永远不够，当然，盘尼西林之类"灵丹妙药"也还没有被发明出来，法军常常连截肢手术所需的哥罗芳麻醉剂都没有。伤员即使在被送进伤员收容站后，苦难也远远没有结束。乔治·杜哈梅尔是凡尔登战场上的一名医生，后来成为法兰西学术院院士。他在《殉道者传》(La Vie des Martyrs) 一书中生动地描写了一所这样的简易收容站中的混乱场景。他在战役初期来到凡尔登，绝望地注意到"这儿的活够干一个月"。收容站中人满为患，许多重伤员已经在这里等了好几天。他们含着眼泪乞求被后送，最怕的事情之一就是被贴上"无法运送"的标签。被摆放在收容站外寒夜里的不只有那些明显伤重不治的人，还有些人是因为伤势太过复杂以至于忙乱的医生无暇细查，甚至有些人仅仅是因为看起来治好了也无法再上战场。不久，德军的炮弹就在这群伤员中炸开了，不过这倒减少了医生的工作量。在收容站里面，医生竭尽所能地把巨大弹片造成的可怕伤口缝合上，周围的垃圾桶里装满了截肢。

后来有一名衣着整洁的将军前来视察杜哈梅尔和他的医疗队，告诉他们应该在阴沉的收容站周围摆放几盆鲜花。杜哈梅尔注意到，将军走的时候，有人在这位高级军官座车车身的灰尘上写了一个词——"笨牛"（Vache）。

在伤员收容站，经过简单治疗却无法后送的伤员越积越多，这是因为"圣路"运输线的运力太紧张，能腾出来用作救护车的车辆太少。英国红十字会和美国志愿者先后来到前线（英国诗人劳伦斯·宾扬就在医疗服务队里）。救护人员24小时不停地运送伤员，甚至不能戴上防毒面具，因为防毒面具会起雾，影响开车，可是救护车运不走的伤员还是越来越多。与此同时，在过度拥挤的后方医院里，有幸能够挺到那里的伤员们仍然像苍蝇一样大批死去，他们的床位马上就被新来的伤员占满。美国拉法叶中队（Lafayette Squadron）的重伤员克莱德·巴尔斯利（Clyde Balsley）写道：

> 在凡尔登，我被迫截肢，医学的奇迹让我感觉在美国医院里度过的一年半比在法国凡尔登医院里的6个星期还快。

这些医院中的伤员最怕时不时举行的授勋仪式，因为众所周知，法军有着授予重伤将死的士兵以"作战十字勋章"的传统。那些"专门"的来访者也无法给他们带来多少安慰，比如杜哈梅尔描述过，漂亮的"绿衣女士"爱国团体在鼓励"英雄的伤员们"时说：

> 英勇的战斗热情！前方尽管充满了痛苦，但刺刀在太阳照耀下闪闪发光……

这些医院的设备永远不足，而在凡尔登地区，医院的周围环境更是被上千具腐烂的尸体所污染，这种有毒的环境让医院条件更加糟糕。德国人在医学上更加先进，但即使他们也注意到，小伤经常会变得致命。气疽病的特效药在大战结束前几周才被发明出来，感染这种病而死的伤员越来越多。法军某个团4月份在默兹河右岸的战斗中有32名军官负伤，其中至少19个人后来死去，大多数都是因为气疽病。为了减少头部负伤导致的感染，霞飞下令法军禁止蓄须，大兵们对这条禁令怨声载道，可是伤员还是不停死去。战后估计，法国在2月21日到6月底之间有2.3万名在凡尔登战场负伤的伤员死在医院里。至于多少人在送到医院之前就死了，没有人确切知道。

凡尔登的恐怖对人身体造成的创伤大抵如此，那么其在精神方面的影响呢？有一名年轻德国学生的感触非常典型，他笃信宗教，为战争是否具有道义性而苦恼不已。他在6月1日阵亡于凡尔登，死前不久在家信中写道：

> 我们在这里打仗，最可怕的战役，而在这无尽的苦痛之中，我们才意识到上帝离自己有多近。

在每一场战争中，那些早已忘记如何祈祷或从未祈祷过的人们都开始热切地祷告。那位耶稣会神父迪布吕勒中士对TNT炸药洞穿上帝创造的人类肉体的可怕情景最为深恶痛绝。会战初期某次可怕的炮击之后，迪布吕勒看到人的内脏挂在树枝上来回摇荡，还有"一具无头也没有四肢的躯干，被打得嵌进一棵树的树干里，拍扁了，开膛破肚"。他回忆起："我使劲地乞求上帝结束这一切丑恶。我从没有如此尽心地祈祷过。"但日复一日，月复一月，类似的祈祷没有任何回应，士兵们信中流露出越来越多的幻灭。后来在索姆河战场，即便迪布吕勒也开始流露出对天主教信条的离经叛道：

> 苟延残喘于如此恐怖的环境之下，我们早已绝望，我们乞求上帝不要让我们被杀，而是让我们一下子就死去，因为从被杀到死去的过程实在太痛苦。我们只有一个愿望，那就是彻底结束这一切！

至少迪布吕勒的这条祈祷在第二年被上帝应允了。

有一名叫马克·博阿松（Marc Boasson）的法军中士，他本是一名犹太教徒，后来改宗天主教，阵亡于1918年，他注意到"在凡尔登，残酷的环境让人的灵魂堕落、不得解脱乃至瓦解"。虽然有些人会想到上帝，但更多的人会同意博阿松的论断，前者与后者的比例至多是1比3。

灵魂的堕落表现为行为的残忍。21岁的德维尔（Derville）中尉（阵亡于1918年的埃纳战役）早在凡尔登战役爆发前就曾预言道：

> 也许我们很快就会变得和第一帝国时代的战士同样野蛮和冷漠。

眼看着袍泽战友躺着那里死去而无法施以援手，这种行为的确并不高尚。某师的一名牧师阿贝·泰利耶·德·蓬什维尔（Abbé Thellier de Poncheville）回忆说，曾看到一匹马在一个巨大而泥泞的弹坑中挣扎，身上还套着挽具。"它在那儿已经两天了，越陷越深"，可是路过的部队只顾着自己的苦痛，对那头可怜的牲畜根本视而不见。事实上，每天的恐怖场景已经让他们的感官麻木了。杜哈梅尔解释道：

> 不久之前，死亡还像一个残酷的陌生人，一个轻轻走上你前门台阶的访客……今天它成了家里的一条疯狗……这条疯狗会在死尸身边吃喝，在将死者身旁酣睡，在死人堆里大笑，甚至歌唱……死亡的降临有时候让生命更显珍贵，而更多的时候，在灾难中，人们反而变得麻木不仁。

人在凡尔登战场待上一段时间并习惯了以后，就会对自己的伤痛都视而不见，那些令我们这些身处舒适环境中的人惊骇的肢体残缺，他们却能以一种近乎病态的冷漠淡然受之。德尔维尔上尉是一名相对诚恳的法国战争作家，他描述了自己第一次开往凡尔登前线途中所受到的震动，那时他的连队遇到一个腿被炮弹炸断的人躺在地上：

> 没人去救护他。我发现人性变得如此冷酷，所有人都一心只念着不要掉队，不能在这样一个死亡随时可能降临的地方逗留过久。

和深刻反省、内心煎熬的迪布吕勒不同，年轻的坎帕纳少尉回忆说，在即将第三次从前线下来修整之际，自己曾冷血地拍摄过一具在掩体里被炮弹炸死的手下士兵的尸体：

> 这具尸体从肩至胯被炮弹劈为两边,敞开在那儿,就像挂在肉铺橱窗里被掏空了内脏的一扇猪肉。

他把照片发给一个朋友,证明自己能活下来有多么幸运。

雷蒙·朱贝尔在从死人山高地上撤下来的时候,发自内心地问了自己3个问题:

> 在进攻的时候,是什么样的情绪在支撑着你?
> 我脑子里想的只是赶快把脚从吸住鞋子的泥泞里拔出来。
> 在进攻中幸存下来后,你有什么想法?
> 我在抱怨,因为接下去我还有好几天喝不到配发的红酒。
> 你第一个举动难道不应该是跪下来感谢上帝吗?
> 不,我的第一个动作是,尿了。

这种道德上的麻木也许是在凡尔登前线作战以后最普遍的副作用,那些像朱贝尔一样敏感的人,会以承认自己所有正常的生理反应的方式,来抗拒变得更加残忍的心理倾向。朱贝尔还回忆说,他团里有个人从前线下来后,发现自己在凡尔登郊外的房子完整无损,兴高采烈,可是后来发现房子里面的东西都被洗劫一空,又爆发出一阵歇斯底里的大笑。

那些还没有经过凡尔登战斗洗礼的部队,在开赴前线途中遇到从前线替换下来的残部时,内心不可谓不胆寒:前线下来的人看上去像是来自另一个世界。乔治·高迪(Georges Gaudy)中尉这样描述他自己的团从5月份杜奥蒙堡周围的战斗中撤下来时的情景:

先走过的是各连的残部，偶尔会有一名手拄拐杖的负伤军官带队，所有人都迈着小碎步，走得七扭八歪，好像喝醉了一样……很难分辨出他们的脸色和军装的颜色有何不同，他们身上所有地方都盖满了泥巴，旧泥巴被晒干后，新的一层又再次盖上去……他们沉默不语，甚至连抱怨的力气都没有……这些沉默的面孔似乎想要喊出什么可怕的话语，为他们亲身经历的难以言表的恐怖而尖叫呐喊。我身边站着的几名守备部队士兵陷入了沉思。他们之中升腾起一种丧葬队经过身边时才会感受到的悲伤情绪，我听到其中一个人说，"这根本不是军队！这是行尸走肉！"。两名守备士兵像女人一样无声地啜泣起来。

以上这些回忆都来自法国方面。因为法军被挤压在那一片狭窄的突出地带，轰炸他们的敌军炮兵比自己的更加强大，法军的组织和管理又更加拙劣，法国人的处境当然会比德国人更加悲惨。可是随着时间的流逝，敌对双方遭受的苦难差距越来越小，最后很难感觉到有什么区别了。4月中旬，德军士兵在家信里抱怨说运输军工的伤亡率居高不下："很多人宁愿挨饿也不肯冒险出去搬运食品。"冯·茨维尔将军的那个军将在凡尔登战场上待满整个战役 10 个月的时间，从无休整，他也提到"特别的心理"影响了战场上的德军士兵。最后，即便那位自吹自擂的冯·布兰戴斯——此前被欢呼为杜奥蒙堡的征服者，战争给他带来的似乎只有荣耀与狂喜——也表达出了战争的恐怖：他声称，"凡尔登死亡峡谷"比包括索姆河在内的任何地方都更为可怕。

第 16 章

在后方的另一个世界

……必须承认,我们一边读着每天 3000 人到 4000 人伤亡的新闻,一边却让日常生活照常继续,这实在是有点冷血。
——雷平顿中校,《第一次世界大战》

他们却这样生活着,我无法接受他们,甚至又有些蔑视他们,我情不自禁地想起了我的战友们——凯特、阿尔贝特、穆勒和恰德。他们现在怎样呢?……很快他们又要上前线了。
——埃里希·马里亚·雷马克,《西线无战事》

巴比塞的战争文学巨著《火线下》中有个人物在休假期间曾苦涩地评论道:"我们身处两个完全不同的国度。前线有太多的苦难,而后方这里则有太多的富足。"凡尔登交战双方的士兵对这句话都心有戚戚焉。在前线待过一段时间以后,士兵们觉得自己仿佛属于某种只接纳打过仗的老兵的修道院僧侣团,后方的老百姓永远都理解不了自己。

越来越多的士兵们在短暂的回国休假期间会出现某种难以描述的不适应感。很多年轻的德军士兵休假不回家,他们之间有很强的自发的战友情谊,会选择待在阿尔萨斯美丽的森林和山脉里的疗养院，和有过凡尔登共同作战经历的战友们一起度假，他们觉得这是整个战争期间最宁静快乐的时光。德国本土在战争的重压之下变得过于冷峻而严肃，回国度假跟在阿尔萨斯山间的时光形成了鲜明对比。回家的士兵觉得后方老百姓太专注于那点家长里短的生活困难，根本不理解自己在凡尔登经历过怎样的考验。

到1916年，在所有主要交战国中，德国受到战争的影响最大。英国对德国实施的经济封锁产生了明显的效果，德国到处物资短缺。德国贫瘠的土地需要化肥来提高产量，而化肥短缺导致德国的农业生产受到产出递减规律的显著影响。1915年，柏林发生了第一次反战游行，500多名家庭主妇在帝国议会大厦前集会抗议发泡奶油的质量比战前的大大下降。第二年，她们再也不用抗议了，因为已经根本买不到奶油，黄油也变得极其稀缺。咖啡也换成了用橡子制造的令人恶心的代用品，面包从1915年初就开始每周限量供应2磅，而且天知道面粉里掺杂了什么东西才让面包变得又黑又粗粝，难以下咽！物质匮乏的情况越来越严重，第二年冬天以"芜菁之冬"的称谓让德国人铭记。凡尔登战场对炮弹的需求永无止境，大多数公共建筑物屋顶上的铜质构件和公园里的铜制栏杆被拆下来制成炮弹的弹带。为了节省宝贵的橡胶原料，街上的车轮没有橡胶外胎，不久以后，就连前线的飞机都要在从机库牵引到跑道就位的这一段路程中，于橡胶轮胎外面套上软木。由于棉花短缺，平民医院里使用纸做的绷带。当然，国内劳动力也短缺，索姆河战役爆发后不久，德国强制征召17岁到60岁的所有男子服劳役或者兵役。

德皇则完全脱离实际地自我封闭在一个小天地里面，忧心忡忡的近臣们甚至觉得，外界的生活条件越是艰苦，陛下沉浸在战前岁月荣光中的程度也就越深。自从凡尔登战役开始出现不顺的迹象以来，陛下越发退缩到自己那个幻想的世界中去，他和外界实际唯一的接触，就是那些从前线传回来供他消遣的不真实的"堑壕战小故事"，有些根本就是向壁虚构的。皇帝越来越频繁地出猎，在上西里西亚省华丽、休闲且与世隔绝的普什奇纳行宫（Schloss Pless）里消磨了大量时间，有时还会跟皇后和少数随从去巴特洪堡（Bad Homburg）进行温泉疗养。每天晚上，皇帝和身边无精打采但唯命是从的侍臣们没完没了地玩斯卡特纸牌游戏打发时间，但似乎很少见陛下赢过。陛下出现在柏林和夏尔维尔－梅济耶尔大本营的次数越来越少，即便身边重臣都对他指导战争时漠不关心的方式表现出不以为然的态度。但德意志帝国的威权结构、新闻审查制度再加上德意志民族天生的高度纪律性，这一切都使得当时的不满情绪还仅限于上层人士。1916年5月1日，李卜克内西（Liebknecht）试图在波茨坦广场组织一场反战示威，但在当时，这还只不过是星星之火而已。全国绝大部分民众对战争仍然全力以赴地支持，脚踏实地，无问西东，对有些从凡尔登前线传回来的流言蜚语采取不信谣、不传谣的态度，和未来的一代人听到纳粹集中营的消息时所采取的不闻不问的态度如出一辙。

刚从前线撤下来的法军部队回到凡尔登城里时所体验到的狂喜，跟德国士兵回到阿尔萨斯乐土时所感到的喜悦毫无二致。城里的一座音乐厅后台化妆间里，仍然能看见过去和平岁月里多姿多彩的驻军生活的蛛丝马迹，墙上贴着一条通知写道：

警察局命令，演出期间，艺术家禁止在此接待访客。

可是艺术家们早就逃之夭夭了，钢琴被砸坏以后，破损的零件在废弃的音乐厅里散落得到处都是。凡尔登在3月初已经变成了一座空城。老百姓全都撤离，有些依附军营讨生活的老百姓够勇敢，也够机智，能躲过宪警的搜寻留在周围，可最后这些人也一个一个地离开了，只剩下3个上年纪的本地人获准经营一家面向军队的餐厅。德军380毫米远程大炮摧毁了市中心的大片地区。每条街上都有门窗紧闭的屋子被炮弹炸开，内部陈设暴露在众目睽睽之下。有座被炮弹击中的房子里唯一剩下的物件是一座拿破仑半身像，他双臂交叉面向北方，锋利的目光似乎是在向远方的德国人挑战。在旁观者看来，这座城市也许是破碎、忧伤和被遗弃的地方，但在刚从前线下来的部队看来，这里竟显得那么生机勃勃。在沃邦修建的堡垒的地下工事里，有安全的避难所，有热饭，有睡觉的床铺，甚至还能洗澡，最重要的是，能暂时避开德国人的炮弹。

1916年法国后方的生活状况，大致介于英德之间。英国还没有进行像法国那样程度的战争动员，即便是生活优裕的雷平顿在1917年也不无惊讶地注意到：

> 国内唯一可见的战争迹象，就是男人们在夜间常常会穿着短外套，系着黑色领带，晚餐时间变短了，侍者人数减少，也没有以前那么专业了。

可是他参加的某次晚宴上，女主人还是能使用"20名漂亮的女仆"。

法国老百姓没有像德国人那样遭受严重的物资短缺。（当然德国占领下的法国东北地区是例外，但即便占领区的生活也比后来纳粹占领下的法国生活水平要好很多。）最为短缺的物资是煤炭，因为德国入侵里尔地区，法国丧失了大约40%的煤炭产量，法国人每当冬天来临的时候就感到忧心忡忡。虽然农业产量大幅度下降，但法国的食品供给从来没有特别紧张过：政府在1914年曾禁止烘焙羊角面包，不过仅仅过了5个月又取消了禁令。1915年秋天，政府下令以固定价格征购谷物；1916年，政府统购统销的权力扩展到糖、牛奶和鸡蛋，但实际上法国政府不太常用这种手段。法国和珍珠港事件以后参战的美国一样，提倡人民每周过一天不吃肉的日子，可是并不想花功夫让人们遵守这个规定。法国直到1917年德国无限制潜艇战打到最高潮的时候才组建了粮食部，粮食部随即下令全国的肉店每周关门两天，禁止糕饼店制作出售高级蛋糕，最后还迫不得已开始实施粮食配给制度。与此同时，法国的老百姓怨声载道，但在黑市的调剂下，日子仍旧过得去，所以说在1916年，法国还很难觉察到食品短缺的蛛丝马迹。

当凡尔登的士兵有幸享受几天有限的假期时，他们会很自然地被吸引到巴黎。尽管离凡尔登只有150英里之远，巴黎却像是另一个国家的城市。他们有时候甚至怀疑首都究竟知不知道法国正在打仗。天性热情活泼的巴黎绝不会长时间地陷入沉闷，即便战争初期抑制住了灯红酒绿的冲动，可这种自律绝不会长久，她的活力和风骚会从每个举手投足间不自禁地迸发出来，到1916年中，巴黎向这个饱受战争之苦的世界重新展现了璀璨绚烂的一面。对从凡尔登回来的士兵来说，这里就像是《一千零一夜》中的巴格达。当时的巴黎就像20世纪40年代的伦敦一样，聚集了忠于协约国的一切民族和军队的代表，摩洛哥人、塞内加尔人、安南人和马达加斯加人的鲜艳民族服装点缀着巴黎的大街小巷，他们在香榭丽舍大街摩肩接踵的人群中和其他各色人等混迹在一起，其中有衣着潇洒的骑兵军官、外籍军团的官兵、身着方格呢裙的苏格兰高地士兵、漂亮的修女志愿医护队员，甚至还有几个来自美国拉法叶中队的飞行员！巴黎的歌剧院和戏院曾在开战的狂热之中关门，但在德军发动凡尔登战役之前不久又全都恢复了营业。密斯丹格苔（Mistinguett）在女神游乐厅吸引了大批观众；伟大的演员伯恩哈德虽已年老多病，却还是一贯地让人着迷，她分身于戏剧演出和在奥德昂剧院为伤病员筹办的康复医院两摊事务，忙得不可开交；巴黎喜歌剧院（Opéra Comique）里歌剧《玛侬》（Manon）正当红，5月德军向304高地步步紧逼的时候，新电影《莎伦波》（Salammbô）闪亮登场，在巴黎举行了首映式；5月春季花卉大展也恢复举办，和战前的各次花展一样光彩夺目。大多数新上演的剧目差不多都以各种手法交织进了爱国主题：某次纪念莫里哀诞辰的演出结尾，玛莎·舍纳尔（Marthe Chenal）批着三色旗充满激情地演唱了《马赛曲》，每天晚上各处音乐会的压轴曲目经常都有新近流行的英国歌曲《蒂伯雷里》（Tipperary）或者《皮卡第的玫瑰》（Rose of Picardy）。1914年大战爆发的时候，巴黎各家美术学校全都萎缩了，模特们去弹药工厂做工，学生们上了前线，只有一些退休的商人为了打发日子才坐进这里的课堂。还在创作的艺术家越来越少：布拉克（Braque）受了重伤，莱热（Léger）被毒气熏倒了，德朗（Derain）倒是没受伤，但现在创作只限于用炮弹壳做些装饰摆件，贝矶和阿兰－富尼耶（Alain-Fournier）都在前线阵亡了，阿波利奈尔头部受了伤。可是巴黎的画廊不知怎么回事又能开门了，而且生意兴隆，出版商在这个时期卖出的书比以往任何时期都要多。

从凡尔登回来的战士们以复杂的心情看待巴黎的歌舞升平。德尔维尔上尉在 1916 年 4 月看到大群衣着亮丽的女士们挽着男伴的胳膊漫步于布洛涅森林的时候评论说：

> 这里的情形让人想起国定假日，或者在隆尚跑马场看比赛的日子……（他讽刺地说）虽然全国都在共度时艰，为取得最后的胜利贡献力量，可是来郊游漫步的人们并没有因此而减少。

第二天，他在餐馆就餐时注意到：

> 不论是在韦伯餐厅（Weber's）还是在比夫阿拉莫（Boeuf à la Mode），到处都是一派富足的景象。如果战争旷日持久地拖延下去——而这是很可能的——巴黎所有的餐馆都能大赚一笔。

他在度假所到的其他地方也以惯常的挖苦语气评论道：

> 生活是如此美好……我们能理解后方这些人对战争漠不关心的态度……令人欣慰的是，如果有人在前线的铁丝网前战死，那一点也不会影响后方的生活。

德尔维尔在结束休假回到部队后，反而感觉自在了许多。
除了巴黎的灯红酒绿，全国范围内都可以清晰地感受到战争给国民生活带来的腐败和扭曲的现象。前线的士兵到 1916 年对后方的这些腐败现象开始吐露怨言。后方有些人不知怎么就能够成功地逃避兵役，还有很多乘机倒买倒卖、囤积居奇的不法奸商大发战争财（这些人正是让高级餐厅和珠宝商生意兴隆的主要客户）。甚至兵工厂最普通的工人也能每天挣 100 个苏的工资，而前线大兵的津贴是每天 5 个苏。结果国内通货膨胀居高不下，1916 年初的生活费用指数达到 120（1914 年 7 月为 100），当年年底继续上涨到 135。黑市交易猖獗，政府有时候还要说服公民不去囤积黄金。战争爆发后不久曾有过一段相当混乱的时期，比如太多农民被征召入伍，农业生产出现了停顿，结果政府被迫让有些士兵复员回家种田。雷诺公司巨大的汽车制造车间被迫关门，只剩下一个小小的制作担架的作坊——当时人们认为汽车是对战争用处不大的奢侈品。（从前文对"圣路"的描述中，我们可以很容易想象出如果雷诺还在生产汽车的话，凡尔登战场的形势会有多大的改观。）可是法国经济还是挺过去了，也许没人说得清是怎么挺过去的，当时人们发明了一个词叫作"D 经济体系"（système D）来形容这种战时经济，这个 D 来自法文"摸着石头过河"（se débrouiller）。

"D 经济体系"虽然出发点是好的，但时不时会导致严重的经济困难。而另一些经济丑闻就不能用无心之过来文过饰非了，比如 1916 年，第 27 医院里有个贪腐的医生被曝光以每张几千法郎的价格替逃避兵役的人做假的医学证明。犯罪分子只被判了很轻的刑，社会上谣传说有高层替医生遮掩，这背后的黑幕牵扯到了议员甚至政府部长。那些失败主义分子的行为更过分，他们以前法国内政部长马尔维（Malvy）为首，将《小红帽》（Bonnet

Rouge）这份报纸作为舆论主阵地，有些彻头彻尾的卖国贼甚至通过打击法国的民心士气从德国人那里领到了上百万法郎的资金。直到1917年，这些人才遭到镇压，马尔维被判处5年流放，博洛帕夏（Bolo Pasha）和玛塔哈莉（Mata Hari）被枪决了，阿尔梅里达（Almeyreda）在监狱里上吊自杀。但在所有这些囤积居奇者、发国难财的人、逃避兵役者和失败主义者之外，最招前线战士痛恨的后方寄生虫还是那些政府宣传人员，这些人是政府新闻审查官员手里的工具，是宣传机器雇用的文人，作为御用作家和记者，他们躲在巴黎舒适的办公室里，用当年爱国诗人德鲁莱德那样的笔调为战争涂脂抹粉，描写勇敢的战士壮烈地为国捐躯，叙述德国人每次在凡尔登发动进攻都会丢下"尸山血海"狼狈而逃，而法国的损失则"微乎其微"，他们在刊登受伤残废军人的照片时会配上说明，"这名士兵虽然失去了双腿，却仍能靠精巧的假肢很好地行走"或者"他虽然失去了双手，但仍能像过去一样抽烟和敬礼"。[1] 此类无稽之谈最能激起曾在凡尔登前线经历过战火考验的老兵们的怒火，部队里的军官则努力搜集像《日内瓦日报》（*Le Journal de Genève*）这样中立国家的报纸，读上面对战事比较客观的报道。

我们可以说巴黎的纸醉金迷只是表面现象，而那些效率低下和贪污腐化的丑闻，当时也还没有严重到四处蔓延、肆无忌惮的地步。法国的确有癣疥之疾，但她的血肉和内脏仍然是健康完好

---

[1] 另一方面，德国人也有这个问题（不过法国作家的想象力更强，也许德国宣传的夸张程度比法国轻一些），举个德国洗脑的典型例子，战争初期，德国有报道说法国炮弹多是哑弹，而且法国子弹会在身上穿一个洞，但不会造成更大伤害！

的，能够抵御腐化因素进一步的侵袭，也能够经受得起用针砭的手段来进行医治。凡尔登的流血牺牲使得这个民族的肌体疲惫而衰弱，那些浅表的疾病在来年会变得更加严重，[1]不过至少现在还没达到那么严重的程度。法国尽管遭受了巨大的损失和磨难，但她还是像德国一样在一致对外方面展现了强大的凝聚力。这种凝聚力有两股源头，其一是神圣联合，其二是法兰西的妇女。法国从来就不缺少极端分子和独立的政治势力，但神圣联合的建立让不同政治信仰的人们能为了全民族的整体利益而捐弃前嫌，这不能不说是法国历史上的一个奇迹。这种精神类似于"二战"期间英国被德国空袭的时候那种（暂时）打破了社会各阶级藩篱的团结精神。那位坚定的反战分子、社会主义者和无政府主义者安纳托利·法朗士曾在德雷福斯事件后不久主动放弃了自己在保守主义盛行的法兰西学术院里的席位，现在他又回到了法兰西学术院（他已经70岁高龄，竟然还想报名参军）。还有那位著名的反宗教分子克莱蒙梭，现在有人看到他亲吻一位神父的双颊。最令人惊讶的还是这一联合经过两年的战争和挫败，竟然还能维系下去，毕竟它是如此不符合法国人自由散漫的个性。一个重要的信号是1916年4月当世界各国主张革命的社会主义者在瑞士集会呼吁各国立即停战时，没有任何法国的社会主义者发声附和，唯一的例外是一名叫皮埃尔·赖伐尔（Pierre Laval）的年轻议员。

　　战争也给法国的妇女解放运动带来了缓慢的变革。法国妇女在国内享受到空前的平等权利。战争爆发时，妇女纷纷加入医

---

[1] 1914年至1915年，法国国内的罢工极为罕见，1916年（大多数发生在那年最后一个季度）发生了314起，而在陆军兵变的1917年则发生了696起罢工事件。

护队伍，走进兵工厂生产武器，或者填补男人们离开之后留下的行政管理空位。战士们从前线归来，发现自己的妻子在兵工厂工作，且皮肤都被苦味酸染黄了，他们会抱怨几声，但也无可奈何。一开始，有些妇女是受到漂亮的护士制服的吸引，或者被冒险的冲动所驱使，后来随着越来越多的妇女失去了丈夫、情人或者兄弟，这种肤浅的工作动机被更加坚定的献身精神所替代。大多数法国妇女都成为一名或者几名前线战士的教母，尽力地为战争作出女性特有的贡献，从写信去激励战士们，到邮寄装满食品的包裹，甚至向士兵奉献出女性最宝贵的东西。她们在信中激励士兵说，"我们在后方关注着你，等着你杀敌立功的好消息"，这样的鼓励能对提高士气起到不可估量的作用。在所有群体中，妇女对坚定军队的战斗决心起到了最为关键作用，《玛德隆之歌》(La Madelon) 也几乎顺理成章地取代了《马赛曲》成为最能激发战斗激情的歌曲。1916 年法国的战斗精神最好的象征也许是可敬的莎拉·伯恩哈德，她有一条腿被截了肢，但仍然用木制假腿登台演出。她就是法国本身：身体残疾但永不屈服。

所以，正当凡尔登战役进入最骇人听闻的高潮之时，两国国内都拥有坚定的信心和决心把这场战役乃至整个战争继续下去。这样举国团结的精气神，在两个国家后来的日子里都很难再现了。

第 17 章

空 战

在战斗机飞行员的字典里,永远没有"战后"这个词。

——劳尔·吕夫贝里,拉法叶中队

他们是这场战争中的骑士,无所畏惧亦无可挑剔,他们再现了骑士精神的时代,这不仅是因为他们的行为勇敢无畏,更因为他们的精神高尚圣洁。

——大卫·劳合·乔治,于下议院,1917 年 10 月 29 日

重炮兵在怨气冲天的步兵眼里也许是遥不可及的存在,但还有一小群人比重炮兵看起来更加遥不可及,简直像是属于另一个世界。5月,雷蒙·朱贝尔在炮火纷飞的死人山地狱里抬眼望天,稍带嫉妒地注视着纳瓦尔(Navarre)驾驶的一架猩红色飞机在法军阵地上空上下翻飞,做出各种特技动作,炫耀着自己的又一次空战胜利。他想到,这些"快乐的飞行员在空中格斗中无论胜败,都能享受到那些卑微到尘土里、默默死去的地面士兵们的欢呼喝彩。他们是这场战争中唯一一群能按照自己梦想的方式生活,甚至按照梦想的方式死去的人"。虽然飞行员的平均寿命实际上比机枪手短得多,但考虑到地面上无穷无尽的折磨以及残杀,步兵

们还是更嫉妒飞行员。飞行员的死亡常常意味着被活活烧死，但起码死亡来得猝不及防、干净利落——而且是在众目睽睽之下。步兵们对飞行员的羡慕嫉妒常常伴随着自卑。在头顶盘旋的飞机，还有它们保护的系留炮兵观测气球，都让步兵们感觉自己像是地上的啮齿类动物，无遮无拦地暴露在具有朱庇特大神一般破坏力的神鹰洞察一切的目光之下。飞行员们听不到下面战斗的喧嚣，事不关己地观察着地面微小的火光——仿佛那是镜面反射的光，还有那些腾起的烟雾。这一切都是如此遥远，根本无法让他们联想起地面士兵所经受的种种苦难。这里首要的原因是凡尔登战场本身就狭小得可笑，即便从第一次世界大战时期原始的飞行器所能达到的高度，飞行员也能将敌我双方一览无余，可以同时看到自己的远程大炮和敌人后方的被炮击目标。夜间巡逻的飞机有时候能同时看见自己的基地和敌人的机场，它们的灯火在远处若隐若现，就好像大地撒上了磷火一样。飞行员在俯视战场的时候，常常会油然升起一种混杂着厌恶感的傲慢情绪，就像是一名个人主义者看待群氓的那种轻蔑。有一位空中观察员伯纳德·拉丰（Bernard Lafont）感叹道："不加反抗地接受如此悲惨的生活状况，这是多么怯懦可鄙的一件事啊！这简直是怯懦到了极点。"

飞行员还有另一个理由让他们自觉高人一等，可怜的普通士兵每天津贴只有5个苏，而法国空军当中区区一个下士每天的额外飞行津贴就有2法郎，军官则有10法郎。此外，战斗机飞行员每击落一架敌机可以得到3天休假，还能在绶带上添加一枚棕榈叶装饰。法国轮胎制造公司米其林还建立了一笔基金，给予击落敌机的飞行员以大笔奖金。法国第一号空中王牌[1]居内梅（Guynemer）在死前积攒了差不多15,000法郎的奖金（他把这笔钱捐赠给了伤残飞行员救济组织）。最重要的是，这场枯燥战争中的无名之辈太多了，公众急需造星追星，而空中王牌在这样的社会环境下得到的崇拜，远多于1940年不列颠空战中那"一小群人"（The Few）所受到的追捧。审查制度对新闻界施加的限制太多，于是媒体把空战英雄几乎包装成了漫画里的超级英雄，每天喋喋不休地描述并且夸大他们最新的冒险故事，对他们漂亮的制服发表些大惊小怪的评论。著名的女演员会给素不相识的王牌飞行员写信，诚邀对方下次度假的时候来巴黎和自己共度美好时光，还有数不清的颂歌和崇拜信如雪片般从四面八方纷至沓来（德国的奥斯瓦尔德·波尔克平均每天会收到23封此类信件）。德国第一位伟大的空中王牌马克斯·殷麦曼（Max Immelmann）阵亡之后，德国皇太子偕20位将军出席了葬礼。而居内梅在身后几乎被神化了。他于某一天驾机飞进了云层，从此杳无音讯，没有人发现过他的尸体或者座机的残骸，此后整整一代法国小学生都在传说他的肉身已经进入了天堂。有些王牌飞行员觉得这种程度的神化令人厌恶，低调的波尔克在休假期间去听歌剧时就遇到过这种尴尬，剧中特意插进了一段歌颂他的咏叹调，结果波尔克在这段歌曲结束之后从歌剧院偷偷溜了出来。

公众如此追捧飞行员，无疑是因为这个职业人数稀少，他们的武器又是如此新奇。法国参谋学院院长在1910年宣称"飞行是一项很好的运动，但对陆军来说百无一用"，他的评价代表了

---

[1] 起初飞行员击坠战绩达到5架就可以被称为王牌，后来这个标准被提高到10架。

当时军界的正统观念。法国在开战时拥有的飞机不到150架，德国的飞机也只稍多一点点，但在开战第一个月，加利埃尼运用飞机侦察到克鲁克在马恩河战役中所犯下的经典错误，这次事件彻底否定了那位院长的观点。一直到战争结束时，法军都在竭尽全力扩充空中力量，但飞行员总人数仍然不足13,000。（为了对空中王牌的生还概率有一个大致的了解，我们可以把这个总数跟以下数字对比：3500人阵亡，2000人在训练事故中身亡，另有3000人在飞行事故中受伤。）法国的工业组织混乱，没能及时转入战时轨道，等到工厂终于开足马力为军队生产飞机以后，却又犯了另一项错误：生产的飞机型号过于庞杂——德国人没有犯类似的错误。第一批法国战斗机飞行员的座驾是布莱里奥式（Blériots）战机，巡航速度每小时50英里，爬升到6000英尺要花一个半小时。法军后来又列装了法曼式（Farmans）战斗机，这种战机很快得了个"鸡笼"的绰号。法军还有考尔德隆式（Caudrons）战机，当时一名法国飞行员说拿它跟德国当时的主力战斗机相比，就像拿卡车跟劳斯莱斯轿车相比。居内梅曾说如果德国人飞的是法国战斗机，他能保证每天打下来一架。直到1916年春天法军装备了时速107英里的纽波特式（Nieuport）战斗机并让其在凡尔登战场亮相以后，法国飞行员才总算拥有了能和德国人相抗衡的装备。但德国人自己也没什么可以得意的，他们在战争初期也犯了一个大错，就是集中资源生产齐柏林式飞艇，德国人在战争大部分时间里都能对盟军保持技术优势，几乎全赖一个25岁荷兰人的才智，他就是托尼·福克尔（Tony Fokker）。

当时双方战机的武器和装备都同样原始，无线电通信手段还没有被发明，炮兵校射飞机跟地面联络主要依靠把情报（一般是在地图上做标记）装进盒子里用长飘带扔下。而地面部队则用在地面铺设标记，或者用 6 英尺长的白色帆布在地面组字母的方式来向飞行员传递消息。这种办法在凡尔登当然会招致敌军炮火的猛烈袭击，所以行不通。莱特兄弟的这项发明刚被改装用作空战的时候，飞行员要么在空中互掷飞镖，要么用佩戴的手枪向对方射击。后来飞行员用上了步枪乃至机关枪，福克尔在 1915 年发明了一种同步器，让机枪能在螺旋桨叶片的间隙中射击，这也许是整个空战历史上最大的一次突破。法国人在这方面也落后于德国人。法军的机枪有缺陷，关键时候总是卡壳，飞机降落时又经常不经击发自动开火，把自己的地勤人员打死，这让法国的空中王牌们大为光火。德军的航空机枪不需要重新装弹一次可以发射 1000 发子弹，法军机枪的弹夹只能容纳 57 发子弹。如果想在空中换弹夹，飞行员就要从座舱内探出身子半爬出来，同时用双膝夹住操纵杆维持飞行状态，这可需要极大的勇气和技巧，同时还得留心敌人的战斗机是否就在附近盘旋伺机围猎。

但法国早期的空战战术比德国人的优越得多，因为这类单打独斗的战争形式特别对得上法国人个人主义的脾气（尽管后来，法国飞行员也因为同样的原因而遭受了严重的损失）。曾有一名法国飞行员说道："我们都是些避难者，躲避对自由精神的禁锢，躲避军队严格的纪律……"自从中世纪长弓发明以来，欧洲战场上就再也没有出现过这种单挑的场面。当双方的王牌在空中相遇，于云端之间展开令人目眩神迷的格斗，战争中的其他一切都被遗忘了，战壕里的士兵停下来观赏空中格斗，就像希腊和特洛伊双方大军静观赫克托耳跟阿喀琉斯决战一样。在这类高度个人主义的战斗当中，飞行员们又复活了全民战争时代来临后就早已消失的骑士气概和运动家精神。敌对双方之间培养出了惺惺相惜的同志情谊。有一名德国飞行员曾在空袭法军基地的时候，不小心丢下了一只昂贵的皮手套，第二天他飞回法军基地上空把另一只手套也扔了下去，还附上一张纸条，请求捡到手套的人把它留下，因为他自己反正留着单只手套也没什么用。而捡到纸条跟手套的法国飞行员也很有中世纪的骑士风度，他飞到德军基地上空扔下一封感谢信。像冯·里希特霍芬（von Richthofen）这样的冷血杀手王牌很少，大多数飞行员都如同波尔克或者纳瓦尔一般憎恶杀戮，每次击落敌机都尽可能瞄准敌机的引擎而不是飞行员射击。如果敌方某位著名王牌阵亡了，胜利阵营当中更多表现出来的是惋惜和哀悼，而不是喜气洋洋：波尔克本人阵亡后（他和自己最好的朋友空中相撞），位于航程范围之内的每一个英军基地都派出飞机去波尔克所在基地上空投下花圈，根本不顾被击落的危险。虽然这种骑士精神在整个战争期间都一直延续，但凡尔登战役标志着单打独斗的空中王牌时代的结束。直到凡尔登战役，"空中力量"（Airforce）这个词才第一次具有了真正的意义。

霞飞和德·卡斯特尔诺曾在1916年1月向普恩加莱总统信誓旦旦地保证法国在空战领域对德国保有优势。可是凡尔登战役开始时，法国空中力量却在德军面前居于绝对劣势，单从数量上说就是接近1比5的劣势。法军步兵垂头丧气地看着满天的德国福克尔式飞机在战场上空任意翱翔，精确地指引着德军的火炮射击。不过法国空中力量的反应也很快，其负责人巴雷斯（Barés）上校在空中战略方面颇具慧眼，立即在巴勒迪克建立起自己的前线指挥所，一周之内就把当时法军总共15个战斗机中队当中的6个部署到了凡尔登地区，尽管当时陆军仍然对飞机这种新式武器的效能持怀疑态度，不太愿意合作，甚至没法给他提供地图和飞行员宿舍里铺床的稻草垫子。法军在凡尔登除了有6个战斗机中队以外还有8个侦察中队，总共120架飞机。巴雷斯令人信服地展示了空军的机动部署能力。这支庞大空中力量的指挥官只是一名少校——德·罗斯（de Rose）侯爵。他从巴雷斯那里受领的任务很简单——"扫清天空"。这位侯爵当时40岁，曾在骑兵服役，斯皮尔斯描述他具有"昂扬和英雄的精神"，他穿的军装似乎也是自己设计的。他虽然在5月一次飞行事故中身亡，但当时几乎已经完成了扫清天空的使命。

德·罗斯首先着手调集了60名最顶尖的飞行员，这个阵容明星荟萃，几乎集齐了当时法国所有著名的空中英雄，其中很多人聚在一起组建了著名的"飞鹳中队"（Groupe des Cigognes）。那几年里，这些少年英雄们生气勃勃的脸庞让人们看到了未来（他们中绝大多数才二十出头），他们是如此机警而敏锐，总是把胡子刮得干干净净，这与前线大兵拉碴的胡子，与他们军官那气冲斗牛的上翘唇髭，形成了鲜明的对比。中队长布罗卡（Brocard）上尉刚到凡尔登不久就在空战中受伤，第二年去职，因为他很难把旧时单打独斗的空战模式跟凡尔登地区空战的新情况相适应，而飞鹳中队的盛名就来自这种旧式单打一的空战模式。坚强到令人拍案称奇的夏尔·南杰瑟（Charles Nungesser）中尉也是这个中队的成员，他在战前曾是拳击手，在凡尔登战役时，因重伤在身，只能让人抬进飞机座舱，而且只能用一只脚来控制方向舵。可他的飞行技巧娴熟，有一名拉法叶中队的美国飞行员甚至说，南杰瑟的飞机仿佛不是由他的身体操纵的，而是受到他的思想控制似的。他仅在凡尔登地区作战期间就打下6架德国飞机外加1

个观测气球。南杰瑟的下巴是人造的，由黄金制成的骨架固定在一起，他笑起来的时候嘴会歪着，并露出整整两排大金牙。他虽然重伤在身，但在战斗和娱乐时都同样地奋不顾身，常常在一整天的战斗之后，开着自己那部巨大的敞篷跑车长途奔袭150英里去巴黎花天酒地，狂欢滥饮一夜后再开回基地，升空参加清晨巡航。他在空战中17次受伤，却是少有的能活到战后的空战王牌。中队里另一位明星是英俊的20岁准尉让·纳瓦尔，他在杜奥蒙堡陷落第二天就取得了飞鹳中队的第一个击坠战绩。他父亲是有钱的纸制品制造商，某种程度上他算是个花花公子，厌恶杀戮，声称自己只是被迫进行空战。空军内部的纪律已经够宽松了，纳瓦尔还是拒绝服从，根本不好好写航空日志，还曾因不服从命令被关过禁闭。前线战壕里的官兵特别喜欢他，因为只要空中没有敌人，纳瓦尔就会驾驶着自己那架红色飞机在前线上下翻飞，表演令人心悸的空中杂技，而这是被严格禁止的（冯·里希特霍芬把座机涂成红色还是拾他的牙慧）。纳瓦尔在凡尔登进行过257次空中格斗，大多数时候都是以寡敌众，打下了11架敌机。受伤后，他待在医院里，脾气极其暴躁，在康复疗养期间更是以放荡的丑行震动了巴黎。兄弟阵亡给他精神上带来很大打击，让他陷入长期的抑郁情绪，最后在战争结束的时候住进了疯人院。1919年，纳瓦尔演练从凯旋门下穿越的飞行特技时，撞上电话线死于非命，有证据显示他有可能是自杀的。

所有这些明星中，最耀眼的那颗无疑是居内梅（Guynemer）。他当时21岁，在飞鹳中队调到凡尔登时刚刚成为军官，1915年夏天的一个早晨，还是一名下士的居内梅打下了3架敌机，那是他第一次出名。居内梅家族的英勇事迹可以追溯到查理曼大帝时代，他本人却没有英雄人物那种孔武的相貌。他很瘦削也很清秀，有点女性气质，因为身体弱曾三次报名参军被拒。他和所有参谋军官一样注重外表的自我修饰，身上总是挂着全部的勋章。德里昂中校在战前写过关于潜艇战和空中飞船的假想战争小说，居内梅少年时代被这些书深深地吸引了，所以把战争和飞行都作为自己狂热的志趣所在。他回后方休假期间，每次都有大把的名媛美女想要和他上床，他却无动于衷，宁愿把时间花在跟飞机设计师讨论技术细节上面。他对自己的3架飞机了如指掌，每天都要花好几个小时检查引擎和机枪。他曾说："飞机对我来说就是飞行的机关枪。"他也的确是个空中神枪手，这是他能活得这么久的秘密，尽管居内梅不像那些活到战后的王牌——比如勒内·丰克（René Fonck）、纳瓦尔或者南杰瑟——那么头脑冷静，或者飞行技巧娴熟。居内梅高度神经质，每次都像一根压紧了的弹簧突然被松开那样冲进战场，奋不顾身地扑向对手，这种冲动让很多初出茅庐的飞行员丧了命。每次救他命的都是他那高度精准的射击术。居内梅的传记作者亨利·波尔多（Henry Bordeaux）说，他在降落之后仍然处在神志不清的状态当中，"就像被周身流转的电流电到了一样"。他经过无数次空中格斗，每次都极其幸运。这种神经质本来可以要了他的命，在凡尔登战场上也的确有一次差点真要了他的命。当时他跟飞鹳中队的战友们一起编队飞向前线，打下自己的第8架德国战机。其后，3月13日，两架德军战斗机夹攻居内梅，在10码距离内向他开火，两颗子弹击中左臂，无数金属碎片打在他脸上，其中一块打进下巴的碎片后来再也没能取出来。脸上的血糊住了他的眼睛，他开始俯冲，居然成功迫降在地面，只是机身右边侧翻朝上而已，与此同时还有第三架敌机想在他迫降的时候结果他的性命。这是他最后一次在凡尔登战场上作战。他伤还没好就在 4 月 26 日逃出医院重返战场，可是又被送回医院，就像个淘气的小孩一样。他 8 次受伤，最后一次在伤口还没有愈合的情况下，就重返蓝天继续战斗了。1917 年 9 月居内梅在云端消失，法兰西举国哀悼。他总共击落 54 架德国飞机。

1916 年 2 月，德国人在凡尔登地区集中了当时世上最强大的空中力量，总共有 168 架飞机、14 个"龙式"系留气球、4 艘齐柏林飞艇。可是德国人犯了两个严重的战术错误，以至于根本没有意识到制空权的价值就把它拱手送给了法国。第一个错误在于德国人把空中力量都密集用于防御目的，组成所谓"空中保护网"，以确保德军防线上空的安全。德国人把凡尔登上空划分为若干个很小的空域，每个空域保证 24 小时都有两架飞机巡逻。因为燃料问题，每对巡逻飞机在目标空域上空的时间不超过 2 个小时，而且只能用速度相对较慢、比较笨重的双座飞机进行这种巡逻。计算下来，以 1916 年飞机的速度，德国人至少需要 720 架飞机而不是 168 架，才能有效地执行封锁天空的任务。实际上，这些飞机的数量刚刚够驱逐从战斗一开始就零星飞临战场上空的寥寥几架法国侦察机。精神抖擞的飞鹳中队来到凡尔登战场以后，开始兴高采烈地随意攻击那些散布在"空中保护网"各处的德军飞机。一旦撕破这张网，法国飞机就可以无所顾忌地击落"龙式"系留气球，这些气球是德军炮兵必不可少的耳目。虽然法国人的飞机在数量和质量上都不如德国的，但他们在 10 天之内就以自己干劲十足的进攻精神从德国人那里夺得了制空权。其后，奥斯瓦尔德·波尔克来了。

波尔克的父亲是萨克森人，曾做过教士，后来当了学校校长。

在来凡尔登之前，25岁的波尔克已经打下了9架敌机，是德国最高战功勋章"功勋勋章"最年轻的获得者。1916年1月底，他被秘密地从杜埃（Douai）调到凡尔登以北的雅梅斯（Jametz），加入构建"空中保护网"的行动。开战前，他因内脏疾病被强制送进医院，非常不情愿地错过了初期的作战。然而，后来他不知怎么地贿赂了看护溜出医院，击落了一架胆大妄为地扫射自己基地的法军飞机。到3月11日，德军空中指挥部对形势已经感到非常焦虑，于是授予波尔克全权，让他以任何自己认为合适的方式把空战打到法国人的后方去，尽管波尔克当时只是一名区区的中尉。波尔克立刻把自己的基地从离前线14英里的雅梅斯前移到离死人山高地6英里的默兹河畔锡夫里（Sivry-sur-Meuse），他认为雅梅斯离前线太远了。（当时飞机航程很短，因此把基地设在敌方炮火射程之内是很常见的做法。）在最初的10天内，波尔克又添了4架个人击坠战绩。法国空军开始遭受损失，仅在飞鹳中队里，就有中队长布罗卡上尉、居内梅以及其他几名顶级飞行员受伤暂时撤离了前线。德国人重获战场主动权，炮兵火力也变得更精准，为3月底在左岸地区进攻的胜利平添了助力。波尔克在4月11日阴郁地写道："仗一天比一天难打。法国人不来进攻我们了，他们远远地在后方飞行。"

但是空中作战的攻防转换速度很快。法国开始采取集中力量编队飞行的方式，虽然编队的控制还比较松散，但这是背离旧式空中决斗模式的第一步。波尔克写道："他们一次出动多达12架战机保护两架侦察机。我们很难突破保护幕打掉侦察机。"德国空中力量还第一次失去了数量优势。巴雷斯和德·罗斯运用优秀的组织才能在4月中旬把凡尔登地区的法国空中力量提高到226架飞机，这么大密度的兵力集中在此，法金汉那种在所有战线都保持兵力的战略根本就不能或者不愿与之抗衡。5月7日，德军部队在蒂欧蒙（Thiaumont）集结，准备发动进攻，却突然遭受由空中引导的法军精确炮火的火力急袭，德军这才气急败坏地注意到，德国战斗机第一次无力驱逐法军的侦察校射飞机。5月稍晚时候，法国战斗机装备上由某海军军官发明的特殊火箭，在一天之内就把皇太子5个珍贵的"龙式"系留气球打成了一团团火球。波尔克此时已在取得自己第18架战绩以后被提升为上尉，他挺身而出提出组建游猎中队（后来英国皇家航空队给他们起名叫"飞行马戏团"），将一组12架飞机分成4个三机编队，互相之间密切支援。但"飞行马戏团"还没来得及在凡尔登地区完成编组，6月18日就传来了令人震惊的消息，说殷麦曼阵亡了。德国不能再损失另一位伟大的空中英雄，于是德皇亲自下令禁止波尔克飞行，并把他调往俄国前线从事训练工作，这令波尔克大为失望。

如果不是殷麦曼的阵亡，波尔克的"飞行马戏团"几乎肯定能让习惯于单打独斗的法国飞行员吃尽苦头。因为7月份索姆河战役打响后，波尔克说服了上级相信前线不能没有自己，并亲自率领"飞行马戏团"打下了51架敌机，其中20架是他的个人战绩。那年秋天，德国空中力量达到了顶峰状态，一个月之内在索姆河上空击落123架协约国飞机，自己仅仅损失27架。第二次世界大战的战斗机战术在这里诞生。与此同时，在空战战术真正的诞生地凡尔登战场，法国一直都牢牢地掌握着制空权。6月和7月是贝当的部队最接近崩溃边缘的时候，却也是德国的空中力量最为虚弱的时刻。如果德军取得制空权，凡尔登战役很可能会是另一个结果。法国空军在凡尔登取得了大胜，但他们付出的努力代价太大。在凡尔登战役之后，法国空军一直在走下坡路，空中战役渐渐成为英德两国之间的争斗。

德军在凡尔登的空中作战中所犯的第二个错误是，他们没能利用初期的优势切断法国通往凡尔登的补给线，这个错误比第一个的严重得多。当时轰炸已经是一种成熟的作战形式（早在1914年9月，德国陶伯式飞机就轰炸过巴黎），德国人当时的确拥有轰炸所需的飞机。我们无法理解为什么德国人当时没进行轰炸，让凡尔登的法军逃过一劫，似乎同时代的德国评论家们也同样不理解。战后不久，汉斯·里特尔（Hans Ritter）评论说：

> 这条交通动脉（指"圣路"）拥挤异常，已经达到通行能力的极限，如果对其进行精心组织并不断重复的空中轰炸，那么能在多大程度上削弱这条动脉是不言而喻的。第一次轰炸后，就会有数不清的被炸毁、正在燃烧的车辆堵塞道路。到处爆炸的弹药车会加剧混乱。重型炸弹造成的弹坑会在多点切断公路。那里必然会出现无法疏通的乱象。

他继续指出，德国当时有3个中队总共72架重型C式飞机正在待命，只需半个小时便能飞临目标上空，每架可以投下一枚200磅炸弹。所以德军每天可以向圣路投下20吨炸弹，这还没算上打击敌方士气的夜间轰炸。可是不知出于什么原因，德军把这些飞机浪费在攻击铁路枢纽上，而铁路枢纽本来就已经在德军远程炮火的有效覆盖之下了。此外皇太子集团军还能动用7艘齐柏林飞艇进行远程轰炸，其中包括一艘德国最大最新的LZ95号飞艇，它能够爬升到12,000英尺高空，没有任何战斗机能达到这样的高度。可是直到 6 月，德军才开始全力轰炸巴勒迪克等至关重要的交通枢纽。另一位德国军事评论家赫尔曼·温特指出，德军没有试图对默兹河上重要的桥梁进行攻击。整个战役期间默兹河上的 34 座大桥只被摧毁了一座，这还是因为法军自己在 2 月 28 日错误地引爆了埋在桥上的炸药包。

德军为什么会犯这么低级的错误？也许最接近事实真相的答案来自德国空军参谋长霍普纳（Hoeppner）将军本人，他令人惊讶地坦陈："我们在凡尔登并不懂航空作战的本质和精髓。"

1916 年 5 月 18 日，在阿尔萨斯战区一段平静的战线上空，一架德国侦察机执行完任务后正在返航途中。然而，当它刚刚跨越战线回到自己一方，有一架战斗机突然从太阳方向向它俯冲而来。对方机翼上涂着三色旗圆形机徽，机身上却有一个之前从没见过的标志，那是一个穿戴全副羽饰的印第安部落勇士的头像。德国飞机的观察员/机枪手连忙从座舱里站起来操作机枪自卫，但在几秒钟之内，德军飞行员和机枪手都被打死，飞机也转着圈坠毁在地面。

这场空战原本可能只是官方公文里微不足道的一件小事，但获得胜利的飞行员的国籍却值得大做文章：这名下士叫基芬·洛克维尔（Kiffin Rockwell），来自北卡罗来纳州的阿什维尔市。洛克维尔的胜利是新组建的第 124 中队的第一个击坠战绩，这个中队又被称为"美国中队"，后来华盛顿的孤立主义游说团体施加了政治压力，这个中队才改名为"拉法叶中队"。来自新英格兰地区的诺曼·普林斯（Norman Prince）最先提出组建这个中队的主张。他于 1914 年在马萨诸塞州学会飞行，然后来法国想要组建一支由美国志愿人员组成的飞行小队。他在巴黎得到一名有影响力的美国医生埃德蒙·L.格罗斯（Edmund L. Gros）的帮助，格罗斯曾参与创建了美国志愿野战救护队（American Ambulance Field Service）。这两人想尽办法找关系，从外籍军团和志愿野战救护队里拉来合适的人选，但法国当局起初不太愿意合作，直到一年以后才意识到这样一支志愿部队潜在的巨大宣传价值。拉法叶中队官方的成军日期是1916年4月16日，最初的成员是7名美国飞行员，全都是士官，指挥官是两名法国军官——泰诺（Thenault）上尉和德·拉热·德·缪克斯（de Laage de Meux）中尉。拉法叶中队装备新的快速纽波特式战斗机，最初的任务是为以孚日山脉吕克瑟伊（Luxeuil）为基地的法国轰炸机群护航。

无论当时还是后来，拉法叶中队里的美国志愿兵都是形形色色各色人等都有：有穷的也有富的，有花花公子也有大学生，有职业飞行员也有雇佣兵。他们唯一的共同点或许就是自当年拉法叶侯爵远渡重洋来美国帮助乔治·华盛顿手下艰苦奋战的大陆军以来，法国就对美国的年轻人施加的那种不可思议的影响力。最初的7名成员在加入中队之前大多数就已经在法国作战了。威廉·陶（William Thaw）是中队里第一个被授任为军官的，当年在耶鲁大学求学期间就拥有私人水上飞机，所以早就在法军中当上了轰炸机飞行员。陶据说是世界上第一名驾机从桥下穿过的飞行员，他的外表、身材和酗酒习惯都很像海明威。他受过一次伤，从此胳膊只能弯曲着，伸不直，但这反而让整个中队坚毅的形象更为深入人心。维克托·查普曼（Victor Chapman）毕业于哈佛大学，战争爆发时在巴黎的艺术学校学习，他马上投笔从戎，加入法国外籍军团成为一名列兵。21岁的基芬·洛克维尔是来自北卡罗来纳的医学生,也在战争爆发后加入了法国外籍军团,他和查普曼两个人的祖父都曾是美国内战时期南方军的军官。查普曼和洛克维尔在前线战壕里打过一年仗,1915 年 5 月,洛克维尔大腿受了重伤。詹姆斯·麦康奈尔也是南方人,他和艾利奥特·考丁(Elliot Cowdin)都来自美国志愿野战救护队。伯特·豪尔(Bert Hall)是个真正的德州雇佣兵,战前就有丰富的飞行经验。他在 1912 年和阿卜杜·哈米德(Abdul Hamid)苏丹签了个人协议,用自己的飞机"自由长矛"(free-lance)替苏丹服务,跟保加利亚人作战,不过他很聪明,在协议里坚持要雇主每天用黄金结账。苏丹的赏金很快就告罄了。豪尔在 1914 年加入法国外籍军团,后来又转入法国空军,他通过迫使敌机迫降在法军战线后方,成为第一名完整缴获一架德军飞机的飞行员。

后来加入的成员当中,有个人的姓跟豪尔相同,名叫詹姆斯·豪尔(James Hall),于开战后加入了基钦纳的第一批 10 万人英国陆军。詹姆斯·豪尔在拉法叶中队里以运气超好著称,有一次一发高射炮弹在击中他飞机的引擎后居然没有爆炸,而是嵌在了里面。他和查尔斯·诺德霍夫(Charles Nordhoff)是形影不离的伙伴,诺德霍夫后来在中队里搞了一次"赏金兵变"。劳尔·吕夫贝里(Raoul Lufbery)在拉法叶中队成军之后几天加入,他和伯特·豪尔一样在战前就已经是职业飞行员了。他在法国出生,父母移民去了美国。1912 年,吕夫贝里和一名胆大妄为的法国飞行家马克·普尔普(Marc Pourpe)组队,用一架老式的布莱里奥飞机在远东和近东地区开展了两年的巡回表演,有一次,他在中国的农村迫降,差点被迷信的当地农民打死。1914 年,普尔普回国参加法军,在战争初期的空战中殉国。吕夫贝里从此心心念念要为好友报仇雪恨,最后在1918年5月阵亡,他将成为美国第一名空战王牌飞行员。

这些志愿飞行员们,此前一年要么作为外籍军团士兵在堑壕里苦战,要么待在生活条件艰苦的救护队里,在刚到达孚日山脉中野性而美丽的吕克瑟伊时,都觉得生活美好得就像做梦一样。他们的驻地是一座豪华别墅,旁边有罗马浴场。他们还能和军官一起在城里最好的宾馆用餐(这背离了法国陆军官兵分开用餐的传统)。中队最初7名成员里有4人没能活到战后,其中之一詹姆斯·麦康奈尔有点未卜先知地写道:

> 我想到自己拥有的豪华生活——舒适的床铺、洗浴设施、汽车,于是回想起这样一个古老习俗,古时候在献祭一个人之前都会给他提供国王般的舒适生活,直到祭祀的那一天到来。

但没有人把这种思绪宣之于口,部队士气很高昂,出击作战之余的日子也很忙,很少有机会坐下来静静地思考。飞行员们全神贯注地不停玩扑克、打桥牌,背景中一架留声机一遍遍地反复播放着毫无新意的《谁为里普·凡·文克太太付了租金?》(Who Paid the Rent for Mrs. Rip Van Winkle?)。中队的吉祥物——一只名叫威士忌的幼狮——则会亲昵地在周围安静地逡巡。中队在开派对狂欢的时候往往把当地旅馆搞得乱七八糟,让上了年岁的法国飞行员们既惊讶又羡慕。

基芬·洛克维尔取得拉法叶中队第一架击坠战绩的那天,他们接到命令转场开赴凡尔登前线,在那里拉法叶中队将面临第一次严峻的考验。5月24日,陶在杜奥蒙堡上空遭遇一场苦战,他先打下一架福克尔飞机，傍晚再次飞临战场，却遭到三架敌机围攻。他的座机弹孔累累，胳膊动脉也被一发子弹打穿，但他终究还是安全地停降到法军前线后方。他因功成为第一位获得荣誉军团勋章（Légion d'Honneur）的美国人。伯特·豪尔也在同一天击落一架敌机，自己也受了伤。中队的伤亡越来越多，6月17日，也就是殷麦曼阵亡前一天，查普曼遭遇了伟大的德军王牌波尔克，座机遭到重创，右副翼控制装置被打坏，自己头部受伤，可是他仍然用手拉着副翼控制索的残端成功迫降。第二天，新来的飞行员克莱德·巴尔斯利大腿被一颗爆炸子弹击中，伤势严重，子弹的碎片在他的肚肠上穿了十多个小孔。法军前线部队将他从座机里救了出来，并送到后方医院，后来查普曼在一所肮脏的法军医院找到了高烧不退、口渴难耐的巴尔斯利。巴尔斯利在昏迷中喃喃呓语想吃橙子，然而1916年的法国和"二战"期间的英国一样很难找到橙子。查普曼听说巴尔斯利命不久长，于是在整个法国为他搜寻橙子，终于在6月23日找到一些，便开着飞机给医院里的巴尔斯利送去，却在途中遭到5架德军飞机的围攻。

维克托·查普曼是拉法叶中队第一名牺牲的飞行员，也可能是最受人爱戴的一员，他死后，中队里弥漫着复仇的情绪，飞行员们在空中待的时间越来越长，急切地寻找空战的机会。不可避免的事情终归会发生。洛克维尔给弟弟写信说："我和普林斯明天要飞10个小时，尽力替维克托杀一两名德国鬼子。"两人第二天都如愿以偿击落了德军飞机，可是再次日，洛克维尔也被击落，几天以后，拉法叶中队的创始人诺曼·普林斯为了给洛克维尔报仇，飞的时间过长，返航时间太晚，在夜色中降落时撞上高压电线阵亡了。

美国在1917年参战，之后很久，拉法叶中队还在法军编成中作战。1918年2月，拉法叶中队解散，具有讽刺意味的是，中队里幸存下来的每一位飞行员都被美国陆军航空队确认为由于医疗原因不适于服役！但那时拉法叶中队已经成名，他们的肩章上佩戴着两道集体嘉奖的标识，整个法军中只有居内梅的飞鹳中队享有相同的荣誉。曾在拉法叶中队作战的38名美国人当中有9人阵亡，包括7名创始成员中的4人，另有很多人受伤。中队在成立后的头半年中，总共作战156次，取得了17次胜利，其中大多数都是在凡尔登战场取得的，中队从5月到9月一直在凡尔登作战。拉法叶中队当时还没有完全成熟，就已经为凡尔登战役做出了重大贡献，更重要的是它的存在为法国的战争努力做出的间接贡献。从它作为第一个完全由美国人组成的战斗部队参战的那一刻起，拉法叶中队就成了美国公众关注的焦点，新闻媒体对它的报道与其他有关战争的报道相比也自然多得不成比例。中队成员写的家信到处流传，经常被登在当地报纸上。美国国内的公众从开战以来第一次觉得西线的这次伟大地面会战跟自己有着切身的联系。美国公众通过拉法叶中队的事迹，尤其是凡尔登战役中维克托·查普曼的英雄事迹，开始对法军官兵感到关心和同情，这是其他西线战役做不到的。凡尔登就像1940年的不列颠之战一样攫住了美国公众的想象力，相比之下，他们对索姆河的巨型会战兴趣不大。美国于1917年4月最终参战，这当然跟德国潜艇战带来的威胁有关，但法军在凡尔登的坚决作战也是不容忽视的情感上的因素。

第 18 章

皇太子

干什么都比撤退强。

——福煦

从3月初到5月底，正当凡尔登战场上的德军一步步逼近死人山高地主峰和304高地之时，交战各国在世界的其他地方也都没有收到什么好消息。英国经过长时间辩论，终于在历史上第一次通过了征兵法案，但在都柏林发生的"复活节暴动"（Easter Rising）点燃了爱尔兰反抗的火花，在美索不达米亚地区，汤森德将军于库特向土耳其人投降。俄军从土军手中夺取了特拉布宗，可是他们应霞飞请求为凡尔登减轻压力所发动的纳罗茨攻势却惨痛收场。在海上，拥挤的蒸汽班轮"苏塞克斯"号（Sussex）被德国潜艇击沉，船上有几名美国人，威尔逊总统为此向德皇政府下达了强硬的最后通牒。日德兰大海战中，交战双方都声称取得了胜利。李卜克内西在柏林波茨坦广场试图组织反战示威，引发了德国国内第一次战时罢工行动。在瑞士全世界社会主义者谴责战争，预言战争的结果将是两败俱伤。战争还在继续。在世界的另一个尽头，谢克尔顿（Shackleton）在经历了两年与世隔绝的南极探险之后回到南乔治亚岛：

我问,"战争什么时候结束的"。

他回答说,"战争还没有结束,好几百万人死亡。欧洲发疯了。全世界发疯了"。

在凡尔登战场上,这三个月双方都付出了巨大代价,却没有获得任何进展。我们看到,在左岸,德军付出可怕的生命代价全力进攻,却只换来两座不那么重要的高地;在右岸,双方于杜奥蒙堡南侧被称作"死亡四边形"(Deadly Quadrilateral)的狭小地区来回拉锯。在激烈的局部作战中,双方频繁互换战场主动权。冯·茨维尔的第7后备军在4月大部分时间里都在为奥德罗蒙采石场这一小块地方打拉锯战。整整3个月,默兹河右岸的战线从未移动超过1000码,这跟德国人在战役头4天就挺进了5英里形成鲜明对比。与此同时,战斗双方的致命炮击从未有一刻停歇,这片地区的大炮加起来已经大概有4000门。

历史上有没有哪次战役像这次一样,这么多人为这么少的收益而牺牲?到4月1日,德军伤亡总数81,607人,法军89,000人,到5月1日,总数就增加到德军120,000人,法军133,000人。法军到5月底的损失接近18.5万人(差不多等于德国在斯大林格勒战役的总损失)。

随着伤亡大幅度增加,双方高级指挥官们的情绪也越来越紧张。3月底,皇太子和参谋长冯·克诺贝尔斯多夫还下定决心要不惜一切代价攻占凡尔登,法金汉也同样对自己"让法国流血致死"的目标坚定不移(虽然他的行为表现得犹豫不决),至于能否占领城市本身在他看来则并不重要。但渐渐地,他们的立场都发生了显著变化。

读者应该记得，法金汉在2月29日同意扩大进攻范围，"清理"默兹河左岸，为此释放了紧紧攥在手心的预备队。在第5集团军首战死人山失败后，法金汉于3月30日写信给皇太子，提到"投入了4个新锐师却毫无进展"，询问皇太子有什么进一步的打算和设想。第二天，克诺贝尔斯多夫起草的回信仍然很乐观，声称德军的进攻已经迫使法军"向凡尔登投入了绝大部分战略预备队"。（法金汉在信边上语带讥讽地批注说："不幸根本没有！"）克诺贝尔斯多夫认为法军因为损失惨重，只能发动局部进攻，无力发动大的会战。（法金汉："错。因为还有14个英国师可以动用！"）克诺贝尔斯多夫总结道："我毫无保留地坚信凡尔登战役将会决定法国陆军的命运。"他呼吁继续进攻，建议同时在右岸恢复进攻，目标是把战线推进到蒂欧蒙工事（Ouvrage de Thiaumont）—弗勒里（Fleury）—苏维尔堡—塔瓦内堡这一线。不过克诺贝尔斯多夫还说新的攻势需要"和以前一样多的预备队"。（法金汉批注："那不可能！"）

4天后，第5集团军司令部收到法金汉冰冷却很坦诚的回复。他认为第5集团军在3月31日对形势的估计"在关键的几点上是错误的"。他批评说第5集团军"在我们能做什么不能做什么的问题上过于乐观"，并低估了敌方发动重大攻势的能力。[1] 他继续批评第5集团军：

---

[1] 法金汉也和法国人一样盲目乐观，这表现在他相信法军到4月初已经伤亡20万之众，即便到1919年他的回忆录出版的时候，法金汉仍然以为"3月份的战斗中，每2名德军伤亡，法军就要付出5名的代价"，本书前文引述的双方伤亡比例证明他的数字完全出自幻想。

你们假定我军有能力不断提供经过良好训练的生力军来替换战损的部队，还能持续供给粮食和弹药，这个前提是错误的，即便我们尽一切努力也做不到这一点。

在发出以上警告后，他表示同意第5集团军在右岸继续进攻的建议。然后，他惊人地流露出动摇情绪，对克诺贝尔斯多夫"凡尔登战役将会决定法国陆军的命运"这个论断大泼冷水，其实这正是他自己4个月之前所写备忘录的基本宗旨。法金汉犹豫不决地写道：

一旦情况表明我军无法在合理的时间之内达到进攻目标，我军就必须果断停止进攻，转而在其他地方寻求决定性会战。我军如果能够赢得会战，那么在短时间内赢得战争的希望将大大增加；但如果我们付出了种种努力仍然打不赢会战，那也只意味着最终的胜利被推迟了，并不是不可能赢得战争，但我们需要及时停止在凡尔登地区的徒劳攻势，转而在其他方向寻求主动权。

对于一位受命全力以赴去打赢一场殊死会战的集团军司令来说，以上这段话可绝非什么鼓舞士气的金句。但皇太子还是说："我完全赞同他的想法，应根据默兹河东（右）岸局部进攻的进展来决定是否继续或者中断整个凡尔登攻势。"这是他和法金汉最后一次意见一致。

现在已经很明显，法金汉开始对"流血致死"的实验失去了兴趣。他在4月6日背着德国皇太子询问巴伐利亚王太子鲁普雷希特的第6集团军能否在阿拉斯地区对英军发动一场迅猛的攻势。他本预料英军会发动进攻为凡尔登解围，然而后者还没有。这种三心二意的做法肯定让鲁普雷希特不胜其烦。法金汉在3月21日发报承认鲁普雷希特的判断是正确的，英军尚未有能力发动进攻，同时下令从后者那里抽出3个师加入最高统帅部预备队。10天后，法金汉亲自给第6集团军打电话，还是担心英军可能会发动解围攻势，"并有可能在海岸上进行两栖登陆"。鲁普雷希特被上级的反复无常惹烦了，根本没有兴趣卷入另一场法金汉式三心二意的进攻当中去，所以很自然他在4月17日冷冷地拒绝了进攻英军的提议，指出英军前线已经获得了大量增援。法金汉不情愿地把注意力又转回了凡尔登战场。

与此同时，另一场进一步打破法金汉梦想的打击，即将从一个意想不到的方向降临。他的备忘录中所谓的"第二根支柱"是进行无限制潜艇战，切断海外对法军前线的供应。潜艇战一开始进行得很顺利，可是"苏塞克斯"号事件激起威尔逊总统意料之外的强烈反应，这让德皇和帝国首相"好人提奥伯德"贝特曼·霍尔维格（Bethmann Hollweg）忧心忡忡，要知道，贝特曼·霍尔维格是法金汉的死对头，[1]从一开始就反对进行无限制潜艇战。4月30日，法金汉和德皇在大本营的花园周围散步，用一贯的令人放心的语气，再次消除了德皇的疑虑，德皇对贝特曼说："你现在得在凡尔登和美国人之间二选其一！"可是第二天，德皇召见美国大使杰拉尔德（Gerard），大使让德皇相信，如果德国潜艇继续击沉中立国商船，美国真的会断绝跟德国的外交关系。德皇突

---

[1] 在德国的高级军政领导层中，贝特曼·霍尔维格从一开始就是反对法金汉的核心人物，正是他在1915年迫使法金汉交出了兼任的陆军部长职务。

然改变主意，答应美国人立即停止无限制潜艇战。法金汉深感恼火，向皇帝递交了辞呈，但被拒绝。

第 5 集团军根据法金汉 4 月 5 日信中的指示开始全力以赴准备在右岸对苏维尔堡方向发动进攻。可是 4 月和 5 月过去了，进攻却还没有发动。一再拖延的原因有三：第一，整个 4 月份的天气都不好，德军挖掘进攻出发战壕受阻；第二，默兹河右岸的法军换了指挥官，发动了一系列代价高昂但是令德军烦恼的局部反攻；第三个原因最重要，沿左岸的进攻进度严重落后于计划，德军必须在左岸先打掉法军致命的侧射炮兵群，然后右岸的进攻才有成功的希望。德军右岸部队司令冯·穆德拉将军转而建议采取一系列小规模进攻，以求逐次推进。但法军 4 月 9 日至 4 月 11 日的抵抗十分顽强，此后即使冯·穆德拉本人也承认这个新办法很难有成功的希望。冯·穆德拉是德军最有能力的军长之一，他对整个凡尔登攻势的前景表示悲观，因此跟克诺贝尔斯多夫之间的分歧越来越大。4 月 21 日，克诺贝尔斯多夫把他调回阿戈讷地区他自己的军里去，但离职之前，冯·穆德拉在一份致皇太子的备忘录里提出了自己的质疑。

对凡尔登德军指挥部而言，4 月 21 日是十分重要的一天。这一天皇太子在冯·穆德拉的影响下得出结论，"杀戮场"行动业已失败，应该完全叫停。他写道：

整个 4 月份，我们都在不停地变更进攻的方式，但还是在每一寸土地上陷入了来回的拉锯争夺，我现在确信，只有付出重大牺牲的代价才有可能赢得决定性的胜利，而这种代价和预期的收益不成正比。我虽然非常不情愿，但仍然得出了这个必然的结论。虽然做出这个结论非常困难，但作为一位负责任的指挥官，我还是只能抛弃我对希望和胜利的全部梦想。

皇太子回想起前一年，就在兴登堡和鲁登道夫几乎把俄国推到崩溃边缘的当口，法金汉叫停了非常成功的戈尔利采攻势。他也不可能忘记，就在最近，自己被剥夺了扩大凡尔登战役第一阶段战果所必需的后备部队。以上行为当然与法金汉固有的不敢采取断然行动的个性有关，但皇太子也已经从法金汉经常提到的"让法国流血致死"这句话里，猜到了背后真正的动机。皇太子有理由怀疑，就算战局发展到最关键的节点，也没法指望法金汉提供人力物力来补充集团军付出的"重大牺牲"。因此第5集团军所有的努力注定会付诸东流。

皇太子说，他的这个观点得到第5集团军参谋部所有人员的认同，只有一个人例外，"那就是我的参谋长"。就在那天，克诺贝尔斯多夫撤换了悲观失望的冯·穆德拉，代之以冯·洛赫夫将军——普鲁士第3军军长，这位军长对战争的看法和法军中更加激进的进攻学派如出一辙。他的使命是"给凡尔登战役带来更快的节奏"。同一天，克诺贝尔斯多夫还不经皇太子同意就调走了皇太子的私人参谋军官冯·海曼（von Heymann）中校，海曼明显是皇太子的侍从中唯一一位敢公开和克诺贝尔斯多夫的钢铁意志叫板的人，这次调动让皇太子感到既震惊又非常不快。霍亨索伦皇朝的继承人和他的参谋长互相宣战了。

5月8日，杜奥蒙堡内部发生了一场可怕的灾难，进一步强化了皇太子的决心。德军高层曾经反复告诫堡里的炮兵军官，要注意防范爆炸事故，可是他们充耳不闻。这场事故没有幸存下来的目击证人，但有证据表明，事故的起因是有些巴伐利亚士兵在翻过来的无烟火药箱上煮咖啡，用的燃料是从手榴弹里面挖出来的炸药！这是典型的南方德国人那种漫不经心、嬉皮笑脸的做派。本来小规模的爆炸引爆了一堆手榴弹，其后又点着了几个喷火器燃料储存罐。几分钟之内，着火的液体燃料沿着堡里的走廊流得到处都是。在守军还没来得及采取隔离措施之前，燃料延烧到了装满155毫米炮弹的弹药库，弹药库大爆炸，杜奥蒙堡里的守军要么被当场炸死，要么被沿着走廊传送的冲击波撕裂了肺脏而死。再远一点的地方，那些没被炸死、震死的幸存者被火焰夺去了氧气，窒息而死。堡内所有的灯都熄灭了，恐慌随即爆发。那些经过拥挤和互相踩踏而有幸逃出杜奥蒙堡的幸存者们面临的命运更加悲惨。他们从浓烟和混乱之中涌出来，军装被撕碎，脸熏得漆黑，外面的德国守军以为他们是德国人最害怕的敌人——法国的非洲部队，于是立即开枪扫射，把他们全部撂倒。这场事故总共造成650名德军死亡，第12掷弹兵团的整个团部覆灭。直到今天，这些死去的德军还被封存在杜奥蒙堡一个被爆炸摧毁的内堡之中。

5月13日，也就是杜奥蒙堡的灾难发生5天后，德军在皇太子的集团军司令部召开了第三次重要的作战会议。担任进攻矛头的是第10军，军参谋长霍夫曼·冯·瓦尔道（Hoffman von Waldau）中校首先发言，他的报告基调非常悲观。前线部队的消耗速度比撤下来的部队的恢复速度更快，而且部队因为杜奥蒙堡事故而灰心丧气。他这个军中央位置的第5师已无力继续进攻。第10军就算不发动新的进攻，仅仅因为它处于杜奥蒙堡两侧这个危险的位置上,每天也要在法军的炮击之下损失230多人。所以,权衡下来,他觉得还不如前进到蒂欧蒙—弗勒里一线的高地上。另一支右岸部队的参谋长魏策尔(Wetzell)少校也不比他乐观,照旧抱怨说部队实力不足。皇太子匆忙打断他们的发言并做出结论:"只有部队和指挥官对成功具有充分的信心,我们才能进攻。"他们明显信心不足,因此皇太子建议再次推迟在右岸发动"大攻势"。令人惊讶的是,克诺贝尔斯多夫居然同意了。他甚至进一步建议说要争取法金汉同意,从而全盘取消凡尔登的作战行动。皇太子非常满意。

可是克诺贝尔斯多夫一到夏尔维尔－梅济耶尔,跟法金汉说的话却与上述建议截然相反。他指出德军已经占领了左岸的死人山和304高地,敦促犹豫不决的总司令,德军如果现在在右岸发动进攻,就还有机会在凡尔登赢得全胜。法金汉经过一阵犹豫,批准了新的进攻计划,甚至还新拨给他一个师。

这个消息传到斯特奈以后,皇太子非常绝望:

> 我喊道,"阁下对我是言而无信、翻云覆雨啊!我拒绝下达进攻命令!如果大本营下令进攻,我会遵命,可是我绝不对此负个人责任"。结果大本营不久以后真的下达了对凡尔登恢复进攻的指令!

三天后,法金汉亲自视察斯特奈。皇太子无精打采地写道:

> 我现在很清楚他跟克诺贝尔斯多夫将军达成了协议。本集团军获得统帅部应允的增援,这次进攻只是将来更大规模

进攻的序曲而已。

德军在凡尔登的三名主将之中,皇太子现在全力赞成结束整个凡尔登战役;法金汉不再感兴趣,可是随风倒;只有三个人当中级别最低的克诺贝尔斯多夫全力赞成不惜一切代价继续进攻,他已经皈依了法金汉"流血致死"的教条,就像一个改宗者变得比教皇本人还要虔诚和狂热。康斯坦丁·施密特·冯·克诺贝尔斯多夫毫无疑问拥有极为强势的性格。同代人描述他像"橡树一样坚硬",照片中的他脑袋呈现出子弹般的形状,小胡子上翘,眼睛像猪的一样小,是一副典型的普鲁士中士的形象,性格也的确像一名典型的普鲁士中士那样冷酷、毫无想象力和固执。此人绝不会像法金汉那样举止优雅但容易动摇。我们很容易想象克诺贝尔斯多夫受到个人野心的驱使,把自己视为凡尔登胜利的组织者,跃跃欲试地想要成为西线的鲁登道夫。在某种程度上,他对自己的两位上级都保有某种心理优势。在陆军将领名录上,他比法金汉资深,法金汉当上第 4 近卫团团长的时候,该团前任团长就是他;他在战前还是皇太子在战略战术方面的太子太傅。可是就算克诺贝尔斯多夫个性再强硬,我们还是会问这样一个问题:皇太子作为皇帝的至亲能够直达天听,为什么不能把自己的意志强加于自己的参谋长呢?在第 6 集团军,一项命令如果没有巴伐利亚王太子鲁普雷希特的全力支持,是很少能发布出来的,那么为什么德国皇位的储君,对政策的影响力反而没那么大呢?答案还要从皇太子本人的成长背景当中去寻找。

皇太子在英国被称为"小威利"(Little Willy),可能是整个战争中最不快乐的角色之一了。他看上去神经质,从不自信,肩膀瘦削还有些溜肩,军装的高领里面裹着几乎变形的莫迪利亚尼式的脖子,身材瘦长,让人联想起一条温顺的灰狗,他这副形象是漫画家的好素材。他的两头惠比特犬常常陪伴左右,甚至跟着他上前线视察,他平常总喜欢戴一顶过大的骷髅骠骑兵的高顶圆军帽,这就是他的整体外在形象,看上去就很蠢笨无能,在某种程度上,他也许真的既蠢笨又无能。但那不能完全怪他自己。

德皇威廉二世继位的时候,皇太子才6岁,从那时起他和皇帝之间所有联系,即便是最私人的请求,都必须通过皇帝军事内阁侍从长这个正式渠道转达。他的教育由一群来自军队的太傅负责,可怜的小男孩还不到7岁就被任命为普鲁士陆军最年幼的下士,必须在皇帝30岁寿辰典礼上身着全套军装祝寿。无怪乎他非常厌恶纪律严明、清教徒式的波茨坦皇宫环境。他表达叛逆的方式是从很小的年纪就开始卷入了一系列对象不合适的爱情冒险当中。终其漫长的一生,他从未改正这一毛病。战前他对印度进行国事访问的时候,中断正式晚宴偷偷跑出去和当年在米德塞克斯团舞会上认识的一位漂亮的缅甸公主约会,让外交部大为光火。战争期间,他常和占领区的法国妇女闹出绯闻,让他的随从颇为尴尬,后来在1923年他从荷兰的流放地秘密潜回德国期间,他的朋友们不得不一直催促他赶紧用完早餐,就因为害怕他爱上某位酒店的女服务员,从而危及皇室复辟大业。

皇太子和他严厉的父亲之间的关系,在各个方面都很像英王乔治五世和威尔士亲王之间的父子关系。(译注:乔治五世是整个第一次世界大战时期的英国国王,威尔士亲王是他的儿子,1936年继位成为爱德华八世,旋即因为婚姻问题放弃王位,成为不爱江山爱美人的温莎公爵。因为德皇威廉二世和英王乔治五世是表兄弟，分别是英国维多利亚女王的外孙和孙子，所以他们两人的儿子，德国皇太子和英国威尔士亲王是再隔了一层的远房表兄弟。）他和他的远房表弟一样都对仪式和排场感到厌倦，有一次他对柯尼斯堡（译注：当时普鲁士邦的首府，"二战"以后至今叫加里宁格勒）进行官方访问，给皇帝发回一份典型的电报说："75个讲演，4个半小时的时长，照常可怕的宴会。"另有一次，他因为从国事活动中溜出来而被德皇关了禁闭。他热爱运动（他的父亲身有残疾，当然总是避免运动），1909年他跟随奥维尔·莱特（Orville Wright）飞上了蓝天，此举震惊朝野。他周围的朋友各色人等都有，很平民化，他还跟很多德国人眼里时髦到可以说危险的各种社会和政治势力都有往来。他常常因试图干涉外交政策或者参与政治而碰壁。他对舞台艺术和歌剧有浓厚的兴趣（他是美国歌唱家格拉丁·法拉常年的铁粉）。他设在斯特奈的集团军司令部晚餐之后经常举行音乐会，皇太子本人有时候会亲自演奏小提琴，演奏水平相当不错。所以并不奇怪他在所有远近亲戚当中，最喜欢的是他欢快活泼的舅公爱德华——也是他父亲威廉二世眼中的"黑色野兽"。（译注：此处指英国维多利亚女王的儿子，英国国王爱德华七世，他是第一次世界大战期间英国国王乔治五世的父亲，也是德皇威廉二世的亲舅舅，因此是德国皇太子的舅公。）

当战争临近时，皇太子和国内好战的泛德意志政治势力走得越来越近。在阿加迪尔危机期间，他激烈地宣称"现在是时候让巴黎那些无耻的家伙再次领教波美拉尼亚掷弹兵的手段啦"。他编辑了一本儿童读物来美化战争，书名叫《武装的德国》（Germany in Arms），他还喜欢对德国的青少年侈谈未来"热烈而快乐的战争",不知想表达怎么。他曾在用餐的时候对皇太子妃和一名外国大使谈到自己"梦想发动战争,并率领自己的团冲上前线",让主客双方都大为惊讶。美国驻柏林大使詹姆斯·W.杰拉尔德评论这位皇太子说:

> 身边收藏的全都是拿破仑的遗物和纪念品,一味梦想着领导一场胜利的征服战争……他说希望在父亲还活着的时候就发生战争,如果不行的话,那么他一继位就要亲手发动一场战争。可是我并不同意坊间对皇太子的一般看法。我觉得他是个讨喜的人,有着敏锐的观察力和很高的智力。

杰拉尔德敏锐而正确地把皇太子那些战争叫嚣归咎于"他所接受的一贯的军事教育,他从小就浸淫在这种教育的熏陶之下",如果我们回想起欧洲战前时代所充斥的各种言论和政治姿态的话,那么很明显,皇太子只不过是那个时代的产物而已。

真正值得注意且值得称道的一点是,一旦战争这场悲剧真正上演,皇太子比德国任何人都能更快地意识到战争将把人类带向何方。他表面上是个冲动又不负责任的花花公子,可实际上具有超乎常人的敏锐洞察力,而且有一种他父亲身上所缺乏的基本的理性常识。(如果皇太子能得到允许使用这个天赋的话,谁又知道德国乃至整个欧洲的命运会发生怎样的变化呢?)很久以后,皇太子在1947年出席纽伦堡法庭作证的时候说过这样一段有意思的话:

> 我父亲曾说皇太子对政治事务有种女性般的直觉。如果

过去父亲能多听我的意见就好了。有什么不幸的事件将要发生之前，我总是有种冰冷的感觉——完全是身体上的。我在世界大战期间就有这种感觉。每当我出现这种冰冷的感觉时，作战行动多半都会失败。

马恩河战役期间，皇太子对德皇提出自己对冯·克鲁克右翼遇到的困境的担忧。皇帝却以高人一等的态度驳回："我亲爱的孩子！你的担心根本没有根据。"马恩河战役后，皇太子在斯特奈公开说"我们已经输掉了战争。它还会持续很久，可是已经输掉了"，这让听到这段话的美国记者震惊不已。在1915年12月法金汉呈递备忘录的同时，皇太子给父亲写信提到"如果我们不想让祖国继续奋战直到耗尽资源的话"，是否有可能和英国或者俄国单独媾和。据说他在1916年4月底曾告诉加尔维茨将军自己准备好了和法国停战，甚至交还梅斯。

"一战"时期的那些军事家当然不会相信，一名王子变成的业余军人能比职业军人们更早地预见战争的结果。而皇太子正是一名业余军人。他7岁就当了下士，23岁当上尉，25岁当少校，晋升太过迅速对他本人有害。1911年，皇太子才29岁就被派去但泽指挥一个骠骑兵团（这次调动明显是一次放逐，让他远离柏林的那些政治和桃色事件的诱惑），可是他在逃避团里那些令人厌倦的琐屑军务方面展现了很高的天分。漫画周刊《没头脑》（*Simplizissimus*）刊登过一幅漫画，画的是他穿着网球服说道："但泽，但泽！我在哪儿听说过这个名字！"所以他在战争爆发时以32岁的年纪被提升为将军，一定是德军中最没有经验的指挥官了。这就是他在面对克诺贝尔斯多夫时没有底气的最大原因。

在德国总动员的时候，符腾堡公爵和巴伐利亚王太子各自指挥一个集团军。因此从王朝的威望出发，普鲁士的王位继承人也必须指挥一个集团军。可是那两位和他不一样，本身就是正儿八经的职业军人，指挥位置是凭自己的能力获得的。德皇对皇太子把这一点讲得再清楚明白不过。他同时任命皇太子的前老师冯·克诺贝尔斯多夫出任参谋长，再三叮嘱："不管他提出什么样的建议，你都必须照做。"德皇不遗余力地确保他的儿子在自己指挥的集团军中只是一个名义上的领袖。在战争爆发之前几年，皇太子还是一名接近30岁的少校时，皇帝在某次阅兵式众目睽睽之下让皇太子下不来台，皇帝大声召唤皇太子所在旅的旅长说："你来教教这个孩子怎么骑马！"直到凡尔登战役时，他们的父子关系还是和以往一样糟糕和疏远。虽然用温斯顿·丘吉尔的话来说，战争"会对以前漫不经心的头脑起到清醒和聚焦的作用"，但皇太子的意见仍然无法直接上达天听。他曾对鲁登道夫抱怨说：

> 如果我想和父亲私下里说些什么，而且获准觐见的话，他会滔滔不绝地就某些其他事情独白一个小时，然后接见时间到，我还没来得及说我想说的事情。如果我把要说的话写下来上呈，父亲就会把奏折批转给有关部门……

1915年，冯·蒂尔皮茨海军元帅在日记里写道："皇帝根本不给太子一个机会。"

结果就在凡尔登战役即将进入最残酷阶段的节骨眼上，德国方面唯一可能结束这场屠杀的人却没有能力这样做。类似的情况在战线的另一边也发生了。

第 19 章

三驾马车

我们已经掌握了胜利的公式。

——罗贝尔·尼维尔将军

杜奥蒙！杜奥蒙！这是一个村庄的名字，这是巨大的痛苦在嚎叫。

——夏尔·拉基耶兹

3月24日，普恩加莱总统在霞飞和塞尔维亚的亚历山大亲王陪同下，开始了战役打响之后对凡尔登的第一次视察。总统穿着自己设计的军便服，这身衣服让他看上去像是一名上了年纪的司机。他爬上一座炮台，注意到发福了很多的霞飞正喘得上气不接下气，贝当则与霞飞形成鲜明对比，"他眼皮因紧张而不住地跳，显露出疲劳的迹象"。其实，贝当的眼皮跳显露出的还不止这些。凡尔登战役早已对他的精神产生了巨大压力。他站在设在苏伊村公所的司令部的台阶上，看着眼前"圣路"上来来往往的车辆和人群，可以想象出参战士兵眼中凡尔登城下战斗的恐怖场景。他在日记里写过这样一段流露感情的话，在其他法国名将的笔下从来不会出现这样的字句：

> 当我看见20岁出头的年轻人开赴凡尔登这座熔炉的时候，我的心沉了下去。我想到，正处在无忧无虑年纪的他们很快就会丧失初次作战的热情，在苦难的摧残下，变得麻木而疲惫……他们在卡车里颠来倒去，或者被战斗装备压弯了腰，他们互相鼓励着，唱着歌或者互相调侃，装作无所谓……可是回来时的他们是多么消沉啊，有的形单影只，因伤病或脚痛而掉队，有的还跟着他们那遭受重创的连队。他们的表情难以描述，仿佛被所见证的恐怖凝固住了一般；他们的步态和身姿显露出至深至重的悲伤，他们在最可怕的记忆的重压下弯腰，当我与他们讲话的时候，他们几乎回答不出什么来，就算是一名老兵的幽默话语也不能在他们饱受折磨的心灵里唤起任何回响。

贝当从一开始就面临着困难的局面。从战术上来说，如果贝当可以自主决定的话，那么他一定会按照自己使用火力进行防御、减少损失的一贯主张，早就将部队撤离默兹河右岸血流成河的突出地带，放弃凡尔登城，这样就可以步步为营，在皇太子集团军冲击法军后方一道道精心准备好的防线时，让对方"把鲜血流尽"。他接管指挥权以后曾秘密制订过这样的撤退计划，并将其妥善地存放了起来。战后霞飞声称自己至少曾两次出面制止贝当从右岸撤离，这个说法也许值得怀疑，可它至少间接证明了贝当脑子里从未完全放弃过这个主张。但就算他想做的事情在战术上再明智，他也很清楚只要自己稍微有所动作，就一定会马上被霞飞和卡斯特尔诺撤职，换上一名进攻学派的将军，而新任指挥官不可能和自己一样爱惜人命。所以在很大程度上，贝当没有行动的自由。他虽然不得不打一场自己不情愿打的仗，但至少还能够严格限制法军在凡尔登的反攻行动，并让霞飞批准采取轮换作战（Noria）的快速替换机制，以此尽力减轻伤亡。

贝当有着丰富的战斗经验，而且每天在苏伊的村公所里也能亲眼看到部队的状况，他很快就意识到部队在凡尔登前线待得时间太长就会迅速丧失战斗力。在轮换作战机制下，各师只用在前线作战几天，就可以撤下，从而避免了因减员太多影响到士气。撤下的师将远离前线，在后方安静地段恢复实力，整训补充兵力。德国人的做法与此相反（他们可能寄希望于本民族比法国人更能忍受困苦和恐怖），他们让部队在前线上待的时间太长了，并不断把刚刚从新兵营出来的补充兵大量填进老部队，最后部队完全被高强度的消耗战碾成了齑粉。我们在前文分析过这么做的弊端。到5月1日为止，法军有40个师上过凡尔登前线，德军只有26个师。这个差距对德国人产生两个影响：第一，前线的士兵士气低落，他们会自问"法国人哪儿来的这么多生力军"；第二，德军情报机构也会误认为法军的损失远比实际情况更加严重，这又进一步促使克诺贝尔斯多夫继续进攻。对法国人来说，这也意味着那一代人中有更多的人把凡尔登战役（而非其他战役）的恐怖深深地印入脑海。

在尚蒂伊，霞飞开始对贝当指挥作战的路数越来越不放心。当然，法军没有丧失多少地盘，但贝当自上任以来似乎只会一味后退，直到4月初还是拒绝策划一场大规模的反攻。这可是离经叛道的行为！况且情报处估算敌人损失的办法简直有如天方夜谭，皮埃尔福描述说总司令部情报处每两个星期就在敌人伤亡数字上添个10万了事——因此法军估算到4月1日为止，德军损失高达20万，而法军自己只损失65,000人。（奇怪的是，20万这个数字似乎有魔法，法金汉也估计法军到那天为止损失了20万人，前文说过，真实情况是法军损失89,000人，德军损失81,607人。）霞飞受错误情报的误导，相信德军坚持不了多长时间。贝当成天要面对总部里那批少壮派军官的压力，眼皮跳得更厉害了，但他没有让步。尚蒂伊的军官们注意到，大权在握的霞飞在上任法军总司令以来第一次发现自己的权威面临挑战。更糟糕的是，贝当组织的轮换作战把霞飞储备来参加夏天索姆河英法联合攻势的后备部队全都拖了进去，而霞飞将所有赌注都押到了索姆河攻势上。霞飞在回忆录里声称，如果他满足贝当的所有增援要求，那么"整个法国陆军就会被拖进这场战役……这就意味着屈从于敌人的意志"。事实上，法军总部在"接受"法金汉在凡尔登发起的挑战的那一刻，就已经屈从于敌人的意志了，既然德·卡斯特尔诺早在2月份就严令贝当不得后退，那么在前敌总指挥贝当看来，守住凡尔登的确是需要"整个法国陆军"全力以赴的。

所以霞飞和贝当之间的嫌隙越来越深。霞飞下定决心不放弃索姆河攻势，而且要在人员和物资方面给索姆河攻势最高的优先级别，可是同时他又要贝当在凡尔登采取进攻的积极态度。贝当对法军总部的冷酷越来越不满，他认为如果想要守住凡尔登，那么法国在整个1916年的战争重心就应当被放在这里，他甚至极端到认为应该让英国人独自承担发动索姆河会战的重担。他还明白无误地告诉霞飞，以目前协约国可以动用的资源，他认为索姆河攻势不可能取得突破。当然，贝当作为将领肯定有他的局限性。

他没有福煦或者德·卡斯特尔诺那样宽广的战略视野，他只专注于自己负责的那一段前线（大多数战地指挥官都有类似的局限性），他不像霞飞那样胸怀战争全局。以上这些评价都是对的。也许贝当错把凡尔登当成了战争全局，但他在这里观察到了人性的苦难，1917年春季法军大叛乱证明了，他其实比霞飞、福煦或者卡斯特尔诺都更有远见。

在贝当上任之后几周之内，霞飞就后悔了，也已在想办法把贝当赶走。可是贝当被外界当作"凡尔登的拯救者"，已经成了全国偶像，而法军在凡尔登被打了个措手不及这样的消息开始泄露出去之后，霞飞本人的威望陷入了开战初期以来的最低点。那些在尚蒂伊蝇营狗苟的小人们预料到，如果现在撤换贝当，霞飞自己的职业生涯就完了。突然之间，凡尔登战场冉冉升起的一颗新星给了霞飞解决问题的新思路。

罗贝尔·尼维尔将军在凡尔登战役那年已58岁，他出身古老的军事世家，是英国意大利混血儿。虽然后来成为炮兵，但他上过著名的法军索缪尔骑兵学校，仍然保留着全副骑兵的热血进取精神。尼维尔在马恩河战役时军衔是上校，指挥着一个炮兵团。当前方的法军步兵四散奔逃之际，尼维尔率领手下野战炮兵逆着逃跑的人流而上，从近距离迅捷且精准地向冯·克鲁克手下的德军开火，反而把德军也打得四散奔逃。1914年10月，尼维尔晋升准将旅长，3个月后晋升师长，1915年12月已经是第3军军长。他早期上升的速度不亚于贝当，可谓既快又耀眼，但后来消失得无影无踪，就像一颗流星。他是一名彻头彻尾的格朗梅松信徒，和福煦一样信奉单靠精神力量就能克敌制胜。他的野心和自信都是无穷无尽的。至于手下步兵的伤亡，他像所有炮兵一样对此睁一只眼闭一只眼，同时坚信只要达到胜利的目的，代价和手段无关紧要。他这个人温文尔雅、礼貌周到、潇洒而雄辩，跟政客们打交道时如鱼得水，这一点跟贝当和霞飞都完全不同。法国议会军事委员会里最年轻也最尖刻的成员阿贝尔·费里这样描述尼维尔的影响力：

> 他给人的第一印象极佳，用清澈的眼睛直视你，思路有条理而精确，说话不虚张声势，对任何事都有良好的常识。

普恩加莱总统对尼维尔言听计从；连那位喜欢对法军总部冷嘲热讽的皮埃尔福在接触尼维尔后也被他征服了；劳合·乔治一向本能地不信任任何军人，却被说服支持在1917年发动以尼维尔名字命名的灾难性的攻势。尼维尔的母亲是英国人，他一口流利的英语也许起到了部分作用，但他真正征服别人的撒手锏是他不可动摇的自信。他宽阔的双肩给人以果敢有力的强烈印象。他的面庞坚毅，显示出内心的刚强，当他表达自己想要达到的目标时，听众会误以为那已经是既成事实了。发明凡尔登战役那句不朽口号"他们无法通过"（Ils ne passeront pas）的人其实是尼维尔，而不是很多人误以为的贝当。

但实际上尼维尔代表了三位一体的三个人。他的左膀是参谋长达朗松（d'Alenson）少校，此人性格阴郁险恶，身材极为瘦高，面无表情却有一双摄人心魄的眼睛：

> 此人衣品糟糕，头发和胡子乱蓬蓬的，在走廊走来走去的时候喜欢把手插在马裤的皮带里，目中无人地沉浸在思考

中，仿佛是忧郁的堂吉诃德……（皮埃尔福如此描述达朗松）。

达朗松是法军参谋学院最聪明的毕业生之一，也是尼维尔背后做决定的影子操纵者。他因胃部的结核病濒于死亡，却对此秘而不宣。他狂热、不顾一切，有时候近乎疯狂地认为自己的使命就是在死前拯救法兰西。他后来说道："在我死之前，法国必须赢得战争，而我已来日无多。"对于一个自己被判了必死的人来说，别人的生命又算得了什么呢？他不断敦促尼维尔进攻再进攻，尼维尔对此也是一拍即合。尼维尔设计在 1917 年发动致命的贵妇小径进攻战，结果毁掉了法国陆军，这个计划背后最大的推动力量正是达朗松。几周后，他就死了。

尼维尔的右臂是夏尔·芒让（Charles Mangin），他是尼维尔的执行者，作为整个法国陆军中最坚强顽固的将军，有时被手下的士兵称为"屠夫"或者"食人魔"。芒让加入凡尔登作战的时候已 49 岁，是尼维尔第 3 军第 5 师的师长。他生于"丧失的国土"，是法国殖民地士兵的优秀典型。他和平岁月的职业生涯有三分之二是在殖民地度过的，大多数时间，他忙于各种"绥靖作战"，并三次负伤。1898 年，芒让以中尉军衔参加了马尔尚（Marchand）领导的穿越非洲大陆指向法绍达（Fashoda）的卓越进军，并指挥法军前锋，那次进军差一点让英法两国兵戎相见。他在战争爆发后回到法国指挥一个旅，仍然罔顾危险，尽可能睡在一顶沙漠帐篷里。他极为推崇非洲部队的战斗素质，但也因此总是把可怜的殖民地部队投入自己指挥的进攻当中，任其被屠杀殆尽。

芒让是个表里如一的杀手。他的脸庞被撒哈拉沙漠的骄阳灼伤，方形的下巴似乎永远绷紧着，就像一只猎狗紧紧咬住一只老鼠努力把它弄死。他的嘴巴很大，嘴唇则薄薄的，看上去很冷酷，漆黑的头发根根直立。他走路迅捷而有力，像拿破仑一样习惯背着手站着，头向前伸。有一名美国记者是芒让的拥趸，评论说"他整个外表让人觉得像一只正在搜寻猎物的老鹰"。后来这位记者在胜利阅兵仪式上见到芒让，描述说"他走近凯旋门时，手中的军刀高高扬起，向后挥出一条最优雅的弧线向祖国致敬"。这名看上去令人生畏的斗士也有令人意想不到之处，那就是他令人惊讶的尖细声音以及非凡的魅力。

不管别人怎么评价芒让，他都是法军中首屈一指的技术专家。他在协调进攻时对精准的要求近乎病态，总是能让部队在预定的时间发起冲击，这是其他将军无法做到的。芒让和尼维尔一样充满自信，让手下相信自己拥有"巴拉卡"（Baraka，阿拉伯人用来表述"天赐好运"的词汇），而这些士兵也的确盲目相信这一点，结果一次又一次为了他大批牺牲在战场上，这种情况即便在1917年以后也没有发生变化。据说特迪·罗斯福（Teddy Roosevelt）在1914年春天结识芒让的时候也被他充沛的精力感染了，也许是因为在人群之中难得遇见一个和自己如此类似的灵魂吧，于是取消了访问柏林的预定行程，下决心和法国站在一起。芒让的座右铭是："集中全部注意力于一点，并且全力以赴！"他的问题在于不知道适可而止。他视恐惧与死亡如无物，作为一名真正的前线指挥官，曾多次冒着巨大的生命危险并因此负伤。1917年，他在被撤职后希望作为一名普通士兵上前线作战，没有人怀疑他发自内心的真诚，而且如果真的能被允许这样做的话，他无疑会毫不吝惜地牺牲自己的生命，正如他要求自己手下的士兵做到的一样。温斯顿·丘吉尔对他的描述非常精确：

……芒让不在意任何生命,包括他自己的,他冲锋在前,只要能从指挥部溜出来就一定手握步枪冲上前线。他在电话里对部下吼叫着不容置喙的明确指令,如果必要也会对抗上级。不管是在胜利还是失败的时刻,不管是被人称作屠夫芒让还是英雄芒让,他在凡尔登的大熔炉里百炼成钢,将自己锻造成了法兰西最勇猛无畏的斗士。

芒让在摩洛哥时期的老上级伟大的利奥泰(Lyautey)这样评价他:

他是最会给你惹麻烦的一个人,也是最能帮你从麻烦里脱身的一个人!

可是1916年的法兰西付得起如此众多年轻且珍贵的生命作为代价,从这场战争中脱身吗?

凡尔登战役爆发前不久,芒让手下的地方守备部队被逼得太紧,终于士气崩溃了,是尼维尔把芒让从指挥无方的耻辱中拯救出来的。从此以后,这两人就形影不离,直到尼维尔流星般灿烂而短暂的军事生涯迎来终点。就是上述这三个人执掌的第3军,在3月底被调到凡尔登战场,并接管了右岸地区面对杜奥蒙堡的那段战线。就在芒让抵达凡尔登的当天(4月2日),他接到报告说德军用奇袭的方式攻占了重要的卡耶特森林(Bois de la Caillette)。他立即把手中仅有的一个团拉上去反攻,并于3天后夺回了森林,这次反攻宣告法军在右岸地区采取了全新的战斗姿态。尼维尔和芒让几乎每天都发动猛烈的小规模反攻。这些进攻是否得不偿失呢？皇太子本人承认，法军的反攻打乱了德军在右岸重新发动攻势的部署；但法军这些反攻就效力而言可能还不如贝当在左岸的顽强防御战或者德国人内部的困难来得重要。与此同时，贝当对反攻的代价痛心疾首，尽最大努力限制尼维尔的行动。可是他很快就控制不住了，霞飞在4月10日视察了尼维尔负责的防线：

> 我对尼维尔将军的战果印象非常深刻，要求贝当给予尼维尔适当的支援，以求在杜奥蒙堡左右两翼继续发展战果。可是贝当请求增援的胃口越来越大，越来越迫切……

于是霞飞得到了摆脱贝当的机会。他不用撤换抗命的贝当，反而要提升他。

4月19日，德·卡斯特尔诺从尚蒂伊给贝当打来电话，他说总司令决定把中央集团军群总司令德·朗格勒·德·卡里将军调往闲职，贝当接任该集团军群总司令，尼维尔接替贝当指挥凡尔登的第2集团军。贝当仍然负责间接指挥凡尔登战役，因为第2集团军在中央集团军群的编成之中，但从此以后，他只能从后方的巴勒迪克进行指挥，而尼维尔则将成为负责战役的前线指挥官。这是个完美的解决方案。霞飞后来这样解释这次调动：

> 我们把贝当将军调离凡尔登战场，这样他就可以有机会从宏观的角度更清晰地看问题……他对此并不乐意。

这话实在有点轻描淡写。贝当愤怒、失望，对于"他的部队"

在凡尔登地区的未来充满了悲观情绪,但还是只能把自己只占一个房间的简易司令部从苏伊迁走。5月1日,塞里尼在离开村公所的时候,听见正在走上村公所台阶的尼维尔向达朗松大声宣称:"我们已经掌握了胜利的公式!"他这话明显是说给别人听的。贝当离开凡尔登之后仅仅几天,霞飞就取消了轮换作战机制:从此以后,凡尔登的法军再也不能指望源源不断地获得生力军,却要做出总部要求他们做出的奇迹。

听说德军攻占杜奥蒙堡时,芒让还在前线的另一个地区,他对手下军官说:"如果我军能够夺回杜奥蒙堡,那将是振奋天下精神的奇功一件。"现在,当他从设在苏维尔堡的新师部眺望仅仅2英里以外杜奥蒙堡的低矮大圆顶时,他也感受到了杜奥蒙堡那不可抗拒的吸引力,当初豪普特和手下的勃兰登堡士兵就有过同样的感受。芒让心心念念的就是夺回杜奥蒙堡。这座堡垒的确让法军感觉如芒刺在背。因为德军占领着杜奥蒙堡,尼维尔和芒让发动的大多数反攻都在付出惨重代价之后失败了。虽然杜奥蒙堡的炮塔现在已经失效,但德国人在堡垒北边又挖了几个新出入口,把它当作一个巨大的进攻坑道。新锐部队在这里以逸待劳,每当法军对德军防线形成威胁,就可以从杜奥蒙堡地下出发反击。每天夜里都有上千人通过杜奥蒙堡去往四面八方。但最重要的是,这座堡垒为德军提供了俯瞰整个前线的最佳观察点。芒让手下的一名机枪手罗贝尔·德索布利奥(Robert Desaubliaux)这样描述杜奥蒙堡在4月至5月的战斗中所起的作用:

> 德国人从杜奥蒙堡居高临下,我们干什么都瞒不过他们

的眼睛，就算挖战壕也会立即招来敌方炮兵一顿猛轰。

芒让在4月22日已经尝试攻击过一次杜奥蒙堡。当时他的部队非常勇敢，事实上已经打到了杜奥蒙堡的上层结构，可是又被堡里的机枪火力击退。5月8日，芒让看见杜奥蒙堡内部冒出巨大的烟柱，法军指挥部也逐渐开始认识到堡垒内部发生的灾难的重要意义。此刻的守军乱作一团，还有更好的一鼓作气拿下此堡的时机吗？芒让马上建议用2个团在只有1公里宽的地段实施进攻。尼维尔立刻表示同意。贝当不愿意，他更希望等到手中有足够的部队在更宽的前线发动进攻以提高成功的概率。但霞飞施加了巨大压力，杜奥蒙堡的爆炸也恰逢其时，最后尼维尔循循善诱的说服力还是占了上风。

5月13日，就在克诺贝尔斯多夫说服法金汉批准重启德军右岸攻势的同一天，尼维尔的集团军司令部签发了第一批进攻令，将进攻定于5月22日。德国人在48小时之内就获取了法军进攻计划的所有细节，并立即暂停了自己进攻的一切准备工作，开始紧急修复杜奥蒙堡的防御体系。尼维尔从来都不擅长保密工作，这一弱点在后面一年表现得更为明显，也导致了更大的悲剧。

芒让在发动进攻前一天造访穆兰维尔堡，这是一座结构和杜奥蒙堡几乎一模一样的堡垒。他不顾周遭德军不停的炮击，站在堡垒外询问守军指挥官，怎样才能最好地攻占一座堡垒。守将反问他法军有什么样的大炮？芒让回答说，有一些崭新的370毫米重迫击炮。穆兰维尔堡在过去10周之内遭到德军420毫米大炮不间断的轰击，可是没受什么严重的损伤，守将说："将军阁下，那根本不够。"芒让没说话，径直走了。

芒让集中了大约300门大炮进行炮火准备,其中包括被寄予厚望的4门370毫米重型迫击炮。法军此次在凡尔登地区集结的炮兵规模之大是前所未有的。进攻前5天,法军每天都向目标区域四分之一平方英里的泥潭倾泻1000吨炮弹(当然这也牺牲了进攻的突然性)。法国已经赢得了凡尔登地区的制空权,观测和校射条件极佳,因此在进攻发起之前,芒让的情报军官就拿到了进攻发起40小时前敌方工事受损状况的航空照片。一切似乎都很顺利,芒让对手下一名营长说:

在这样的炮火准备下,我们将可以背着步枪走到堡垒,因为那里已经被夷为平地了。

法军炮击的确对暴露在工事外面的德军部队造成了巨大损失,还有一枚重炮炮弹炸塌了杜奥蒙堡北面新开辟的主出入口。呻吟着的德军伤员从四面八方涌进堡垒内部,把那里的野战医院塞了个满满当当。堡垒顶端的信号塔连同里面的通信兵都被炸上了天,到5月22日,杜奥蒙堡所有的瞭望塔都被打掉了。四处爆炸的炮弹激起的硝烟和尘土使得堡垒内部的空气几乎不能用来呼吸。德国人最近刚安装了发电机为杜奥蒙堡内部提供照明,然而发电机排气管不知道哪里在漏气,让空气变得更加无法忍受。排气管的裂缝刚刚修好,一发炮弹爆炸震倒了整整一面沙袋墙,正好掉在发电机顶上,把它埋在了下面。堡垒内部陷入一片漆黑,守军再也无法观察外面的世界,开始陷入越来越惊恐不安的情绪之中。有些人受不了了:一名连长在漆黑的走廊里乱跑,狂乱地尖叫要枪毙自己的上级,被3名士兵按倒在地。一枚法军炮弹直接命中堡垒西南面的侧射炮塔，守军不得不放弃这处阵地。这处缺陷将在未来法军的进攻当中发挥重要作用，可是除此之外，芒让的重迫击炮在堡垒的主体上连一个裂缝都没打出。穆兰维尔堡守军指挥官的判断是正确的。

23岁的法军第74步兵团中士居伊·阿莱（Guy Hallé）在进攻出发战壕里，正经受着每次进攻之前都会出现的胃部翻腾之苦。他后来写道：

>集中起全部注意力，以便在死亡面前表现得镇静自若。说出死亡这个词并不困难，可是，上帝啊，做到这一点太困难了！这是多么可怕的一件事啊！在此刻对自己说，我还是我自己，我是完整的自己，我的血液在血管里流淌和脉动，我的眼睛还亮，皮肤没破，血也没流！……啊，多么渴望睡下的时候能想到所有的一切都结束了，我会活下来，我会狂喜，会痛苦，会悲伤，会高兴，我不会死去！

进攻发起之前35分钟，有两发德国炮弹打进了法军战壕。像阿莱这样的老兵忍不住打了个冷战，因为他们知道这是德国人在试射，就等着进攻的士兵露头了。虽说当天早些时候，法军飞机发射一种新发明的火箭弹，击落了6个德军炮兵观测气球中的5个，可是德国炮兵事先有大量的预警时间来调整大炮的射程和方位，几乎不需要实地观测，法军士兵一跃出战壕，德军的炮火反准备就带着致命的精确性在全线炸开了。几分钟之内，实际受领攻占堡垒任务的第129团各连平均就只剩下49名官兵还能战斗，其中一个连只剩下1名中尉和27名士兵。74团的一个营担任进攻部队的右翼，在50岁的营长勒菲弗尔-迪邦（Lefebvre-Dibon）指挥下占领了自己的目标，却发现本应在自己左翼占领杜奥蒙堡东侧的友军无影无踪，原来这些人被德军炮火全歼了。74团的另一个营本应在勒菲弗尔-迪邦的右翼支援，被德军炮火压制在战壕里根本没有冲上来。芒让本人在苏维尔堡顶上观察战斗进程，一如既往地暴露在炮火之下，一发炮弹把他身边的4名参谋军官炸成重伤，他本人幸运地仅以身免。

但129团残部冒着冰雹般砸下来的炮火猛打猛冲，在11分钟之内就冲到杜奥蒙堡面前。这是法兰西大无畏战斗精神的极致体现，法军在半小时之内就占领了堡垒上层结构的四分之三，把战线推进到了堡垒北边尖端到东南角的连线。冯·布兰戴斯上尉从远处灰心丧气地看着天际蓝军装如潮水一般涌上来，漫灌了"他的"杜奥蒙堡。皇太子本人后来承认"一时间我们似乎丢了这座堡垒"。在堡垒内部，重炮炮弹沉闷而震撼人心的回响被一种更尖锐的爆炸声代替。手榴弹！有人大喊："法国人来啦！"

皮奥（Piau）中士率领的一小队法军士兵通过西南侧墙内堡的一处破口渗透进了杜奥蒙堡内部。他们没有遇到守军，跑到了堡垒中心的东西向大过道。有那么几分钟的时间，杜奥蒙堡好像真的要再次易手了。但一支德军猎兵部队赶到现场，皮奥中士手下3名士兵被打死，其他人被击退，德军架起一挺机枪封锁了法国后续部队的入口。堡垒外围坑道里的战斗持续了一整天，但法军渐渐被打退了。

在外面，法军第129团占领了被毁了一半的墙内堡，并在其顶部建起一个防守严密的机枪阵地。从那里，法军可以控扼杜奥蒙堡的整个上层结构。德国守军既勇敢，又愚蠢到惊人，他们反复从堡垒内部冲出来,试图从正面夺取机枪阵地。先是第20团的50名士兵冲上去,被法军机枪打倒了33人,然后70名猎兵再冲,只回来了15人。最后冲上去的40名近卫掷弹兵只剩2人爬回堡垒里面。下一次反冲锋被德国人自己的大炮击溃了,伤亡很大。德国人还想用烟把法国人熏出机枪阵地,但也失败了,法军这挺机枪在整个22日夜里和第二天都牢牢控制着杜奥蒙堡的上层结构。

在22日夜晚,双方都向上汇报说法国人占领了杜奥蒙堡。芒让带着一名参谋军官来到尼维尔的司令部,大声宣布:"杜奥蒙堡是我们的了!"参谋军官的巨大挎包里装满了推荐授勋的军官档案。可是进攻一方的形势极为不利,德军的反攻越来越激烈。在德军打击下,法军突击部队的左翼在23日清晨的雾气里溃散了,留在堡垒顶部的两个营被困在狭窄的突出部,受到三面火力的夹击。在突击部队右翼,勒菲弗尔-迪邦报告团长,说自己已经损失了40%的部队,如果增援再不及时赶到,自己也守不下去了。芒让冷酷无情地不断派出新锐部队增援,可是这些部队不是在到达的时候被德军炮火消灭殆尽,就是根本冲不上来。法军连长夏尔·德尔维尔从临近阵地观察了整个作战过程,他这样描述这次典型的增援行动:

> 第124团的两个连一冲锋就占领了德军堑壕,他们未发一枪就渗透进那里。可是他们没有足够的手榴弹……德国人用手榴弹反攻。这两个连无力反击,全军覆没。前去增援他们的第3营在接近堑壕时被德军炮击打散了。我军总共死伤将近500人……死人堆到了堑壕顶端那么高……

21岁的阿尔弗雷德·茹贝尔（Alfred Joubaire）少尉是第124团的军官，他在几天前刚刚跟着团里的军乐队，伴随着《蒂伯雷里》的歌声，雄赳赳气昂昂开赴凡尔登战场。他在过去15个月里一直写日记，但仅限于随意地记录一些前线生活的片段，完全是一副就事论事的风格。5月23日的日记是他在凡尔登战死前写下的最后一篇，日记结尾换了一副完全不同的语气：

人类疯了！肯定是疯了才会干出这样的事情来。这真是一场大屠杀啊！场面是如此的恐怖！我无法形容自己的感想。地狱都没有这么可怕。人类疯了！

在杜奥蒙堡右侧，勒菲弗尔-迪邦的营在23日下午晚些时候已经陷入重围，被迫举起了白旗，这个营72%的战斗人员非死即伤。在堡垒顶部的第129团也被包围了。架在西南炮塔顶上的法军机枪还在顽强地喷吐火舌，但子弹不多了。更糟糕的是，法军没有完全占领堡垒的上层结构，德军因而可以通过东北角的一条隧道源源不断地向堡垒地下工事派来增援部队。23日夜里，他们还通过这种方式运来了一具重型掷雷器。在默兹河上的朝阳驱散晨雾的时分，德国人在离法军机枪阵地仅有80码远的地方选了一处法军机枪的射击死角构筑阵地，把掷雷器运进阵地安装好。掷雷器连续快速地向西南塔楼射出8发空中鱼雷，每枚弹头都装有大量炸药。不等爆炸的硝烟散尽，德军3个连跃出地堡扑向被炸得还没回过神来的法军幸存者。

这就是战斗的结局。那天夜里，法军尖刀部队的少数残部三三两两地摸回出发阵地。守军的损失不小，法国人的损失更是高得惊人，仅被俘的就有1000来人。芒让的第5师连一个连的预备队都没有了，前线曾一度出现一处500码宽的危险空洞。芒让本人立即被军长勒布伦（Lebrun）从前线撤下来，暂时被贬黜了——这不是他第一次也不是最后一次被贬黜。整场进攻是一出太快的悲剧，根本没能取得多少成果。如果法军像贝当当初坚持的那样，等有足够兵力再在宽正面上发动进攻，他们很可能已经夺回了杜奥蒙堡。可事实并非如此，法军根本不该发动进攻，却贸然行事。贝当为这场失败承担了全部责任，他对这次战斗的记叙完全没有一处指责过尼维尔或者芒让。在战时将领事后写的所有回忆录里面，很少能见到这样的慷慨大度。

可是这次失败严重打击了前线的士气。到5月底，关于"违抗军纪"行为的不祥报告不断从凡尔登传出。在巴黎，前线战事已经严重损害了马恩河战役的英雄加利埃尼的健康状况，杜奥蒙堡的消息传来，加利埃尼陷入深深的抑郁之中。两天之后，他就死了。

第 20 章

"五月杯"

知道得太多却无能为力,人世间的痛苦莫过于此。

——希罗多德

……我必须多次重复,战役现在不是一个在血与火之中很快就能自然结束的短期事件,而是一种持续一周又一周、没完没了的状态……

——恩斯特·荣格,《钢铁风暴》

时间从 5 月进入溽热的 6 月,已经持续 3 个半月的凡尔登战役进入了死人最多的阶段。牺牲如此之大,并非仅仅出于军事方面的原因。在人类一切事务之中,当某一件事具有了某种象征性意义,一切理性、一切价值判断都会完全失效,这些情况是最为致命的。对战争的双方而言,凡尔登现在都有着超乎寻常的象征性意义。更要命的是,它已经成了民族荣誉的象征。法兰西民族的荣誉!这个词具有魔力,在今天都能唤起中世纪的激情,让法国举国团结一致,固守凡尔登的城楼。对于德国人来说,凡尔登的得失也已经和国家民族的命运紧紧联系在一起。这件事情早已超出了双方将领作战谋划这个层次,尽管这座城市在战略上无足轻重，可是两个民族早已斗到了超出理性的程度。两个民族都下定决心要夺下这个象征，这是一个挑战，是民族优越感的奖杯，因此双方动员出一千年来条顿－高卢世仇所积累的全副怨气，拼命地作战。在欢迎贝当元帅加入法兰西学术院的致辞中，保罗·瓦勒里（Paul Valéry）把凡尔登战役比作"一场一对一的决斗……您代表法国，挑战德国的代表皇太子"。正如传说中一切单挑的决斗，此战已经不只是荣辱的问题了，而是关乎两个民族的生死存亡。就像两头角抵角的雄鹿决斗致死一样，双方不能也不愿屈服，直到其中一方获得最终的胜利。

瓦勒里的比喻简单至极却又精妙绝伦，他说得很堂皇又很中肯。可是对于那些亲身经历过凡尔登战役的人来说，却另有一个不那么堂皇的隐喻。在战前最后几天的和平岁月里，似乎欧洲各国领导人的集体意志已经全都不受控制了，他们被某种来自冥河的邪恶的超人意志所指引和操控，各民族被这种可怕的力量所攫取，不由自主地加速向着深渊堕落下去。战争一旦开始，人们仍然能多次感到冥冥之中有某种邪恶的力量在左右事态发展。第二次世界大战中，世界局势从没有完全脱离人类意志的掌控，也许这是因为几大领袖人物，丘吉尔和罗斯福、希特勒和斯大林，都是历史上的巨人，而与他们相比，阿斯奎斯、白里安、贝特曼·霍尔维格都只是微不足道的小人物而已。因此，凡尔登战役在进入6月之后，实际上已经超出了贝当和威廉皇太子这两位"斗士"所能控制的范围。尼维尔和克诺贝尔斯多夫的权力在上升，两边都下定决心不惜一切代价把会战继续下去，战斗进入了一个新的更为残酷绝望的阶段。会战似乎已经不受人力的控制，拥有了自己的动量。正如一位德国作家说的：

直到最后一个德国人和最后一个法国人，拄着拐杖跳出战壕，用水果刀或者牙齿或者指甲杀死对方，战役才会结束。

交战双方在当时的日记里，都越来越少提到敌人的残暴，就连步兵对杀人如麻的炮兵的憎恨也逐渐变少了。战斗本身成了可怕的敌人。战斗开始拥有自己的人格，成为客观存在的个体，而它存在的目的就是无差别地毁灭一切人类。在1916年夏季，编年史家们越来越多地用拟人化的"魔鬼""怪物""巨兽"和"怪兽"之类称呼指代战斗本身，表明这头怪物不分国家民族每天吞噬人类的胃口永无餍足。在对战争巨兽共同的憎恶面前，一切其他的情感，比如简单的爱国热情和好战情绪都变得不值一提。同时，这种憎恶又伴随着一种无望的听天由命的情绪，它在整整一代德国人和法国人心头留下了深深的烙印。

在其他国家，法国在凡尔登战役中表现出来的英雄主义气概引发了广泛的钦佩，各大报纸的漫画家们更是在表现战争的恐怖方面达成了共识。美国《巴尔的摩美国人报》（*Baltimore American*）刊登过一幅改编自米勒（Millet）名画《播种者》的漫画，画上德皇正在凡尔登播种骷髅。《费城观察家报》（*Philadelphia Inquirer*）刊登过类似的画，标题是《疯狂的消耗战》。[1] 在意大利的漫画里，死神告诉皇太子"我厌倦了工作，别再送牺牲品给我啦"。同时代的英国漫画画的是死神坐在世界的巅峰——"唯一无可争议的征服者"。德国的漫画中，有一名可怕的武装骑士从一只巨大的"丰饶之角"中向大地播撒鲜血，还

---

[1] 见插图。

有一幅宣传画，画的是作为一具骷髅的死神从世界抽出鲜血——颇有反讽意味的是，这幅画是"献给"贝当的。《纽约时报》在1916年回顾全年的时候，用这样一幅画总结了凡尔登战役背后的那个病态的、死亡之舞般的世界：巨大的战神检阅着350万个十字架，满意地说道，"完美的一年结束了"。

播种者

法军对杜奥蒙堡发动进攻时，德军第3集团军参谋长正好去最高统帅部，他看见平素不露声色的法金汉正兴奋地不停搓手，说"这是他们能做的最愚蠢的事情"。法军此次攻势根本没有像尼维尔希望的那样打乱德军进攻的节奏,其失败反而使法金汉不再犹豫不决,开始全力支持克诺贝尔斯多夫。德军新的攻势有着一个吸引人的代号"五月杯"(MAY CUP),其准备工作正在全速开展中,法金汉已答应在人力物力方面给予全力支援。此次攻势成功的前景比过去一段时间以来的更加乐观:法军在右岸的防线因杜奥蒙堡惨败而遭到严重削弱,[1] 还有迹象表明法军士气正在衰退。在左岸,德军终于拿下了位置险要的死人山和304高地,现在可以把炮兵部署在这两处,对集结在布鲁森林山脊背后的法军炮兵群发动致命性的打击。尽管贝当已尽力集中炮兵,但到5月底,德军炮兵还是保持着很大的优势,他们拥有2200门大炮,而法军只有1777门。法军在各处的后撤余地都越来越小。德国当局再次鼓励新闻界发出好战的叫嚣:

我们一定会占领凡尔登……

"五月杯"是德军自2月份战役以来在右岸发动的规模最大的进攻战役,将有3个军参加:巴伐利亚第1军、第10后备军和第15军,总共5个师兵力。这差不多与2月21日进攻所动用的兵力相当,可是这次德军的进攻地幅集中于5公里的狭窄正面(2月份的进攻正面有12公里宽),算下来每米差不多就有1人。这次没有奇袭,没有巧妙诡计,德军打算单纯靠蛮力在法军防线上撞出一个大洞。此次进攻意在夺取"出发阵地"以便向凡尔登做

---

1 5月的最后两周,法军的伤亡实际上比德军发动进攻以后任何其他时期的都高,前线总共17个师中的9个被迫撤下来休整。

最后的冲刺。德军的目标从西到东分别包括蒂欧蒙工事、弗勒里山脊和苏维尔堡，但其中首要的目标是沃堡，这个堡垒是法军防线东北尽头的支撑点。

疯狂的消耗战

我们记得，3月德军曾因误报占领沃堡而贻笑大方。4月和5月，德军对沃堡发动过几次进攻，5月份的进攻发起之前，法金汉还亲临前线准备接受沃堡的投降。每次进攻失败以后，德军都会让步兵后撤，而420毫米"大伯莎"炮则会重新进行轰击。

在战争初期，"大伯莎"炮这种恐怖武器曾给德军带来很多次轻易的胜利，凡尔登战役是它在战场上最后一次亮相。420毫米大炮从2月以来就一直不断地用重达一吨的炮弹轰击凡尔登地区的各大堡垒。在杜奥蒙堡陷落之后，它们的主要目标换成了穆兰维尔堡，它是法军防线东段的支撑点，结构和杜奥蒙堡一模一样。穆兰维尔堡的水泥顶盖的减震设计可能做得没有杜奥蒙堡的有效，因而在凡尔登的各大堡垒当中，它所受的结构性损伤最严重。有一发420炮弹打穿了6英尺的覆土、10英尺厚的水泥以及一堵30英寸厚的墙，所幸没有爆炸。炮弹在几处地方都炸透了堡垒，造成了可怕的后果。法军伤亡很大，很多人是被捂在地堡里散不出去的有毒TNT硝烟窒息而死的。守堡指挥官立即下令去掉盖在所有通风管道口上的罩子，原来法国人厌恶通风透气，便给管道口加上了这些罩子，可指挥官一转身，底下人又把罩子盖了回去！炮弹落下来时的恐怖噪音据说"像是一列快车穿过金属高架桥"时的声音，随之而来的酷刑一般的震动传遍整个地堡，再加上每天等待炮击时的提心吊胆，这一切逼疯了很多守军。某次猛烈炮击之后，一群被炮弹震傻了的"疯子"发动了一次小规模叛乱，指挥官不得不用手枪指着他们，把他们锁进一座墙内堡。后来指挥官本人也疯了，跑出堡垒进了旁边的树林，有人发现他坐在树根上，完全不记得之前发生的事情。不过守军后来也渐渐习惯了炮击。有一名19岁的中士注意到，从堡垒顶上的瞭望塔，可以看见7英里外奥尔讷地区瑞莫耶（Jumelles d'Ornes）背后德军420毫米大炮发射时的炮口闪光，然后他有63秒钟时间警告全堡，并躲起来。在知道巨大的炮弹不会毫无征兆地落在脑袋顶上后，法军似乎稍微放松了一些，起码指挥官在炮击最猛烈的时候可以干脆让所有守军在白天撤出去，钻进外面的战壕。

德国人集中所有420毫米大炮轰击穆兰维尔堡是一个严重的战术失误。他们本来是想打掉堡垒上给德军造成很大麻烦的法军

155毫米大炮炮塔。可是穆兰维尔堡离前线尚有距离，并不太重要。沃堡和苏维尔堡才是集中"大伯莎"炮轰击的更好目标。虽说这两处堡垒都没有配备大炮，但苏维尔堡是整个法军右岸防线的神经中枢，也是它的主要瞭望台，而且苏维尔堡因防护层比较薄很可能会在炮击之下坍塌。沃堡也可能在420巨炮的猛轰之下变得无法防御。不过另有两个因素减弱了420毫米大炮的效能。这些大炮到6月总共发射的炮弹数量早就远远超出了克虏伯公司设计的使用上限，炮管磨损严重，弹丸常会在飞行中发生翻滚，有时甚至会前后倒置，穿透力大大下降。不止一门炮炸膛，让炮组成员伤亡惨重。

420毫米大炮难以机动，常常成为法国反炮兵火力的猎物，法军炮兵对反炮兵射击堪称拿手。那枚420毫米大炮的哑弹嵌在穆兰维尔堡墙里后几分钟内，法军炮兵专家就来到现场，根据弹丸的位置推算弹道角度，从而精准地反推出发射炮弹的大炮的方位。就如同大卫对阵歌利亚一样，法军不断用轻型长身管的155毫米或更小口径的大炮，来对付德军的420毫米口径巨炮。其中就有一门专门为炮兵对战调来凡尔登战场的高精度海军大炮，炮长是达尔朗（Darlan）中尉，后来的海军上将。炮兵对战中居于不利地位的是巨人歌利亚，因为后者机动能力弱，炮弹堆栈特别大，而且射程短，不得不非常靠近前线，所以特别容易被摧毁。德军的巨炮一门接一门被法军打掉，在战役早些时候，法国海军炮手一炮把德军储存在斯潘库尔森林里的45万发重炮炮弹组成的巨大堆栈给炸上了天。第5集团军在2月总共拥有13门"大伯莎"，到6月支援进攻沃堡时，只剩下4门，而且还磨损严重。

6月1日是一个晴朗的夏日，帝国档案认为，它是"德军少有的胜利没有被某些失败蒙上一层阴影的日子"。以前德军每次进攻沃堡时，都会遭到卡耶特森林光秃秃的山坡上还有福明森林（Fumin woods）里法军火力的扫射，还没到达沃堡跟前就被击退了。这两片森林在沃堡和杜奥蒙堡之间，当时还在法军手里。来自德军第1师和第7师的大批突击部队行动神速，横扫卡耶特，穿过沃山谷，爬上沃堡背后的福明突出部，推进了大约800到1000码。当天晚上，负责这段前线的法国军长勒布伦将军不得不向尼维尔承认说，守卫丢失地段的法军部队"已被全歼"。尼维尔照常下令让他马上反攻。可是天色已经太晚，德军一举消灭了掩护沃堡接近地的法军侧射火力。虽然德军的进攻计划预计要到4天以后才能对沃堡本身发起冲击，可是当天下午6点，德国第15军军长冯·戴姆林（von Deimling）将军召集参谋人员开会，说当天的成功令人鼓舞，因此他计划次日凌晨3点就对沃堡发动突然袭击。他的参谋长不乐意，抱怨说根本没有足够的准备时间，可是将军坚持己见。

法国人当天唯一的胜利是守住了被称为R1的据点。[1]法军从西北到东南沿斜线总共修筑了三处水泥掩体来防守福明森林，代号分别为R3、R2和R1，最后一处离沃堡只有400码远。R2跟R3在德军进攻数小时内就失守了，可是R1的守军是夏尔·德尔维尔上尉指挥的第101团的一个连，他们将在寡不敌众的情况下整整坚守一个星期。德尔维尔对此次R3据点防守战的记述，是整个战役中最清晰准确的第一手资料。他这个连在法军进攻杜奥蒙堡之前才刚刚抵达前线，他在自己的阵地上近距离观看了那场

---

[1] R为法语"防御工事"（retranchement）一词的首字母。

灾难性的进攻。他进驻沃堡附近阵地的时候，交通壕里挤满了士兵，头盔上反射的落日余晖让他联想起：

> 自己正站在《哈姆雷特》剧中的艾尔西诺城墙上，是夜间被替换下来的城堡守卫中的一员。可是凡尔登战场上的守卫无法换班。

团部里一片混乱，团长抽不出人给德尔维尔当向导，所以他的连队在夜暗当中迷失了2个小时，只能冒着不时爆炸的炮弹，穿行在残存的交通壕里，四周堵满了哀号的伤兵。当最后到达R1阵地时，他发现这里比一系列炮弹坑好不了多少，他自己的连部是"一发380毫米炮弹炸塌的一块增强水泥板下面的一个小空间"。福明森林里的土地"被炮弹反复犁过，土地就像沙子一样松散，而弹坑就像沙丘"。德尔维尔连队替换下来的那支部队告诉他，过去4天里，部队被法军自己的75毫米野战炮误炸，死了15个人，"听上去真是鼓舞人心啊"。

6月1日早晨，德军的炮击一停止，德尔维尔就看到德军步兵蜂拥冲出战壕，"就像被踢翻了蚁穴的蚂蚁一样"。敌人还在射程外，德尔维尔什么也做不了，只能又像坐在阳台上一样观战。他看见敌人很快冲进了卡耶特山坡上法军的第一道堑壕，"一朵朵白烟告诉我们那里正发生着短兵相接的手榴弹交锋。其后，寂静又重新降临……"，之后蓝色军装的人群"混乱地"向后退，撤进福明森林下面的山谷，而炮弹则正在他们中间爆炸着。再往后，又出现了大约60到80名蓝军装组成的一条细线，往相反方向运动，手里没有武器。俘虏！又过了一会儿，煤斗式的钢盔在德尔维尔自己战线前方的战壕里上下跳动，距离不过 25 码。双方开始激烈交火，"这是那种让人血脉偾张的战斗"。德尔维尔身边有一名 19 岁的士兵额头上多了一个洞，倒下了。然后突然传来一声大吼，说敌人打到了德尔维尔左翼 200 码外的 R2 阵地，"出现了激烈的对射。他们终于在抵抗了"！

到下午 2 点半，R2 也被占领了。"紧接着，我们就发现胜利的德国人已经开始着手向我们这边挖掘进攻坑道了。现在，在我们和他们之间只隔着一道溪谷。我们会不会像老鼠一样被困在这里呢？"

那天余下的时间里，德尔维尔手下的机枪成功地迫使两翼的敌人保持一定的距离，与此同时，在下午的酷热里，堑壕里的尸体上飞舞着众多肥大的青蝇，场面令人作呕不已。

> 6 月 2 日，星期五。一夜焦虑和持续警惕⋯⋯昨天没有粮食运上来。干渴尤其让人心烦意乱。饼干真难吃⋯⋯

德尔维尔的写作突然被一阵剧烈的震动打断，他被掀起的尘土埋了起来。一发法国的 75 野战炮炮弹落在旁边的堑壕里，把连里的司务长炸得粉身碎骨。双方在这一天余下的时间里用步枪对射。那天晚上，对面的德国人发动了第一次进攻：

> 我把手榴弹全都发下去了，因为步枪在这么近的距离毫无用处。

敌人被打退了。突然，德尔维尔背后冒出火焰和浓烟。这肯定是敌人的火焰喷射器！"连手榴弹的箱子都开始起火了"！（后来才弄明白,其实是德尔维尔粗心大意的传令兵尚皮翁得到命令,去发射一枚红色信号弹,请求法国炮兵进行射击,他从双腿之间把信号弹打了出去,点着了剩下的信号弹。)那天夜里10点,军工送上来5个水壶,其中有一个还是空的,这点水要分给全连,就是说68名士兵和3名军官分2加仑水——而且"水闻起来像死尸一样"。

可是,守在沃堡里的人未来的日子比他们更难过。

第21章

沃　堡

> 凡尔登战役带回了战争的荣耀，在这样的战争当中，个人和个人的勇气都能充分地展现自己的价值。
>
> ——H. H. 冯·梅伦廷，《纽约时报杂志》，1916年6月

沃堡是凡尔登防御体系中最小的一座堡垒，占地面积不到杜奥蒙堡的四分之一。它没有配备155毫米大炮的炮塔，只有一座75毫米大炮的炮塔。杜奥蒙堡陷落后，出于恐慌，法军在这座炮塔里放了四分之三吨的炸药，准备随时自毁，后来一发德国420毫米巨炮炮弹爆引爆了这堆炸药，这座唯一的炮塔也被摧毁了。沃堡所有的侧射75毫米炮也已被霞飞下令拆除，所以在1916年6月，沃堡最大口径的武器就是机枪，而且这些机枪还没有装甲机枪塔的保护。除了75毫米炮炮塔被毁以外，有一条地下通道也被一发炮弹炸开，敞在露天，现在被用沙袋封锁着。多数外围炮位都受到不同程度的损伤，有一条巨大的裂缝令人不安地纵贯整个地下兵营。除了以上损伤，总体来说，沃堡还算是很好地经受住了连日来的炮击。贝当在2月曾下令重新武装各个堡垒，但这条命令执行（或者说未被执行）的情况并不乐观。法军没有深挖地道把沃堡跟后方连接起来（德国人在杜奥蒙堡就做到了这一点），

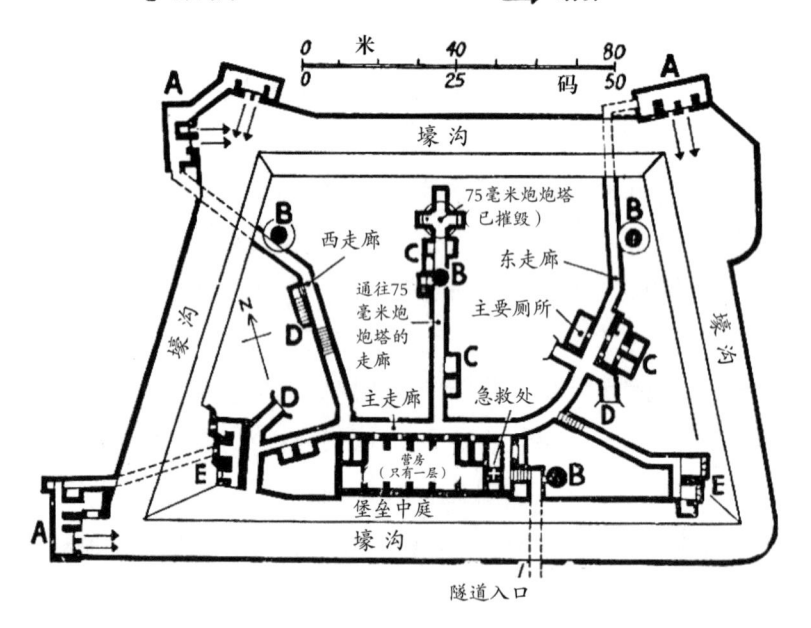

A 外墙火力点   **D** 上层结构出口

B 瞭望塔   **E** 墙内堡

C 弹药库   ⇉ 射界

图中标注：
- 米 0 40 80
- 码 0 25 50
- 壕沟
- 75毫米炮炮塔（已摧毁）
- 西走廊
- 东走廊
- 通往75毫米炮炮塔的走廊
- 主要厕所
- 主走廊
- 急救处
- 营房（只有一层）
- 堡垒中庭
- 壕沟
- 隧道入口

因此沃堡很容易被包围孤立。更糟糕的是，法国人无视警告，根本没有着手改善饮水供应设施，以上这些缺陷将导致严重的后果。

沃堡的指挥官是西尔万－尤金·雷纳尔（Sylvain-Eugène Raynal）少校，这位饱经风霜的殖民地战士来自波尔多，时年49岁，晋升得很慢。他已经在战斗中多次负伤，只能拄着拐杖一瘸一拐地走路，本来都可以因残疾而退伍了。他不知用了什么方法成功地说服了上级把自己派回前线承担要塞守备的任务，一般这类任务被认为比在前线堑壕里作战轻松一些。雷纳尔在5月24日到达沃堡上任，那天正好是法军反攻杜奥蒙堡失败的日子。他对沃堡的最初印象是士兵在堡里挤得满满当当：

> 人们在这种情况下很难挪动，我花了很长时间才挤到指挥部……如果德军来进攻，堡里所有人来不及抵抗就会当了俘虏。

沃堡内部除了日常的守备部队之外，还充斥着找不着部队的担架手、信号兵，还有一些步兵团的残部在混战当中找不着大部队了，来这里避难。雷纳尔马上着手把这些避难人员驱逐出去，可是躲进来的人越来越多，后来德军开始炮击，这些部队就更不可能离开堡垒了。所以在德军开始围攻的时候，雷纳尔手下管着600多人，其中有很多伤员，而不是沃堡设计容纳的上限250人。此外，沃堡里还有4只军用信鸽和1只信号部队幸存士兵带进来的西班牙猎犬。

6月1日，雷纳尔从望远镜里眼看着德国人占领并穿越1英里半以外的卡耶特森林，束手无策，要是他手里有哪怕一门75毫米炮该多好！不过，他在堡垒顶上架了2挺机枪，在最大射程上向德军扫射，收效甚为显著。德军掷弹兵们被不知道从哪儿来的神秘火力搞糊涂了，阵线上出现缺口，但他们还是不断地往前涌，最后灰色军装的尸体填满了一整条战壕。其后，德军进攻部队躲进山谷里，不见了。

沃堡东北，朝沃埃夫尔方向的地势急剧下降，因此通往沃堡围墙底下的道路全都处于堡垒本身和R1阵地里德尔维尔他们的枪炮射击死角中。现在起侧翼掩护作用的卡耶特跟福明全都失守，雷纳尔明白第二天清晨德国人肯定能打到沃堡跟前。这天夜里，法军用沙袋紧急封锁之前被打出的9处破洞，在沙袋工事上还留好了缺口以便往外扔手榴弹。与此同时，德军也加紧了炮击，雷纳尔说有段时间落到沃堡这个狭小区域的炮弹达到每小时1500到2000发。2日拂晓之前，炮击戛然而止，决定命运的时刻到来了。

德军第50师的两个营潜伏在沃堡台地边缘以下不到150码处的战壕里。这个师的师长是韦伯帕夏（Weber Pasha）少将，最近因组织加里波利地区奥斯曼部队的要塞防御脱颖而出。他手下的德军在几秒钟之内就冲进了护城壕，但立即遭到西北和东北角两座机枪发射阵地的交叉火力侧击。沃堡的这种设计与杜奥蒙堡的布局相似，只不过勃兰登堡士兵进攻杜奥蒙堡时，火力点无人值守。这两处机枪阵地是初战的焦点所在，德军突击部队一开始尝试蹲在东北机枪阵地顶上，把集束手榴弹往下吊到枪眼外面，从而炸毁法军火力点，可是没有成功。

法军两个阵地的机枪手互相掩护，不断向进攻另一个火力点的德军扫射。其后，德军突击队清清楚楚听见火力点里面传来咔哒咔哒的机枪卡壳声以及随之而来的咒骂。他们马上乘机把手榴弹扔进火力点，干掉了法军机枪手。机枪阵地的指挥官——雷纳尔的副手——勇敢的塔布罗（Tabourot）上尉从碉堡里跳出来，不停地扔手榴弹，一度几乎单枪匹马地把敌军阻挡在入口以外，直到他的肚子被德军的手榴弹炸开。他爬回碉堡，死在了里面。又过了一会，1 名军官带着 32 名士兵走出阵地投降，德国人在机枪阵地内部找到两门被移除了炮闩的小炮。

现在才凌晨 5 点，攻击部队已经拿下了沃堡两处火力点之中的一处。但他们进攻西北角较大的那处双面碉堡并不顺利。德军突击队起初尝试在火焰喷射器的喷嘴上加装一段细长的管子，然后伸进围墙里，把守军烧出来。法军机枪手一开始被吓了一跳，暂时停止了射击，趁着这个间隙，帕德伯恩第 158 团的拉科夫（Rackow）中尉带着大约 30 人，成功地越过护城壕，他们是打到沃堡上层结构的第一批德军士兵。可是法军机枪马上就恢复了扫射，结果拉科夫和他的一小撮士兵陷入了孤立，只得在沃堡顶上焦急地坐了好几个小时。凡尔登战场上炮声隆隆，在嘈杂声中，仅仅离他们 20 码远的战友都听不见他们求援的呼喊声。德军突击队很勇敢，他们把手榴弹捆在一起，从顶上往下吊，可是手榴弹爆炸对火力点里面的法军造成的伤害还不如对德军自己造成的伤害大。战斗持续了整个上午，最后法军机枪一挺接一挺地被打哑了，火力点里大约 15 名守军人人带伤，可仍在坚持。最后沃堡顶上的德国人发现了早先被雷纳尔命人用沙袋堵上的内部走廊屋顶的一处大破洞，这条走廊可以从内部通往西北外墙的碉堡，德国人把沙袋搬开，开始往走廊里扔手榴弹。雷纳尔看见情况危急，马上下令守军从外墙碉堡火力点里撤出来，以免被德军顺着走廊堵住碉堡背后的出口。

到下午4点钟，雷纳尔丢掉了外层防御的全部两处火力点，沃堡顶部也被敌人牢牢占据着，战斗延伸到了堡垒内部。里面的守军从观察圆顶上开的细长的槽，能看见年轻的德国兵在他们头顶的地面上四肢伸展地躺着，抽着烟斗，有时候向无能为力的法军做个骂人的手势，这有点像小说《彼得·潘》里面的孩子们和海盗的场景。在双方争夺外墙碉堡的同时，雷纳尔已命人尽快在沃堡中央通往外墙碉堡的各条走廊里用沙袋堆砌工事，截断走廊。

拉科夫中尉现在统一指挥攻占沃堡的作战行动，他在两个外围碉堡被占之后，马上命令突击队的鲁贝格（Ruberg）中尉带人顺着东北走廊向堡垒中心地带突击。忠实的鲁贝格中尉带着几个人沿着一条又黑又窄的过道往前摸索，这跟三个月之前孔策中士在杜奥蒙堡内部的际遇差不多。他们走下一段很长的楼梯，来到护城壕正下方，然后又爬上楼梯，很快来到一扇堵住去路的大铁门前。他能听见门后面有法国人在低声说话。他用集束手榴弹迅速制作了一个炸药包，把最外面一颗手榴弹的发火针拔掉，赶紧跑开。（因为冯·戴姆林将军坚持提前攻击沃堡，突击队没有时间事先制作真正的炸药包。）

雷纳尔本人就在铁门后面，他正在检查一道匆忙堆起来的街垒，对施工质量不满意。他听见鲁贝格弄出来的声音，马上意识到怎么回事，赶紧让手下往后退。他的反应非常及时，这道街垒"在强大的爆炸中分崩离析"。在铁门另一边，集束手榴弹的引信时间只有5秒半，鲁贝格没能完全跑出杀伤范围，他被冲击波抛起来扔在远处，身上也因弹片而受伤。德国人被爆炸的威力吓到了，在指挥官受伤的情况下，他们犹豫了好一会儿才敢再次走进这条致命的地道，雷纳尔就抓住这点战斗间隙，指挥手下再次建起一座街垒，并在后面部署了一挺机枪。法国人暂时仍然控制着这条走廊。

当天夜里，雷纳尔放出 4 只信鸽中的第一只去报告战斗情况，因为他跟后方联系的所有电话线已经被切断了。

6 月 3 日一早，德军突击队绕到堡垒南边。沃堡被完全孤立，就连 R1 也联系不上了，R1 倒是还和第 2 集团军保持着一条不太可靠的电话线。堡垒争夺战还在继续，顶部的德军指挥官拉科夫和地下设施里的法军指挥官雷纳尔之间僵持不下。整整一天里，双方都在通向堡垒中心的两条走廊里面激战。法军在两条走廊里都用沙袋堆砌了几英尺厚的街垒，由顽强的掷弹兵守卫。德军突击队运来了威力更大的炸药，所以法军掷弹兵被炸翻、沙袋街垒被炸飞其实只是个时间问题，但过了这道封锁线，几码之外，法国人早就又堆起了下一道街垒，设在后面的机枪几乎是顶着德军进攻部队的身体扫射，给他们带来死亡。而与此同时，法军还在更后方准备更多的街垒，德军一码一码地推进，可是代价惨重。

在凡尔登战役的各种恐怖场面当中，很难想到还有什么比沃堡地下过道里日复一日的激战更加恐怖的了。这里的战斗是在一片漆黑中进行的，只有爆炸的手榴弹的闪光才能短暂地刺破黑暗，这里的走廊大部分都不超过 3 英尺宽、5 英尺高，成人根本站不直。机枪子弹在两边墙壁上来回反弹，造成的伤不亚于炸子儿，手榴弹在有限的空间里爆炸引起的震荡让人难以忍受。TNT 炸药爆炸的烟雾以及激起的水泥灰尘污染着地下的空气，双方士兵经常感觉自己要窒息了。此外，时值 6 月酷暑，尸体在堡垒里面无法掩埋，迅速地腐烂，尸臭味越来越重。

德军进攻的两个营已然遭受了严重的伤亡。沃堡的两处机枪火力点在被敲掉前打死了成片的德军，第53团的那个营到6月2日晚上只剩下1名还没负伤的军官。同时，拉科夫和他的手下待在堡垒顶上，暴露在越来越猛烈的法军炮火之下，附近穆兰维尔堡里致命的155毫米大炮也开始炮击沃堡的顶盖。两个营在6月3日夜间都因战斗力耗尽而被迫撤换下来。可是雷纳尔和他的600人没有得到替换的可能。

沃堡外面R1阵地上，德尔维尔已经打退了德国人的两波攻势，在那天剩下的时间里依然得忍受着德军的炮击。他在日记里写道，自己已经72小时没合眼了。那天夜里10点，德尔维尔上尉的一名下属带上来一个连援兵，令他喜出望外，可是这个连只有18个人。一小时后，另一名部下出现了，自称带来了另一个连。

德尔维尔问："你有多少人？"

"170人。"

德尔维尔点了一下数。只有25人。

在军部里，勒布伦将军收到了雷纳尔的信鸽，在尼维尔的巨大压力之下，他下令马上发动反击夺回沃堡。勒布伦几乎是歇斯底里地严令愤怒的第124师师长：如有必要，你要亲自带队冲锋。4日拂晓，法军分6个波次发起了密集冲锋，实际上已经打到了沃堡的西部端点处。可是德军新增援的杜塞尔多夫火枪兵已经到位，他们发起白刃战击退了解围的法军。

对雷纳尔来说，6月4日是最困难的一天，几乎发生了致命的灾难。德军突击队在头天夜里费了很大劲，成功地向沃堡顶上运来6具火焰喷射器（另有4具在路上被炮火摧毁）。他们要像熏老鼠一样把守军烧出来。在预定的某一时刻，德军地下的进攻部队撤了出来，恶魔武器的喷嘴却伸进了地堡的通风口和外墙的破洞开火。(守军比较走运的一点是,德国人曾想从一个比较大的破洞向里填土,把里面的法军封死,但是穆兰维尔堡上警觉的155毫米炮消灭了这批德军。)雷纳尔得到的第一个预警是从堡垒内部各处传来的高喊"毒气"之声。其后,一片令人窒息的黑烟立刻涌进了中央炮台。西北走廊的守军抛弃了街垒,沿着过道往回跑,他们的脸庞已然被熏黑烧焦。火焰开始出现在堡垒的主体部分,法军一度陷入了恐慌之中。其后,火焰喷射器停止了。吉拉德(Girard)中尉的反应极快,他拿出近乎超人的勇气,跑回充斥着烟雾的西北走廊,只比攻进来的德国人早一秒钟抢到被扔在那里的机枪。他守在那里,在战斗中数次负伤,直到法军终于重新掌控起过道里的局势,然后吉拉德昏倒在有毒的烟雾中。同时雷纳尔下令把所有的通风口打开,散清烟雾,防止再发生类似的烟雾攻击。

德国人对东北走廊发动的类似进攻也失败了。进攻西南角碉堡的德军突击队也遭遇了一场失败,并全部战死了,他们的火焰喷射器被法军缴获了。守军用缴获的火焰喷射器肃清了南部护城壕里的敌人。德国人在这次新的进攻中,严重烧伤了大约15名守军,又夺取了大约25码长的西北走廊以及雷纳尔3座圆形观测塔里的一座。

雷纳尔在中午时分放出了最后一只军用信鸽,带出去这样一条消息:

我们还在坚守。可是……一定要派援兵来。从苏维尔堡用莫尔斯电码闪光信号和我们联系,那里现在不回应我们的闪光信号。这是最后一只信鸽了。

这只愤怒的鸽子在最近这次烟雾攻击中被熏得够呛,在半空中敷衍了事地扇了一会儿翅膀,就落在了雷纳尔指挥所的瞭望孔上。法军试了好几次才把它哄得重新起飞。它飞到了凡尔登,送到了消息,然后就像马拉松的斐底庇得斯一样倒下来死了。(这只信鸽成为历史上唯一荣获法国荣誉军团勋章的鸽子,这位高贵的信使被制作成了标本,至今还陈列在巴黎的一家博物馆里。)

凡尔登的法军很快回应了雷纳尔的信。苏维尔堡那边曾怀疑沃堡早已陷落,而看到的闪光信号只不过是德国人的诡计,现在用闪光信号给雷纳尔发去鼓励的信息,告诉他法军主力正在准备发动下一次反攻。

那天上午的事件虽然惊险万分,但下午沃堡里发生的事情更危险。雷纳尔说:

> 一名被军需长派来的中士要和我单独说句话,他压低声音告诉我,"长官,水箱里快没水了"。
>
> 我跳了起来,摇晃着中士的身躯,让他给我再说一遍。
>
> "你在骗我吧!"
>
> "不是的,长官,我们按照你吩咐的定量分配水,可是计量器不够精准。"
>
> 痛苦的考验开始了。我下令节约使用剩下的一点儿水,今天就不再分配水了。[1]

---

[1] 事实上,后来的调查表明,尽管早在3月份就有人警告过沃堡的水供应不足,但这个问题无人过问,雷纳尔上任的时候,沃堡的水库还是半空的状态。法军对此事的玩忽职守可以与忘了在杜奥蒙堡部署守军相提并论。

沃堡里多出的 300 多编外人员现在成了毫无用处还需要喝水的嘴巴,可能危及全体守军。雷纳尔意识到必须想个办法把他们疏散出去。可是沃堡已经被包围了。疏散行动必须冒着极大的风险。雷纳尔叫来 19 岁的见习军官布菲(Buffet),他是在孤儿院长大的,雷纳尔让他于当天后半夜侦察出一条突围的道路,然后突围部队将分成小股,相互之间拉长间隔,跟随布菲撤离。

守军在沃堡内部刺鼻且黑暗的环境中,根本不知道也不会去关心外面的天气。R1 阵地里的德尔维尔记载说,4 日是一个阳光明媚的星期天,德军又发动了几次进攻,但是德尔维尔在 6 月阳光的普照之下,还有心情去诗意地描述掷弹兵出手投弹那一刻的动感之美,"就像运动员一样身姿矫健"。不过后来,法军大炮又开始长时间对自己的阵地进行误炸,炎热天气也带来了无法忍受的干渴,这一切毁了这一天的好心情。德尔维尔在那天夜里 9 点半下令让自己的连准备后撤,把阵地交给轮换的下一批守军。士兵们太疲惫了,连庆祝的力气都没有。一个半小时后,团部派传令兵来通知,"鉴于目前的形势",轮换被推迟了。第二天,老天爷开眼,下了一场雨,全连展开对空联络的铺地布匹收集雨水。与此同时,对面的德军战壕里出现了一些不同寻常的迹象,他们加宽了交通壕,这只有一种解释,那就是德军即将对 R1 阵地再次发动全力进攻。德尔维尔这个英雄连队的残部,能够在被完全消灭之前等来轮换部队吗?

5 日太阳落山后,久等不至的援兵终于到达了,但德尔维尔的苦难尚未结束。因为没有能提供掩蔽的交通壕,他的连暴露在 R2 阵地上架起来的德军机枪的火力之下,然后又招来一阵精确到令人感到恐怖的德军炮火。这个连在撤回安全地带后,只剩下 37

名动弹不得的士兵了，可是按照德军统计的数字，他们给德军造成的伤亡超过300人。替换德尔维尔守R1阵地的部队继续英勇坚守了3天，R1最终陷落的时候，500名剩下的法军投降。

雷纳尔和他的人既没有替换部队，也无法指望雨水来缓解越来越难忍的干渴。6月5日是他们被围攻的第4天，沃堡西南角墙内堡附近发生了一次剧烈的爆炸，墙体上被炸开一个大洞。德军突击队带着一具火焰喷射器早已在那里待命，可是一阵强气流把火焰往回吹到了进攻者自己的脸上。吉拉德中尉带人扔手榴弹反攻，恢复了局势，吉拉德再次在战斗中负伤。

雷纳尔从瞭望孔里能看见，德军在沿着走廊进攻失败以后，正从外面向沃堡别处挖掘新的埋雷的洞。

这可不是个好现象。他赶紧用闪光信号要求苏维尔堡"快用大炮打他们"。对面法军的回答来得迅速，只听一声闷响，雷纳尔看到德军尸体被炸飞到半空，掉进了护城壕里，"我们头顶上的作业马上就停止了"。

沃堡外面的德军被最近火焰喷射器进攻的失败弄得非常沮丧。他们认为火焰喷射器给自己造成的伤害比给法军造成的伤害还大，所以撤下了剩下的火焰喷射器。德国人根本没想到火焰喷射器差一点就在前一天打败了沃堡的顽强抵抗，也不知道堡垒里面缺水。他们只能看见法军持续的炮火给堡垒顶上的德军造成的严重伤亡，还有地下走廊里几乎没有任何进展的进攻。沃堡看上去简直坚不可摧。也许里面的守军还能守上1个月，甚至1年。此外，德军突击队听说冯·戴姆林将军宣布德军已经占领了沃堡，只剩一两个地下室里面还有孤立的法国守军尚待清理，这个消息对进攻部队来说是一个侮辱。

当天晚些时候，雷纳尔又遭受了两个挫折。就在闪光信号兵刚给苏维尔堡发完一条信息之后一秒钟，一发炮弹正中信号塔，炸死3名士兵，造成多人受伤，并毁了信号设备。而在那天地下沿着东北走廊进行的战斗中，敌人占领了最后一个厕所的进出口。堡垒内部早已臭烘烘，厕所失守对法军士气造成了不小的打击。这时雷纳尔手下的8名军官当中1人重伤，3人伤势较轻（其中有2人至少两次负伤），但还在岗位上坚持，还有一名军官在发高烧，雷纳尔自己因为疟疾复发而浑身发抖。他在那天夜里视察了所有手下：

  他们被疲乏、沉默和沮丧压倒了。即使我让他们再度奋起作战，他们恐怕也做不到。所以我决定把最后一点存水也发给大家……

最后的存水散发着尸臭味，而且每个人只能分到不足四分之一品脱。守军在过去24小时滴水未进。沃堡里倒是还有不少干肉，可是太咸了，根本吃不下去，雷纳尔注意到自己已经2天没吃东西了。守军还能维持多长时间？那天夜里，雷纳尔用一架临时凑合制作的闪光信号机给苏维尔堡发报：

  今夜必须得到解围和供水。我已力竭……

就在这时，一个浑身都是泥巴的身影从外面的世界冲进了这个绝望的地狱。那是年轻的布菲，他骄傲地佩戴着一枚新勋章。守军围到他身边，暂时忘记了疲劳和干渴。

他完成了不可能完成的任务。大多数突围的法军不是被德军机枪打死，就是被俘虏，可是布菲和另外8个人此前成功地逃了出去。他一回到塔瓦内堡的安全地带，就被从旅长那里直接送去见军长勒布伦将军，最后还见到了尼维尔本人，尼维尔为他授勋，告诉他法军即将发动反攻，而且这次一定成功。这位19岁的见习军官马上自告奋勇再次偷越德军封锁线，把这个消息带回沃堡。跟他一起回来的中士受了伤，只好停在半路上，可是布菲第二次越过了封锁线。

法国军官们急切地询问布菲关于即将到来的反攻的进一步细节。布菲说，反攻将在第二天凌晨2点发动，兵力为一整个营。雷纳尔回忆说："我看见军官们的脸色沉下来了，能猜到他们怎么想的，因为我自己也这么想，这次作战从计划上来说似乎就先天不足。"

午夜后不久，守军听到法国75毫米野战炮炮弹熟悉的尖叫声。但附近没有爆炸，因为炮火准备打得太远，无害地越过了堡垒顶部。凌晨2点，守军在阵地上各自就位，准备接应反攻部队。炮击停止了，守军急切地环视远方想找到援军的身影。但直到凌晨2点半，援军仍然杳无音讯。最后，快到3点的时候，墙内堡报告说看见一支小部队，大概只有一个排，被德军机枪火力压制在离沃堡几码远的地方。守军们绝望地看着这些援军一个接一个被打死，看着他们最后只能举起双手走出战壕投降。尼维尔曾许诺反攻一定成功，沃堡的守卫者们看到的却是这样的情形。增援部队已经尽了全力，付出了可怕的伤亡代价，所有军官非死即伤，最后是由一名中士代理指挥全营。

沃堡里的士气跌落到了最低点。有一名中尉在压力之下疯了，威胁要引爆库存的手榴弹。法国人无法再守下去了。雷纳尔用闪光信号发出另一则消息，请求"在守军力量完全枯竭之前立即干预……法兰西万岁"。可是苏维尔堡再也没有回答，因为那里的守军再次以为沃堡已经失陷。那天晚些时候，一发巨型炮弹打到沃堡中央炮台上，现在守军除了被窒息和被渴死的危险外，还面临着被活埋的可能性。可德国人在争夺地下走廊的战斗中仍然无法取得进展。到了夜里，守军们承受着难以忍受的干渴折磨。在6月份过去的3天里，他们每人总共只领到半瓶变质的饮水，人们在绝望之中想要靠舔堡垒墙壁上的水汽和泥浆来润润嘴唇。雷纳尔艰难地拄着拐杖，视察了堡垒各处。他看到有人晕倒在过道里，有人喝了自己的尿在剧烈呕吐。那90多名伤员的处境最为糟糕，他们没有一滴水来缓解发烧，有些人的高烧烫得可怕，很多人从6月1日开始就躺在黑暗恶臭的隔离病房里，得不到妥当的照顾。

　　雷纳尔少校认定，沃堡的守军已经尽到了自己的职责。尽管这里遭到过"大伯莎"的轰击，被围攻，被毒气和火焰进攻，与法国其他地方隔绝，但是士兵们用仅有的自卫武器——机枪——顶住了皇太子集团军长达一周的进攻。甚至当德国人已经渗透进堡内之后，他们在5天的战斗中还是只能前进30到40码。沃堡是被干渴压倒的。如果当初强大的杜奥蒙堡由一名像雷纳尔这样的军官指挥，它能起到怎样的作用啊！

　　那天夜里，雷纳尔在下定决心之后，却听到了法军大炮的轰鸣，心头又重新燃起了一线希望。难道尼维尔终于来救他们了吗？但是到了午夜时分，不祥的寂静重新笼罩了整个战线。不可能再有新的解围行动了。

6月7日凌晨3点半，苏维尔堡里昏昏欲睡的瞭望兵瞥见沃堡发来的最后一条闪光信号的只言片语，只能解读出："守住防线……"这几个字。几个小时后，沃堡守军投降了，德军按照20世纪以前的古代军礼给予他们礼遇，这个尾声配得上这起整个战争中最英勇的孤立战斗行动。德军机枪部队中尉维尔纳·穆勒（Werner Müller）从西北走廊的街垒后面看见一名法国军官和两名士兵举起了白旗。他们递交了一封"致德军沃堡进攻部队指挥官"的正式信函。穆勒几乎掩饰不住自己的激动，叫来了他的连长，并一起去见了雷纳尔。两人在昏暗的隧道里经过一小队立正敬礼的法军哨兵——"就像一队新兵"。双方正式签署了投降条件，然后雷纳尔把雕饰精致的青铜制炮台钥匙递交给了德国人。

法军作为战俘开始撤离被占领的沃堡。一名在场的德国战地记者感觉这些法军幸存者看上去"就像是绝望的化身"。这些俘虏和雷纳尔的狗一起趴在看到的第一个炮弹坑边缘，不顾一切地喝着坑里肮脏的积水，没有什么比这幅景象更让人同情的了。德国人在清点俘虏的时候对守军的数目大为惊讶，他们同样惊讶地看见雷纳尔脚边的那条西班牙猎犬，它浑身泥污，一身战斗导致的疲惫，可是还活着。守军伤亡大约100人，其中阵亡的不到20人。为了拿下沃堡，德军的4个营加上突击部队总共损失了2678名士兵和64名军官，要不是干渴，沃堡肯定还能坚持更长时间。因此，很自然，法国的军事思想家在不久后就对地下堡垒的价值做出了某些影响深远的重新估量。

雷纳尔在第二天被带去斯特奈见皇太子。他马上既惊讶又高兴地发现，"皇太子不是我们的漫画里表现的那种模样，他不是一只猴子……根本不像典型的普鲁士人那么僵硬"。皇太子能说一口流利的法语，对沃堡的法国守军赞誉有加，好几次用了"令人感佩"这个词。他祝贺雷纳尔被霞飞授予最高一级的荣誉军团勋章，雷纳尔本人在地堡里时尚不知道这个消息。最后，皇太子注意到雷纳尔丢失了佩剑，出于最高的军事礼遇，皇太子将从另一位法国军官那里缴获的佩剑送给了他。

虽然雷纳尔和他的士兵们走进了德军战俘营，并将在那里待上两年半，但围绕着沃堡，还有另一出悲剧要上演。尼维尔自6月2日以来已下令发动了5次反攻为沃堡解围。每次力量都不足，都在付出了惨重代价以后失败了。6月6日的失败反攻击碎了沃堡守军继续抵抗的信心，但尼维尔立即下令发动第6次反攻。这次法军将从凡尔登前线各部队里抽调精锐组成特设的"突击旅"。反攻将在6月8日凌晨发动。在有属下20多名将军出席的军事会议上，与会者强烈反对这次进攻，就连尼维尔身边那位邪恶天才达朗松少校似乎也持反对意见。可是尼维尔一意孤行：他的名誉与这次反攻息息相关。他从德国人的广播里听到了前一天沃堡投降的消息，却宣称那是虚假的宣传，就像3月份那次一样。

"突击旅"由两个团组成，分别是第2朱阿夫团和摩洛哥殖民地步兵团。这两个团的成员都是身经百战的北非老兵。尼维尔亲自告诉突击部队指挥官萨尔维（Savy）上校说：

> 你们被选中执行一项法国军队可能接到的最光荣的任务，你们将要去解救袍泽弟兄，他们在最不利的情况下英勇战斗，履行了自己的职责。

北非士兵在倾盆大雨之中被匆忙派上前线。在他们发动反攻的同时，德军第50师也正为了扩大占领沃堡的胜利成果，而进一步向塔瓦内堡发起冲锋。两支进攻部队即将迎头相撞。

32岁的军士长塞萨·梅莱拉隶属摩洛哥殖民地步兵团，他得到的命令是在自己那个营担当后卫，制止任何士兵掉队开小差，他很不喜欢这份差事。他简要描述了自己从最近的后卫位置看到的作战情形。有一名士兵在向前线出发的途中就自杀了，"他厌倦了这场自己既不理解也从未亲身经历的战争"。在开进过程中：

> 泥土湿滑，难以攀爬，一个人与其说是用脚还不如说是用膝盖在走路。汗流浃背地到达了苏维尔高地，本营正在这里等候后卫部队。机枪连走丢了。半个小时后，找到了他们……为了不至迷路掉队，士兵要抓着前面一个人的外套行军。掉进一个坑里。来到一处林间空地。停止前进。机枪连又走丢了。休息三刻钟。

凌晨4点，梅莱拉到达了塔瓦内堡，8日一整天，他都在那儿度过。那天夜里：

> 传令兵送来消息，进攻流产了……我们发起冲锋的时候，德国人在其他地段出现了……双方的步兵都被彼此的炮火大量杀伤，不得不退回进攻出发地，1营打到了沃堡，德国人撤退了，我们也被迫撤下来。德国人打回来。8连一直打到右翼的树林。德国人撤退了。我军也被迫再次撤退。朱阿夫团的情况也差不多。进攻没什么收获。德军步兵的战斗

素质再次下降。他们是一伙平庸的步兵，由精锐的炮兵支撑着。沃堡守军此前就已经投降了。担任突击的各营除了残部以外什么也没剩下。

其实朱阿夫团根本就从未离开出发地域。德军为自己的进攻进行炮火准备，用210毫米榴弹炮打出一片毁灭性的弹幕，却把朱阿夫团打个正着，团长和几乎所有军官阵亡，只剩下1名幸存的军官。这名少尉带着自己营的残部退回进攻出发地域。摩洛哥团独自发起冲锋，中路突击营八分之七的军官阵亡，每个连平均只剩下25名士兵。萨尔维上校的部队以为沃堡还在法军手中，但其实德军机枪手占据着堡垒的火力点，他们把攻上来的法军残部放到几码之内的近距离，然后几乎是顶着法军士兵的身体一顿狂扫。

在凡尔登战役的10个月时间里，很难找到一场比这次反攻更无意义、更血流成河的战例了。那一天，贝当对发生的大屠杀怒气冲天，直接出手干预了本应完全是他手下的职权范围，严令尼维尔不许再尝试夺回沃堡。

第 22 章

危险的信号

> 如果凡尔登有朝一日被占领,那将会是一场多大的灾难啊!如果守住了,我们又怎能忘记所付出的代价?
>
> ——雷蒙·普恩加莱,《为法兰西服务》

协约国的宣传家们匆匆忙忙对外宣称:"沃堡不是凡尔登防御体系里重要的一环。"可是战场上双方谁也没把这话当回事。沃堡是贝当 2 月份所规定的抵抗线上的重要一环,法军指挥部把能动用的每一个人都派去凡尔登城周围挖战壕,其中也包括德尔维尔和他连里那半死不活的 37 名幸存者,这一举措其实正彰显了沃堡的重要性。德军那一方面,只要拿下沃堡就可以发动主攻了。

冯·克诺贝尔斯多夫的直接目标是扫清侧翼威胁,从而为直捣法军防线中央、夺取苏维尔堡创造条件,而苏维尔堡便是挡在凡尔登城前的最后一处强固堡垒。天气对下一次进攻不利,自沃堡陷落以来,大雨就不停地下,仿佛是在为雷纳尔和他手下的勇士致哀一样。在左岸,德军向塔瓦内堡方向发动的进攻进展不大,令人失望。就占领的地区数量而言,德军在右岸地区的战况也没有好到哪里去。德军在这里的目标是一处名叫蒂欧蒙工事的设防阵地。它的规模介于小型碉堡和大型堡垒之间,不过没有配备大炮。这座工事的重要性在于其独特的制高点位置,它坐落在两座山脊交汇形成的地理上的十字路口,接近今天巨大的阵亡将士埋骨纪念堂的位置。两道山脊其中之一从杜奥蒙向西南方向延伸到弗鲁瓦德泰尔,另一道沿东南防线穿过弗勒里村和苏维尔堡。哪一方占领了蒂欧蒙,它就能控制通向苏维尔堡的接近地,所以此后两个月这里成了凡尔登战役的焦点。6月8日,德军占领过蒂欧蒙工事,可是马上就被法军夺回,双方损失都很严重。整个夏天,此地来回易手多达14次,这显示出战斗双方不断高涨的狂热。法军越来越退无可退,德军则眼看着长期奋斗的胜利成果唾手可得,每次都觉得这就是最后的努力了。

在蒂欧蒙争夺战初期发生了一件事,后来成为法国第一次世界大战中最著名的传奇之一,那就是所谓"刺刀战壕"的故事。蒂欧蒙北面下方有一个叫"贵妇溪谷"(Ravine de la Dame)的地点,来自旺代地区的两个团守卫着那里。旺代传统上是法国出产强大武士的地方,在这些旺代省的军官当中,有一位未来注定将获得法兰西元帅的权杖,他就是德·拉特尔·德·塔西尼(de Lattre de Tassigny)。第137步兵团3连奉命坚守溪谷西北坡的一道堑壕防线,从战术上来说这里地形不利,被德军炮兵一览无余。在6月10日夜间和第二天白天,这个团不断遭受德军210毫米大炮的炮击。11日傍晚点名时,3连总共164名士兵已经只剩下70人。那天夜里,炮击变得更加猛烈,因为法军自己的155毫米大炮炮弹也打到了这个阵地上。第二天早晨,第137团突然消失了(团长声称后来他能找到的本团残部只有1名少尉和1名士兵),德·塔西尼的团被匆忙调上来堵住防线漏洞。直到战后,法国的搜索队在清理战场时才发现了3连留下的蛛丝马迹。他们的堑壕被泥土填满了，但其中有些地段会有规律地隔一小段就从地下露出一截步枪，生锈弯曲的枪管还上着刺刀。挖开来一看，每支步枪旁边都有一具尸体。于是人们根据这个场景及友邻部队幸存者的证词猜测说，3连当时把步枪斜倚在战壕边上随时准备战斗，他们没有放弃阵地，除一人外，全体被德军炮击炸塌的堑壕活埋了。

刺刀战壕的故事传出后，吸引了全世界的注意，一名美国慈善家在战壕的外面浇筑起一座沉闷的混凝土纪念堂，为后人保存下这个遗迹。不过后来的研究表明，事情似乎并非完全如此。第一，这段至少有30码长的战壕不太可能被同时爆炸的炮弹尽数抹平，士兵们也不太可能在看到其他同伴的命运之后还全部被埋，没有一个能逃出来。另有一个比较可能的解释是，3连的战士们的确坚守阵地战死沙场，然后德国人发现战壕里遍布尸体，就把他们当场掩埋了，并在每一具尸体旁边插上一支树立的步枪代替十字架。不管刺刀战壕的真相是什么，它都无损于旺代士兵表现出来的英勇，这里的周围形势以及无人生还这一事实都说明凡尔登战役打到6月份已经达到了新的残酷程度。

随着战斗越来越激烈，尼维尔和贝当都接到越来越多令人不安的报告，内容都表明法军士气正在下滑。因为霞飞执意为索姆河战役积攒新锐部队，贝当发明的轮换作战机制已无法正常运转，它所产生的良好效果也渐渐被消磨殆尽。在6月份的战斗中，各师被迫在前线待更长的时间，每次上前线作战平均都要损失4000人。很多部队都是第二次甚至第三次体验凡尔登战场的残酷。

在凡尔登战场上士兵们会经历的种种苦难当中，干渴现在成了新的无处不在的酷刑。有一个旅在6月中旬坚守弗勒里附近防线时的经历很有代表性。法军起初打算由后方向他们运送水，可是失败了，大车和木桶全被德军大炮打得粉碎。在此后两天的酷暑中，这个旅根本没有水，最后不得不派 200 名士兵从 1 英里开外的拉富尔谢（La Fourche）背水上来。当这些渴疯了的背水士兵接触到水源的时候，现场出现了一阵混乱。他们不顾上级的命令和德军的炮击，等自己喝够了水，才用桶背着剩下来的水给战友送去，可是在敌军炮火之下，多数水都洒在路上了。这个旅又在干渴中度过了一天。生理上的干渴开始超出人类神经所能忍受的程度。士兵们已连续数月不断撤退，他们遭逢的失败无数，却从未尝过胜利的滋味。心理上的创伤与干渴相互交叠，开始对部队产生影响。第 2 集团军刚经历过反攻杜奥蒙堡的惨败，还没恢复过来就又丢了沃堡。现在德军又在稳步前进，支援敌人的炮兵火力比以往更加强大，谁能说得清什么时候是个头呢？

在巴黎，普恩加莱总统注意到宣扬失败主义的报纸《小红帽》比以往更加起劲了。在前线，30 岁的艺术史专家马克·博阿松中士写的家信可能非常准确地描绘出了很多士兵的感受。博阿松是由犹太教改宗的天主教徒，他在战争爆发时踊跃报名参军，内心充满了对敌人的仇恨和"战士的爱国主义热情"。凡尔登改变了这一切。博阿松在 6 月 4 日这一天从杜奥蒙附近的阵地给妻子写信说：

> 一个人开始向自己质疑，到底什么是胜利，是否已不可能达成任何形式的和平来拯救人类。法国的动脉在 2 月 21 日被切开，大股大股地不停地失血……

几天后，这位前军国主义者给妻子写信，告诉她自己被调到非战斗部队,别提多高兴了(这次调动让他多活了将近 2 年)。他后来清晰地感觉到了凡尔登全体士兵都能感觉到的心理上的疲惫:

> 我发生了可怕的改变。我不想跟你多说战争给我精神上带来的可怕压力,可是你逼我说出来。我感觉自己被榨干了……我变成了一个被挤扁的人。

士气正在下降,法军在战争中第一次出现了士气消沉的现象。法军总司令部驻第 2 集团军的联络官坐在舒适的参谋宿舍里写报告,提到了杜奥蒙堡反攻惨败以来出现的"某些纪律败坏的现象":

> 在第 140 团,有大约 50 名士兵拒绝返回前线战壕。这些士兵的态度得到了上至旅长的各级军官的纵容。这些士兵被送上军事法庭,可是受到的惩罚跟他们犯下的罪行相比微不足道。
> 在第 21 师,尤其是第 64 团,有士兵因不愿被派回凡尔登屠场而抗议。
> 类似地,在第 12 军里流传着即将发动一次静坐抗议的谣言……

这还只是令人担忧的前奏而已,第二年,类似的现象将在整个法国陆军中大规模地蔓延。路易·马德林(Louis Madelin)婉转地称之为"黑色忧郁危机",尼维尔命令军官们采取最严厉的措施应对这种危机,同时老调重弹地强调,"不投降,不后退一步"。这些措施很快以武断且可悲的方式遭到滥用。

沃堡陷落后，蒂欧蒙工事的右翼地区由布瓦耶（Boyer）将军下辖的第52师防守。这个师的前卫团在6月7日夜间遭到和刺刀战壕那边同等程度的猛烈炮击。当德军突击群在第二天早晨蜂拥而至时，第291团的一个营在营长阵亡后几乎全营投降了。友邻部队第347团遭受的炮击还要更厉害（此外，一如既往，他们还遭到了法军155毫米大炮的误炸），在德军发起冲锋前只剩下6名军官和大约350名士兵，可是这个团仍在坚守阵地。那天晚些时候，少尉埃杜因（Herduin）看到自己这个连只剩大约35名士兵，马上就要被包围，于是下令撤退，这就违反了尼维尔的命令。他的后撤引发了多米诺骨牌效应：第347团的有些部队崩溃了，个别士兵一直逃到凡尔登郊区才停下脚步。两个团的溃散在法军防线上留下了一个危险的缺口。尼维尔随后追究责任，布瓦耶将军下令不经审判就以临阵脱逃的罪名枪决埃杜因和海军准尉米利奥（Millaud）。判决由埃杜因自己的那个排执行，士兵们人人眼里都噙着泪花。官方记载说埃杜因临刑前获准"亲自指挥行刑队开火"，据说他最后的话是这样说的：

> 士兵们！你们要向我开枪，可我不是懦夫，我的同志们也不是，可我们的确放弃了阵地，我们应该在阵地上战斗到底，战斗到死。如果你们将来处于同样的绝境，绝不要撤退……坚守到底……现在，仔细瞄准，瞄准心脏！上膛！开火。

这个故事听起来怎么都不太像是真的。

两名军官的故事直到战后才被大众所知，引起舆论一片喧哗。这种情况下的判决公正性很成问题：在那次以及之前的战斗中，埃杜因和米利奥两个人都以在敌人火力下的勇敢表现而享誉全团，很可能另有他人比他们两个更应该对第347团的崩溃负责。在死刑执行之后几天，霞飞下令"撤销"蒙受了耻辱的第347团和第291团的番号，两个团的军旗被送回仓库封存。这就是在凡尔登战役最危急时刻，法国对临阵动摇者的严厉处理手段。

一名三四月间曾在凡尔登作战的法军连长当时驻守在沃埃夫尔地区比较平静的地段，他从远处观察6月份的战事，极为沮丧地得出结论，城市肯定守不住，更糟糕的是"法国陆军将不得不承认自己的无能和失败"。在离战场更远的巴勒迪克的集团军群司令部里，贝当也受到了弥漫在第2集团军里的失败情绪的感染。他有着了不起的、近乎神秘且常常过于敏感的直觉，能够比任何人更清晰地感知凡尔登前线战事的苦难，也能预见士气已低落到何种程度。就物质层面而言，他认为局势也已经到了极其危险的边缘。由于尼维尔在5月和6月上旬发动的代价惨重的反攻，在前线平均每3天就有两个师丧失战斗力，以前法军允许的战斗力丧失的速度是2天一个师。炮兵对战役至关重要，他们的状态却很成问题。除了在炮兵对战中的损失外，法军大炮发射了天文数字的炮弹，磨损的速度超过了替换的速度。而德军的生力军似乎源源不断。贝当在6月11日致霞飞的信中指出，自己拥有的大炮比一个月之前有所减少，"从炮兵这个角度说，我们居于1比2的劣势"。而且前线每后撤一步，炮兵就会丧失更多的观察点，这就是步兵被自己大炮误炸频次异常之高的主要原因。在波尔克的"空中马戏团"短暂亮相期间，法军炮兵还面临着德军将重新夺取制空权的严重威胁。

贝当在被霞飞狡猾地明升暗降之后，发现自己陷入了尼维尔跟霞飞的夹板之中，而这两个人对于凡尔登局势的严重性不是过于自信、充耳不闻，就是故意装聋作哑。一方面，尼维尔在他徒劳的反攻中消耗掉了集团军的有生力量，又叫嚷着要更多的人。另一方面，霞飞全力以赴准备即将在索姆河发动的决定性一击，已经有一个多月拒绝给贝当调拨生力军了，甚至从他那里撤回了一些宝贵的重炮。两个人的关系变得十分紧张。与此同时，尽管贝当在战役的最初阶段曾设想放弃默兹河右岸，在凡尔登城背后抗击德国人，甚至尼维尔也在谈论后撤的必要性，但是贝当对法军士气状况的感知极为敏锐，他清楚现在放弃凡尔登是不可想象的。一个受尽酷刑的勇敢的人有时候会忍受到一个极限，过了这个点，因为他已经忍受了这么多痛苦，就绝不会回头了，而是要咬牙撑到最后，就算他自己清楚这样做会导致终身残疾甚至死亡。法国在2月或者3月也许可以放弃凡尔登，甚至在4月和5月也有可能，但现在已经为守住凡尔登投入了太多，流了太多鲜血。如果凡尔登在6月陷落，国民士气很可能会遭受毁灭性的打击。贝当在6月11日给霞飞写信说：

> 凡尔登危在旦夕，但绝不能陷落。德军如果占领这座城市，将会取得不可估量的胜利，大大提升士气，同时打击我军的士气。不管英国人取得多么大的战术性胜利，在公众眼里，那也不足以抵消凡尔登的损失，在战争的这个阶段，我们绝不能轻易低估情绪的重要性。

贝当在霞飞和尼维尔的两面夹击之下，越来越感觉到无力和沮丧，开始流露出神经紧张的迹象。他那流露内心情绪的眼皮跳得比以往更厉害了，他身边的亲信注意到从这个阶段开始，他的外表也发生了显著变化。他逐渐感染上了致命的悲观主义，而这种情绪在一代人之后的下一次世界大战中将被认为是失败主义。5月初304高地失守后，贝当在给霞飞的信里就表达过"如果盟国再不出手干预，我们终将失败"的担心。贝当开始对英国盟友产生深刻的失望情绪，而这种失望此后再也没有离开过他。当法国在凡尔登的祭坛上流血牺牲的时候，英国人竟连续4个月袖手旁观！法军当中很多人都有相同的情绪。（博阿松中士在家信中怒吼道："这些卡其兵，这些肮脏的人！"）德国人的宣传当然会利用并放大这种情绪。[1] 贝当一次又一次敦促霞飞说服黑格提前发动索姆河攻势。

6月的《没头脑》杂志刊登了一幅漫画，画上霞飞靠裤子的吊带挂在伸出悬崖的树枝上，于半空中来回摇晃，一名德国兵正在砍树，漫画上的霞飞说："没有任何必要对形势感到担忧。"可是还有其他敌人也正在砍挂着霞飞的那棵树。在巴黎，第三共和国的议会在霞飞和法军总司令部独裁般的颐指气使之下长时间保持着沉默，完全同意贝当对凡尔登形势的怨言，现在正在大声疾呼，表达出自己的不满。

各派政治势力自开战以来达成的政治和平直到此刻从未间断，

---

[1] 当然贝当和他的手下都无法理解，一直以来并不尚武的英国要从无到有创建出20世纪的战争机器，必须克服多大的困难。英国付出了史无前例的巨大努力，把1914年芒斯撤退中几乎被全歼的6个师的远征军，扩充到了52个师，但在凡尔登苦战的法军官兵并不知道这些。

所谓"神圣联合",这样的政治休战看来很不像法国人的风格。1916年6月16日,内阁的反对党迫使国会召开了战时的第一次秘密会议,标志着政治休战的中止。国会秘密会议的议题是凡尔登,就连这个议题也被绰号为"安娜斯塔西"的新闻审查机构对公众隐瞒了下来。前中士马奇诺(Maginot)议员打响了议会辩论的头炮,他是个6英尺多高的大个子,战争初期曾在凡尔登地区受伤,因而在走路时十分依赖拐杖。马奇诺了解凡尔登地区,还认识德里昂中校,两人的选民有交叠之处。一开场,他有些迟疑地说:"我们直到今天竟仍然保持沉默,这一点令人惊讶。"

其后,马奇诺议员的调门越来越高,对法军总司令部进行了严厉的批判。他引用德军发布的己方真实伤亡数字,批驳了法军总部的乐观主义,军方竟然胡说什么德军在凡尔登的损失两倍于法军。他的结论是法军的损失并不比德国人低多少(事实上法军的损失比德国人高得多),这个结论引得议会里群情激愤。马奇诺出示了1915年12月德里昂上告后霞飞和加利埃尼之间的通信,并指出,凡尔登战役是"我军总司令部无能和缺乏远见的明证"。

另一位议员维奥莱特(Viollette)引用古罗将军的报告,声称就在尼维尔对杜奥蒙堡发动进攻的那一天,因为法军缺乏重炮,仅在右岸地区就有60个德军炮兵连位于法军大炮射程之外。"……最重要的是,我们的战士感到,他们在这18个月中一直被投入战争的火炉,却没有产生任何价值。"

继加利埃尼出任陆军部长的罗克(Roques)将军和白里安总理都没有为法军总部在凡尔登战役中的行为做出让人信服的辩护,总理白里安只是敷衍了事地说,霞飞在2月份被打了个措手不及,因为德国人没有挖掘攻击出发堑壕就开始了进攻,"这不合惯例"。

当罗克提到将对某些将领进行"纪律制裁"时，台下一片鼓噪声："名字，名字！"议会躁动不安，非常不满，一时间似乎政府会被推翻。可是到6月22日秘密会议结束时，政府借由某些娴熟的政治手腕得以延续了下来。有人想说服马奇诺撤回不信任案，但他坚持要留下书面记录。议会在当天的声明中，删去了给总司令的特别致敬，代之以"向所有军队将领的致敬"。这在"老爹"霞飞的棺材板上打上了第一颗钉子。

6月8日，霞飞离开尚蒂伊陪同总理白里安访问伦敦。他不在期间，贝当给法军总部打来一个电话，我们可以想象当时贝当对沃堡的陷落，还有德军新的攻势，以及291和347两个团溃散带来的严重后果都深感担心，霞飞后来说"贝当引起了相当严重的慌乱"。他说，"贝当再次吓坏了所有人"，贝当还威胁要马上撤离默兹河右岸，以免部署在那里的大量火炮被德国人缴获。霞飞一回来，他那不可动摇的平静又迅速平息了所有的慌乱。霞飞告诉所有人，贝当在说大话，根本没有什么可担心的。不过，仅仅为了证实他那绝对正确的判断：

> 我马上决定派德·卡斯特尔诺将军第二天早晨赶赴凡尔登对形势作出自己的判断。德·卡斯特尔诺在6月13日至6月14日夜间返回总部，他对凡尔登前线状况极为乐观……

远在多年之后，霞飞才开始自鸣得意地写回忆录，因而写下的东西难免不尽不实。第一，贝当尽管充满悲观情绪，可他在这个节骨眼上绝对没有严肃认真地考虑过在慌乱中撤出默兹河右岸的可能性，我们前面引用过的他6月11日写给霞飞的信已经清楚无误地表明了这点。

第二，贝当绝没有夸大凡尔登所受的威胁，这种威胁就连精明且富有洞察力的德·卡斯特尔诺也察觉到了并深感担心，所以卡斯特尔诺给黑格和福煦两人打电话，紧急请求他们提前发动索姆河攻势。霞飞本人当时也担惊受怕，只不过他在事后写的回忆录里自己不承认而已，这在6月21日他签署的每日命令的呼吁语气里可见一斑：

> 凡尔登的战士们！……我再次请求你们拿出你们的勇气、你们的热情、你们的牺牲精神、你们的爱国主义……

6月8日到6月12日这段时间也许是法军自2月25日以来面临过的最危险的时刻：尼维尔到12日手中只剩1个旅的新锐预备队，而德军的进攻还没有任何会停顿下来的迹象。如果德军当时继续进攻，他们几乎肯定可以完成突破，直抵凡尔登。所以说他们当时离成功只有一步之遥。但就当德·卡斯特尔诺亲临凡尔登战场，发现一切情况"都很不错"时，德军的进攻却在即将成功的边缘不可理解地逐渐停顿了下来。虽然霞飞总想把功劳揽到自己身上，但是德军逐渐停止进攻的真正原因跟他或者任何一个法国领导人都毫无关系。这次凡尔登能得到救赎与一个遥远的事件有关，这一事件发生在欧洲战场的另一端，法国还真要为此间接地感谢埃里希·冯·法金汉才行，要不是他，这一事件绝不会发生。

第 23 章

隐秘的敌人

阿喀琉斯：帕特洛克罗斯，我不想和任何人说话。

——莎士比亚，《特洛伊罗斯与克瑞西达》

我们前面已经历数了法金汉"流血致死"实验导致皇太子集团军在 2 月份功败垂成的几个内在原因，包括没能在默兹河两岸同时发动进攻、在关键时刻扣住预备队不放。其后，每当德军想要继续进攻的时候，他又总是表现出无穷无尽的动摇。法金汉性格当中一个致命的缺陷就是犹豫不决，他的傲慢和对保密的执念也是致命的缺陷，这些缺点组合起来，将以一种意想不到的方式，让德国丧失在 1916 年赢得西线胜利的最后机会。

在年初制订"杀戮场"行动计划的时候，法金汉犯了一个极为罕见的错误。他没有把自己进攻凡尔登的意图告知与他地位相当的盟友——奥匈帝国军队总参谋长、陆军元帅康拉德·冯·赫岑多夫。同盟国输掉第一次世界大战的原因可以列出很多，可是没有什么单个因素能比德奥之间那种极度缺乏协调合作的关系更具破坏力。两国之间根本没有总司令，也没有联合战争委员会，这两个伙伴之间只有最低程度的联络。我们这一代人都记得"二战"期间艾森豪威尔所担任的职位，所以德奥之间的关系让人难以理解。但就算以第一次世界大战的标准来看，德奥合作的程度也远远不如霞飞以及后来福煦（战争临近结束时担任联军最高司令）领导下的协约国，尽管后者成天吵吵闹闹。实际上这就意味着同盟国很少能够充分利用他们相对于协约国所占有的最重要的内线战略优势。

德奥缺乏协调的罪魁祸首就是法金汉跟康拉德之间糟糕的个人关系。冯·库尔将军描绘过这两人极为罕见的几次会晤中的一次——前者身材高大，腰板笔挺，浑身上下整洁得无可挑剔，完全是容克贵族的典型形象，而康拉德呢？

> 矮小而优雅，外形几乎像女性。他的脸看上去很聪明，留着白色的帝国式胡须，但嘴角和眼皮有些神经质的抽搐，破坏了整体相貌。他的军装仅仅是为了穿着，很少突出装饰性，外套上极少佩戴勋章，事实上他常常在仪式性的庆典场合忘记佩戴勋章。就这样，这两个人站在一起，他们的决策会决定数百万人的行动。前者更像是一名斗士，而后者更接近于一名博学的军事家。前者身上还残留着一些当年做中尉时的气质，而后者则有一些缜密思考所带来的敏感气息。

南、北德意志人在个性上存在着根本上的不相容，这两个人便是各自一方的代表。康拉德是那个时代典型的奥地利贵族。1866年萨多瓦战役发生时，他已经14岁，能够记得那场灾难性的失败。战后，古老的哈布斯堡帝国不得不屈服于普鲁士暴发户，这种屈辱的感觉不停地啮噬着他，其程度丝毫不亚于1870年普法战争的失败给福煦和德·卡斯特尔诺那一代人带来的痛苦。而傲慢的法金汉的整个外形和举止，处处都让人想起当年的屈辱。有一次有人在关着的会议室门外偶然听到里面法金汉拍着桌子对哈布斯堡皇朝的继承人卡尔（Karl）大公怒吼：

殿下在想什么呢？你以为站在你面前的是什么人？我是一名有经验的普鲁士将军！

任何一个人都能想知，这绝不是诱导一个特别敏感的盟友与自己合作的最好办法，但法金汉就是这样一个人。就连法金汉自己的亲信也时常劝告他应该对奥匈的将领们采取更具外交手腕的态度，可他只是回答道："一个人如果想让奥地利人服从，他就必须强硬。"更糟糕的是，他那种"强硬"包括毫不掩饰自己对奥匈军队目前军事实力的观感，这种轻蔑跟"二战"期间德国国防军将领对意大利和罗马尼亚盟军战斗力的态度如出一辙。在法金汉走马上任几个月以后，康拉德在日记里记录了法金汉说过的对奥地利军的一则巨大侮辱，基本上就等于在说"我们的军队杂乱无章……我们一事无成，我们的军队连行军都不会"，而且这次法金汉又是当着卡尔大公的面说的。

不可否认，法金汉的评论在很大程度上是事实。奥匈帝国在战争期间唯一一次成功大概就是消灭了小小的、原始的门第内格罗（Montenegro），这甚至难以称为一场胜仗。奥匈帝国的军队管理不善、意志不强，有40%是斯拉夫人（包括捷克人、斯洛伐克人、波兰人、斯洛文尼亚人以及克罗地亚人），另有18%是匈牙利人。这支军队在与俄国人作战时，就像被海水侵蚀的沙雕城堡一样很快就会分崩离析。德国人一次又一次要在东线救奥军的命。事实上，康拉德作为将军和战略家都远比法金汉优秀得多，他本人对所有这一切都感到难以忍受。他是当时交战双方中首屈一指的杰出人才，在第一次世界大战期间，他可能是唯一一个比麾下的部队更为优秀的指挥官（他在位的时间也比霞飞和法金汉都长：31个月，霞飞是28个半月，法金汉是23个半月）。最后一个因素——但绝非最不重要的因素——在于政治冲突。远在鲁登道夫不小心说出奥匈帝国应该成为"德国在这场战争胜利以后的战利品"这句话之前，康拉德就对德国老大哥的政治野心洞若观火，开战后第17个月，他就把德国人视为"我们隐秘的敌人"。

　　康拉德的地位虽然相对弱势，可也有自己的办法跟法金汉周旋。他们两个很少在一起开会，偶尔开几次会，面对法金汉的滔滔雄辩，康拉德从来不做任何正面冲突，而是缄默不语，让法金汉误以为自己的观点占了上风。过后法金汉才从信件或者实际行动上知道，康拉德根本没有买他的账，于是气得要死。1914年11月法金汉上任不久，德奥双方的联络军官试图安排两位总司令会晤，可法金汉的表现极度缺乏外交手腕，他坚持要康拉德来柏林见自己。作为回应，康拉德仅仅派去了副官——一名小小的中校。那年秋天，康拉德请求德军统帅部把新到达俄国前线的第9集团军划到奥军指挥之下，这一安排十分合理，仅仅是为了提高行政效率，可是法金汉绝不肯降低自己对东线的控制力，于是回绝了。不久后，德奥进攻华沙的行动因缺乏协调而受挫，德国人请求奥军把它的第1集团军划归兴登堡指挥，这个请求也合情合理，但康拉德出于报复，同样回绝了。

　　在我们看来，这一切冲突不但任性而且小题大做，简直难以置信。不过要是回想一下劳合·乔治跟黑格之间的关系，就会明白法金汉跟康拉德之间的敌意在第一次世界大战期间绝不是少见的例外。这两个人根本尿不到一个壶里，他们对战争指导的大政方针自然也迥然不同。不过除了个性冲突外，两人的基本战略思想也完全不同。我们知道法金汉基本上是"西线派"，虽说他那"四平八稳、面面俱到"的作风决定了，他无论在哪个战场都不可能倾全力一击。康拉德站在奥匈帝国的角度，则是"东线派"，他还是冯·施利芬的信徒，认为同盟国只有在特定的时间内集中全力攻击一个敌人，才有成功的希望。康拉德原则上同意兴登堡和鲁登道夫的战略思想，主张对法国采取防御姿态，倾全力击败俄国，但还主张连续进行小规模的打击，先把协约国中比较弱的成员（包括塞尔维亚、门第内格罗和意大利）打出局，然后集中奥匈帝国的全部军队对付俄国。康拉德认为在东线可以获得最大的战果，这个观点被1915年5月戈尔利采攻势的累累硕果证明了。该攻势是整个战争期间战果最大的一次战役：150万俘虏，缴获2600门大炮，将战线往前推了430公里（相比之下，凡尔登战役5个月的收获是6.5万名俘虏、250门大炮，战线前推了10公里）。戈尔利采攻势基本上是按照康拉德的蓝图设计的，可是仗打胜了后，法金汉却把功劳归给自己，这让康拉德非常恼火。

康拉德和法金汉之间最后最大的分歧发生在1915年下半年。当时，法金汉已经同意借兵给奥匈去打败塞尔维亚（有点像1941年德国帮助意大利出兵希腊），奥军里有很多克罗地亚人，根本不想跟同文同种的塞尔维亚兄弟阋墙，所以自1914年以来，战事就没有什么进展。法金汉又照常坚持要求所有部队接受德国人冯·马肯森将军的指挥。康拉德不愿意，不过保加利亚人支持法金汉，所以康拉德被迫同意了。后来，当康拉德想要对战事的进展施加某种影响时（大多数作战部队都是奥军），德国人冷冷地告诉他，马肯森只接受德国最高统帅部的命令。

一俟征服塞尔维亚，康拉德按照自己总的战略设想，宣称奥军下一步将单独打败门第内格罗。他在12月中旬给法金汉写信说："既然塞尔维亚战局已经结束，奥第3集团军也就不必再归属马肯森指挥了。"法金汉接到来信认为："那将违反我们跟保加利亚人的协议。"可是还没等他表示反对，康拉德已经调兵向门第内格罗发动进攻了。法金汉勃然大怒，宣称"这是公然的出尔反尔"，断绝了和康拉德之间一切联系。

康拉德在成功击败门第内格罗之后给法金汉写了一封和解信，但没有收到回应。他差不多在此时写信建议德奥合力在1916年把意大利驱逐出战争，为此需要动用16个奥匈师、4个德国师，另外还需要4个德国师在俄国前线替换下意大利战场所需的奥军部队。康拉德收到的回复不仅冰冷，甚至近于侮辱。法金汉在回忆录里轻蔑地否定了这个作战计划，因为他认为意大利在军事上一文不值。[1] 与此同时，法金汉正忙着为凡尔登战役制订计划。关于这场德国在1916年最主要的战争行动，法金汉从没有对他最主要的盟友透露过一个字。这种做法部分跟他对保密的执念有关，但无疑也是出于他对康拉德的个人仇恨。

这简直难以置信。康拉德在2月份头一次听说凡尔登攻势的时候，气得说不出话来，这倒是可以理解。如果德国人这样对待

---

1 尽管康拉德这一作战计划是否有价值这个问题跟本书无关，但至少有一位杰出的德国军事评家——冯·霍夫曼将军——认为康拉德是正确的，如果卡波雷托战役那样的大胜仗发生在1916年而不是1917年，同盟国也许能轻易地击溃意大利并让协约国颜面丧尽，还能给其他战线腾出部队。

他，那好啊，他也可以自行其是。他开始着手计划单独进攻意大利，而且保密工作做得不比法金汉逊色。奥军从俄国前线抽调了最精锐的5个师前往蒂罗尔，没有派替换部队。很不幸，阿尔卑斯山的气候对康拉德不利：那年开春很久后，天还在下雪，迫使奥军将进攻推迟了将近一个月，直到5月15日才能发动，那时奥军已经丧失了出敌不意的优势。阿齐亚戈（Asiago）的意军损失很大，但在一个月之内就挡住了奥军的持续推进。

突然之间，整个战争中最重大的灾难降临在奥匈帝国头上。普恩加莱总统紧急请求沙皇发动救援进攻，以缓解德国人在凡尔登对法军造成的压力，于是俄军最能干的布鲁西洛夫将军动用了40个师在6月4日发动总攻。他正好打在整个奥军战线最薄弱的西里西亚地区，康拉德就是从那里抽出了用于意大利攻势的5个精锐师。俄军的进攻突如其来，奥军防线就像杰里科（Jericho）的城墙一样纷纷崩塌。奥军炮兵骑着马落荒而逃，留下成千的步兵被冲上来的哥萨克骑兵歼灭。更多的时候，东拼西凑起来的奥匈帝国陆军中的斯拉夫人不等炮兵逃走就放下武器投降了。布鲁西洛夫攻势渐渐停顿的时候，俄军已经抓了40万俘虏。这是俄国最荣耀的时刻，也是整个第一次世界大战历史上唯一一次以主将名字命名的成功的大会战。

整个德奥东线似乎摇摇欲坠。就在德军于凡尔登发动新攻势的6月8日，康拉德来柏林见法金汉，请求德国支援。法金汉看到康拉德的整个大战略已经破产，当然不会放过羞辱对方的天赐良机。

正如开战时小毛奇从西线调走两个至关重要的步兵军去东普鲁士应对俄国的威胁，从而削弱了德军向巴黎进军时的实力一样，现在法金汉也被迫从西线抽调 3 个师派往东线。在凡尔登战场的皇太子接到命令，让他暂停进攻，另外有显著迹象表明，敌我双方等待已久的英军在西线的攻势也即将到来，德军需要更多预备队应付这场会战。法金汉犹豫了一个多星期。在此期间，皇太子再次抓住机会试图说服法金汉完全放弃凡尔登战役，但皇太子又一次被德皇和克诺贝尔斯多夫制止了。他在后来的回忆录中这样记载："这是整个战争中最痛苦的事……我从根本上反对继续进攻，可还是得服从命令。"

不过东线的危机很快得到了缓解，西线英军还没有开始炮兵试射，而法金汉还是处于克诺贝尔斯多夫的影响之下。现在德军定于 6 月 23 日恢复进攻苏维尔堡。可是法军已经挨过了最危急的时刻。感谢布鲁西洛夫，尼维尔才有时间补充自己极为不足的预备队，并修补防线。

第 24 章

危　机

　　指挥官说，再做最后一次努力，我们就能胜利。他们在3月份这么说，在4月份还这么说……一直重复到7月中旬，然后就突然不说了。

　　　　　　　　——阿诺德·茨威格，《凡尔登之战的教训》

　　他们的脑海中浮现出幻象，看见死去的同志们身着灰色军装，脸色惨白，浑身血污，排着长长的行军队伍。他们在问："为什么，为什么？"他们饱受摧残的心灵却找不到答案。

　　　　　　　　　　　　　　——帝国档案第14卷

　　凡尔登地区的防御体系依靠横向延伸到默兹河畔的一道道山脊而建立，而苏维尔堡就控扼着最后一道主要山脊线。它背后只剩下贝尔维尔山脊，山上的两座二流堡垒预计挡不住任何大的进攻。除此之外，从苏维尔堡到凡尔登城下是一路下坡，只有2.5英里的距离。苏维尔堡是贝当最初规划的"最后防线"上的一环，这个堡垒一旦陷落，凡尔登城本身失守就是早晚的事情。从正面接近苏维尔堡的道路沿着一条连接两条主要横向山脊的山梁修筑，就像字母 H 中间的一横，它连接的其中一条是苏维尔山脊，另一条则是从弗鲁瓦德泰尔到杜奥蒙的山脊。这条山梁的远端被蒂欧蒙工事控制着,双方在这里反复争夺,目前在法军手里,而山梁中部有重要的弗勒里村。要想进攻苏维尔堡,就必须先占领这两处要点。

克诺贝尔斯多夫为这次进攻集结了3万名士兵,其中包括克拉夫·冯·戴尔门辛根(Krafft von Dellmensingen)将军的山地军,这个军在德军中久负盛名,刚刚到达战场。这次行动进攻正面只有大约3英里,兵力密度却甚至超过了2月份的第一次进攻。虽然布鲁西洛夫攻势打断了德军的凡尔登战役,可是冯·克诺贝尔斯多夫跟他的集团军司令完全不同,他非常乐观,认为3天之内就能打进凡尔登城。他已经让人找来了各团的军旗和军乐队,准备用于引导胜利入城仪式,他还邀请皇帝圣驾亲临第5集团军司令部观礼德军发动的致命一击。指挥德军重炮兵的班西(Bansi)上校在进攻前一天兴高采烈地写下自己又能骑马从一个炮兵连奔向另一个炮兵连的喜悦:"在晴朗的夏日中,奔跑在开满野花的草地上……它赋予人勇气和信心,让人精神焕发、面貌一新。"德国人表现出来的轻松与自信绝非自夸或者一厢情愿。冯·克诺贝尔斯多夫还准备了一手秘密武器。

德军尖刀部队在开赴前线的路上经过炮兵阵地时,看到大批炮弹弹壳上涂有明亮的绿色十字标记。虽说这种从未见过的标记带有一种神秘感,但很多人都感觉这就是指挥官们向他们保证这次一定会突破到凡尔登城下的信心来源,这次不会再出错了。

6月22日夜间,法军第130师参谋马塞尔·贝许(Marcel Bechu)中尉在位于苏维尔堡附近的师部里,正要坐下来跟师长共进晚餐。这是个无风的美好夏日夜晚，只有整天轰鸣的德军炮声带来一丝不和谐。突然德军的炮击停止了。几天以来，周围第一次出现了寂静，完全的沉寂，这种寂静"似乎比万炮轰鸣还要可怕"。军官们面面相觑，眼中带着怀疑的神色，正如贝许所说："人们不怕打仗，但是害怕不可知的陷阱。"法军大炮恢复了轰鸣，但德军第一次没有回应。奇怪的寂静持续了好几分钟，给人的感觉却像几个小时。在掩蔽部里，人们越来越感到不安。其后，头顶上传来一种声响，贝许带有几分诗意地描述道：

> 传来无数声轻柔的尖啸，连续不断，仿佛成千上万只鸟儿扑棱着翅膀同时升上半空，逃离我们的头顶，然后被身后的霍斯匹斯溪谷（Ravine des Hospices）吞噬了一般。这种声音既新奇又难以理解……

突然一名中士跑进掩蔽部，既没敲门也没敬礼，他的嘴巴因激动而抽搐着。

"将军阁下，有炮弹，成千发炮弹，从头顶上飞过去，可是没有爆炸！"

师长说："我们去看看。"

在户外，贝许能听见远处德军大炮的轰鸣，可还是没有炮弹爆炸的声音。然后，正当他们站在那里细听的时候，溪谷里面升腾起"一种恶臭的、令人作呕的化合物的腐朽气味，带点醋放久了的霉味"。

有人用绷紧的声音小声说："毒气！是毒气！"

友邻部队第129师的皮埃尔·德·马泽诺（Pierre de

Mazenod）中尉也听到这种沉默的炮弹纷纷落在他的 75 毫米炮连周围。他想，这就像"成千的串珠飞落在一张巨大的地毯上"。法军有过一阵高兴的幻觉，他手下的士兵以为德国人打的是哑弹。然后他们就闻到了刺鼻的气体，开始有了第一阵窒息的感觉。拉车的挽马在狂乱中猛然跃起，挣脱了缰绳并在大炮中间疯跑。炮手们迅速戴上防毒面具，跑去操纵大炮。戴上防毒面具的士兵操作大炮的场景，让德·马泽诺联想起"死亡狂欢节"。当时原始的防毒面具限制佩戴者自由呼吸，结果每做一个动作都需要付出好几倍的努力，可是至少面具能让士兵避免被窒息。但现在戴上了面具的士兵还是在咳嗽、呕吐，绝望地抓着自己的喉咙想要吸进空气。毒气不知怎么地竟然能渗透进面具里面，这太可怕了。

这种毒气就是应该能穿透面具的。德国科学家用了几个月时间来试验一种新配方。他们终于生产出一种毒气，缴获的法军防毒面具对它只能起到部分防护作用，而今天就是德军第一次使用这种毒气。它的名字叫"光气"——德军根据毒气炮弹弹壳上的标记称它为"绿十字气"（Green Cross Gas）——它是战争中使用过的最致命的毒气之一。怪不得德国人对新攻势信心满满呢。

"绿十字气"可以杀死任何生物。树叶会枯萎，甚至蜗牛都能被毒死，在尸横遍野的战场上，成片的苍蝇也暂时消失了，这倒算是一个小小的好处。在通往苏维尔堡的各条道路上，马匹口吐白沫地倒地，剧烈地抽搐着。语言难以描述当时的混乱，被扔下不管的机动野战厨房设备跟炮车和救护车混在一起，缠夹不清。前线步兵头一天紧急召唤的弹药和饮水根本就送不过这片绿色的毒气幕墙。夜里没有风，毒气一直徘徊着无法散去。毒气一直影响到后方，甚至远达凡尔登城背后。有一名受伤的士兵回忆说医治自己的医生和他的医疗团队全都戴着防毒面具，看上去就像幽灵一般，附近有一名"没有脸的"牧师在给濒死的伤员做临终告解。时不时有救护兵按着自己的喉咙倒地死去。

"绿十字气"的主要攻击目标是法军炮兵。德·马泽诺的炮兵连里，每门炮只剩下一两名炮手，很多人的脸色都"像死尸一样"。法军部署在默兹河右岸地区的炮兵连一个接一个地陷入了沉寂。坏运气还给法军雪上加霜，穆兰维尔堡里面起过重要作用的 155 毫米大炮也被打哑了，这门大炮在整个战役期间一直轰鸣，而且根本没有受到毒气的影响，结果那天早晨一发"大伯莎"炮弹落进堡内爆炸，把它敲掉了。在这场持续 4 个月的巨大的炮兵对决中，终于有一方占据了绝对上风。到 23 日拂晓时分，法军只剩零星的炮火。然后，"绿十字"炮击突然停止了，就像它开始时那么突然，高爆炮弹的轰鸣又一次在整个战场上回响。凌晨 5 点，德军步兵排成前所未有的密集队形前进，二梯队在突击部队身后紧紧跟随。德·马泽诺还没来得及让自己的 75 毫米炮群开火，德军就已经冲了上来，他和炮兵连的幸存者们不得不拿起步枪阻止敌人靠近。

德军的主攻势正好打在了法军第 129 师和第 130 师的接合部，这两个师连日来受尽干渴的折磨，又缺乏弹药，而且因缺乏炮火支援而士气低落。法军监听站沮丧地听到德军巡逻队报告说他们已经抵达法军前哨位置，那里的守军弃阵而逃。法军防线正中央以惊人的速度被击穿出一个大洞。巴伐利亚士兵一个冲锋就拿下了蒂欧蒙工事，冲到弗鲁瓦德泰尔碉堡面前并暂时包围了那里。其他巴伐利亚部队突破以后打到了葡萄园溪谷（Ravine des vignes）的边缘，法军在那里有一个被称为"四烟囱"（Quatre Cheminées）的地下指挥中心，里面驻有4支部队的指挥部。指挥中心的参谋人员在里面龟缩了好几天，而德国人则从"四烟囱"得名的几条通风管道往里面扔手榴弹。

在巴伐利亚部队左翼，冯·戴尔门辛根的山地军取得了当天最大的战果，这个军的先锋是巴伐利亚近卫团和普鲁士第2猎兵团。近卫团团长是里特尔·冯·埃普（Ritter von Epp）中校，后来在纳粹运动早期成为名人，而猎兵团的团部副官是陆军中尉保卢斯（Paulus），他的名字将永远和一代人以后的另一次"凡尔登战役"——斯大林格勒战役——联系在一起。有一名法军空中观察员图尔泰（Tourtay）中尉坐在缴获来的德军气球里，高高地悬在战场上空，就像从大看台上看比赛一样，看着冯·埃普的手下冲进弗勒里村。当时才上午8点15分，德国人在发起进攻3个小时后就已经前进了将近1英里。几分钟后，图尔泰看见24门德军野战炮由马拉着以最快的速度赶上来支援守卫弗勒里村的德军。然后法军的防御体系总算惊醒过来了，9点刚过，图尔泰中尉惊喜地看见法军炮群重新开火，第一批弹幕开始落在德军头顶上。弗勒里村的争夺战持续了整整一天，但到23日傍晚，德军已牢牢地占领了这里。

在法国人看来，这个阶段正如一名准将所说的，"一切都不如人意"。打进贝当在巴勒迪克的电话报告的消息一个比一个糟糕。"违反纪律"的报告多起来了，预示着部队的体力和士气正在接近衰竭，这是贝当特别担心的。第121猎兵团将近一半士兵和18名军官在蒂欧蒙被德军俘虏，像猎兵这样的精英单位都这么容易投降，这绝对是个坏兆头。一名值班军官在午前报告说，德军离凡尔登城只有 2.5 英里，城里的乌鸦都被惊起来了，离最后一道山岭——贝尔维尔高地——也只有 1200 码远。他刚走，另一名值班军官进来报告贝当，里特尔·冯·埃普的部队架起机枪能够从斜角远远地向凡尔登的街道射击，引起了小小的恐慌。那天，贝当在下级面前没有流露出一丝惊惧，外表非常镇静，直追霞飞本人，他只是评论道："我们今天不怎么走运，明天就不一样了。"

但贝当在下午 3 点给德·卡斯特尔诺打电话的时候非常悲观，表示担心仍然留在默兹河右岸的法军炮兵主力的安全，并第三次请求霞飞让索姆河战役提前发动。

霞飞和他的支持者们用这次谈话作为证据，指责贝当还在考虑主动撤出默兹河右岸，并称是霞飞和尼维尔的坚决态度才让贝当回心转意的。真实情况并非如此。法军在凡尔登战场的炮兵有三分之一部署在默兹河右岸，需要至少 3 天时间才能把他们撤出来。贝当有理由担心，德军如果继续进攻，就会把守军赶过默兹河，法军的大炮会全部被缴获，这样大的损失对法国来说，可能仅次于凡尔登本身的陷落。其实尼维尔本人明显和贝当有同样的担忧，不过他后来很快否认，声称自己从没有动摇过。尼维尔已经下令从布拉和弗鲁瓦德泰尔之间地区撤出部分炮兵，而在凡尔登城里，卫戍司令疯狂地派人在街上挖战壕，加固房屋准备巷战，还准备死守沃邦设计建造的古老城堡，迎接围攻战。即便霞飞本人的行动，也戳破了他后来所谓"我从未担心过"的牛皮：他紧急给贝当派去了 4 个师的援兵，之前他紧紧攥住这些部队不放，是为了准备索姆河攻势。在巴黎，一名法国军官对克莱蒙梭说，"霞飞已经屈服了"。"老虎"回答说："这些人将会葬送法国！"

霞飞尽可以在回忆录里大言炎炎地谈论："贝当再次允许自

己被敌人所左右。"贝当也许的确太容易屈服于他自己深深的悲观情绪。但6月23日绝对是惊险万分、胜负悬于一线的一天。谁能说德军那天夜里不会再来一次致命的"绿十字"毒气攻击，或者第二天再发动一场跟今天一样猛烈的进攻，从侧面席卷法军防线呢？

只有克诺贝尔斯多夫和他手下的指挥官知道答案。那天一名20岁的前慕尼黑大学学生汉斯·福斯特尔（Hans Forster，他那年后来在凡尔登阵亡）写的家信最好地描述了德军在那一天的好运。福斯特尔是巴伐利亚第24步兵团的一名士官，这个团的任务是在弗勒里和弗鲁瓦德泰尔之间向前推进。那天凌晨，他趴在弹坑里等待时，就注意到周围很少有敌人的炮弹落下，这跟前两天的状况形成了令人愉快的鲜明对比。早晨7点，各种颜色的维利式信号弹在空中飞舞，他的团发动了冲锋。几分钟之内，他们就打到了第一个进攻目标——一处名叫"A据点"的法军碉堡。

冲啊！法国人像潮水一样往后退，他们被一名军官逼着停下来重新占领阵地。我们发出一片叫声"手榴弹"。前后左右的守军纷纷倒下——其他人投降了。再次奋力一击——"A据点"被我们占领了！！！我们冲过一片低洼地乘胜前进。前方有一处铁路阵地，阵地右边是铁轨的弯道。40到50名法国人高举双手。有一名下士还在向我们开枪——我制止了他。一名年纪比较大的法国人举起一只受了轻伤的手对我微笑，感谢我……越过铁道……我们连长A中尉在我左手边10码远的弹坑里大声喊道，"进攻一切顺利"，随即哈哈大笑，然后他再次变得严肃起来，因为看见有人继续往前冲，担心他们有可能被我们自己的火力打到。他站起来喊他们——然后——他的地图变成了碎片到处飞扬,他双手合拢在胸前,向前方倒了下去。有人跑到他身旁,可他几分钟以后就死了。继续前进。绝不停歇。我们冲过弗勒里的铁丝网,只花了10分钟就占领了弗勒里。我们把步枪背在背后,叼着香烟,笑着聊着,一边向前进。俘虏的法国兵成百地被押往后方……(福斯特尔随后声称,他在一条长长的峡谷——那可能是葡萄园溪谷——的出口处远远望见了凡尔登的郊区,但他一定是搞错了。)啊,凡尔登——太高兴了!我们互相握手,兴奋之情溢于言表。(巴伐利亚的)亨利亲王(他后来在战斗中负伤)站在弗勒里村右翼,高兴地走动着。这个时刻是如此伟大,如此激动人心。时间是上午8点20分,太阳照常升起……将近中午时分,敌人发动了一次反攻,可我们打退了他们,在弗勒里村前占领了一条1公里半长的堑壕线。炮火越来越密集。我们没法在空旷地带待下去了,连忙去找藏身之所……那天晚上,我们从洞里爬出来的时候,惊恐地发现阵地已经在7点钟撤空了,只剩下我们24连的一小撮人还有10连的几个人,守着500码宽的前线。这怎么可能呢?E中尉下令趁着黑夜掩护往回撤,我们被遗忘了。然后,早在晚上7点半,我们自己的炮兵就开始轰炸我们的阵地……我们躲在一个洞里直到凌晨3点。特别渴。天终于下雨了,我们可以舔舔钢盔边沿,还有上衣的袖子……

福斯特尔扶着一名腹股沟受重伤的近卫团士官往德军主防线走。天开始亮起来时,他认出受伤的人是他在慕尼黑大学的同学。

他们一起回到杜奥蒙堡的安全地带。

德军在那一天的进攻渐渐停息主要得归咎于以下几点因素。"绿十字气"的效果有些令人失望。法国的防毒面具整体上比预期的更有效,那天实际上法军报告中了毒气的只有1600人,而且毒气会向低洼地带沉积,所以部署在高地的法军炮兵相对来说没受到什么伤害。而且德军的"绿十字"毒气弹只够覆盖法军防线中段,所以两翼法军大炮没有被摧毁。最主要的是德军指挥官们不太相信新奇的玩意儿,他们犯了一个典型的第一次世界大战时代的军事观念上的错误:正如犹豫不决的黑格后来浪费了坦克出奇制胜的效果一样,克诺贝尔斯多夫也不想把宝全都押在光气上面。结果在步兵发起冲锋之前3到4个小时,德军炮兵就奉命停止毒气袭击,改用普通炮弹,给了法国人宝贵的恢复时间。后者这才得以把大炮重新投入战斗。

同时在战术上,德国人(又一次)犯下了攻击正面太窄、预备队太少的典型错误。犯下这个错误的部分原因在于,德国人在6月8日开始的预备进攻当中,没有拿下一侧的蒂欧蒙和另一侧当卢(Damloup)的"高炮台"(High Battery)阵地,所以没能巩固两翼。此外,23日的进攻虽然在中央地段成效显著,可还是没能真正击溃法军的防线。结果法国人还是能集中力量封锁住德军经过弗勒里指向苏维尔堡的直接威胁。到23日下午,里特尔·冯·埃普只好报告说近卫团已无法再前进一步。团里已经损失了14名军官和550名士兵。

在那年凡尔登地区最热的仲夏里,干渴打碎了德军最后的希望。那天下午,巴伐利亚近卫团的一名营长从弗勒里发回信号说:"再不运来水,我们营就只好撤出前线了。"他的友邻亨利亲王报告说，他担心他的营没有水的话会遭受"严重的挫折"。那天夜里，里特尔·冯·埃普从杜奥蒙堡给近卫团派了95名士兵送水过去，只到了28个人。在这种条件下，这个团根本没有体力在第二天继续进攻。

殷麦曼死后，波尔克新成立的"空中马戏团"刚刚证明了自己的价值，就被从凡尔登战场撤了出去，这也是导致那天进攻失利的因素之一：因为这让法国人再次夺回制空权，而置德军炮兵于不利境地。不过，德军进攻失败，最终还得归咎于人力短缺。帝国档案评论说，在战斗最关键的时候，法军防御已经被拉伸到了危险的程度，一个猎兵团要防守1500码宽的战线，德国人估计再多一支生力军就能达成突破。如果克诺贝尔斯多夫拥有法金汉调到俄国前线的3个师，或者他在6月12日没有被迫中止那次进攻，那么会发生什么情况？太容易想象了吧。

那天晚上，克诺贝尔斯多夫明白，他为占领凡尔登做出的最终最大的努力已经失败。德军抓了大约4000名法军俘虏（法军在这场战斗中的伤亡总数达到13,000人），可是德军的损失也高得吓人。第5集团军已经筋疲力尽，法军的抵抗仍然很顽强，很快协约国就会发动意料之中的反攻。德军剩下的"绿十字气"不够再发动一次进攻，不过疲惫干渴的部队还要继续作战，只为守住23日获得的土地。失望的德皇回到位于夏尔维尔－梅济耶尔的大本营，各团的军旗和乐器也悄悄地被送回了仓库。

夜幕降临时，就连贝当的悲观情绪也缓解了一些。尼维尔签发了一份戏剧性的当日命令，结尾是那句名言：

他们不能通过！

芒让在短暂的解职后，于战斗开始前刚刚回到指挥岗位，并被提升指挥默兹河右岸的整整一个军，他还和以往一样冲动，全力主张马上发动反攻。这次他是对的。德军的突击把自己引入了一个狭窄的舌头形状的突出地带，顶点在弗勒里，处在一座暴露的山坡上。第二天，法军的反攻从两侧楔入这个突出地带，法军集中炮火猛轰德军，让那些干渴难忍的巴伐利亚士兵尝到了法军自己从2月份开始就在凡尔登这个更大的突出地带所遭受的苦难。芒让不停地进攻了一个星期，8次试图夺回蒂欧蒙工事，而每次德军的反冲击也相当厉害。双方的伤亡都很严重，芒让手下有一个营在某次对弗勒里的进攻失败后，损失了14名军官中的13人，而夺回的土地却可以忽略不计。

但这一切都无所谓了。

过去很多个月里，英国的宣传者们都忙于在墙上涂写"保卫凡尔登""反攻西线"之类的标语（这和1942—1944年间"开辟第二战场"的标语何其相似）。黑格对公众情绪和来自法国人的压力无动于衷，顽固地坚持自己在8月中旬发动索姆河战役的决定。后来，霞飞（在贝当的推动下）在5月26日前来拜访黑格，与平日里的样子不同，这次霞飞显得很气急败坏。他喊道，如果英国人在8月之前都按兵不动的话，"法国陆军将不复存在"。黑格在日记里说，他拿出1840年的白兰地让霞飞平静了下来，然后同意把进攻日期提前到6月底。6月24日凡尔登战场的坏消息传来，法国总理白里安亲自前来请求黑格再度把进攻的日期提前。黑格说，现在改变进攻日期为时已晚，不过他可以提前发动炮火准备，当天就开始。英军大炮的轰鸣声一直传到海峡对岸的英格兰南部,而在德军最高统帅部里的法金汉听来,这炮声中还混杂着他整个战略规划倒塌的声音。他似乎是唯一一个直到最后一分钟还不知道协约国将在哪里发动总攻的德国人。

英军的炮击持续了7天,这是当时为止时间最长的炮火准备。然后英法两国的步兵在7月1日跃出了战壕。按照霞飞前一年在尚蒂伊作战会议上制定的最初的作战方案,福煦指挥40个法国师、黑格指挥25个英国师发动进攻,凡尔登战役的需要让法军给索姆河会战贡献的兵力下降到只有14个师。可福煦的部队还是拿下了索姆河会战唯一一次真正的胜利,福煦的前锋是著名的"铁军",它已经从2月份参加凡尔登战役所受的创伤中完全恢复了元气。法军分成小股在机枪掩护下前进,以在凡尔登学到的高超的战术技巧用好地形因素,尽可能地模仿德军的渗透战术。法军第一天就占领了德军第一道防线的大多数区域,然后才被挡住,损失也相对较轻。英国部队则不然。率领部队进入战斗的"基钦纳陆军"的军官们大多缺乏战斗经验,训练他们的将军认为,一百年前威灵顿时代好用的战术一定也适用于当代,而英军的总司令一味轻视法军,觉得从法国人的战斗经验中没有什么好学习的。英国士兵被66磅的背包压弯了腰,排成一条直线前进,他们队形之整齐,就算拿到18世纪腓特烈大王德廷根会战战场上都毫不逊色。他们稳步前行(背着这么沉的装具也确实跑不起来),奉命在行列之间保持规定的距离,而这个距离"不能超过两三步",他们穿过两军之间的无人地带,走向被温斯顿·丘吉尔形容为"毫无疑问是全世界最强固、防守最无懈可击的阵地"。敌人的机枪根本没有被炮击完全消灭掉(而黑格认为德军的机枪是一种"被大大高估了的武器")。德军的机枪对规则整齐的英军阵线来来回回反复扫射。前排的士兵倒下,后排的英军又保持着有规律的100码间隔再度冲上来,他们展现出的勇气让德国人觉得几乎难以置信。大多数进攻者都没能走到德军的前哨阵地。

到 7 月 1 日夜间,黑格的军队已经损失了差不多 6 万人,其中 2 万人阵亡。[1] 黑格的编年史作者博拉斯顿(Boraston)上校居然有脸称,那一天的作战行动"完全按照英军最高司令部的计划执行,充分证明英军所采取的战术的正确性"。用一位晚近的英国作家的话,也许可以更准确地总结这一天:"它也许是英国军队自黑斯廷斯战役以来最大的灾难。"如此荒唐且毫无意义的屠杀在整个历史上肯定是空前绝后的,这种状况就算在凡尔登也没出现过。在伤亡最惨重的那个月(6 月)里,法军在凡尔登的伤亡总数也才刚刚超过英军在那一天里的伤亡。索姆河战役这场牛抵角般的消耗战持续了 5 个月。后来,法金汉和他的支持者们为了替他的凡尔登战役辩护,声称凡尔登战役在当时当地削弱了法军,这才让德国人成功避免了索姆河的灾难;但实际上不如说,凡尔登战役仅仅是让协约国减少了能够用于索姆河的炮灰,从而使其避免了在那里遭到更大的伤亡而已。

不过英国人至少在付出惨重代价之后,为凡尔登的解围做出了自己的一份贡献。他们保住了自己的荣誉。

---

[1] 我们可以对比一下,为期 12 天的阿拉曼战役中,英军死伤失踪人员数量加起来,也不过 13,500 人,而且以第二次世界大战的标准来说,阿拉曼战役的代价绝不算低。

第 25 章

法金汉去职

> 就其战略意义而言，占领凡尔登地区的堡垒纯属附带的目标。
>
> ——H. H. 冯·梅伦廷，《纽约时报杂志》，1916 年 8 月

> 这是一堵粉碎了德意志帝国最后希望的石墙。
>
> ——普恩加莱总统，1916 年 9 月 13 日

1916 年 6 月 23 日，凡尔登战役迎来高潮和危急时刻。这也是整个第一次世界大战的转折点，虽然这个转折点不像 1942 年秋季的阿拉姆哈勒法防御战和斯大林格勒战役那么明显，因为 1942 年那两场战役之后，轴心国就一直不断地后撤。不过德军没能突破到苏维尔堡和凡尔登城，再加上不久后英国新组建的大规模陆军在索姆河的初次亮相，终结了德国人用一次军事胜利彻底战胜协约国的最后希望。从此以后，他们将因人力资源居于劣势，而被迫采取守势。俄国将来会被自己内部的革命击垮，结果让德国人得以集中力量在西线做最后一次绝望的赌博。可是不管鲁登道夫的攻势离胜利有多近，它毕竟来得太晚了，德国本身已经太虚弱。此外，美国的强大实力到那时也会加诸战争的天平；拉法叶

中队的英勇奋战唤起了美国人民对凡尔登战场上涌现出来的法兰西英雄主义的同情,德国在6月23日被挡住也最终让那些头脑顽固的美国实业家和政治家相信,同盟国最终不可能赢得战争的胜利。

关键时刻虽然已过,那位"像橡树一样坚硬的"将军克诺贝尔斯多夫仍然拒绝承认德军在凡尔登城下败局已定。他秉承着条顿民族令人奇怪的自我牺牲精神和诸神黄昏(Götterdämmerung)式的世界观——就是这种本能引发了1918年3月的攻势,以及1944年底的阿登战役,而戏剧性的高潮则发生在1945年的元首地堡里——决定说服法金汉在凡尔登再做最后一次努力。一切预兆都对德军不利:"绿十字气"不仅失去了新奇性,也失去了引发毫无根据的恐惧的能力;第5集团军被抽调了一些重炮前往索姆河战场,也没有新锐部队可以用来发动进攻。法金汉清楚明白地告诉克诺贝尔斯多夫,无论他想干什么,都只能利用他自己已接近枯竭的部队来完成。可是克诺贝尔斯多夫固执己见,而第5集团军在23日真的似乎离成功只有一步之遥,所以法金汉又一次默许了。

这次进攻将要使用的兵力只相当于3个师(其中第3猎兵团已经在上个月的战斗中损失了1200人),并且集中于比23日更窄的进攻正面上。进攻将于7月9日发动,在准备阶段,德国人就使用诡计取得了一次有用的胜利,让法国人非常沮丧。自沃堡陷落以来,沃堡南面当卢的"高炮台"就一直从东面有效地封锁住德军向苏维尔堡的进攻。"高炮台"坐落在一条山脊的边沿,射界很开阔,它是一处有很厚装甲保护的炮兵阵地,还有能够容纳一个半步兵连的水泥碉堡和掩蔽部。它击退了数不清的敌军进攻，但德国人也成功地在离它很近的地方掘壕据守，钉在这里了。7月3日凌晨，当初占领沃堡的德军第50师的部队开始用一门重型短射程迫击炮按固定的时间间隔轰击"高炮台"。不出所料，法国守军都躲进了水泥掩蔽部。而与此同时，德军步兵却悄悄地匍匐前进到离"高炮台"只有几码远的地方潜伏了下来。凌晨2点，迫击炮用拆掉引信的炮弹向法军开火。法国人听见落下来的炮弹砸地的声音以为这是哑弹，想着德军将会继续炮击，不会马上开始进攻。可是德军步兵在听到第一声"哑弹"时就已经蜂拥冲上了法军阵地的胸墙。"高炮台"、3挺机枪和100名法军士兵几乎未放一枪就被俘获了。

可是7月7日夜间，德国人的计划再次被凡尔登的天气搞砸了。数日的炎热之后，暴雨在那天降临，对冯·埃普手下又干又渴的巴伐利亚近卫团来说，这本不啻是上天的恩赐，要知道他们现在还聚集在弗勒里的铁路工事后面，将要第二次担任进攻苏维尔堡的尖刀部队。然而，后来雨一直下个不停，进攻被迫推迟2天，等待进攻的部队陷入了新的困境当中。战场很快变成一片泥潭，增援部队夜里跌跌撞撞地在这片泥潭中走失，有些人因陷入淤泥里面而死，就像在流沙里一样。白天，德军趴在一处被法军观察哨一览无余的山坡上，近卫团奉了严令必须一动不动，以便在发起冲锋时可以多多少少取得些奇袭的效果。他们在炮弹坑里躺了3天，暴露在法军的密集炮火之下，听着受伤的士兵整天在相邻的炮弹坑里呻吟和受苦，却被严禁过去救护，这让德军士气深受打击。到进攻那天傍晚点名时，先头营已经损失了120名士兵，或者说全营五分之一的兵力，团史声称，"当天夜里经过艰苦的努力才恢复了秩序"。

德军各部队的士气都比以前低得多。他们看到德军重炮再次在饱经轰炸的苏维尔堡上打出一片像火山一样升腾的火焰时，对这样壮观的景象也无动于衷。

10日午夜，德军开始改用"绿十字"毒气弹炮击。这次他们从6月23日的失误中吸取了教训，一直不停地用毒气弹压制法军炮兵，直到步兵冲上去之后很久才停止，同时拓宽了炮击的正面。马克·博阿松中士通过望远镜观察战场，觉得眼前：

> 简直是一幅摄人心魄的景象。我们眼看着田野一点点地消失了，山谷被死灰色的烟雾填满，云雾扩散升腾，各种事物都在这种有毒的流动气体里变得诡异万分。尽管距离还远，我们有时候还是能闻见毒气的味道——有点像肥皂。我们听见云层下爆炸的轰鸣声，那是一种低沉的噪音，就像沉闷的鼓声。

在里特尔·冯·埃普的士兵们耳中，毒气弹炮击的特殊声音就像音乐一样美妙，"步兵们从未像现在这样祝福和崇拜过炮兵"。更为美妙的是，法军大炮和上次一样相继沉寂了下来。可是德军突击队刚从弹坑里一跃而出冲进拂晓的晨光里，一片75毫米大炮的弹幕就沿着整个德军前线覆盖下来，比德军在6月23日所经历炮火的杀伤力不知大了多少倍。法军炮火在进攻者队形当中撕开一个个大洞，让德军突击队面面相觑。几分钟内，第140团2营就损失了几乎全部军官；曾在6月份的战斗中损失惨重的第3猎兵团这次预定在正面强攻苏维尔堡的战斗中承担尖刀任务，它的1营营长直接上报说自己负不起继续进攻的责任，下令士兵原地掘壕据守。这一事件说明德军曾经锋利的尖刀部队在经过凡尔登战役的许多个月后，现在已经变得多么钝了。

哪里出问题了呢？答案很简单。法军炮兵自23日以来装备了新的更有效的防毒面具，[1] 它的设计实际上早在光气出现之前很久就已经通过了论证。他们非常狡猾，而且自我控制得非常好，一直忍住不开火，直到敌人大意地自我暴露为止。

不过那天早上，法军方面还是出现了惯常的无法理解的灾难，以及更多令人不安的纪律松弛现象。德军的猎兵部队从当卢的"高炮台"出发向西南猛攻，在火焰喷射器的有力支援下奇袭了法军第217团。法军整整一个营被包围当了俘虏，这个团大约33名军官和1300名士兵不是被杀就是被俘。团长莱朗（Leyrand）中校幸免于难的过程非同凡响：他先是在团部被俘，其后在被押往沃堡的途中，一排法军炮弹齐射打死了押送他的两名德国兵，他自己没有受伤，跑回了团部，发现那里已经被德国人占领了，于是再次被俘。那天傍晚法军反攻又把团部夺了回来，重获自由的莱朗还是没受伤。与此同时，这个团的崩溃让德军左翼推进到离塔瓦内隧道东面终点只有几码距离的地域之内，这条隧道是法军的神经中枢，它西面的出口在默兹河谷，靠近凡尔登。一大群伤员、中了毒气不停呕吐的士兵和惊慌失措的逃兵不停地涌进隧道避难，同时法国工兵已经做好准备，一旦德军继续前进就炸掉这个隧道。

战线另一端的弗勒里也发生了类似情况，巴伐利亚近卫团克服疲惫和沮丧情绪，占领了法军第255旅旅部所在的碉堡。旅长在混战中阵亡。友邻的另外一支法军观察到有一个排向抛弃武器

---

[1] 11日法军因毒气丧生者据说总共只有六七人。

走向德军防线的同伴背后猛烈开火。很明显，那一天法军诸事不顺。更糟糕的是，第255旅崩溃后，防线上出现了一个大洞，芒让派出堵漏的两个营走错了路，他们自己也被蜂拥而来的德军击溃了。巴伐利亚山地军再次在法军防线上捅出一个大洞，不过这次只有400码深。

到那天夜里为止，德军总共俘虏了2400名法军，和这次进攻的规模相比，这是相当大的收获了。12日战斗继续，可是德国人已经筋疲力尽，又没有生力军投入，很快就开始力不从心。尽管如此，混乱仍然持续了数个小时，双方都搞不清楚前线究竟在什么位置。那天上午，一名激动不已的德军参谋突然跑来向冯·戴尔门辛根将军报告说，一群身份不明的士兵在苏维尔堡顶上挥舞着德国国旗。将军连忙举起望远镜。居然是真的！苏维尔堡上有德国人。他急忙命令炮兵在苏维尔堡以南地区打出一道掩护弹幕。很明显，在德国人和这座堡垒之间再也没有任何法军了。可是德军同样抽不出任何一个团来利用这个千载难逢的机会。

站在堡垒斜堤上的德军士兵大约有30人，其实是第140团的残部，没有军官率领，他们本应和自己团的主力一起向后撤退，可是被法军炮火逼着不退反进。这群士兵里军衔最高的是一个不知名的准尉，他急切地挥着旗子示意手下来堡垒跟自己会合。法国人起初没有理会他们。他们能够远远地看见不到两英里之外凡尔登主教座堂的双塔楼，还有蜿蜒穿城而过的默兹河水，在夏日的薄雾里，它显得那么波光粼粼。这是神所应许的土地！这是比1941年秋天德军士兵眼中在灰暗远处隐约可辨的莫斯科的塔楼，更迷人也更能触及的景象。在皇太子麾下的所有部队当中，只有这30人有幸眺望到这样的景象。而且这个景象并不长久。苏维尔堡内的大部分守军已经被消灭了，可是有一个法军步兵团的残部正在堡垒里避难，他们是杜普伊中尉率领的60名士兵。杜普伊听说斜堤上有德国人，马上带领手下士兵冲出去把敌人赶走，他并不知道那些德军只是孤立的小股部队，因此这次进攻本来很可能是一次英勇的自杀性行动。

在激烈的交火之后，苏维尔堡再次成为法军无可争议的地盘：在那些双眼有幸目睹圣城的德国兵当中，大约有10人被俘，其余不是阵亡就是逃散了。冯·戴尔门辛根将军怀着最深切的失落和绝望，亲眼看着德国在凡尔登战场的最后一丝希望的火花越来越暗，最终湮灭。

那天德军的狂潮从最高水位消退得非常迅速。到7月14日法国国庆，芒让的反攻基本上把德军推回7月10日的出发阵地。德军对凡尔登城的威胁最终被解除了。从2月21日到7月15日，按照法国官方战争历史的记载，他们损失了超过275,000名士兵和6563名军官，其中阵亡人数在65,000到75,000人之间，按照皇太子提供的数字，法军有64,000名士兵和1400名军官被俘。仅仅最后两个月之内，法军就出现了12万伤亡。在德国方面，法金汉的"有限攻势"已经造成了25万伤亡，大致相当于2月份他计划投入的总兵力9个师人数的两倍。德军炮兵总共发射了差不多2.2亿发炮弹，法国大约发射了1.5亿发炮弹。法军西线总兵力96个师中有70个曾被调上凡尔登前线，德国人则有46个半师。

德军最后一次进攻可以说是凡尔登战役这出大悲剧的集中体现，它本来是不应该发生的。皇太子记载法金汉在7月11日再次改变了主意，下令给他"此后应采取防御态势"，可是当时要向各师参谋人员传达命令为时已晚。毫无意义的屠杀还是发生了。就算德军在 7 月 14 日之后取消了进攻,悲剧仍在继续:在 7 月、8 月整整两个月以及 9 月的部分时间里,凡尔登的战斗仍未停歇,惨烈程度丝毫不减。人类似乎再次丧失了对自己挑起的战斗的控制能力,战斗具有自己的动量,不断地延续下去。法国人完全不能肯定 7 月 11 日德国人是不是最后一次试图攻占凡尔登,毕竟敌人已经打到了凡尔登城下,只要再来一次突破,或者己方再犯下一个错误,城市就会失守,所以他们必须急切地战斗,为自己赢得转圜的余地。而德国人则面临着一个可怕的两难命题:一旦进攻的动能丧尽,他们被迫转入防御,在战术上的确应该放弃曾付出高昂代价赢得的土地,那些地区本不适于防守。皇太子认识到了这一点,可就连他也得承认撤退是不可能的,因为从心理上来说,撤退"将会导致无法预计的灾难性后果"。

这说明诸如蒂欧蒙和弗勒里之类毫无意义的废墟——现在已经不仅是凡尔登本身了——的名字在德国人意识中所产生的象征性意义有多大。于是,你来我往的拉锯战持续了整个夏天:法军顽强地进攻,进攻,再进攻,而德国人寸土必争,有时候也会发动局部攻势去夺回一小片失地。在战役的这个新的攻守转换阶段,双方争夺蒂欧蒙山脊上 PC119 高地的长期拉锯是很典型的局部战斗:这里的指挥所里有大概十来名士兵驻守,而法国人用了一整个营来夺回这里。弗勒里和蒂欧蒙工事两地反复易手,到夏天结束时,弗勒里这个曾有 500 人的村庄只留下一个从空中勉强可见的白点——这里唯一还能辨认出来的东西是教堂里留下的一只银质圣水杯。

双方在战斗中都有险象环生的时候。8 月 4 日,列兵迈耶

（Meyer）奉命在为热爱音乐的皇太子举办的一场音乐会上高歌一曲。可是法军突然在蒂欧蒙发动进攻，有可能突破德军防线，列兵迈耶的部队奉命开上前线堵漏，音乐会取消了，这位刚刚崭露头角的男高音被法国人俘虏。7月19日，劳合·乔治对《泰晤士报》的雷平顿说自己仍然担心凡尔登会陷落，那样德国人"就可以腾出2000门大炮转用于我军战线，轰出一个缺口"。9月初，普恩加莱总统将为英雄的凡尔登城集体授予荣誉军团勋章，可是德国人发动了一次猛烈程度异乎寻常的反攻，重新激起了法国人的忧惧。为了谨慎起见，法国人甚至推迟了庆典，直到新的危机过去才恢复举行。

炎炎夏日里，双方在同一片尸横遍野的狭窄战场上来回拉锯，战争的恐怖也随之更上层楼（如果说还有楼可上的话）。法国军官罗曼（Roman）少校在7月份这样描述自己掩体入口处的场景：

> 我来到这里时，有具戴蓝色军帽的步兵的尸体从入口处混杂着泥土、石头和分辨不出是什么的废墟里露出来。几个小时后，这具尸体不见了，他消失了，原来的地方出现了一具穿卡其军装的非洲士兵的尸体。后来这个地方不断地变换出穿着其他军服的各种不同的尸体。炮弹爆炸掩埋了一具尸体，又挖出了另一具。不过我们也习惯了这种景象，我们可以忍受停尸地里恐怖的恶臭并生活在这里，可是战争结束后，这种气味仍然久久地停留不去，大大影响了余生的生活乐趣。

法军虽然需要一直忍受着如此恶劣的战场环境，但在8月，士气有了显著提升。协约国在各个战场都呈现出进攻的态势——

索姆河、俄国、意大利和近东,最令人高兴的是凡尔登再也不会受到严重的威胁了。与此同时,德军士气却日渐低落。在8月份,第5集团军因不得不防守那些极为暴露的阵地,伤亡首次超过了法军。

在幕后,皇太子、克诺贝尔斯多夫和法金汉之间最后的冲突在8月份上演。皇太子在接到法金汉结束凡尔登攻势的命令后如释重负,可他惊恐地发现,自己的参谋长在7月11日后竟然还暗暗怀有占领凡尔登的野心,只等一个合适的时机,就会再次向法金汉施加压力。克诺贝尔斯多夫争辩说,法军一定已经从凡尔登抽调了兵力前往索姆河,而即将到来的冬天会加剧德军在战术上的困难,此时前进不是比撤退更好的选择吗?8月15日,法金汉在皇太子不在场的情况下跟克诺贝尔斯多夫开过一次会,并马上给第5集团军发去一份典型的模棱两可的备忘录,声称虽然进攻结束了,但为了国内士气和消耗敌人有生力量的目的,德军仍有必要保持积极进取的姿态。法金汉随后要求第5集团军对战役未来的前景作出评估。皇太子从这份备忘录里马上判断出:

> 法金汉又重拾我以为他已经放弃的主张——那就是让法军肌体上的伤口继续流血。

他还有理由怀疑实际情况比他所想象的还要糟糕——法金汉和克诺贝尔斯多夫背着他正在计划发动新的进攻。

此后,默兹河两岸的德军指挥官在第5集团军司令部展开了一场讨论,左岸的总指挥冯·弗朗索瓦(von Prançois)将军认为有必要恢复进攻，主要原因是"现在放弃无异于承认自己的软弱"。但右岸的总指挥冯·洛赫夫现在已经转变了观点，他的前任冯·穆德拉将军在4月份就是因为这一观点而丢官。洛赫夫比谁都更了解右岸的形势，自2月份指挥第3军以来就一直在这里作战，他觉得就算能占领苏维尔堡，也只不过是在重复占领沃堡的情况，前面等着他们的是更艰苦的战斗和更惨重的牺牲。他支持皇太子，建议全力巩固目前的阵地。

第5集团军司令部的内部分歧被上报给了法金汉，后者又发来了另一封信，这次的信典型地反映出总司令无药可救的犹豫不决。法金汉一开头就说，未来战役如何进行"将由现地的军队集群司令部自行决定（译注，英语原文字面意思是集团军群，但从上下文来看，这里不可能是集团军群，而德文军语里常会出现军队集群一词，可以指代从师级到数个集团军的战时编制，中文经常译作军群或者兵团，所以在此译作军队集群）"。皇太子评论说：

> 虽然这份文件模棱两可，但我暗自高兴摆脱了这份无法忍受的沉重责任，又能按自己的心意行事了。我很清楚自己将要选择的行动方案。

他最后的选择是用最强烈的语气请求父亲撤换克诺贝尔斯多夫。德皇对凡尔登作战的失败和整个战争形势非常失望，这次总算听了儿子一回。8月23日，克诺贝尔斯多夫被调去俄国前线指挥一个军。冯·吕特维茨（von Luttwitz）将军接替了他的职务，皇太子说，"吕特维茨将军很快毫无保留地接受了我的想法"。

冯·法金汉自己的日子也屈指可数了。他在柏林的死敌贝特曼·霍尔维格早就在背后策划推翻他，随着战争的前景愈发黯淡，一直在煽动德皇对这位前宠臣的不满。8月27日，机会终于来了，罗马尼亚站在协约国一边加入战争。法金汉曾预言罗马尼亚在9月中旬完成秋收之前不可能参战，结果德国领导层措手不及。第二天，德皇召见了陆军元帅冯·兴登堡，而冯·法金汉则递交了辞呈。没有几个人对他的去职感到难过，在维也纳和斯特奈反而有人特别高兴。

新任总司令和他形影不离的鲁登道夫在首次视察西线时（他们两位从1914年坦能堡战役以来就一直在东线），被凡尔登战场的景象震惊了。

> （兴登堡说）那里的战役像一处无法愈合的伤口一样让我军筋疲力尽。而且很明显，这场战役无论如何都是毫无胜利希望的。……战场到处都像地狱一样，而我们的部队也的确认为那里是地狱。
>
> （鲁登道夫同意地说）凡尔登是地狱。凡尔登是参战的部队和参谋人员共同的噩梦。我们的损失太大了。

他们立即下令停止一切进攻。德军的损失总数现在已高达281,333人，法军损失则是315,000人。

在战线的另一边，贝当跟他那位冲动的部下芒让之间的麻烦还没完。杜奥蒙堡反攻失败之后，芒让一度被解职，但后来又复出了。3周后，芒让就迫不及待地发动了一次师级规模的反攻想要收复弗勒里，那时德军7月11日的攻势才刚刚失败没几天。他选定的部队是第37非洲师这支哀兵，这个师在2月份初战时表现得非常糟糕，现在已经换了新师长，急切地想要挽回部队的荣誉。可是进攻开始得过于仓促，根本没有成功的希望，师部没有时间熟悉地形，炮兵支援协调得很糟糕。凡尔登的山坡上再次铺满了非洲步兵和朱阿夫兵身着卡其布军装的尸体。这次败仗之后，贝当越过尼维尔直接给芒让发去了一封冗长且语气异常严厉的信件。从此以后，贝当坚决不让法军再发动此类勇敢但缺乏准备的进攻了。第2集团军要积蓄实力，为贝当在2月份的黑暗日子里刚上任时就开始在脑海中规划的强大的反攻做准备。9月初之后，法军在全力筹划反攻，而兴登堡又下令德军停止一切行动，一片狼藉的战场上在7个月后第一次迎来了一种紧张且不祥的平静。可是在贝当的反攻计划付诸实施之前，法军还要遭受一次意料之外的巨大灾难。

德国人在7月11日差点就打到了塔瓦内隧道的东入口，它只是梅斯—凡尔登铁路干线上的一条单轨铁路隧道。如果敌人能完整无损地占领这条在默兹河畔的山峦下面绵延1400码的隧道，就可以像乘坐特洛伊木马一样，从下方绕过法军最后一条堡垒防线，直抵凡尔登城中心。2月24日，紧张的埃尔将军甚至打电话给霞飞请求允许炸掉这条隧道。不过这还不是这条隧道唯一的重要之处。在苏维尔堡以东的这段战线上，这条隧道几个月以来发挥着杜奥蒙堡在德国人那边所起的相同的作用。在隧道的铁路两旁综合了兵营、仓库和急救中心、避难所和交通壕等各种功能。隧道里设立了好几个高级指挥部，三四千人住在这里。开赴前线发动反攻的预备队在这里休息，反攻失败后，他们又回到这里寻求庇护和医治。有时德军炮击太猛烈，驮东西的阿拉伯驴没法在外面卸货,就连它们都会跑进隧道内几百码之处躲着。

在狭窄、被机车煤烟熏黑的隧道里,只有几段区域有昏暗的照明,往返前线的士兵在横躺竖卧的睡着的人和伤兵身上不断地绊跤。他们有时候会碰到裸露的电线被电到。隧道里嘈杂异常、混乱不堪,到处都充斥着恶臭的气味。地方守备部队的路易·乌尔蒂克(Louis Hourticq)中尉在1916年春天这样描述这条隧道:

> 在地下的这片空间里,白天和黑夜已经没有分别……从午夜到正午,各种活动、各种行动、各种噪音都是一样的,不停不歇地持续着……在爬满苍蝇的电灯泡下,医生缝合开裂的肉体。有一个旅的旅部就设在附近的小木棚子里,传令兵和电话线从这里向四面八方分散开去。

德尔维尔上尉在开赴R1阵地的路上经过这条隧道,被里面的肮脏震惊到了。隧道两头都处在德军不断的炮击之下,无法走到出口的人们就在铁轨两侧的阴沟里大小便。有时会有疲惫的小群士兵奉命清理这些阴沟,然后就会传来大呼小叫:

> 小心粪便……把那坨屎弄走!尿流过来了……(德尔维尔说)总有人会被这类无聊的笑话逗笑。

最后,占据隧道的师长在7月份不得不放弃了清理粪便的行动,他害怕搅动那些污秽物反而会引起疫病流行。德尔维尔说:

> 一个人在那儿过上一个晚上就会变得面色苍白、容颜憔

悴，再也无力站直。

可是在这里避难的人们依然是那么高兴，皮埃尔·谢纳（Pierre Chaine）中尉评论说：

> 处于炮击之下的人所能体验到的最大的满足感就是，在自己头上有一座大山庇护着你。

杜奥蒙堡内发生的惨剧给隧道里的人们敲响了警钟，但是从塔瓦内隧道里的混乱情况来看，发生类似事件是迟早的问题。爆炸发生在9月4日晚上，最初可能是骡子刚刚驮进隧道里的一批信号弹着了火。就像5月份杜奥蒙堡里的状况一样，几秒钟之内，连锁反应就出现了：信号弹点着了一堆手榴弹，又引燃了用于照明发电机的燃料，着火的燃料又引爆了更多的手榴弹。只有少数目击者从这场灾难中幸存了下来，其中有一位少校告诉德尔维尔说：

> 一具被炸碎的尸体飞到我身上，或者不如说淋到我头上。我看见3米外有人在大火中挣扎，却无法去帮助他。胳膊大腿在不间断的手榴弹爆炸当中四处飞散。

乌尔蒂克回忆道：

> 我们的医生正在靠近出口的地方踱步，被爆炸抛出了隧道，倒在地上。他爬了起来，发现隧道出口大火熊熊，轰鸣阵阵……爆炸的巨响之后出现了一阵沉寂，然后狂乱的气流助长

了火势，把隧道里的一切全部烧毁，大火延续了几个小时……

在这场灾难中，狭窄的隧道里搭建的木头小屋和隔断，还有人们相互推撞的身体，都使得迅速逃生变得不可能，现场的人们陷入了致命的恐慌。在隧道东出口，半窒息的士兵们跑出隧道来到开阔地，却又遭到德军炮弹的袭击。他们往回跑，又堵住了出口，最后一名上校用左轮枪指着他们才逼迫他们再退出去。有几个吓坏了的士兵被炮弹炸死。大火在隧道里烧了3天，没人能进入隧道。最后火势渐渐熄灭，救援队发现一条通风管道下面堆满了烧焦的尸体，这些人显然是徒劳地想从通风口爬出去。总共有500多人遇难，其中包括一名旅长和他的参谋们，还有地方守备队几乎整整两个连。

第 26 章

反 攻

德国人在 2 月份创造了用物质来战斗的作战形式,可他们不幸忘了给自己申请专利。

——阿诺德·茨威格,《凡尔登之战的教训》

在我见过的一切历史遗迹中,没有比沃堡和杜奥蒙堡更让我感动的了,即便是罗马竞技场或者帕埃斯图姆的希腊神庙都相形见绌。

——让·杜图德,《马恩河出租车》

在为法军凡尔登大反攻做准备的过程中,贝当、尼维尔、芒让组成的团队合作起来比以前协调得多了。三人分工合作,各司其职,芒让执行反攻,虽说他在被牢牢地约束住的时候总是不耐烦;尼维尔负责所有计划细节方面的敲定;贝当负责总体计划,决定进攻发起的时间和规模——最重要的是制止过于热心的部下再犯在条件不成熟时贸然行事的错误。这次,贝当将会打自己整个军事生涯中一直想要打的那种战前精心安排的仗,法军在掌握了局部的优势尤其是炮兵火力优势之后才会展开进攻。战斗开始时,法军正面比德军 6 月 23 日进攻的正面要宽,目标直指杜奥蒙堡本身。第一线将动用3个师，背后另有3个师作为二梯队。贝当从法军战线的各个角落调集了总共650门大炮，其中一半是重炮（对面的德国人大概拥有450到500门大炮）。最重要的是，其中还有所谓的"超级重炮"。5月，芒让的370毫米大炮在杜奥蒙堡面前无能为力，早在那时，贝当就已经开始催着霞飞要威力更大的重炮了（霞飞曾对《泰晤士报》的雷平顿说，"所谓超级重炮不过是转移公众和新闻界注意力的东西而已"）。现在，法军终于调来了两门崭新的400毫米列车炮，藏在远离前线的伪装网下。这些施耐德-克鲁佐制造的庞然大物拥有更远的射程和更大的穿透力，是法国在战争期间拥有的威力最大的武器，比克虏伯的"大伯莎"更加致命。整个9月和10月初，法军在凡尔登的弹药输送列车络绎不绝，为炮兵群运来大约15,000吨炮弹。这次，正如贝当过去所说的，法军士兵不用在没有炮火支援的情况下唱着《马赛曲》跃出战壕冲锋了。

尼维尔作为一名炮兵将军，他的贡献是组织了"徐进弹幕"（creeping barrage），进攻的突击部队可以跟在后面推进——这是徐进弹幕战术在战争中的第一次亮相。步兵在野战炮打出的弹幕后面70码，重炮弹幕后面150码，保持恒定的每4分钟100码的速度前进。部队和炮火将一起推进，就像农村里不停打谷的连枷一样。徐进弹幕战术要想成功（还有要想避免在以往凡尔登的各次战斗中经常让法军丧胆的友军炮火的误击），步炮之间就必须保持前所未有的完美协同。尼维尔为了做到这一点，准备挖6英尺深的坑道把电话线埋起来，这样至少电话联络这一次不会被炮火中断。这项任务的工作量特别巨大。

攻占杜奥蒙堡的任务交给了居约·德·萨兰（Guyot de

Salins）的第38师，这个师主要由芒让钟爱的非洲部队组成。其中包括两个未经战火考验的塞内加尔营：他们是高大、坚强、无畏的战士，他们对待战俘的态度让德国人非常害怕。他们于9月开到凡尔登战场，在刚见到新奇的"焰火表演"时兴奋得像孩子一样。其后，他们被派去进行一次小规模的进攻战，目的是看他们能干些什么。他们一下子跑得到处都是，完全不受军官的控制，攻下了几处德军阵地，杀掉了所有俘虏。然后，德国人从最初的恐慌中回过神来，架起机枪，可怜的非洲人从没见过这么密集的火力，完全无法理解这么多子弹是从哪儿来的，在困惑中全都挤作一团。那天侥幸从大屠杀里幸存的士兵马上被从前线撤下来，重新接受密集训练。这次不幸之后，法军按照炮兵训练同样的严格要求来训练步兵，以便让他们习惯进攻中将要遭遇的敌人火力。法国人在巴勒迪克附近的斯坦维尔（Stainville）建立起战场的模拟地形，其中设有杜奥蒙堡的一比一模型。进攻部队在这里反复演练，直到闭着眼睛也能对战场地形了如指掌。同时，贝当和尼维尔下定决心，一旦夺回杜奥蒙堡，绝不能得而复失。他们尤其吸取了沃堡的教训，给凡尔登的部队调来了一名曾参与组织巴拿马运河工程淡水供应的法国工程师。这位工程师在短时间之内就用可运输的帆布水管设计了一套巧妙的供水系统，使其可以穿越遍布弹坑的地面给堡垒输送淡水。

法军的进攻准备热火朝天地进行着，就连平素里乐观的芒让也变得比以往更加自信了。当时一名低级军官在看到他时，不禁联想起一只猫，"他在准备出击之前眯起两眼，伸出舌头"。他把军部搬进凡尔登郊外的一座玉米商人的别墅，在办公桌后面的墙上挂起一副帐篷帘子，这让司令部稍微具有了一点阿拉伯的格调。房间

里有一个进攻目标地带的大沙盘,他指着沙盘反复告诉来访者:

你将会看到我的殖民地部队从这里打进杜奥蒙堡。

霞飞在进攻前夜给他打来电话,芒让对霞飞说:

将军,我在4个小时之内就能抽出22个营给你。

这次全军都和芒让一样自信。德·萨兰将军颇带几分喜剧色彩地告诉部下:

机会来了……这次你们一定获胜,可恶的德国鬼子一定会挨一顿痛揍。

第一波攻击中的另一个师里的一名军官注意到炮兵实力很雄厚,补给品也很充足,准备十分令人放心,他发牢骚说:

要是我们在开战时能有这么多供给,我们现在肯定早已打出法国了。

皇太子的阵营中则呈现出一幅完全不同的景象。进攻时军队里的兴奋已经让位于丧失了主动权、知道敌人将会反攻的不安全感。高级军官们知道,新的最高统帅部只是在等待一个心理上合适的时机放弃目前在凡尔登占领的前进阵地,他们把这种不安的情绪传递给了部队。士兵们筋疲力尽,很多人要么已经在索姆河战场的激战中度过了整个可怕的夏季,要么就是在凡尔登战场待了太长的时间——比如冯·茨维尔将军的第7后备军自从2月份就没有离开过前线。德军在人力资源上的劣势从未像现在这样显露无遗,在物质上也显示出后继乏力的征兆。磨损的大炮打出的炮弹在飞到预定射程之前就掉下来了,经常打在自己人阵地上,而这种误击现象迄今为止都是法军的专利。与此同时,据守暴露的前线堑壕的部队状况一天比一天糟糕。法国人已经持续炮轰了好几个星期——芒让管这叫"不能刀枪入库"(not burying the hatchet)——成功地让德军没有时间加固工事或者架设铁丝网。其后,雨水渗透进被炮弹打松的土壤里,在凡尔登地区糟糕的秋季天气里又冻起来,再融化,再上冻,比芒让的大炮更能有效地让整段德军战壕坍塌。日复一日没完没了的雨水、夜晚的霜冻极大地打击了士气。德军士兵不断因为双脚冻伤而被送进后方医院,还有一些士兵故意吃腐烂的马肉,希望自己能进医院,他们为了离开凡尔登不择手段。到9月份,德军的逃兵之多达到了前所未有的数量,冯·洛赫夫将军下达过一份特别命令,要求对怯懦行为绝不姑息纵容。在第5集团军的军官们的记忆中,德军的士气自开战以来从未如此之低。

在杜奥蒙堡里,自5月份的灾难以来,守军加强了纪律,更严格地管控明火,还挖掘了更多的出口,不过除此以外,整个夏天一切照常。堡垒里总是挤满了来来往往的部队(人人都注意到,部队进入这座被亲切地称为"杜奥蒙大叔"的避难所的速度,总是比离开的速度要快,这也是可以理解的)。法军不停的炮击并没有对部队的调动产生多少影响。不过好几个月以来不间断的炮击至少逐渐做到了一件事:保护杜奥蒙堡的覆土一英寸一英寸地被磨掉了（在某些地方，原来的覆土有将近18英尺厚）。里面的守军不知道，强大的杜奥蒙堡现在就像头发被部分剃掉的大力士参孙。

10月19日，法军开始炮火准备。杜奥蒙堡上空出现了一整列时刻盯着下方状况的"香肠"（Saucisses，指炮兵观测气球），还有成群的观察校射飞机盘旋着。21日，杜奥蒙堡的炮兵瞭望塔被一发重炮炮弹打得粉碎，里面的军官被压死在成吨的混凝土下，不过堡垒的重要结构并没有伤筋动骨。杜奥蒙堡仍旧微笑着，自信而冷漠，这点小事司空见惯。22日这一天，局势相对平静。然后，23日午前不久，整个堡垒被一次异乎寻常的强震撼动了。电灯熄灭，每一名守军都在黑暗中经历了自己从来没体验过的内心恐惧：难道5月8日的灾难又重演了吗？几分钟后，守军发现了真相，一枚巨大的炮弹打进堡垒地下一层的医务室里爆炸了。整个墙内堡被炸成一片废墟，大火在内部肆虐。大约50名伤病员和医护人员当场被炸死，10分钟后，堡垒里很多人都听到另一发巨炮炮弹落下时发出的令人心悸的尖啸，紧接着附近就出现了一声东西被打碎的闷响。几分之一秒后，炮弹的延时引信爆炸，整个堡垒再次跳了一跳。这次第8号墙内堡里的营房被炸毁。很明显，法国人在使用某种比他们以前拥有的威力更大的武器。400毫米大炮的炮弹每次间隔可怕的10到15分钟就落下来。它们极为精准，很少有几发打偏的，有几发炮弹穿透了残余的覆土以及8英尺厚的水泥龟甲，然后在堡垒主体内部爆炸了。面包房被炸掉了，第11号和第17号墙内堡被连续两发炮弹击毁，第4或者第5发炮弹打塌了地下一层主过道的天花板，整个走廊被堵住了。

每发炮弹都带来新的灾难，杜奥蒙堡指挥官罗森塔尔

（Rosendahl）少校越来越难压制手下的恐慌情绪。他别无选择，只好下令马上撤离堡垒的地下一层。守军龟缩在2月份舍诺及其手下守备队躲藏的地下二层里面，可是那里也不安全。第6发击中堡垒的炮弹从已经炸开的主过道天花板上的大洞钻进来，穿透了地下二层的突击队武器库，那里面装满了轻武器弹药和信号弹。之后一次巨大的爆炸发生了，令人窒息的硝烟在堡垒里到处弥漫，5月份的大灾难似乎又要重演，因为突击队武器库附近有一座弹药库，里面装满了法国人为重炮炮塔储存的没用完的炮弹。罗森塔尔少校意识到一切已经完了，不能再冒险了。尽管法军毒气弹已经封锁了杜奥蒙堡的各个出口，他还是下令撤出，只留下一小支敢死队在里面试图扑灭突击队武器库里的大火。夜幕降临时，法军列车炮停火了，但堡垒里面的火势仍在燃烧。形势似乎毫无希望，所有供水都已耗尽，灭火队员只能用存下来为伤员解渴的瓶装水灭火。于是杜奥蒙堡守军的最后一个人也在23日夜间撤离出去了。

其实并不是每个人都撤了。在堡垒西北角走廊里还有两名孤独的士兵。400毫米炮弹打击在巨大堡垒的其他地方，并没有过多地惊扰到他们。他们也没看见守军撤离，没接到放弃阵地的命令，于是就像任何一名优秀的德国战士一样，在孤立无援且被人遗忘中又坚守了两天阵地。与此同时，第二天早晨大约7点，一名叫作普若留（Prollius）的德军上尉带着一群信号兵和传令兵从附近的炮兵阵地过来，跑进了杜奥蒙堡，惊讶地发现这里已经空空如也。他很快侦察了一遍，发现了堡垒被弃的原因。突击队武器库里的火还在烧，但已经得到控制，弹药库爆炸的危险似乎已经过去。堡垒的地下一层被堵塞的走廊切为两半，但走地下二层还是能过去。法军的进攻迫在眉睫，但普若留认为杜奥蒙堡不仅可以而且很有必要守住，当然，前提是他能找到足够的人手。他手下只有二十来人，于是紧急派了一名传令兵去后方求援。

德军驻守在露天的步兵躲在他们浅浅的、部分地段被水淹没的战壕里，在法军炮火准备之下，遭受的损失比以往任何一次都多。有些部队比较幸运，比如梅克伦堡的一个营很狡猾，他们注意到对面的法军在炮击开始之前已经从第一道堑壕后撤了（无疑是为了躲开不可避免的"误击"），于是德国人马上跳进法军战壕里，躲过了炮击最厉害的阶段。可怕的炮击持续了整整 3 天，毫不停息，德军一支接一支部队汇报说自己的战斗力已经下降到接近于零。然后，22 日下午，法军大炮停火了，德国人听到敌人突击战壕里爆发出冲锋的欢呼声。进攻终于开始了！这简直是种解脱。德军前线的瞭望员迅速给后方炮兵发信号，要求他们开始炮火反准备。炮兵马上打出一片弹幕，落在法军冲锋部队应该到达的位置。可是法军没有上来！其实没有一名法军离开堑壕。

这是尼维尔设计的狡猾的陷阱。德军野战炮兵迄今为止都在沉默地掩蔽等待，就像交响乐团里的铜鼓一样，等着自己发言的机会，而现在却毫无意义地暴露了自己的方位，随后马上招致法军 155 毫米大炮令人窒息的压制火力。反炮兵作战又打了一天半，直到德军 158 个炮兵连中只剩下 90 个还能作战，而且幸存的很多大炮损毁也非常严重。到炮火准备终于真正结束时，法军总共发射了将近 25 万发炮弹。守军步兵所剩不多的骨干力量也开始动摇了。

24 日清晨，默兹河的山峦上弥漫着秋天的浓雾。杜奥蒙堡似乎预感到自己的第二个命运关头即将来临，把自己藏进了雾气中躲避这个时刻——2 月 25 日那天也是这样的。德国守军正享受着最后片刻的轻松：没人能在这样的能见度之下发动进攻。然后，他们突然听到法军尖利刺耳的军号穿破晨雾在上空回响，这是熟悉的冲锋声：

　　　　让我们举杯高歌……

其实法军借助模拟战场早已对地形了然于胸，这样的天气对他们再有利不过了。剩下的德军野战炮在法军冲出战壕之后12分钟才开炮，此刻法军已经攻进守军的第一道战壕了。双方在整个夏天反复争夺的弗勒里村的碉堡和蒂欧蒙工事在几分钟之内就被攻占，德·萨兰将军的师一直冲到贵妇溪谷（这里就是6月份"刺刀战壕"的发生地），在那里俘虏了德军一名营长和他的营部。战场上丢满了背包和粮食袋，因为法军部队追亡逐北，兴高采烈，把身上的负重全扔了。法军进展神速，有一名德国军官在被俘的时候只穿着内裤。法军绕过碉堡火力点，将其留给第二波进攻部队去对付，有一名法国中士在一座碉堡里抓到了200名俘虏，德国人投降的速度之快前所未有。一座法国监听站听到一支德军部队报告说：

　　　　我这儿只剩1名士兵，其他人都跑光了。

有些俘虏告诉法国人他们已经有6天没吃东西了，法国人在各处都对自己大炮造成的破坏感到满意。

那一天，来自摩洛哥殖民地步兵团的一个营在法军攻势中构成了最重要的一环——这个精锐团是法国陆军中唯一没有数字番号的部队，他们的肩章上只有一个锚。这个团在最后一次试图解救沃堡的战斗中损失惨重。现在它是唯一一支有近战经验和装备的部队，法军预计打到杜奥蒙堡后可能会发生白刃战。可是有段时间这个营好像在晨雾中迷路了。营长尼古拉（Nicolai）少校身材很高，留着可怕的高卢式小胡子，让手下士兵联想起19世纪的法国骑兵，他刚被从印度支那调过来，这是他在西线的首战。他手里拿着指南针，带着他的营走进雾里，精确地保持着每4分钟100码的步速。很快他们认出的地标显示这个营向左偏离目标很远了。要么是营长错了，要么是指南针坏了。之后是一个令人难受的间隙，杜奥蒙堡到底在哪里？突然就像是奇迹一般，雾气像一块大幕被拉开，就在他们面前右手边，杜奥蒙堡的大圆顶出现了，在阳光下泛着光。眼前的景象令人既激动又恐惧。在手下士兵还没来得及因为将要进攻的这个庞然大物的体量感到惊恐之前，尼古拉下令全营冲上堡垒顶端。他们只遇到了轻微的抵抗。几分钟之内，结实的营副多雷（Dorey）上尉就成为第一个爬上杜奥蒙堡斜堤的军官，他因奋力奔跑而喘着粗气。法军的工兵和突击手很快就通过堡垒的破口冲进了内部。德国人零星的抵抗在某几处地点也许能把进攻者挡住一两个小时，可是普若留上尉的紧急求援在后方无人回应，很快，从各个角落攻进来的法军喷火兵和投弹手就压倒了他的一小撮人。那天傍晚，一个战前是工头的小个子巴黎工兵杜蒙（Dumont）和另一名列兵撞进了位于杜奥蒙堡地下二层的普若留的指挥部。普若留自己、4名军官和24名士兵向杜蒙投降——这差不多是堡里剩下的全部守军。至此，杜奥蒙堡再次被法军占据。这座堡垒在陷落和收复的时候里面几乎都是空的，一名法军指挥官对此评论道：

在8个月里，浸透了几十万士兵鲜血的整片战场的关键就是这座堡垒，它的命运何其奇特……

芒让正在位于苏维尔堡的军部里经受着自己军事生涯当中最焦急的一天。在最后一道天际蓝的攻击波出发冲进晨雾里后，已经过去好几个小时了，但还是没有任何消息传回。战俘大约从中午开始不断地被押回后方。从苏维尔堡上可以望见徐进弹幕掀起的巨大的烟云高高升起在迷雾的上方，可是看不见弹幕背后推进的步兵。各旅的旅长们也和下属部队失去了联系。疲惫不堪、喘不过气来的传令兵时不时地到达军部，但他们提供的情况支离破碎、无法连贯，还经常自相矛盾。法国空军尽管在凡尔登上空享有绝对的制空权，但此时也帮不上什么忙。勇敢的飞行员驾驶他们的"鸡笼"在低到危险的高度巡航，试图看清迷雾。法国人当天损失了20架飞机，有些是在雾气里坠毁的，有些被地面炮火的弹片击中。杜奥蒙堡的顶盖在雾气里短暂地显现了一会儿，就像珊瑚礁露出雾海一样，然后又消失了。

直到后半个下午，空军才传回第一批鼓舞人心的胜利消息。有一架飞机给第133师（这个师号称"高卢师"）师长帕萨格（Passaga）将军空投下一幅地图的一部分。地图上标明法军战线已经和杜奥蒙堡齐平，甚至在右方超过了，旁边有一行小字：

16点30分占领。法兰西万岁！

几乎与此同时，苏维尔堡上焦急的瞭望哨看见正前方露出了杜奥蒙堡的轮廓，一束秋天的阳光正好撒在那座堡垒上，给那里笼罩上了一层美丽的玫瑰色光环。杜奥蒙堡的圆顶上站着3名摩洛哥士兵,他们正使劲地挥舞着手中的武器。这个场景让芒让身边的一名将军联想起了"奥斯特里茨美丽的太阳"。

就法国方面而言,收复杜奥蒙堡的确是一次堪比奥斯特里茨战役的大捷,不过他们从过去的灾难当中学乖了,法国的新闻审查官先是扣住消息不发,直到确认堡垒不会再被德国人夺回才加以公开。德军在24日下午已经发动过一次反攻,可是软弱无力地失败了。此后德国人再也没有试图收复杜奥蒙堡,皇太子接受了丢失在凡尔登占领的大部分土地这个事实,之前法金汉刚被解职的时候,他就想这样做,只是顾忌这样做的象征性意义可能带来的致命的心理影响才作罢。11月2日,法国第2集团军收复沃堡,德军此前已经撤离并且部分破坏了那里。在冬日的严寒中,法军乘胜于12月15日发动第二次全面反攻(皇太子称这一天为"那个黑色的日子"),收复了卢夫蒙和伯宗沃(两地都是在2月份丢失的),并把战线从杜奥蒙堡向前远远地推进了2英里。[1] 杜奥蒙堡已经无复当日的荣光,它在好几个地方朝天敞开着大洞,走道里的积水和淤泥有好几英寸厚,可它毕竟安全了。凡尔登城也随之安全了。

法军胜利结束反攻的日子,正巧和一年前德皇批准法金汉的"杀戮场"行动计划的那一天日期相同,这真是个奇怪的巧合。德国的宣传机构欺负公众的记性不好,尽力粉饰,淡化杜奥蒙堡和沃堡的重要性,但在陆军内部,丢掉杜奥蒙堡被认为是一次特别严重的挫败。一名士兵评论说:"就像丢掉了祖国的一片土地。"

---

[1] 尼古拉因为收复杜奥蒙堡的战功已经被提升为中校并获得荣誉军团勋章,他也参加了这次进攻,被德军狙击手击毙。

兴登堡对法军的10月攻势坦率地评论说：

> 这次敌人把我们自己的炸药包扔向我军。我们只能希望在来年他们没法以更大的规模成功地重复这次的实验。

和德军在之前几个月所表现出来的令人难以置信的顽强精神相比，德军在10月至12月的战斗中应该说是半心半意的。但我们绝不能否认法国赢得了马恩河会战以来第一次重大胜利。单单10月24日那一天，芒让手下的士兵就收复了皇太子的集团军用了4个半月征服的土地。法军在黏稠的泥浆中和布满弹坑的土地上推进了3公里，按照第一次世界大战的标准来说，这是个了不起的成就，德国人如果在6月23日或者7月11日能推进这么远的话，早就一举打到凡尔登城郊了。尼维尔的徐进弹幕被证明是一个伟大的成功，可以被认为是这次大战中最伟大的发明之一。在法军发起的一系列反攻之中，德军的损失第一次超过了法军：第5集团军仅在12月就有11,000人被俘，115门大炮被缴获，这说明德军的战斗素质下滑得多厉害。可是法军的损失也令人痛心地居高不下。4天前，尼古拉的摩洛哥殖民地步兵营被派到凡尔登时有800人，等到从杜奥蒙堡班师时已经只剩下100多人。反攻期间，法军总共损失了47,000名士兵。[1] 在12月，尼维尔和芒让为达目的不惜代价的冷酷决心引发了一些令人担心的事件。这些事件显示，凡尔登在法国陆军灵魂上留下的印记绝非那么容易抹去的。当普恩加莱总统莅临前线为官兵授勋时，有人向他的汽

---

1 我们再次指出，蒙哥马利在阿拉曼战役总共损失了13,500名官兵。

车扔石头，还有人喊叫着"逃兵"。在凡尔登城外的路边，有人涂鸦"通向屠宰场之路"，12月10日夜间，一个整师正准备开赴前线发动最后总攻，士兵们像羊群一样哭泣。这个师还是打得很英勇，但这一幕还是很不祥，它预示着1917年将会发生的事情。

  法国公众对以上这些一无所知。他们看到的只有配得上"伟大祖国"的巨大且毋庸置疑的胜利。全世界的协约国宣传家们突然之间都发现了沃堡和杜奥蒙无与伦比的重要性（有个法国历史学家拿收复这两座堡垒和查理曼大帝在隆塞沃战场为罗兰骑士报仇雪恨相提并论），法国欣喜若狂地庆祝第一次世界大战中他们自己的阿拉曼战役。他们还认为自己发现了本国的蒙哥马利。霞飞失宠了，贝当在为反攻铺平道路时所做的贡献被遗忘了。尼维尔才是当下的大英雄。《法国画报》在为这颗新星唱赞歌的一幅肖像下面写道：

  他就是拉丁语原意上的领袖，就是"一位导师"（une tête）……他的自信正如洪钟大吕般在我们的心灵上敲响了希望的最强音。

第 27 章

新的领袖

> 胜利的代价太高,以至于它和失败没有什么区别。
> ——温斯顿·丘吉尔,《世界危机》

> 法兰西光辉的新时代将在凡尔登这座苦难的城市诞生。
> ——亨利·波尔多,《被递解的囚徒》

从理论上说,凡尔登战役已经结束了,但直到大战结束,在这片尸横遍野的战场上,零星的战斗仍在进行着,有时候还会变得很激烈,而凡尔登战役的深远影响甚至超出大战本身。

会战最直接的一个后果,就是曾经大权在握的"老爹"霞飞失势了。6月份国会第一次秘密会议表明,法军总司令部在防御凡尔登地区的过程中存在着严重玩忽职守的行为,结果让国家付出了这么多生命的代价。而霞飞战略的焦点索姆河战役现在也被认为是协约国的又一次失败,伤亡的士兵人数比1915年的历次徒劳的进攻所付出的都要大。自国会秘密会议以来,在整个夏天,反对霞飞的呼声越来越大。战争的第三个冬天来临了,随着索姆河战役的失败,要他下台的呼声震耳欲聋。伴随着巴黎国家议会走廊里的一些见不得人的秘密交易,这位上了年纪的巨人下台了,他差一点让法国输掉了战争,可是如果没有他那镇定自若的强大神经,法国可能在战争初期就已经战败了。12月27日,霞飞被晋升为法兰西元帅,然后被打发去和过去被他无情地"高高挂起"的一大批无能或者不幸的老将们一道做伴,躲进了被人遗忘的角落。在法军总司令部里,那帮霞飞身边的马屁精对风势转向比谁都敏感。皮埃尔福有一段关于霞飞在尚蒂伊告别的经典描写:

> 这位新晋的法兰西元帅把手下各部门首脑召集到普瓦雷别墅告别。这是一场令人难过的告别……元帅军衔使得霞飞可以保留3名副官,他问在场众人谁愿意陪伴他退休。只有陶泽里埃少校一个人举手。元帅对此表示惊讶,甘末林将军[1]悄悄地跟他说,"将军,你不能责怪他们,他们各自还有前程要奔赴呢"。霞飞的确也没有生气。大家都离开以后,元帅再次打量了一番这座曾容纳了如此多荣耀的别墅。然后他笑了笑,友好地拍了拍忠诚的陶泽里埃的后背,然后用手摸着自己的头顶,说出一句他最喜欢的感叹,"可怜的霞飞,圣人般的陶泽里埃"。

霞飞真正去职之前很久,法军总部就开始见风使舵,逢迎他的继任者了。各部门都开始吹捧未来的总司令。他的名字是谁?罗贝尔·尼维尔。合乎逻辑的两个继任人德·卡斯特尔诺跟福煦都被跳过了(福煦因失败的索姆河战役而不被看好)。尼维尔的顶头上司贝当也被跳过了。贝当没能上位,主要是因为政治家们

---

[1] 甘末林在1916年是霞飞的作战处处长,一代人的时间以后,在1940年的灾难中,甘末林和霞飞一样被从法军总司令的职务上撤换了下来。

担心搞出一位对他们极端轻蔑的总司令来，比如普恩加莱总统就从未忘记贝当得罪人的讽刺话语，大致意思是："法国总统阁下本人应该最清楚不过，法国既没人领导，也无人管理。"

另一方面，尼维尔在讨好民选政客方面的能力极为出众。更重要的是，1916年12月，法国旺盛的想象力绝不是贝当那样低调谦逊的领袖所能点燃起来的。收复杜奥蒙堡后，尼维尔成了大英雄，这个人肯定能粉碎前进道路上的一切障碍，取得胜利。皮埃尔福用赞扬的语气坦白地指出：

> 尼维尔不仅是一位热情的领袖，更是这个民族脾性的化身。这就是人们愿意盲目地追随他的原因。

凡尔登最后反攻行动前夕，在1914年还是一名炮兵上校的尼维尔离开苏伊走马上任。一周后，芒让也在12月22日离开，出任第6集团军司令。出发之前，尼维尔重复了自己上任时的口号"我们已经掌握了胜利的公式"，还加上这段话"我们所取得的经验是不容置疑的。我们的方法百试不爽。胜利一定属于我们，相信我……"。在他给芒让的摩洛哥士兵授勋的时候，有人听到他说，"来年春天我们还会相见"。

尼维尔被濒死的达朗松推动着，立刻着手制订春季大进攻的作战计划，用他的话来说，这次攻势将以"有力、蛮横且迅捷"的一击结束这场战争。霞飞牛抵角式的消耗战术被永远放弃了，这次决定性的重击将在同一天里"穿透"德军第3道和第4道防线。德·格朗梅松的幽灵将再度昂首阔步，这次攻势将会完全由法军承担。尼维尔选定的地段是贵妇小径（Chemin des Dames），那是一处俯瞰着埃纳河的狭长高地,也是德军防线上最坚强的堡设防阵地之一。法军将会采用已经在收复杜奥蒙堡的战斗中大获成功的作战方式:饱和炮击,继之以徐进弹幕。不过尼维尔没有吸取德国人在凡尔登发动"绿十字"毒气进攻的教训,他忘了战争中最重要的格言之一:成功很难复制。德国人在凡尔登已经至少两次研究过尼维尔的战术了,10月一次,12月一次,他们学得很快。德国人采用了一种新的纵深防御体系,皇太子这样描述道:

> 如果我们拘泥于目前为止常用的僵硬防御体系,我确信我们绝不会在1917年打出那样成功的防御战。

收复杜奥蒙堡的光辉胜利将为法国带来整个大战中最深重的灾难。

贝当和另外两名集团军群司令对这次进攻持极端怀疑态度,可是政治家们(包括多疑的劳合·乔治,他最近刚刚取代阿斯奎斯上位)全都拜倒在尼维尔的个人魅力、雄辩的口才和一贯的轻浮自信之下。即便厌战的士兵们的士气也被尼维尔反复强调的承诺鼓舞到了一个新高度,他承诺士兵们苦难即将结束。他安抚一名集团军司令说"你在前方将碰不到任何一名德国兵",这话跟前一年2月份法金汉的保证如出一辙。他向准备战斗的部队宣布:

> 伟大的时刻到了。拿出勇气来,相信尼维尔。

与此同时,芒让也告诉自己的第6集团军:

> 我已经做好了一切准备，后天我的司令部就要搬到拉昂（Laon）去。

不幸的是，尼维尔的保证也传到了德国人的耳朵里。这一次，法军的保密工作比前一年5月惨败杜奥蒙堡之前做得更糟糕，在法军发动进攻6个星期之前，守军就已经知道了确切的进攻地点。尼维尔炮火准备的巨大威力，就像一记挥空了的重拳。德国人应对的方法仅仅是把部队从前进阵地上撤了下来。1917年4月6日，法军步兵受到各种空洞诺言的鼓舞，跃出战壕，洋溢着堪与历史上任何一次伟大战役相比的进攻精神。他们在无人地带挺进了半英里，然后一头撞进几千挺毫发无伤的机枪交织成的火网当中。愤怒、丧气、深感幻灭的士兵们从屠杀现场如潮水一般涌回来。到第二天，法军大约伤亡12万人。尼维尔曾预计会有1万名伤员，医疗队又给这个估算再加上5000，可事实上这次进攻中有9万名伤员需要后送。在后方，有大约200名伤员攻击了一列医护列车。[1] 尼维尔的野心虽然已经碎成了片片，但他仍然要把这次毫无希望的攻势坚持下去。然而，他已经毁掉了法国陆军。

发生在贵妇小径上的屠杀确实骇人听闻，但它的细节被大大地夸张了。随着谣言满天飞，在凡尔登战场上只是零星发生的纪律败坏事件，现在成倍地蔓延到了整个陆军中。开赴前线的各团当中又出现了悲惨的、像待宰羔羊一样的哭泣声，这次还混杂着"打倒战争""打倒无能的指挥官"这样的愤怒呼号。休假的士兵挥舞着红旗，唱起革命歌曲。他们殴打宪兵和铁路职员，把火车

---

[1] 某一所拥有3500张病床的野战医院据说只有4支体温计，这是法军医务后勤乱象的典型表现。

头的挂钩摘掉，或者让它脱轨，阻止火车开赴前线。前来干预的军官们遭到围攻，其中至少包括一名将军。

5月3日，真正的兵变爆发了。尼维尔攻势还在继续，但它的脊梁已经被打断。第21师被命令开赴战场（值得注意的是，这个师曾在上一年6月里经历过凡尔登战场上最艰苦的战斗），[1]全体士兵都拒绝上战场。当局斩除了闹事的领头者，将这些人或匆忙枪决，或送去魔鬼岛监狱。两天后，这个师重返前线，在战斗中被消灭了。这引爆了火药桶。下一个拒绝上前线的是第120团，第128团奉命惩戒他们，结果也随之兵变。一支接一支部队拒绝军令，其中包括法国陆军中的一些精锐部队，超过2万人直接开了小差。各团选举士兵委员会为自己代言，简直和当时已经在俄军中夺取了兵权的苏维埃如出一辙，这让人十分不安，士兵们大批向巴黎进军。[2]第119团在卡车上架起机枪试图冲击施耐德-克鲁佐兵工厂，显然是想把它炸掉。到2月份，此类"集体违纪行为"（这是法国官方战史对此事的委婉提法）蔓延到51个师，这个数量相当于法国陆军的半数。在香槟地区的12个师当中，一度只有2个师被认为可靠，在苏瓦松（Soissons）和巴黎之间没有一个可靠的师。可这场兵变中最让人惊讶的一点是，德国情报机构完全没有获知关于它的任何蛛丝马迹，直到法军恢复了秩序才后知后觉，甚至劳合·乔治跟黑格都知之甚少。

---

1 当时的士气是如此低落，法军总部驻第2集团军的联络官都上报了此事。
2 第一支威胁要向巴黎进军的部队属于第3军，就是尼维尔在1916年4月刚到凡尔登战场时指挥的老部队，芒让的老部队第3军第5师出现过最恶劣的抗命现象，而且异乎寻常的一点是，其他大多数卷入兵变的队伍都已经在前线战斗了好几个星期，第3军第5师的兵变部队当时根本不在前线，而是正处于休整期间。

直到半个多世纪后的今天，法军兵变的细节仍然被一层异常神秘的面纱笼罩着，最不为人知的就是法国人到底用了什么惩罚措施来平息这场兵变。黑格在 1917 年 11 月的日记中记载说，他当时被告知"要处理 3 万名叛乱者"。官方报道中只记录了有几十名领头闹事者被审判枪决，但还有多少人未经审批就被处决，这个只能猜测。时不时地会有一些非官方的记述泄露出来，传说有一整支部队在开进平静的战线后，被自己的炮兵有意地全部处决掉。我们只知道确实有一支可怜的在法国作战的俄国师，因祖国革命的消息以及尼维尔指挥下惨重的伤亡，而彻底地反叛了。他们随后被忠诚的法国军队包围，为近距离炮火所粉碎。

最后，法国政客们尽管不情愿，但还是只能求助于唯一一个有能力恢复军队秩序的人。法兰西第二次，但绝非最后一次召唤贝当。新任总司令驳回了各军军长采取严厉惩戒措施的请求，只批准了最低限度的一些死刑判决，把"治愈"的努力集中于从小处着手，改善一些法军急需改善的生活条件。休假终于组织得像个样子了，法军还修建了士兵休假中心提供食宿（相当于英国的基督教青年会），给部队建造了适当的厕所、淋浴和宿舍，把炊事兵送去学习怎么做饭，配发的红酒质量和数量都有所改善。最主要的是，贝当亲自视察了一百多个师，安抚士兵们说再也不会有尼维尔攻势了。他反复强调："我们一定要等待美国人和坦克。"这些治愈措施虽然简单，但非常有效，不过也只有贝当能做到这些。他的出现让部队像凡尔登战役中的第 2 集团军一样感到安心：这是一个不会白白挥霍他们生命的领导人。很多人从来没有忘记这一点。在贝当漫长的——后来变得悲惨的——军事生涯中，他从来没有对法国做出过如此巨大的贡献，就算他在 1916 年 2 月给予凡尔登的拯救也不能与这次相比,而且他一直认为自己在兵变中所承担的使命是一生中最困难的。

虽然贝当作为"陆军的大夫"取得了巨大的成功,但法国陆军已不复往日了,再也不可能重现凡尔登战场上曾经表现出来的顽强的英雄主义精神。博阿松中士说(他离开凡尔登后参加了尼维尔攻势):

> 贝当净化了不健康的气氛。但他不可能完全抹去根植于士兵们心中对领袖们的反抗情绪,而士兵本应视领袖为带头人、向导、保护人、和父辈一样的朋友……他们毁掉了法兰西战士的心灵。

法国撑过了1917年剩下的时间,只打过几场有限的、代价不高但非常成功的小仗(包括一场局部进攻,法军最终把德国人从死人山赶了出去,贝当下令进行这次行动,以彻底恢复士气)。但是在1918年最后结束战争的进攻行动即将到来的时候,贝当作为防御战大师,明显不再适合进攻的角色。他两次拯救了法兰西,却并不是新角色的合适人选。大兵变之后,当年在凡尔登战场上感染的致命的悲观主义情绪在贝当身上表现得更为明显。在1918年3月德国最后一次豪赌般的鲁登道夫攻势发展到顶峰的时候,一时间似乎一切都危在旦夕,黑格在自己的日记里直白地评论说:

> 贝当看起来很糟糕。作为一名指挥官,他看上去十分恐惧、惊慌失措。

在战争的最后关头，协约国找到了完成任务的最佳组合：贝当仍旧担任法军总司令，而福煦将出任首次设立的法国战场所有协约国军的最高司令官。福煦虽然仍旧是进攻学派的忠实信徒，但他从战争中比任何其他协约国领导人学到的东西都要多。在福煦指挥下，协约国军在1918年夏天沿全线展开猛攻，最后甚至连鲁登道夫都意识到战争已经失败。11月8日，美国第26步兵师的部队收复了考雷森林，那是德里昂和手下的猎兵们在1916年2月曾经英勇战斗和牺牲的地方。3天后，法国、美国和德国军队一起围在当卢"高炮台"上点起的巨大篝火旁庆祝战争结束。

第 28 章

战　后

　　当时在我们看来，我们和少数在一起的敌人之间有着一条非常特殊的纽带。不是那种把共度患难的人们连接起来的通常的归属感……它源于一个事实，那就是凡尔登战役改变了亲历者的灵魂。不管是谁在这片遍布尖叫的伤员和死者的荒原上踟蹰而行过，不管是谁在这样的夜里颤抖过，或是跨过了生死的最后分界，他都会从此在心灵当中铭刻下这个处于生死之间甚至可能超越生死的地方……

　　　　——帝国档案第 1 卷，(维尔纳·布伊梅尔伯格，《杜奥蒙堡》)

　　他们休想让我们在将来重来一次，重受二遍苦对不起我们今天付出的代价。他们只能指望那些没有经历过今日岁月的人……

　　　　　　　　　　　　　　——雷蒙·朱贝尔少尉

　　对第 203 团的罗贝尔·佩罗（Robert Perreau）下士来说，战后的死人山高地顶峰比 1916—1917 年那个寒冷冬季里的矮了不少。

> 到处都像是大垃圾堆，有成堆的破军装碎片、打烂的武器、破碎的钢盔、腐烂的干粮、发白的尸骨和发臭的人肉，全都混杂在一起。

第二年，前巴黎美术学院督学路易·乌尔蒂克中尉旧地重游，满目只见熏黑的树木残枝，他把杜奥蒙堡周围的乡野比喻成"扭曲的尸体"。可是大自然治愈的力量至少在表面上是巨大的。很快就连被炸断的树都发出了新芽。炮兵中士丰萨格里夫在1917年夏天回到这片战场的时候，注意到战场上开满了成片摇曳生姿的罂粟花，不过还是到处弥漫着尸体的臭气。凡尔登城本身大概有一半的房子被毁或者遭到不同程度的破坏，但这里也慢慢地恢复了生机。凡尔登人返回家园，整理城市，恢复秩序，重新建设被毁坏的区域。凡尔登周围有9个村庄的居民再也没有回来，包括弗勒里、杜奥蒙、屈米耶尔。这些村庄真正地消失了。大自然身上比较深的伤疤需要更长的时间来恢复。香槟、阿图瓦、皮卡第、弗兰德斯，甚至索姆最后都又适于耕种了，很难再找到打仗的恐怖痕迹，当然付出的代价是仍有农民在犁地时会因引爆了未爆炸的炮弹而死。可是凡尔登比以上这些地方都更长时间地拒绝人类和平赎罪的意愿。在某些地方，表层土壤被无休无止的炮轰炸开烧焦了，完全流失掉了。那里再也长不出庄稼。似乎全能的上帝宁愿把凡尔登在战后保留下来，作为人类对同类所做出的非人道行为的最好例子。

这点的确当之无愧。就算把后来第二次世界大战时期的战役都算进来，人们也可以毫不夸张地将凡尔登战役称为历史上"最糟糕"的战役。没有一场会战历时如此之久：斯大林格勒战役，从德军抵达伏尔加河畔开始到保卢斯投降为止，总共也就历时5个月，而凡尔登战役却打了10个月。索姆河战役死伤人数高于凡尔登，但以参战部队的伤亡率来说，凡尔登战役比第一次世界大战的其他任何战役都高得多，按照战场面积平均下来的伤亡人数也是凡尔登最高。凡尔登战役是第一次世界大战本身具体而微的体现，浓缩了第一次世界大战所有的恐怖与荣耀、勇气与无谓。

对凡尔登战役伤亡总数的各种估计大相径庭：战争中对人命的统计向来不是精确无误的。1936年出版的法国官方战争史把1916年那10个月里在凡尔登出现的伤亡总数定为377,231人，其中162,308人阵亡或者失踪，[1] 而根据丘吉尔1929年版《世界危机》一书的估算，法军伤亡总数高达469,000人。同时期德军损失最可靠的估计大致是337,000人（丘吉尔的书估计差不多373,000人），当时的德国军队伤亡名录承认其中有10万人以上死亡或失踪。不管我们接受哪一组数字，双方伤亡总数都达到了惊人的70万以上。这还不是全部，因为"凡尔登战役"虽然严格来说仅限于1916年的战斗，但实际上远在法金汉发动攻势之前，那里就有很多伤亡，而且整个1917年，在这片浸透鲜血的土地上，激战仍在继续。一份法国方面的研究看起来不算太夸大其词，它认为法德双方在凡尔登战场上总共有42万人阵亡，80万人受伤或者中了毒气，总共将近125万伤亡。有个事实似乎表明这个估算是合理的：战后，人们仅从战场上就找到了大约15万具未辨认出或者未掩埋的尸体——或者尸体残片——他们被收殓在巨大而令人屏息的埋骨纪念堂里。直到今天，当地还在不断发现残骸。相比之

---

[1] 双方的"失踪"数字都包括了被俘士兵。

下，我们知道大英帝国在整个第二次世界大战期间的伤亡总数是1,246,025 人，其中 353,652 人阵亡，90,844 人失踪。

谁"赢了"凡尔登战役？很少有哪个战役有这么多关于它的出版物（其中不少是吹嘘的无稽之谈），而其中的说法都各不相同。帝国档案关于凡尔登战役的那些卷，总标题恰如其分地写作《凡尔登的悲剧》。而在整整一代法国作家眼里，凡尔登战役代表着"荣耀"的巅峰。我们在下文将看到法国人把凡尔登战役理想化而引发的毁灭性后果。在此我们只需要说，它对两国来说都是巨大的悲剧。在我们思考双方在凡尔登战役中各自实际获得了什么之前，是否该问一句，他们能够获得什么呢？

1916 年初，法金汉可以选择继续进攻俄国，当时俄国还没有从前一年所受的打击中恢复过来。很多德国军事专家及其他人都同意巴登的马克斯亲王（Prince Max of Baden）的主张：

> 与进攻凡尔登相比，占领圣彼得堡要容易得多，那样我军将直击俄国战争工业的心脏地区，把东线的敌人逐出战争。

可是法金汉选择了凡尔登。从前述的伤亡数字来看，他的"流血致死"实验清清楚楚地失败了，它让德国人也以跟法国差不多的比例把血流干了，而且对德国的打击更大，因为德国一直都缺乏人力。到 3 月初（如果不是更早），法金汉肯定已经清楚地意识到这种战略是不可能成功的。可是他冥顽不化。至于皇太子对"杀戮场"行动目标的理解，也就是单纯拿下凡尔登，我们可以假定第 5 集团军在 3 个不同的时间点的确有能力达到这个目标：2 月 25 日至 2 月 26 日、6 月 8 日至 6 月 12 日，还有 6 月 23 日至 6 月

24日。如果德国人在2月份占领了凡尔登，那将是士气上的一场大胜，是一场光辉的军事胜利，也是战争中代价最低的一次胜利。可是夺取凡尔登本身不可能让法国屈服，虽说有些负责任的法国评论家认为，德军如果在占领凡尔登以后乘胜追击，就可以"卷击"整个法国战线——也许能造成比1918年3月那次严重得多的灾难。可是德军没有足够的后备部队（虽然在1916年初，德军如果想要，还是能找到预备队的），所以皇太子没有能力打到凡尔登，更不用说乘胜追击了，原因很简单，法金汉根本就不想在凡尔登取得决定性的战果，或者干脆说，他不准备在任何一场战役中取得决定性战果。

6月中旬，德军如果能攻占凡尔登，便可能造成严重得多的后果，因为法国的荣誉和血脉这时已经彻底地与这场防御战相关联。如果丢了凡尔登，1917年的大兵变可能会提前发生，法国也有可能发生全国性的崩盘，可是即便如此，对德国人来说，这也只是一场赌博。但到6月份，德军的损失已经高得找不出能用于最后推进的预备队了——尤其考虑到协约国还计划马上要在索姆河发动进攻。虽然有好几次，凡尔登似乎命悬一线，但我们今天知道，皇太子在4月份就正确地认识到，不管在凡尔登战场上能取得怎样的战果，都不值得花那么大的代价（皇太子其实也明白得太迟了）。

德国的军事评论家大多谴责法金汉未能以施利芬和鲁登道夫同样的方式，把力量集中于关键的点上，谴责他总是喜欢发动有限的"毫无风险"的攻势，谴责他默认协约国的消耗战理论（对同盟国来说，这种理论只有害处），最后但很重要的一点是，谴责他在骰子已经掷下的时候仍然犹豫不决。

> 我们在优势极大的敌人面前输掉了战争,因为我们从未能在关键的点上集中我们的优势。

路德维希·盖尔(Ludwig Gehre)如是说(引自《世界大战期间德国武装力量的分布——基于克劳塞维茨观点的研究》)。赫尔曼·温特说(《凡尔登,1916》):

> 德军总司令的灵魂不配承担如此伟大的使命……凡尔登征服了他,成了他的主人……

1915年底,在法金汉起草他那份著名的备忘录的时候,德国还有很大的机会打赢战争,或者至少在和平谈判中取得比较好的条件。这是德国最后的机会。法金汉在凡尔登浪费了这个机会。他交给兴登堡和鲁登道夫的是一手烂牌。用利德尔·哈特上尉让人难忘的总结来说:

> 他是最有能力、最具科学家性质的将军——"小处聪明,大节糊涂"——他拒绝冒险,结果毁掉了他的国家。

关于法军总司令部,我们已经说了很多。他们受制于1870年惨败的记忆,不愿意为获得战术优势而放弃一寸国土。希特勒在苏联也有过这样的执念。有人提出,法国如果在1916年2月撤退止损,并且完全放弃年久失修的堡垒线,也许更加明智,可是荣誉冲昏了头脑。还有一个争论没有清楚的结论,那就是在4月份以后的分歧中,霞飞和贝当谁对:在不惜一切代价防守的方针确立之后,是凡尔登战役还是计划中的索姆河攻势应该占有优先地位?从理论上来说,霞飞作为总司令,的确不应该被德国人在凡尔登的主动攻击打乱自己的战略部署,不能允许敌人把意志强加于自己头上。如果他的战略足以带领协约国在索姆河胜利突破德军防线,那历史无疑会将霞飞列于最优秀的名将之列,可是他的战术过于简单,简单得残酷,不足以让他取得索姆河的胜利,于是霞飞也就与伟大名将的头衔无缘。法金汉的一名德国辩护者声称,凡尔登战役是成功的,因为法国没能按照1915年尚蒂伊会议中达成的协议,在索姆河贡献40个师,而是只出兵14个师。可是索姆河会战本来就从未有过突破的希望,不管有没有凡尔登战役都是如此。霞飞吝惜给贝当派出预备队的结果仅仅是,有更多的法国部队可以被用于索姆河,他们因而牺牲在索姆河而不是凡尔登,如此而已;另一方面,他却让贝当的防线在6月份危险到接近崩溃,而且过度消耗了第2集团军士兵的忍耐力,这给第二年夏天的兵变撒下了种子。

所以说,法德双方都不可能"打赢"凡尔登战役。这是一场不具有决定性的战争当中的一场不具有决定性的战役,一场不必要的战争中的一场不必要的战役,一场没有胜利者的战争中的一场没有胜利者的战役。巴登的马克斯亲王在回忆录里这样说:

> 1916年的战局在各方共同的严重幻灭感中拉下了帷幕。敌我双方都血流成河,谁也没能向着胜利迈近一步。每个人现在都在谈论着"僵局"。

到1916年底,德国人打了10个月,付出了30多万伤亡,所获得的地区，只是一小片比伦敦的各个皇家公园加起来大不了多少的地方。法金汉有理由声称凡尔登战役让法国那超级英勇的军队被打断了脊梁。可是德国陆军也已经不是凡尔登战役之前的那支军队了，皇太子承认道："默兹河上的血肉磨坊把部队的身体和心灵都碾成了齑粉。"

德军对其领导人的信心第一次彻底动摇了，士气再也没有完全恢复过来。无论在前线还是后方，厌战情绪开始出现，表现为德国在凡尔登战役结束后不久就提出了第一次和平建议。到1917年，德国人暂时已经没有实力去利用法金汉的"流血致死"战略对法国陆军造成的打击了。

后来有一名美国战地记者把凡尔登战役比作第一次世界大战中的葛底斯堡战役，把收复杜奥蒙堡比作皮克特冲锋，在写到1917年的尼维尔攻势时，他脑海里蹦出的第一个类比就是滑铁卢战役，"这是欧洲政治上的滑铁卢"。

对法国以外的其他协约国国家来说，凡尔登战役同样是一个历史性的转折点。它产生的直接影响之一就是从1916年7月1日开始，西线战争的主要负担转移到了英国的肩上，而这一天是英国历史上一个令人悲伤的标志性日期。凡尔登战役也让美国离参战更近了一步，这一点我们已经在前文叙述过了，我们还可以加一条，那就是在尼维尔攻势和法军大兵变之后，没有美国部队的话，协约国已经不可能赢得战争了。凡尔登战役间接使得美国参战变得不可或缺亦不可避免，而美国参战对欧洲和全世界的未来都有着重要的意义。

凡尔登悲剧中粉墨登场的各位主角有的很快就在历史的舞台

上湮没无闻，另一些人则活下来参与了欧洲历史的下一个篇章。

尼维尔的倒台在法军总司令部引发了一场令人尴尬的闹剧，他拒绝辞职，最后是被推出自己办公室的，他一味地责怪芒让搞砸了贵妇小径进攻战。后来他被派去北非指挥一支部队，再也不被准许靠近西线战场。战争结束后，他有限度地恢复了一些荣誉，在1920年被任命为最高战争委员会的成员，还在那年晚些时候作为法国代表去美国参加了"五月花"号登陆300周年纪念庆典。他死于1924年，才六十出头，没有留下回忆录，也从没有试图为以他名字命名的灾难性攻势辩护，这场攻势也许将会和这场战争一样被人们永久地议论下去。

在尼维尔的三驾马车之中，背后决策者达朗松要对尼维尔在凡尔登战役中和以后的大多数鲁莽行为负责，他在贵妇小径惨败后差不多立即死于痨病。芒让受到军事调查庭的质询，被宣布无罪，但又一次被撤职了。他按照自己的一贯作风，请求陆军部长准许他作为一名普通士兵上战场作战。请求被拒绝了，之后好几个月里，他都坐立不安，无所事事，当局还小肚鸡肠地禁止他住在巴黎30英里范围以内。克莱蒙梭和福煦上台后，命令下来了："给芒让一个军。"在6个月的试用期后，"救赎者"芒让又被任命指挥一个集团军，刚好赶上1918年的大危机。丘吉尔对他的描写非常精准：

> 他对正在接近和正在离去的机会独具慧眼，就像一只蹲在树枝上的猎豹，能看到别人看不到的猎物走近和从身下走过。

鲁登道夫攻势丧失动量后，福煦选定芒让指挥第一次胜利的反攻。机会来了,这头猎豹从他在维莱科特雷森林(Forest of Villers-Cotterets)的巢穴里一跃而起,这次没有让人失望。几个月后,芒让骄傲地骑马开进梅斯,并向他的部队散发魏尔伦的作品《悲歌》(Lamentation)。和平降临后,他奉命指挥法军莱茵兰占领军。他在这里获得了新的灵感,想要成为新时代的"日耳曼尼库斯"、德意志的重建者。他开始积极地介入莱茵兰分离运动,可是没等他的行动结出任何果实,芒让就在1925年突然死去,年仅58岁。多年后,仍有谣言说,他和日耳曼尼库斯一样都是被毒死的,也许下手的是德意志民族主义者。

霞飞在倒台后,几乎完全淡出了公众视野。政府在战争学院里给了他一间办公室,在这里陪伴他的有忠实的"圣人般的陶泽里埃",还有一名低级助手。黑格在日记里说他在1918年10月访问过这间办公室:

> 现在已经没人听说过关于可怜的霞飞的任何消息了,他早已销声匿迹。我们在办公室看见一名副官,可是他告诉我们,元帅在午饭后不会回办公室。我真没想到这个老头拥有一间这么好的办公室,却无公事可办。桌上有干净的吸墨纸和几份地图,都没有被用过。

当胜利大阅兵的骑兵游行经过凯旋门下时,有些在人群里看热闹的市民不知道那个在不朽的福煦左手边、骑在一匹烦躁的栗色马上摇摇晃晃的长得像农民的胖子是谁。此后12年,霞飞待在他战争学院的办公室里无所事事,为他篇幅冗长的回忆录做准备工作,除此以外,他对任何战争纪念活动都没什么兴趣,尽管在那么多关键的岁月里,他曾经是法国最大权在握的人。他死于1931年,比福煦和大多数其他法军领导人都活得长,除了德·卡斯特尔诺,当然还有贝当除外。

德·卡斯特尔诺没有得到元帅权杖,总有人说这是因为克莱蒙梭顽固地反对教权主义,所以他退役进入了立法会议。他和尼维尔一样没有留下战争回忆录,[1]这对历史学家来说是一个重大损失,他享寿97岁,活着看到了自己在1916年2月任命的人在最困难的时期统治着法国。

在凡尔登战役次一级的人物当中,像德里昂中校和尼古拉中校、科钦上尉、朱贝尔少尉和茹贝尔少尉、梅莱拉军士长、迪布吕勒和博阿松中士,不是死在凡尔登就是死在其他的战场上。活下来的人里面,沃堡的英雄雷纳尔少校在从战俘营回来后,最终走上了政坛,并且成为和平主义者;他的狱友戴高乐上尉在战俘营里花了数年时间思考并构建了关于未来战争和法国陆军的观点;见习军官布菲,就是那位奇迹般地两次进出沃堡的英雄,现在还在佩皮尼昂(Perpignan)当学校老师。

在德国方面,冯·布兰戴斯上尉又在贵妇小径迎击了尼维尔的攻势,其后逐渐成为一代德国小学生的英雄偶像,他到处巡回做报告讲述征服杜奥蒙堡的经历。率部参与了最后两次凡尔登进攻的巴伐利亚近卫团团长弗兰茨·里特尔·冯·埃普上校(后来晋升为少将),战后成为"自由军团"最早的组织者之一,还在希特勒处于慕尼黑奋斗的早期资助过他,后来被任命为纳粹党殖民政策部的负责人。

---

1 他们大概是仅有的例外。

施密特·冯·克诺贝尔斯多夫于1916年被派去东线指挥一个军，此后，很少有人听到过关于他的消息。就我们所知，战后很多德国评论家责难他是凡尔登灾难的罪魁祸首，但他从未回应过。

冯·茨维尔将军注意到，法金汉在凡尔登战役后离开最高统帅部的时候，头发全白了。之后法金汉曾有过一小段胜利的时刻，他婉拒了皇帝任命他为驻奥斯曼帝国大使的提议——那是对一名宠臣的安慰奖——转而出任第9集团军司令，率领部队打了一场事先计划周详的漂亮仗，以闪电般的速度击败了罗马尼亚人。[1] 罗马尼亚崩溃后，他被派去重整奥斯曼帝国在巴勒斯坦的败军，刚刚赶到就见证了艾伦比将军征服耶路撒冷。战争结束时，他正在不太重要的波兰地区指挥部队警戒布尔什维克。战后，法金汉的主要工作是在柏林大学讲授罗马尼亚战局，并且写作回忆录，整本回忆录是用第三人称单数写成的，读起来极为冰冷僵硬。他到死都很少与人交流，丝毫没有表露过他真正的想法，一直抱着"德军在凡尔登的损失只略多于敌人损失的三分之一"这样的信条，但是对凡尔登战役的反思令他心情极为沉重。他的健康急剧恶化，开始只是呼吸困难，医生很难诊断出病因，他在1921年给一名前副官写信说：

> 我主要的症状是肾炎，后果很严重，从新年年初就开始

---

[1] 支持法金汉的人，引用他在罗马尼亚战局的表现作为证据，认为他只是在西线那种谁都无能为力的僵局中表现不佳，换了其他战场，法金汉实际上是一位出色的军事家。这些人忘了，罗马尼亚战场的战略制定者是兴登堡和鲁登道夫，而不是法金汉，而且罗马尼亚人从来都不是全世界最英勇的武士，久经考验的德军部队面对他们，就像基钦纳指挥英军在恩图曼战役消灭哈里发手下那些苏丹原始部族士兵一样容易。

有了……真正的病因无疑是心理上的，而不是生理上的……

差不多同时，他悄悄告诉一个亲戚说，凡尔登战役已经过去5年了，他夜里还是会失眠。1922年4月，法金汉死于波茨坦附近的一处豪宅。

皇太子比法金汉活得长得多，似乎也一辈子都被凡尔登战役的幽灵困扰着。他在荷兰流放期间发现，连荷兰人都在背后叫他"那个德国佬——凡尔登的屠夫"。他在维灵根围垦区的一所废弃的牧师小屋度过了灰暗的5年时间，经常穿着马裤、荷兰木头鞋，戴一顶尺码过大的布帽，看上去古怪之极。他祈求远房表叔英王乔治五世给予救济（译注：cousin这个词不仅指表兄弟姐妹，也可以指叔侄、姑侄等不同辈的表亲，比如英语里苏格兰女王玛丽就是伊丽莎白一世的cousin，实际上前者是后者的表侄女），可怜地说自己流放的住所连个浴室都没有。1923年，支持霍亨索伦皇朝复辟的朋友把他偷运进德国，但复辟没有成功，皇太子不谨慎地跟纳粹党有所勾连。其后，他凭着自己敏锐的洞察能力，在那个时代就已经感觉到纳粹会把德国领向何方，所以很快就和纳粹划清了界限。在整个纳粹当权和第二次世界大战期间，他都住在德国，过着退隐的生活。1945年5月，他在林道被法国第1集团军逮捕。皇太子请求见一见指挥官德·拉特尔·德·塔西尼将军，要求放他回家，因为他从来没参与过第二次世界大战。德·塔西尼年轻时曾作为一名连长在凡尔登经历了1916年那些最艰难的日子，他对法国从德国那里所受的所有苦难记忆犹新，无疑还记着他在默兹河高地上和皇太子打仗的日子，因此以非常冷淡的语调回应道：

阁下，我提醒您，您的名字在战犯名单上高居前列。[1] 没被枪毙算您运气。

皇太子随即被释放了，但他直到死都记着这次所遭受的极端侮辱。他死于 6 年后的 1951 年 7 月，2 天后，他当年的对手贝当元帅也死于狱中。终其余生，他都和最后一任情妇——一位离了婚的女发型师、前皇室女官——待在一起，生活赤贫。

在凡尔登战役的主要人物中，我们没有交代结局的，只剩下贝当了，但他后来漫长的充满悲剧性的生涯和凡尔登战役的长远影响交织在一起，容我单独详细叙述。

凡尔登战役的影响并未随着 1918 年大战结束而消失。虽然法金汉没能让法国屈服，但具有讽刺意味的是，正是凡尔登战役导致了法国 1940 年的战败，这点是第一次世界大战中其他任何孤立事件所不能比拟的。

我们知道，凡尔登战役在战争艺术的发展中创造了很多个第一次。它标志着火焰喷射器和光气第一次在战场上大规模使用，它第一次证明了一支军队可以完全依赖公路运输进行补给，它还催生了真正意义上的"空军"。在战术方面，德军在凡尔登完善了他们的步兵渗透战术，后来他们在 1918 年 3 月更大规模地运用这一战术，给高夫（Gough）的英国第 5 集团军带来了毁灭性的打击，而法军完善了"徐进弹幕"战术，可是 1917 年第二次运用时的效果令人失望。但是凡尔登战役真正的影响力要到 1918 年

---

[1] 在 1918 年。

以后才显露出来。那时候完整的伤亡名单已经被披露，全世界的军事思想家就一个观点取得了共识：绝不能像这次战争一样来打未来的战争。他们的分歧，集中在"应该如何不同"这个方法问题上。在各个交战国中，法国尤其关心这个问题，因它的死伤人数在总人口基数中所占比例远远高于其他国家。对于曾在凡尔登城下浴血奋战的大批老兵来说，这个问题的答案非常明显。1916年8月23日法军总部就已经改变论调并非常明白地指出了答案：

> 在最近6个月大炮和水泥的较量当中，有一个事实显而易见，那就是永备工事，无论其多么脆弱，都可以有力地抵抗现代战争中巨大的炮弹。

战后，法国被杜奥蒙堡和凡尔登其他堡垒抵御了好几个月德军进攻的事实迷住了。雷纳尔少校给好几本军事理论著作作序，指出让士兵"在野外战斗"是疯狂的，回忆了他手下那些士兵如何像斯巴达王列奥尼达的三百勇士一样死守沃堡，并挡住了德军的整个攻势。

贝当在自己著作《凡尔登战役》的附录当中明确指出：

> 如果我们从一开始就对我们军事工程师的技术有信心，凡尔登的战斗就会呈现出完全不同的态势。杜奥蒙堡如果能像它本应的那样得到很好的防守，就绝不会陷落……从一开始它就能打击德国人的野心。防御工事，即便只有一点点防御工事，都可以为胜利做出极大贡献……

贝当将新理论系统化了。战后的所有法兰西元帅当中，没有人比贝当在全军中享有更普遍的威望和爱戴，尽管开战时的他还只是一名超龄上校。福煦年龄太大，很快淡出了公众视野，仍然老当益壮的贝当在此后 20 年中的大部分时间里，都是法国军事思想的主要仲裁者。他先是担任陆军总监，后来又任职陆军部长，曾反复强调他最喜欢的格言：

> 你不能用人跟物质对抗，应该依靠人来利用物质，这才是作战的正确方式。

他承诺，法国的青年再也不会被迫做出那样的牺牲了。他早在 1922 年就呼吁建造一堵能够永久性抵御那个不安分的传统敌人的"法兰西墙"。他心目中这堵"墙"的设计理念不断发展，它将不再是数个杜奥蒙堡的集群，甚至也不是众多杜奥蒙堡组成的一条防线，因为法军的 400 毫米大炮已经证明，即便杜奥蒙堡也是可以被摧毁的。它应该主要是一条由可伸缩的炮塔组成的连续防线（和杜奥蒙堡及穆兰维尔堡上装备的可伸缩炮塔类似，它们已经被证明几乎是坚不可摧的），炮塔之间将建起地下通道加以连接，这些通道深入地下，任何炮弹都打不到。多年来，法国政府收入拮据，建造这座长城的成本太高，贝当没法说服政府掏钱。这条防线最终以马奇诺这位政治家的名字命名，这绝非巧合。马奇诺曾是中士，在凡尔登受过重伤，还曾在 1916 年的国会秘密会议上领头攻击霞飞。马奇诺防线是在陆军参谋长德伯内（Debeney）将军任内建成的，这也不是巧合。德伯内曾在凡尔登指挥一个师，在完全没有工事的、彻底暴露的死人山高地打过最艰苦的战斗。

沃堡和杜奥蒙堡都被修复，还被加建了更多的侧射炮塔和机枪塔，将作为现存的堡垒被包括进马奇诺防线。在下一场战争的威胁迫近之时，有一名法国军事理论家宣称：

> 凡尔登的教训并没有被忘记，过去15年里，法国一直在建设东部防线……我们应该对运用最现代技术建造的防御工事有充分的信心。

当1939年法军士兵们在马奇诺防线地下深处的防御阵地各就各位时，最受欢迎的呼声是："他们无法通过！""我们将打败他们！"

结果法国军事思想的车轮从1870年以来转了一个致命的360度轮回。简单地说，法国在普法战争中因为采取消极防御姿态，太依赖永备工事而输掉了战争；为了纠正这个错误，法国又转而太强调进攻性，几乎再次输掉了下一场战争，而为了纠正这下一个错误，马奇诺防线所代表的军事思想又出现了，其带来的结果则惨痛得不堪回首。

如果说凡尔登战役的影响不仅限于第一次世界大战，那也可以说它的影响不仅限于军事和战略领域。两次大战之间的法国在军事上埋首于马奇诺防线的新型超级杜奥蒙堡背后，同样，在精神上她用所谓的"凡尔登奇迹"自我麻醉。凡尔登战役历时很长，贝当又在那里施行了轮换作战，因此法国陆军大约十分之七的兵员都曾在凡尔登作战。凡尔登战役荣誉老兵的名册令人印象深刻：勒布伦总统，炮兵少校；科蒂总统，一等兵；戴高乐总统，步兵上尉；贝当元帅、塔西尼元帅、达尔朗海军上将……整整一代法国领导人历历在目。在第一次世界大战所有的战役之中，参加过的法国人最多的就是凡尔登战役，留下最复杂和最痛苦印象的也是它。年复一年，凡尔登老兵们戴着黑色贝雷帽，佩戴花环和红色绶带，成百上千地来凡尔登战场朝圣，他们来到沃堡和杜奥蒙堡，新建的埋骨纪念堂横跨在蒂欧蒙山脊上，高耸入云，夜间它的旋转灯塔不断地扫视着旧战场。在每年2月21日或者收复杜奥蒙堡的纪念日，还有圣女贞德节、停战纪念日或者法国国庆日，烛光游行队伍从凡尔登城一直排到默兹河边各个高地，来参加肃穆而感人的纪念活动（被纪念的战士经常被称作"光荣的殉难者"）。亨利·德·蒙泰朗（Henri de Montherlant）如此描述这种常规朝圣的神圣性：

> 我在这片人类的土地上行走，就好像走在祖国母亲的面庞上。

安娜·德·诺阿伊（Anna de Noailles）写道：

> 默默地走过，既无过多的言语也无夸张的动作，
> 静思，崇拜，祈祷，并关闭你的所有感官。

时光流转，凡尔登反而具有了更加神圣的象征性意义，同时成了民族信仰的试金石，而这对于法国来说是危险的。令凡尔登战役之后的一代法国人困惑的是，1918年后的政治世界似乎变得更加危机四伏了，因此，他们逐渐形成了一种无法解释的信仰，

觉得既然法国在这场最残酷的会战中都取得了胜利,那么以后不管发生什么,她也一定能"挺过去"。在那场残酷的战斗中,法国已经一劳永逸地证明了她的生命力。(今天,密考伯式的英国人也抱有这种态度,在心里自我安慰道,既然英国在1940年的不列颠之战中都挺过来了,那么在未来肯定会有另一个奇迹能把这个国家从经济灾难中拯救出来,而他们自己则不需要付出更多的努力。)

除了这种把永恒荣光神秘化的思潮外,凡尔登战役还带来了另一种更难以察觉但也更具危险性的影响。

> 这场战争将会在未来很多代人身上留下印记。它已经在我们的灵魂上留下了烙印(炮兵中尉德·马泽诺1916年6月在凡尔登战场写下了这段话)。我们将来有一天,会在我们孩子们的眼里,重新看到凡尔登的这些燃烧的夜晚。

后来阵亡的两名步兵的看法更准确,也更有预见性。马克·博阿松中士在1916年6月13日给妻子的家信里承认:

> 我有个最可怕的想法……德国和法国在战后很长时间里都将筋疲力尽,恢复不过来。法国恢复的速度将比德国更慢,因为战争,法国这些年的出生率太低,这将产生严重的后果。

一个月后,他愤怒地写道:

这不是英雄主义,这是无知。我们这些人已经变成了被掏空的动物,流尽了鲜血,没有思想,被可怕的疲劳压倒了,未来他们能指望我们建设一个什么样的国家?

朱贝尔在第二次开赴死人山前线时,像是回答上述问题一样,宣布:"……他们只能指望那些没有经历过今日岁月的人……"

在烛光游行纪念仪式上,当那些凡尔登的老兵肃然于纪念堂外立正敬礼的时候,当动情的演说让人热泪盈眶的时候,这些老兵们不仅会忆起光荣和超人的英雄主义,也会记起无休无止的炮击所带来的恐怖、无人照顾的痛苦的伤员、可怕的伤残、没有返回的传令兵、没有到来的换防部队和运粮兵、干渴、饥饿、尸臭、苦难、恐惧,以及超越一切的无休止炮击。他们从心底发出疑问,自己还能再战么?还有任何法国人可堪一战么?答案是否定的。没有什么人能再打一次凡尔登战役。然后,他们怀着令人无力的悲观情绪眺望着莱茵河对岸,在那里,曾经题为"凡尔登悲剧"的书籍现在让位于"英勇的斗争"或者"英雄主义之歌"之类的主题;德国人口数量激增,可能会淹没法国自己低下的出生率;凡尔登战役带给德国人的记忆和教训让位于纳粹复仇的决心和风暴。贝当在1927年凡尔登埋骨纪念堂落成仪式上说:

不断地见证死亡,让他(指法国士兵)充满了无能为力的情绪,甚至近乎听天由命。

整整一代曾在凡尔登作战的法国人都普遍地感染了这种情绪。他们无动于衷地待在马奇诺和贝当建造的新杜奥蒙堡后面,坐视捷克斯洛伐克被出卖。他们在道义上已经"流血致死"。让·杜图德(他当时20岁)在他的著作《马恩河出租车》当中强烈地指责1940年的"50岁一代"——也就是参加过凡尔登战役的那一代——并冷酷地宣称:

>法兰西不是被第五纵队出卖的,出卖她的是你们,50岁一代。你们本应是她最重要的力量源泉,却出卖了她。

可是,失去活力难道是他们的错吗?

帝国档案承认,第一次世界大战中的德军士兵受到凡尔登战役的影响比其他任何战役的影响都要大。战后每年也有成百的德国幸存者来凡尔登,努力地寻找当年自己拼命战斗了那么长时间的阵地,或者仅仅来看看墓园里被精心维护的无数黑十字架,而一代德国儿童最喜欢玩的游戏就是攻占杜奥蒙堡。事实上,我们可以进一步说,凡尔登的屠杀不仅毁了法国"50岁一代",也在德国领导层中制造了人才真空,这才让希姆莱和戈培尔之流有机可乘。可是不知怎么回事,凡尔登战役本身给德国留下的永久性的创伤就是不如给法国留下的那么深。这也许是因为,凡尔登战场的条件虽然对双方来说都很残酷,但法国那边几乎总是比德国更悲惨一个数量级;另一个可能的原因是参战士兵的数量,德军中曾经参与这次战役的人数只有法军的四分之一——因此会战整体上在德国战后一代中的影响力没有那么广泛。

凡尔登战役对德国最重要的影响,在于改变了国防军领导人的思维方式,这些人里有很多人都作为低级军官在凡尔登战场上打过仗。冯·曼施泰因在会战中大部分时间都在左岸冯·加尔维茨将军的司令部里当参谋。保卢斯作为一名步兵军官自6月至8月间在弗勒里打过最艰难的仗。古德里安在凡尔登整个进攻阶段是第5集团军司令部的助理情报官。希特勒的陆军总司令冯·勃劳希契在默兹河右岸参加了8月的拉锯战,到9月才调离,他见证了法军收复杜奥蒙堡。凯特尔自1938年起担任国防军最高统帅部参谋长,直到第三帝国灭亡,1916年夏天,他还只是默兹河右岸第10后备军的一名上尉参谋。(隆美尔和冯·克鲁格虽然从未直接参加过凡尔登战役,但前者在1914年底短暂参加了皇太子第一次进攻凡尔登的作战,后者于第一次世界大战后期在这条战线上受过重伤。)[1]

我们知道,德国人用和法国人不同的思路从军事上解决了第一次世界大战僵局的难题。他们是进攻的一方,能从一个不同的角度来看待凡尔登战役。在本质上,他们所面临的问题跟里特尔·冯·埃普曾面临的一样。那时,埃普在蒂欧蒙"四烟囱"地带陷入困境,遭受着没完没了的恐怖炮击,他的难题是,如何防止进攻丧失动量停下来,被敌军炮火打得粉碎?德国人在会战的大多数时间里都占领着杜奥蒙堡,他们比法国人更清楚永备工事的阿喀琉斯之踵何在。古德里安和曼施泰因的装甲部队为这两个问题提供了答案:他们在凡尔登度过的那么多月没有白费。

1940年5月14日,德军装甲部队在色当突破法军防线,70

---

[1] 希特勒由一名下士摇身一变成了战略掌舵人,他曾在索姆河战场作战,但没有在凡尔登打过仗,不过他似乎对凡尔登战役也存有某种执念。至少有一名纳粹将军(布鲁门特里特)认为,希特勒在斯大林格勒也想效仿法金汉,把苏军拖入一场"流血至死"的会战中——他比法金汉造成了更大的恶果。

年前路易-拿破仑·波拿巴曾在这里受尽羞辱地投降。一个月后，德军再次兵临凡尔登城下，前锋师的师长1916年曾在这里作战过3次。双方又一次在304高地和死人山发生激战，但这次为时很短，第2天上午11点45分，杜奥蒙堡就投降了，受降的德军营长24年前也在堡里打过仗。杜奥蒙堡的新炮塔未发一炮。一刻钟后，沃堡投降，德军装甲部队向着凡尔登城绝尘而去。法军有一个连的炊事兵正在城堡里悠闲地为驻军烤着面包，被德军打了个措手不及，6月15日下午，纳粹旗就在凡尔登上空飘扬了。德军只用了24小时多一点的时间就占领了凡尔登，阵亡人数不到200。第二天，法国的"50岁一代"束手无策，请求84岁的贝当接手这个烂摊子。法国很快请求停战。

后来，安德烈·弗朗索瓦-庞塞在贝当去世后接任当选为法兰西学术院院士，并在当选仪式上致辞——对任何法国人来说，这个演讲可能是所有演讲中最难做的了。庞塞引用了一则克洛伊索斯和梭伦之间的寓言。克洛伊索斯看见梭伦在哭泣，问他为什么。

（梭伦回答说）我想到了你眼前的荣耀，还有众神为你安排的，作为荣耀的代价，将要经历的所有的苦难啊。

很少有哪一出古典剧目能够像贝当的晚年那样汇聚如此之多的悲剧元素。这位老人在26年前就准备回到圣奥梅尔河畔的小房子过退休生活了，现在又在耄耋之年被召回来，承担起正值盛年的法国人承担不起的责任。他当年根植于心的悲观主义情绪还有对英国人深深的不信任感现在又全都回来了，毕竟，1940年夏天，有哪个法国人不认为英国会"像只小鸡一样被拧断脖子"呢？

大多数法国人都坚定地团结在凡尔登的英雄背后，就是这个人在1917年拯救了法国陆军（仅仅过了5年，很多人又健忘地高喊"卖国贼"）。这一次，他仍然是唯一一个受到军队尊敬和服从的人。只有一小拨人，勇敢得近乎愚蠢的一小拨人，才会聚集在自由法国的洛林十字旗下，擎起这杆大旗的不是别人，正是贝当的老部下和崇拜者夏尔·戴高乐。

元帅错误地认为征服者本身也是战士，会赐予法国体面的和平。希特勒对他施加了强大的压力，迫使他进行全面的、有损荣誉的合作，他尽力抗拒，可是没有什么可以用来抗拒的资本。狡猾的赖伐尔轻蔑地把他当作实现自己个人野心的前台傀儡，总在深夜他神智糊涂的时候给他文件，让他签名。但他从来都不完全是赖伐尔或者希特勒的傀儡。他受尽讥讽，被误导、被孤立、遭到背叛，但还是坚持在那个令人反感的岗位上。他反复强调："如果我们现在离开法国，以后就再也找不回来这个法国了。"最重要的是，他真心信奉，只有他一个人能关照好成百万被关在德国战俘营里的他所钟爱的士兵。维希法国假借他的名义干了很多坏事，震惊了世界，尤其震惊了前盟友英国，可如果没有这个老人掌舵，事情还不知会糟糕到何种地步呢？贝当坚决拒绝把阿尔及利亚的基地交给希特勒，拒不交出法国舰队。他被打败，但是荣誉无损，直到最后仍然保留了某种悲剧性的高贵：当50名法国人质即将被枪决的时候，86岁的贝当自愿以身相代。

最后，盟军在北非登陆的时候，希特勒撕毁诺言，占领了尚未被占领的法国。忠实的塞里尼催贝当飞去北非。他回答说："不行，如果我走了，纳粹会任命大区党部主任来接管，那时候我们被关在德国的战俘怎么办？""舵手在风暴中必须坚守岗位……"

塞里尼委婉地批评他说：

> 您错了，您为法国人民考虑得太多，却没有更多地想到法国本身。

戴高乐胜利地回到法国，贝当被纳粹劫持到德国。第三帝国崩溃的时候，在所有维希政府的幸存者里面，他是唯一一个请求回法国接受审判的人。

> 到我这个年纪，只怕一件事，那就是没有尽到职责，我希望能尽自己的职责。

他假道瑞士返回了法国。柯尼希（Koenig）将军见到他。他伸出手，柯尼希拒绝和他握手。贝当被交付审判，而这个将他送上法庭的人曾申请加入他指挥的那个团，贝当还是这个人的儿子的教父。在法庭上，贝当身穿最简单的法兰西元帅军装，戴着军人勋章——这种勋章是法军唯一一种普通士兵和伟大统帅都有资格获得的奖赏。他的律师建议他带着元帅权杖出庭，他轻蔑地回答说："不，那太装模作样了。"审判开始时，贝当越过法庭直接向法国人民作出一个简单且充满尊严的声明，他坚持认为法庭没有权力审判国家元首。他谦逊地历数了自己为法国服务的职业生涯，以这段话作结：

> 我在退休之后，仍然没有停止为祖国服务。无论我在什么年纪，有多疲惫，我响应了祖国的一切召唤。她在历史上

最悲剧的时候需要我。我不主动寻求，也不想要这个职务。是祖国请求我。我来了。我接手了一个灾难，尽管我并非这个灾难的始作俑者……虽然我的敌人想要因为不可避免的事情而责备于我，但历史将会告诉你们我为你们付出的一切……如果你们希望定我的罪，就让我的判决成为最后一个吧。

他在冗长的庭讯期间不是点头就是打盹儿。辩护方的最后一位证人是一位在凡尔登致盲的将军，他颇具预言性地警告法庭说：

小心哪，某一天这个人的血和耻辱，将会反噬整个法兰西、我们和我们的子孙——很可能这一天并不遥远，因为这幕戏剧还没有曲终人散。

贝当的最后陈词是：

我的愿望，唯一的愿望，就是兑现我的诺言，和他们（法国人）一起留在法国的土地上，保护他们，减轻他们所受的痛苦。

法庭不为所动。法兰西在复仇的时候是很残忍的，现在，在胜利的热情驱动下，在战争创伤尚未愈合的情况下，贝当当年给予1917年兵变士兵的仁慈，并没有被同样地回赠给他。法庭宣判贝当叛国罪名成立，判处90岁的元帅死刑。

最后死刑被减轻成了终身监禁，贝当在旺代海岸外的约岛监狱里被关了6年，这6年里他从未抱怨过。贝当夫人定期来探视，[1]她在监狱附近租了一个房间。贝当92岁时健康开始恶化，贝当夫人获准搬进监狱内部。95岁生日过后不久，他的意识不再清醒，1951年6月底，贝当终于获释。不到一个月后，他离开了人世（比德国前皇太子晚死两天），其后被埋葬在一处小小的海军墓地中的一个简朴的墓穴之中。凡尔登城堡下方"荣誉室"里的贝当画像被取了下来，他的名字被从镌刻着"城市自由公民"的木牌匾上的头一位凿掉。贝当在生前禁止人们为自己立像，所以法国没有贝当的肖像，可是凡尔登埋骨纪念堂门口的卫兵会指给你看地面上一个留空的位置，那是贝当希望自己身后和热爱的士兵们重聚的地方。

他们会以不确定的语气说："也许，也许元帅最后还是会获准回到这里吧。"

---

[1] 贝当当少校的时候向心仪的女人求婚，遭到未来的岳丈拒绝，理由是贝当没什么晋升的前途。这位女士和别人结了婚，她的丈夫在战争中死去，最后她还是在1920年嫁给了贝当，当时贝当已经是法兰西元帅了。

尾　声

> 沃夫纳格曾说，臣服比战争的代价更大……你必须在凡尔登和达豪之间做一选择。
>
> ——让·杜图德，《马恩河出租车》

　　第二次世界大战结束之前，险恶的凡尔登战场上又添一名亡者。1944 年 7 月 20 日，谋刺希特勒的炸弹阴谋刚刚失败，德军驻巴黎军事总督、主要密谋者之一卡尔－海因里希·冯·斯图普纳格尔（Karl-Heinrich von Stülpnagel）将军被押回德国受审，迎接必然的死亡。途中，他请求押解者说，自己想要顺道看看凡尔登战场——1916 年，他曾在死人山高地上指挥过一个营。车子开到死人山附近停下来后，他钻出了汽车。过了一会儿，司机听到一声枪响，然后他们发现冯·斯图普纳格尔漂在默兹河的一条运河的水面上。但这个可怜的人没有死成，只打瞎了自己的双眼，他后来无助地被盖世太保绞死。

　　凡尔登的记忆，除了深深印在几个老年人的脑海里以外，在 1945 年以后已经差不多被抹去了，取而代之的是更晚近的噩梦，例如斯大林格勒。但法国的肌体还没有完全摆脱凡尔登战役那令人兴奋但有毒的药劲。1940 年的屈辱之后，法国军队急切而可悲地寻找荣耀的来源，作为治愈耻辱的万用灵药，因此凡尔登这一剂毒药的效用在精神上就更显强力了。有一位英国著名军事理论家告诉笔者，第二次世界大战结束后不久，他受邀去法国战争学院参加一个很长的研讨会，主题是总结第二次世界大战的经验教训。令他感到惊讶的是，研讨会大部分时间都在讨论上次战争，即第一次世界大战的所谓"荣耀"，"尤其是凡尔登战役"。某种意义上，1870 年后旋转了一整圈的转轮又再转了四分之一圈，理论的土壤上浇灌了第一次世界大战前同样的肥料，格朗梅松和他那灾难性的进攻学派又具备了萌芽的条件。这些年中，英国向不可抗拒的世界大势低头，而急切渴望荣耀的法国陆军却在唆使连续几届孱弱的政府，想要赢得一场战争，不管是什么战争。出于这个原因，法国军方不顾一切地想用军事手段来解决法国的海外领地问题，先是叙利亚和马达加斯加，然后是印度支那和阿尔及利亚。唉，凡尔登战役的阴影在印度支那再次影响了实际的战略考量。1951 年，越盟（Viet Minh）获得第一批战役胜利之后，德·拉特尔·德·塔西尼下令建立一道"水泥带"把湄公河三角洲包围起来。1916 年 6 月，塔西尼的阵地距离在"刺刀战壕"里惨遭灭顶之灾的那个连的阵地很近，他的这个命令毫无疑问是受了凡尔登要塞圈的启发。过了几年，塔西尼死后，法国人选了一处孤立且在战略上很难防御的据点构建堡垒，重生的法国陆军将在这里作战并恢复荣誉，如果必要的话，他们将会战至最后一人。这个地方的名字叫奠边府，它成了一个致命的象征物，法军鼓起十分勇气，的确在那里战至最后一人。当越盟蜂拥而来登上仓促建造的碉堡时，法军中又传出熟悉的"我们将打败他们"和"他们无法通过"的口号声。几个月后，法国丢掉了印度支那。在阿尔及利亚，我们也看到了凡尔登战役带来的同样致命的影响：

在那几个"阿尔及尔的上校"的背后，你很容易嗅出某种凡尔登的味道。当阿尔及利亚停火谈判正在进行的时候，秘密军队组织（Organisation armée secrète，简称 O.A.S.）选择了"戴高乐无法通过"作为自己的口号，这难道仅仅是巧合吗？

凡尔登的幽灵尚未死去。法军战争学院无论初级还是高级课程的每一位学员，都必须去凡尔登听一堂关于那次会战的现场课程，尽管教官们说得很明白，凡尔登战役跟现代战争毫无关系。马恩河畔沙隆的法军炮兵学校也这样做。凡尔登纪念堂的烛光朝圣仍在举行。凡尔登战役的老兵现在变得越来越少了，可是又有另一场战争的老兵加入了他们的队列，他们把凡尔登，而不是比尔哈凯姆（Bir Hakim）或者斯特拉斯堡（Strasbourg），当作自己信仰的试金石。再下一代人还是沉浸在同样的传统之中。在凡尔登朝圣的人群中，我们会看到沉默的儿童们排着长长的队列，鱼贯走进纪念堂里的小教堂，参加特殊的纪念弥撒。在 1916 年 2 月 21 日的周年纪念日，即便在法国最小的村庄里，也会有小学生排队走向村里的战争纪念碑进行纪念。

1945 年后，凡尔登再度变成了一个昏昏欲睡的驻军城市，依然有着法国最糟糕的天气。清晨城堡上的起床号仍然在城市上空回荡着，稍有历史感的人听到这号声便会联想起过去的战斗。有些游客会碰巧跑到法国的这块地方来，凡尔登的商店为他们陈列了一些毫无新意的战斗纪念品，比如做成炮弹壳形状的蜡烛，其实纪念堂里面也开了一家纪念品小店，这有点让人吃惊。不过要是不留心的话，现在已经不那么容易发现那些不太明显的缅怀战争的物事了。当你从巴勒迪克去凡尔登，如果不是每块里程碑上都装饰着带花环的钢盔的话，你很难相信这条狭窄、不起眼的二等公路，就是当年的"圣路"，通过这条路流淌着当时法兰西急需的战争血液，你更难想象这条空旷的公路，当年夜以继日、首尾相接地挤满了原始的军用运输车辆。斯特奈是当年皇太子和克诺贝尔斯多夫司令部驻扎的地方，现在是个单调的默兹河畔小镇，如果注意搜寻的话，你还能看到第 5 集团军留下来的痕迹，将近 50 年的岁月没有磨灭它们。在苏伊，现在已经没有什么遗迹告诉你，这里曾是贝当在战役第一阶段的司令部。村公所再一次成了村公所，你如果进去问询"元帅"，会有在问讯处工作的、纽扣洞里系着军人勋章金线的老兵高兴地指给你看当年简陋的办公室，还有用旧的皮椅子。

在更靠近凡尔登城的默兹河村庄里，战争残存的痕迹很多：农场用重得吓人的带刺铁丝网围出界限，牛棚的墙是用拆自掩体的波状铁板做的，稻草人头上戴了顶德国钢盔。至于村庄本身，它们就像法国其他的村庄一样，至今还是空着一半，因为战争杀死了大量农业人口。它们仍然被笼罩在一股肃杀且悲伤的气氛中，这种气氛就像蔓延在乡间的枯叶病一样（也许这只是我们的想象？），在法国其他地方是感受不到的。据说在凡尔登地区，你被铁片划破并感染破伤风的概率比在法国其他地方更高。还有，这里到处都是墓地，大的小的都有，法国人的墓地用白色十字架，德国人的用黑色十字架，但所有的墓地都得到了精心的维护。

如果你在布鲁森林的某一个堡垒上伫立够长的时间，远眺战场的壮观全景，兴许会有一个戴着破旧毡帽的年轻羊倌儿走近你身边，给你心驰神往的思绪兜头泼上一盆冷水，他会用轻蔑的口吻丢出一句：

> 他们肯定是疯了，这些人哪！

然后，他向羊群丢过去一片炮弹残片，赶着羊离开了。默兹河右岸战场上，大部分贫瘠的土地现在都覆盖了一层次生林和灌木，还有茂密的山楂树和野玫瑰，树丛里几乎进不去人。如果你能在树丛中找到路，你不用眼睛看也能感觉到几乎每一寸土地都是坑坑洼洼的。你会突然遇到荒野中开着花的苹果树，那时你就知道你来到了9座被遗弃的村庄之中一处的遗址。在其中有些村子，比如奥尔讷，你还能勉强分辨出砖瓦的残片，还有房屋的残留倒塌在草草挖掘的战壕之中，而在其他一些村庄里，比如博蒙和弗勒里，会有一座小纪念堂或纪念碑给你指路，除此以外连一块砖都没剩下。

死人山的山坡被一片30年代刚栽种下去的冷杉林（Fir）覆盖着，在这里，其他一切植物都是种不活的。四周万籁俱寂，只有风吹过树梢发出啸叫，以及鸟儿在歌唱。这里是欧洲最像沙漠的地方，似乎根本没有来访的人迹，即便是情侣也会选择远离这处本可以给他们提供清净的林间空地。鬼魂到处都是，这是世界上最瘆人的地方之一。如果你曾经在穿过无人林地的那些迷宫般的道路上迷失，你绝不会想要重复这种经历的。

可怕的密林里到处都有可悲的遗迹，战斗的痕迹仍然在那里残留着，历久不腐：钢盔、生锈的水壶、折断的钢枪、大块的弹片——当然还有人骨。默兹河的野猪特别喜欢它们，纪念堂的陆军神父每天都会在战场上搜索，顺着野猪挖过的痕迹追踪遗骨。几乎每周，他们都会发现一些新的"无名战士"，这些尸骨常常是某些悲剧现场的一部分，而想要复原当时的场景简直太容易了：

比如有三副骷髅躺在同一个炮弹坑里——那是两名担架兵和他们抬着的一名伤员，被同一颗炮弹炸死。

来凡尔登的普通访客很少会看见这些，他们都被吸引到了纪念堂、刺刀战壕，尤其是沃堡和杜奥蒙堡去了。在沃堡摇摇欲坠的外墙上，靠近雷纳尔最后一只信鸽纪念碑的地方，有一块小小的、已然开裂的铭牌，那是一位无名的母亲立的，上面的铭文感人至深：

献给我的儿子，自从你的双眼闭上，我的双眼从未停止哭泣。

在沃堡里，他们会给你看雷纳尔的办公室，卖给你一本他的书。在杜奥蒙堡，上年纪的守卫们都是那场战役的幸存者，他们不耐烦地陪着游客沿着走过上万遍的既定路线参观，边走边讲述些关于这次会战的千奇百怪的历史，那都是他们用了多年时间自己发明的，中间常常夹杂着难过的感叹，"伤亡太大，伤亡太大"。没有游客的时候，他们一般都会在斜堤上面，拿着旧德国钢盔捉蜗牛，当自己的晚餐。在155毫米大炮的炮塔顶上，有一名背着枪的年轻士兵，看上去就像穿着现代服装的古代鬼魂，轻蔑地看着那些捉蜗牛的老人。他其实是一名哨兵，任务是看守堡垒外荒原上后来开辟出来的步枪射击场，在那片地方，孔策和拉德克曾在1916年2月决定命运的那一天悄悄地接近杜奥蒙堡。

几年前，一名新德国空军的上校告诉笔者，他从德国去巴黎参加北约的一次会议，中途取道凡尔登。

在城外的山上，我碰到路障停了下来。路上有辆推土机在工作，人们在开辟一条新公路。推土机的铲子在翻进地里后，带出了一顶第一次世界大战时期的德军钢盔。一种奇怪的感觉涌上我的心头。我就站在那儿，是一名德军军官，正赶去和我们的法国盟军开会……我几乎不敢相信这一切才是44年前的事情，我在那时甚至都已经出生了。我感觉自己更像是在看着考古学家发掘远古的遗迹。

凡尔登战役中，那些士兵的错误、愚蠢和令人难以置信的勇气，确实像是属于一千多年前的另一个时代，那是法金汉和尼维尔的时代，是高卢与条顿超人对决、杀人如麻的时代，是已经消失在古代历史的迷雾中的时代。凡尔登战役的鬼魂还要折磨法兰西多久呢？他们什么时候才会被赶走呢？会不会是在最后一名看守杜奥蒙堡的老兵带着他的记忆走进瓦尔哈拉殿堂以后？还是说，非要等到死人山高地瘆人的树林长大然后被砍倒，农场和欢乐的村庄再次遍布它那曾经尸横遍野的山坡？

后话：《荣耀的代价》这本书翻译成法语出版后，笔者和前中尉克莱贝尔·杜普伊有过一段较长的通信联系。1916年7月12日，德军最远打到苏维尔堡，而杜普伊正是挡住他们的最后一名法国军官。他在第一次世界大战中功勋累累，后来的军事生涯很好地诠释了一代人后困扰法国的悲剧性的分裂。1940年后，克莱贝尔·杜普伊再次因参与抵抗运动而被授勋，也就是说，他参加了反对自己凡尔登老领导贝当的斗争。但他从未丢弃对贝当的尊敬，60年代，他领导了请愿重新安葬元帅的运动，而他在第二次世界大战期间的老领导戴高乐对此强烈反对。他在写给笔者的最后一封信里说:"我最强烈的愿望是护送元帅的骨灰去杜奥蒙堡重新埋葬,在那一天,我希望你能和我一起走在送葬的行列中,双手扶棺。"

唉,前中尉杜普伊此后不久就亡故了,第二次世界大战残存的情绪还是不允许把贝当迁葬到杜奥蒙堡。

至于贝当的对手们呢?柏林墙倒塌时,我受邀去访问塞西林宫(Cecilienhof),那里曾是普鲁士皇太子的家,也是1945年波茨坦会议的举办地,多年来都不曾对西方人开放。我们被拉到附近一处迷人的小宫殿吃午饭,这里被西柏林人用作临时餐馆。房间里摆满了用玻璃罩封起来的破碎的头骨和变形的骷髅,这可不怎么开胃。主人解释说,这里仍然兼做东德的法医科学中心。我无意中问道,以前谁住在这儿?"哦,某位将军,他名字叫作法金汉,他死在这儿。"虽说这里的气氛对于午餐来说太惊心动魄了一点儿,但这吓人的展览似乎非常配得上那个发动了历史上最可怕战役的人的鬼魂——而且这个人死的时候噩梦缠身。

主要参考资料

Air Ministry. *A Short Account of the RAF*, London 1929.
Allard, P. *Les Dessous de la Guerre, révélés par les Comités Secrets*, Paris 1932.
Army Quarterly, XXIV. *Verdun; Falkenhayn's Strategy*, London 1932.
Aron, Robert. *Histoire de Vichy*, Paris 1954.
Bansi, Paul. *Niedersächsische Fussartillerie*, Oldenburg 1928.
Barbusse, H. *Le Feu*, Paris 1916.
Barrès, Maurice. *L'âme française*, Paris 1915.
Bartlett, E. Ashmead. *Some of My Experiences in the Great War*, London 1918.
Bauer, Max. *Der Grosse Krieg in Feld und Heimat*, Tübingen 1922.
Becker, G. *Verdun — Le Premier Choc de l'Attaque Allemande*, Paris 1932.
Belperron, Pierre. *Maginot of the Line*, London 1940.
Blake, Robert (ed). *The Private Papers of Douglas Haig, 1914-1919*, London 1952.
Boasson, M. *Au Soir d'un Monde*, Paris 1926.
Bolton, J. R. G. *Pétain*, London 1957.
Bonnefous, G. *Histoire Politique de la Troisième République* (*vol II*), Paris 1957.
Bordeaux, Henry. (1) *The Last Days of Fort Vaux*, London 1917.
 (2) *The Deliverance of the Captives*, London 1919.
 (3) *La Bataille devant Souville*, Paris 1921.
 (4) *Joffre, ou l'Art de Commander*, Paris 1933.
 (5) *Le Chevalier de l'Air, Vie Héroique de Georges Guynemer*, Paris 1918.
Botti, Louis. *Avec les Zouaves*, Paris 1922.
Bouvard, H. *La Gloire de Verdun*, Paris 1935.

Bréant, P-L. G. *De l'Alsace à la Somme*, Paris 1917.

Brandis, C. von. *Die Stürmer von Douaumont*, Berlin 1917.

Brogan, D. W. *The Development of Modern France*, London 1940.

Bunau-Varilla, P. *De Panama à Verdun*, Paris 1937.

Callwell, Sir Charles E. *Field Marshal Sir Henry Wilson, Life and Diaries*, London 1927.

Caloni, J. *Comment Verdun fut Sauvé*, Paris 1924.

Campana, Roger. *Les Enfants de la Grande Revanche*, Paris 1920.

Chaine, P. *Mémoires d'un Rat*, Paris 1921.

Chapman, Guy. *Vain Glory*, London 1937.

Chastenet, Jacques, (1) *L'Enfance de la Troisième, 1870-1879*, Paris 1952.

(2) *Jours Inquiets et Jours Sanglants, 1906-1918*, Paris 1957.

Chavagnes, R. de. *De Guynemer à Fonck — L' Aviation de Chasse — Le Groupe des Cigognes*, Paris 1920.

Churchill, W. S. *The World Crisis*, London 1931.

Cochin, A. *Le Capitaine Augustin Cochin*, Paris 1917.

Colin, H. (1) *La Côte 304 et le Mort Homme*, Paris 134.

(2) *Le Fort de Souville — L'Heure Suprême à Verdun*, Paris 1938.

Compton, T. E. *The Defence of Verdun* (Journal of the Royal United Services Institute, Vol. 66, 1921).

Conrad von Hötzendorf, Franz. *Aus Meiner Dienstzei*, Vienna 1921-5.

Cru, Jean Norton. *Témoins*, Paris 1929.

Cuneo, John R. *The Air Weapon, 1914-1916*, Harrisburg 1947.

Davidson, Sir John. *Haig, Master of the Field*, London 1953.

Debeney, General. *La Guerre et les Hommes*, Paris 1937.

Delvert, Charles L. (1) *Histoire d'une Compagnie*, Paris 1918.

(2) *Quelques Héros*, Paris 1917.

Delvert, C. L. and Bouchor, J. F. *Verdun*, Paris 1921.

Derville, Étienne. *Correspondence et Notes*, Tourcoing 1921.

Désaubliaux, Robert. *La Ruée*, Paris 1919.

Desmazes, General. *Joffre—La Victoire de Caractère*, Paris 1955.

Diaz-Retg, E. *L'Assaut contre Verdun*, Paris 1918.

Dorgelés, R. (1) *Les Croix de Bois*, Paris 1919

(2) *Le Cabaret de la Belle Femme*, Paris 1928.

Dubail, A. Y. E. *De Liège à Verdun*, Paris 1920.
Dubrulle, Paul. *Mon Regiment*, Paris 1917.
Ducasse A., Meyer J., Perreux G. *Vie et Mort des Français*, 1914-1918, Paris 1960.
Duffour, Colonel. *La Guerre de 1914-1918, Cours à l'École Supérieur de Guerre*, Rambouillet 1924.
Dugard, H. *La Bataille de Verdun*, Verdun 1916.
Duhamel, Georges. (1) *Vie des Martyrs*, Paris 1919.
(2) *Civilisation*, Paris, 1921.
Dupont, Marcel. *En Campagne; L'Attente*, Paris 1918.
Dutourd, Jean. *The Taxis of the Marne*, London 1957.
Edmonds, Sir J. (1) *History of the Great War, Military Operations France and Belgium*, London 1928-1948.
(2) *A Short History of World War I*, London 1951.
Erbelding, E. *Vor Verdun... aus dem Kriegstagebuch eines Front-offziers*, Stuttgart 1927.
Ettighoffer, P. C. *Verdun—Das Grosse Gericht*, Gütersloh 1936.
Falkenhayn, E. von. *General Headquarters, 1914-1916, and its Critical Decisions*, London 1919.
Falls, Cyril. *The First World War*, London 1960.
Ferry, Abel. *Les Cornets Secrets*, Paris 1958.
Foch, Marshal. *Memoirs*, London 1931.
Foester, Wolfgang. *Graf Schlieffen und der Weltkrieg*, Berlin 1921.
Fonsagrive, F. *En Batteriel*, Paris 1919.
François Poncet, A. *Discours de Réception à l'Academie Française, 1953, Le Monde*, 1953.
Frantzius, F. von. *In Feld Unbesiegt*, Munich 1921.
Fuller, J. F. C. *Decisive Battles of the Western World*, (*Vol. III*), London 1956.
Galliéni, General J. S. *Les Carnets de Galliéni*, Paris 1932.
Gaudy, G. *Les Trous d'Obus de Verdun*, Paris 1922.
Gaulle, Charles de. *France and Her Army*, London 1945.
Gehre, Ludwig. *Die Deutsche Kräfteverteilung während des Weltkrieges*, Berlin 1928.
Goerlitz, Walter. *History of the German General Staff*, 1657-1945, London 1953.

主要参考资料 445

Gras, Gaston. *Douaumont, 24 Octobre* 1916, Verdun 1949.

Grasset, A. L. *La Guerre en Action, Premier Choc 72 Division*, Paris 1923.

Guedalla, Philip. *The Two Marshals*, London 1943.

Haack, Paul L. *Mit der Kronprinzenarmee vor Verdun*, Breslau 1917.

Hall, J. N., and Nordhoff, Chas. B. *The Lafayette Flying Corps*, Boston, 1920.

Hallé, Guy. *Là-Bas avec Ceux qui Souffrent*, Paris 1917.

Hanotaux, G. *Le Général Mangin*, Paris 1936.

Hein, Alfred. (1) In the Hell of Verdun, London 1930.

(2) *Höhe 304*, Leipzig 1942.

Hellot, General. *Le Commandement des Généraux Nivelle et Pétain*, Paris 1936.

Henches, Jules. *Lettres de Guerre*, Cahors 1917.

Herscher, E. *Quelques Images de la Guerre (Woeuvre 1915 — Verdun 1916)*, Paris 1917.

Heuzé, Paul. *Les Camions de la Victoire*, Paris 1920.

Hindenburg, Field Marshal. *Out of My Life*, London 1920.

Hoeppner, Ernst. *Deutschlands Krieg in der Luft*, Leipzig 1921.

Hoffmann, Max. *The War of Lost Opportunities*, London 1924.

Hourticq, Louis. *Récits et Réflexions*, Paris 1918.

Humbert, Jacques. *La Division Barbot*, Paris 1919.

Illustrated London News. Bound editions, 1916.

Irwin, Will. *The Latin at War*, New York 1917.

Joffre, Marshal. *The Memoirs of Marshal Joffre*, London 1932.

Johnson, Douglas. *Battlefields of the World War*, New York 1921.

Jollivet, G. *Le Colonel Driant*, Paris 1918.

Jonas, Klaus. *The Life of Crown Prince William*, London 1961.

Joubaire, Alfred. *Pour la France*, Paris 1917.

Jubert, Raymond. *Verdun*, Paris 1918.

Junger, Ernst. *The Storm of Steel*, London 1929.

Kabisch, Ernst. (1) *Ein Beitrag zum Problem der Verdun Schlacht*, Berlin 1931.

(2) *Verdun, Wende des Weltkriegs*, Berlin 1935.

Kähler, Wilhelm. *Vor Zehn Jahre — Bayerische Landwehr*, Greifswald 1924.

Kiernan, R. H. *The First War in the Air*, London 1934.

Klövekorn, Leo. *Deutsche Wille 1938; Mil Junglehrern zu den Kampfstätten um Verdun, and Fort Vaux*, Berlin 1938.

Klüfer, Kurt von. *Seelenkräfte im Kampf um Douaumont*, Berlin 1938.
Kriegszeitschrijt der 50 Division. Die Kämpfe um die Feste Vaux, von Mitstreitern geschildert, Darmstadt 1916.
Kuhl, H. J. von. *Der Deutsche Generalstab in Vorbereitung und Durchführung des Weltkrieges*, Berlin 1920.
Kurenberg, Joachim von. *The Kaiser*, London 1954.
Lafont, Bernard. *Au Ciel de Verdun, Pendant la Bataille*, Paris 1918.
Laure, General. *Pétain*, Paris 1941.
Lefebvre, H. *Verdun, La Plus Grande Bataille de l'Histoire*, Paris 1960.
Lefebvre-Dibon, P. *Quatre Pages du 3e. Bataillon du 74e R.I.*, Paris 1921.
Le Temps. Bound editions, 1916.
Liddell Hart, B. H. (1) *Reputations Ten Years After*, London 1928.
(2) *History of the World War*, 1914-1918, London 1934.
(3) *The War in Outline*, London 1936.
(4) *Strategy of Indirect Approach*, London 1941.
Liénard, J. *La Littérature Inspirée par Verdun*, Verdun 1929.
L'Illustration. Bound Editions.
Löhr, Theo. *In der Hölle von Verdun*, Rosenheim 1932.
Ludendorff, Erich. (1) *My War Memories*, London 1920.
(2) *Urkunden der Obersten Heeresleitung*, 1916-18, Berlin 1921.
Madelin, Louis. *L'Aveu—la Bataille de Verdun et l'Opinion Allemande*, Paris 1916.
Maier, Ludwig. *Verdun in Grauen des Krieges*, Attenhofer 1930.
Mangin, General. *Comment Finit la Guerre*, Paris 1920.
Marchal, Lt.-Colonel. *La Bataille de Verdun Expliquée sur le Terrain*, Verdun (no date).
Martel, Francis. *Pétain, Verdun to Vichy*, New York 1943.
Max of Baden, Prince. *Memoirs*, London 1928.
Mazenod, P. de. *Les Étapes du Sacrifice*, Paris 1922.
McConnell, J. R. *Flying for France*, New York 1917.
Méléra, César. *Verdun*, Paris 1925.
Menager, R. *Les Forts de Moulainville et de Douaumont sous les 420*, Paris 1936.
Michelin. *Guide to the Battlefields*, Verdun, Paris 1919.
Ministére de la Guerre, État-Major de l' Armée, Service Historique. *Les Armées*

Françaises dans La Grande Guerre, Tome IV and *Annexes*, Paris, 1931-1935.

Morel-Journel, H. *Journal d'un Officier de la 74e Division d'Infanterie*, Montbrison 1922.

Morin H. & Andrieu P. *A l'Écoute devant Verdun*, Paris 1938.

Mornet, Daniel. *Tranchées de Verdun*, Paris 1918.

Mortane, Jacques. *Histoire de la Guerre Aerienne*, Paris 1921.

Muenier, P-A. *L'Angoisse de Verdun. Notes d'un Conducteur d'Auto Sanitaire*, Paris 1918.

New York Times. Monthly Magazine. Bound edition, New York, 1916.

Paquet, Colonel. *Dans l'Attente de la Ruée*, Paris 1928.

Painlevé, Paul. *Comment j'ai Nommé Foch et Pétain*, Paris 1923.

Palat, General B. E. *La Grande Guerre sur le Front Occidental, Vols X-XII*, Paris 1925.

Parsons, Edwin C. *The Great Adventure*, New York 1937.

Passaga, F. F. G. *Verdun dans la Tourmente*, Paris 1932.

Pastre, Gaston. *Trois Ans de Front*, Paris 1918.

Pellegrin, Colonel. *La Vie d'une Armée pendant la Grande Guerre*, Paris 1921.

Percin, General. *Le Massacre de notre Infanterie*, Paris 1921.

Pericard, J. *Verdun. Histoire des Combats*, Paris 1933.

Pétain, Marshal. *La Bataille de Verdun*, Verdun 1929.

Pierrefeu, Jean de. *French Headquarters*, 1915-1918, London 1924.

Pionnier, E. *Verdun à la Veille de la Guerre*, Paris 1917.

Poincaré, R. *Au Service de la France; Neuf Années de Souvenirs, Vol. VIII*, Paris 1926-1933.

Poirier, J. *La Bataille de Verdun*, Paris 1922.

Queri, Georg. *Die Hämmernde Front, Berlin 1916*.

Radtke, E. *Douaumont—Wie es Wirklich war*, Berlin 1934.

Raynal, Colonel. *Le Drame du Fort Vaux*, Paris 1919.

Regele, Oskar. *Feldmarschal Conrad*, Munich 1955.

Reichsarchiven.

Beumelburg, W. *Vol. I, Douaumont*, Oldenburg 1925.

Gold & Reymann. *Vol. XIII, Die Tragödie von Verdun 1916, 1 Teil, Die Deutsche Offensiveschlacht*, Oldenburg 1926.

Schwenke & Reymann. *Vol. XIV, Die Tragödie von Verdun, 2 Teil, Das Ringen um Fort Vaux*, Oldenburg 1928.

Gold & Reymann. *Vol. XV, Die Tragödie von Verdun, Die Zermürbungsschlacht; 3 Teil, Toter Mann—Höhe 304; 4 Teil, Thiaumont—Fleury*, Oldenburg 1929.

Reichkriegsministerium. *Der Weltkrieg, 1914-1918, Vol. X*, Berlin 1936.

Renouvin, Pierre. *The Forms of War Government*, New Haven 1927.

Renouvin, Preclin, Hardy. *L'Époque Contemporaine II*, Paris 1938.

Repington, Col. C. â C. *The First World War*, London 1920.

Reynolds, Quentin. *They Fought for the Sky*. New York 1957.

Ritter, Hans. *Der Luftkrieg*, Berlin 1926.

Robert, Henri B. *Impressions de Guerre d'un Soldat Chrétien*, Paris 1920.

Romains, Jules. *Men of Good Will, Vols. 15-16, Verdun*, London 1926.

Rouquerol, General. *Le Drame de Douaumont*, Paris 1931.

Rupprecht, Crown Prince of Bavaria. *Mein Kriegstagebuch*, Munich 1929.

Salisbury-Jones, Sir G. *So Full a Glory*, London 1954.

Serrigny, Bernard. *Trente Ans avec Pétain*, Paris 1959.

Spears, E. L. *Liaison, 1914*, London 1930.

Stéphane, M. *Verdun; Ma Derniére Reléve au Bois des Caures*, Paris 1929.

Sturgkh, Graf. *Im Deutschen Grossen Hauptquartier*, Leipzig 1921.

Supf, Peter. *Das Buck der deutschen Fluggeschichte*, Berlin 1935.

Taylor, A. J. P. *The Struggle for Mastery in Europe*, 1848—1914, Oxford 1954.

Thimmermann, H. *Tatsachenbericht (Verdun, Souville)*, Munich 1936.

Thomasson, Lt.-Col. R. de. Les Préliminaires de Verdun, Nancy 1921.

Thomazi, A. *Les Marines à Terre*, Paris 1933.

Thellier de Poncheville, Abbé. *Dix Mois à Verdun*, Paris 1918.

Unruh, Fritz von. *Verdun—Opfergang*, Frankfurt-am-Main 1925.

Valéry, Paul. *Réponse au Discours de Réception du Maréchal Pétain l'Académie Française*, en 1931, Paris 1931.

Varillon, P. *Joffre*, Paris 1956.

Vial, F. *Territoriaux de France*, Paris 1918.

Werner, Johannes. *Boelcke*, Leipzig 1932.

Weygand, General. (1) *Mangin (Discours)*, Paris 1929.

  (2) *Histoire de l'Armée Française*, Paris 1953.

Wienskowski, Major von. *Falkenhayn*, Berlin 1937.

Wilhelm, Crown Prince of Germany. (1) *The Memoirs of the Crown Prince of Germany*, London 1922.

    (2) *My War Experiences*, London 1922.

Williams, Wythe. *Dusk of Europe*, London 1937.

Wintringham, T. H. *Mutiny*, London 1936.

Witkop, Philip (ed). *German Students War Diaries*, London 1929.

Wolff, Leon. *In Flanders Fields*, London 1959.

Ziegler, Wilhelm. *Verdun*, Hamburg 1936.

Zieser-Beringer, H. *Der Einsame Feldherr—Die Wahrheit Über Verdun*, Berlin 1934.

Zoeberlein, Hans. *Der Glaube an Deutschland*, Munich 1934.

Zwehl, General von. (1) *Maubeuge, Aisne, Verdun*; Berlin 1921.

    (2) *Erich von Falkenhayn*, Berlin 1926.

Zweig, Arnold. *Education before Verdun*, London 1916.

注　释

　　本书所运用的材料，除了与凡尔登战役亲历者及其亲属的访谈，与研究第一次世界大战的历史学家和军事分析家的交流以外，最主要的来源还是已经出版的资料。在凡尔登战役过去了近半个世纪的今天，有价值的史料已经基本上出版得差不多了，在第一次世界大战的各次战役中，有关凡尔登的著述当然是最多的。前面的参考资料列出了本书作者在写作过程中不同程度地参考过的已出版的资料，但并未包括所有的参考资料。这些资料的参考价值与出版的时代息息相关：有些分析著作出版于战争迷雾仍然笼罩的时代或者战争刚刚结束时，其价值显然是有限的，而德国在1933年后出版的分析性著作，则被打有纳粹歪曲历史的烙印，总是试图为德国在凡尔登战役中的行为唱赞歌，而粉饰所犯下的错误。那些最有价值的目击者记述的出版年代，自然是离事件发生时越近越好，但不能早于新闻审查被取消。

　　有些资料几乎在每一章都被引用过。描述作战和命令细节的此类资料包括两种官方历史，分别出自法国陆军军史馆和帝国陆军部。半官方的帝国档案叙述十分客观，偶尔还会对战斗过程进行生动的描写，是德国方面最好的资料。帕拉将军所写的历史在法国方面的资料中有一点很独特，他没有试图淡化法军所犯下的错误和造成的灾难。J. H. 勒菲弗尔的著作是近来出版的一部很好的图文并茂的历史书（不过它的内容是基于佩里卡的巨著）。温特的著作深刻地分析了德国方面的战略。让·诺顿·克鲁的《见证者》（*Témoins*）一书对任何研究第一次世界大战时期的法军的学者来说都是必不可少的参考资料。这位法裔美国教授穷其毕生精力才将法国方面战争亲历者的口述资料编撰成书。书中对这些资料进行了严肃的评估和分类，还戳穿了很多美丽的传说。可惜德国方面没有类似的著作，此外，德国方面目击者的第一手资料无论在数量还是质量上，都比法国稍逊一筹。在双方主要领导人的著作当中，皇太子、普恩加莱总统和贝当的书都是杰出的，其中又以贝当的著作最为简洁，并且不带任何自我辩解的成分。利德尔·哈特的《声誉：十年后》(*Reputations: Ten Years After*)一书对霞飞、法金汉和贝当的评价至今读来仍然经得起推敲，不但客观公正而且描写得入木三分。最后，任何研究凡尔登战役的学者肯定都绕不开丘吉尔的《第一次世界大战回忆录：世界危机》这部著作。

除了以上资料外，以下注释列出了每一章所用的主要参考资料。如果有些资料已经在上面的参考资料中列出，在此就只给出作者的名字，如果同一位作者有两个以上的相关资料，注释中会给出作者和序号。只有那些未包括在参考资料里的资料，才会在注释中列出详细的书名。

第 1 章

Michael Howard 的近作 *The Franco-Prussian War* 是一部关于 1870 年普法战争的优秀著作，此外，埃米尔·左拉的《溃败》(*La Débâcle*)描写了法国陆军所遭受的羞辱。1870—1914 年间的背景，参见 Brogan, Chastenet (1 & 2). 关于法国陆军重建的内容，参见：de Gaulle, Weygand (2). 德法双方的作战计划，参见：Fuller, Liddell Hart (1), Falls, Foerster.

第 2 章

战争初期的状况，参见：Churchill, Junger, Spears. Joffre and G.Q.G.: Liddell Hart (2), Spears, Pierrefeu, Desmazes, Joffre, Varillon.

第 3 章

法金汉的个性参见：Zwehl (2), Wienskowski, Liddell Hart (2), Zieser-Beringer. 关于德皇战争期间的生活，参见：Kurenberg, Admiral Georg von Muller (The Kaiser and His Court), Sturgkh.

第 4 章

此处和本书后面关于法金汉战略的分析，参见：Wendt, Foerster, Kabisch (2). 德军为"杀戮场"行动进行准备的细节参见：Ettighoffer, Crown Prince (2), Bansi, Wendt. 关于凡尔登地区的地形参见：Johnson. 法军缺乏准备的状况，参见：de Thomasson. 法军获得关于德军作战计划的第一批警讯的情况，主要来源是：Morin & Andrieu; Paquet, Cuneo.

第 5 章

德军在战线上的等待情况，参见：Ettighoffer, Unruh, Pericard. "等待作战的机器"这个说法引自 Barbusse. 德法双方的作战序列来自：*Reichs Archives* Vol. 13, Grasset, Palat. 前线战壕里的生活和一般背景参见：Mornet, Barbusse, Ducasse &c. 医院的状况参见：Duhamel (1 & 2).

第 6 章

这里和下文关于法国第 30 军在凡尔登战役中所起作用的内容，最可靠的来源是：Grasset, Paquet, Palat. 关于德军对考雷森林发动炮击的最初时刻，参见：Jollivet, Stéphane, Grasset. 德军对攻势最初几天的描述参见：RA (13), Zwehl (1).

第 7 章

考雷森林战斗和德里昂阵亡的资料来自：Pericard, Jollivet, Stéphane, RA (13).

第 8 章

克雷蒂安将军和巴普斯特将军之间的对话，参见：Becker, de Thomasson. 萨莫尼厄地区的灾难，参见：Zwehl (1), Queri, RA (13), Palat, 黑格对第 37 非洲师的评价引自：Blake, 这个师一触即溃的细节引自：Palat and Becker. 见习军士们的英勇行为参见：Delvert 和 Bouchor, Delvert (2), Palat. 第 30 军在前线的最后一段时间和第 20 军的到达，参见：Muenier, Becker.

第 9 章

德·卡斯特尔诺对堡垒工事的评价引自 Percin (*Les Erreurs du Haut Commandement*). 德国方面攻占杜奥蒙堡的记述最主要的来源是冯·克吕弗尔的书，他是夺取杜奥蒙堡的德军第 24 勃兰登堡营的营长，从部队退伍后穷其毕生精力编纂了攻占这个堡垒的细节情况，具体到每一分钟。他的书直到第二次世界大战爆发前夕才出版，当时公众对杜奥蒙堡的兴趣已经没那么强烈了。

其他德国方面的资料包括：RA (13), Radtke, Brandis, Bansi. 对杜奥蒙堡的描述引自：Menager, Rouquerol, Lefebvre. 法军未能占据堡垒的情节来自：Passaga, Rouquerol, Marchal, Becker, de Thomasson, Pericard. 杜奥蒙堡陷落后，法国方面的士气遭受打击的情况引自：Lefebvre, Palat, Morel-Journel, Dubrulle.

第 10 章

尚蒂伊法军总部对凡尔登灾难的反应以及德·卡斯特尔诺的使命，参见：Joffre, Pierrefeu, Ferry, Poincaré. 德·卡斯特尔诺的背景材料来自：Pierrefeu, Liddell Hart (2), Spears. 温斯顿·丘吉尔关于如何应对炮兵攻击的引言来自 1916 年 11 月的《伦敦杂志》(*The London Magazine*)。

第 11 章

贝当"失踪"的情节引自塞里尼的著作。关于贝当个性的记叙汗牛充栋，看法呈现两极分化。法军战争学院的一位军事史教官曾对笔者说："我们根本不应该轻信任何写作于第一次世界大战或者第二次世界大战期间的关于贝当的材料。"本书对贝当的叙述，主要依据来自：Pierrefeu, Liddell Hart (2), Serrigny, Laure（不过这个资料是维希法国年代的贝当的"官方传记"，因此在相当大的程度上带有宣传目的），Guedalla, de Gaulle, Bolton. 弗朗索瓦-庞塞 1953 年在法兰西学术院所做的感谢讲演是非常经典的，对贝当的评价令人感动且客观公正。Aron 对贝当晚年的评价也相当公正。

第 12 章

贝当到达凡尔登战场的细节来自：Serrigny, Lavisse (*Histoire de France Contemporaine*, Vol. IX), Pétain, RA (13). "圣路"的情况，参见：Pétain, Romains, Pellegrin, Heuzé, Irwin, Lavisse, Brogan.

第 13 章

德军在凡尔登战役中首次遭受挫败的情况，参见：Crown Prince (2), RA (13), Zwehl (1), Wendt, Kabisch (2), Unruh, Falkenhayn, Hoffmann, Marchal, Rupprecht.

第 14 章

死人山和 304 高地争夺战参见：RA (15), Colin Frantzius, Johnson, Bouvard, Serrigny, Campana, Cochin, Laurentin, Pericard. 法军在阿沃库尔的惨败参见：Poincaré, Palat, Marchal.

第 15 章

就这里和本书其他章节中所引用的法国方面的各种亲历者回忆材料的可信度，Cru 在自己的书中做过系统而全面的评估。如果列出本章所引用的各种资料来源，将会占用好几页的篇幅。其中除了 Cru 认为最为可信的那些资料，特别有用的还包括：Lefebvre, Pericard, Bartlett, RA (all vols), Unruh, Witkop, Debeney, L'Illustration, Irwin, New York Times, Bordeaux (1). 凡尔登战役中炮兵生活的描述源自：Delvert (1), Henches, Fonsagrive, Humbert, Pastre. 此外，杜哈梅尔对伤员状况的记叙非常有用，相关内容还可以参见：Muenie.

第 16 章

法国后方社会生活的全面描述可以参考两种最近出版的著作：Ducasse, &c. 和 Chastenet (2). 另外还有：Brogan, Bonnefous. 德国后方生活的背景材料来自：Kurenberg, Muller (ibid), Ambassador James W. Gerard (*My Four Years in Germany*), Remarque's All Quiet on the Western Front, Falls, Kabisch (2).

第 17 章

空中战争的文献汗牛充栋，在最近出版的此类材料中，Quentin Reynolds 的书非常具有可读性。具体描写凡尔登战场空中战斗的资料来源可以参考：Lafont, de Chavagnes, Werner, Cuneo, Mortane, 'Vigilant' (*French War Birds*), Bordeaux (5), Air Ministry, Hoeppner, Supf, Kiernan, Ritter. 关于拉法叶中队的公开资料参见：Reynolds, Parsons, Hall & Nordhoff, McConnell, Lefebvre.

第 18 章

本章中谢克尔顿从南极归来以后的花絮引自 Chapman, 本章关于法金汉和皇太子之间分歧的主要文献来源和第 4 章相同，另外当然还包括：Crown Prince (2) and Falkenhayn, Rupprecht, Army Quarterly, Bauer. 杜奥蒙堡内部的爆炸参见：RA (1), Rouquerol, Bansi, Ettighoffer, Kabisch (2). 德裔美国教授 Klaus Jonas 关于德国皇太子的传记在本书写作期间出版了，这部著作为皇太子的生平背景提供了非常有用的客观描述。丘吉尔也对皇太子的个性做过入木三分的描写和分析，此外还可以参考：Ziegler, Sturgkh, Gerard (ibid), Zweig（他的著作观点比较传统）.

第 19 章

本章和其他部分中关于贝当的战略观念还有他与霞飞之间的关系参见：Pétain, Joffre, Pierrefeu, Liddell Hart (2). 尼维尔和芒让的传记资料参见：Pierrefeu, Morel-Journel, Williams, Spears, Churchill, Hanotaux, Weygand (1).

芒让 5 月份对杜奥蒙堡发动的进攻参见：Pétain, Rouquerol, Menager, RA (1), Hallé, Lefebvre-Dibon, Brandis, Delvert (1).

第 20 章
笔者在叙述凡尔登的象征性意义时，主要参考了与利德尔·哈特上尉的对话，及以下资料：Brogan, Marchal, Valery, Zweig, Ducasse, Laurentin, Boasson, Cru, Junger, New York Times. 德军为"五月杯"攻势所做的准备工作参见：Karl von Einem (*Ein Armeeführer erlebt den Weltkrieg*, Leipzig, 1938), Ziegler, RA (14). "大伯莎"炮在凡尔登战役中逐渐退出舞台的情况引自：Menager, Bansi, Ziegler, Palat, Contre-Amiral Jehenne (*Historique des Batteries de Canoniers Marines*). R1 据点的战斗引自：Delvert (1).

第 21 章
法军防守沃堡的情形基本上来自雷纳尔本人的叙述，此外还有：Bordeaux (1), Palat, Lefebvre, Pericard, Rouquerol, Pétain, Méléra. 德军方面的资料来源有：Klövekorn, RA (14), *Kriegszeitschrift der 50 Division*, Ettighoffer, Kabisch (2).

第 22 章
蒂欧蒙争夺战早期战斗和法军在 6 月初士气低落的情况参见：Palat, RA (14 & 15), Dupont, Thellier de Poncheville, Poincaré, Boasson, Pétain. "刺刀战壕"的情况参见：Bouvard, Lefebvre, Cru, Salisbury-Jones. 法国国会第一次秘密会议的情形参见：Allard, Ferry, Joffre, Desmazes.

第 23 章
法金汉和康拉德之间的关系参见：Zwehl (2), Gehre, Falls, Regele, Sturgkh, Goerlitz, Foerster, Wienskowski, Conrad, Falkenhayn, Duffour, Kabisch (2), Hoffmann, Liddell Hart (2), Wendt, Crown Prince (2).

第 24 章
对苏维尔堡的进攻参见：Johnson, Bordeaux (3), Dupont, Mazenod, Fries & West (*Chemical Warfare*), Menager, Joffre, Witkop（这是德国前学生的叙述，但这个资料在英译本中没有）, Thimmermann, Ziegler. 索姆河战役头几天的情况参见：Blake, Rupprecht, Ducasse &c., Falls, Liddell Hart (1), Churchill, John Harris (*Covenant with Death*), Robin Gardner (*The Big Push*), Edmonds.

第 25 章
德军最后的进攻参见：Bordeaux (3), Zieser-Beringer, Ziegler, Ettighoffer, Thimmermann, Rouquerol, Passaga. 关于法金汉的去职，参见：Crown Prince, Falkenhayn, Foerster, Kabisch (2), Wendt. 塔瓦内隧道中的灾难参见：Hourticq, Delvert & Bouchor, Delvert (1), Rouquerol, Thellier de Poncheville.

第 26 章
法军收复两座堡垒的情况见：Marchal, Wendt, Rouquerol, Mangin, Caloni, Bordeaux (2), Gras, Menager, Bartlett, Chavagnes, Lafont, Passaga, Joffre, Zieser-Beringer, Zwehl (1), RA (1), Zweig, Ettighoffer, Ziegler, Hindenburg, Kabisch (2).

第 27 章
霞飞下台和尼维尔上台的情况参见：Churchill, Pierrefeu, Williams, Caloni, Painlevé. 尼维尔攻势和法军兵变的情况参见：Falls, Wolff, Churchill, Crown Prince (2), Morel-Journel, Hellot, Allard, Wintringham, Davidson, Blake, Boasson.

第 28 章
1916 年以后凡尔登战场的情况见：Pericard, Hourticq, Passaga, Fonsagrive, Churchill, Irwin. 本章和其他各章中的伤亡数字引自：Churchill, Wendt, Falls, Lefebvre, *Service Historique*, Ziegler, Chastenet (2), Ducasse &c., Ferry, Delvert & Bouchor, Edmonds (2). 本书第 4、10、18、19 章对德国和法国的战略做了评价。凡尔登战役中各个主要人物后来的命运参见：Pericard, Delvert & Bouchor, Crown Prince (2), Williams, Morel-Journel, Hanotaux, Brogan, Churchill, Desmazes, Blake, Cru, Brandis, J. Wheeler-Bennett (*The Nemesis of Power*), Zieser-Beringer, von Einem (ibid), Falls, Liddell Hart (2), Zwehl (2), Falkenhayn, Ziegler, Jonas. 马奇诺防线的产生参见：Caloni, Menager, Laure, Belperron, Debeney, Pétain. 凡尔登战役对双方士气的影响参见：Ducasse &c., Mazenod, Boasson, Jubert, Brogan, Dutourd, RA (1), Falls, Witkop, Ettighoffer, Chavagnes, Martel. 凡尔登战役与德国在两次大战之间的战略思想的形成的关系详见：Bundeswehr Archives, Heinz Guderian (*Panzer Leader*), Goerlitz, Wheeler-Bennett (ibid), Wendt, Ettighoffer, General Weisenberger (*Verdun, 1916–1940*, Bonn, 1941), Churchill (*The Second World War*), De Gaulle (*War Memoirs*).

尾 声
冯·斯图普纳格尔的自杀见：Wheeler-Bennett (ibid).

出版后记

繁荣的时代孕育着毒素，它最终在"一战"彻底溃脓，感染了整个欧洲大地，并在 1916 年的凡尔登伴随着"流血致死"的战略恶化到极致。于是，"雪崩来了"，所有的荣耀迎来代价。在这场消耗了一代中产阶级"爱"的战斗中，步履蹒跚的老帝国大批地葬送着黑发人，老旧的世界秩序在绝望中变卖过往的遗产，只有绞肉机轰鸣不已，以血肉为 20 世纪的一切埋下注脚。

"我想到了你眼前的荣耀，还有众神为你安排的，作为荣耀的代价，将要经历的所有的苦难啊。"书中如是引用了梭伦的话语。人们汲求"荣耀"，因而付出"代价"，为此两者所落之泪不知凡几。然而，此书的作者写作时数度泪下，为的却是那泡沫散去时的牺牲者。只倏忽之间，烈火烹油已成枪林弹雨、繁华似锦化为尸山血海，后之视前如同幻梦，前之视后亦何尝不如是。唯有在那灰暗的战场上，那些"爱过，也被爱，直到长眠"的阴魂仍在游荡，无冬无夏，"在十字架之间，一行又一行"。

本书曾获得霍桑顿奖，作者笔力雄健，其所倾注的情感更是跃然纸上，这绝非一本单纯的战史，而是一本"当之无愧的反战之书"。最后，由于编辑水平有限，本书在编校的过程中，错漏之处在所难免，敬请广大读者批评指正。

服务热线：133-6631-2326 188-1142-1266

服务信箱：reader@hinabook.com

后浪出版公司
2021 年 5 月

图书在版编目（CIP）数据

凡尔登战役：荣耀的代价，1916 /(英) 阿利斯泰尔·霍恩著；顾剑译 . -- 汕头：汕头大学出版社，2021.7（2023.11 重印）

书名原文：THE PRICE OF GLORY：VERDUN 1916

ISBN 978-7-5658-4274-0

Ⅰ.①凡… Ⅱ.①阿… ②顾… Ⅲ.①凡尔登战役(1916-1917) —史料 Ⅳ.① E194.4

中国版本图书馆 CIP 数据核字 (2020) 第 269100 号

The Price of Glory：Verdun 1916
Copyright © Alistair Horne, 1962
Simplified Chinese edition copyright © 2021 Ginkgo (Shanghai) Book Co., Ltd.

本书中文简体版权归属银杏树下（上海）图书有限责任公司。
地图审图号：GS (2021) 2402 号

凡尔登战役：荣耀的代价，1916
FANERDENG ZHANYI：RONGYAO DE DAIJIA，1916

著　　者：（英）阿利斯泰尔·霍恩
译　　者：顾　剑
责任编辑：胡开祥
责任技编：黄东生
装帧制造：墨白空间
封面设计：徐睿绅
出版发行：汕头大学出版社
　　　　　广东省汕头市大学路 243 号汕头大学校园内　邮政编码：515063
电　　话：0754-82904613
印　　刷：河北中科印刷科技发展有限公司
开　　本：889mm×1194mm　1/32
印　　张：14.5
字　　数：350 千字
版　　次：2021 年 7 月第 1 版
印　　次：2023 年 11 月第 3 次印刷
定　　价：88.00 元
ISBN 978-7-5658-4274-0

版权所有，翻版必究
如发现印装质量问题，请与承印厂联系退换